Martin Bernhard

ZENTRALMATURA

Mathematik

Lern- und Übungsbuch für die kompetenzorientierte Reifeprüfung

Basis- und Maturawissen mit Originalaufgaben und Lösungen

Vorwort

Das vorliegende Buch ist eine **Lernhilfe** zur **Vorbereitung** auf die **Zentralmatura**. Es enthält mathematisches **Basiswissen** und das **Maturawissen**. Das sind **alle** für die standardisierte kompetenzorientierte Reifeprüfung **relevanten Lerninhalte**.

Viele **Schülerinnen** und **Schüler** wissen nicht, wie sie vorgehen sollen, um „maturafit" zu werden. Das ist einerseits durch den schon länger zurückliegenden Lehrstoff und andererseits durch vorhandene Wissenslücken begründet. Genau hier setzt dieses Buch an, indem es das **Zusammentragen des Lehrstoffs erspart**. So gewinnt man rasch einen Einblick in das, was zu lernen ist.

Schritt für Schritt kann das **Wissen aufgefrischt und gefestigt** werden. Das schafft **Zuversicht** und **Motivation** für weitere Lernbemühungen.

⇨ Der – meist über mehrere Schuljahre verteilte – **Lehrstoff** wird **gebündelt** und in **übersichtlicher** Form dargeboten.

⇨ Die in sich geschlossenen **Lerneinheiten** beginnen mit einem **eingerahmten Kasten**, indem das Wissen zum Erreichen der **Grundkompetenzen** in kompakter Form enthalten ist.

⇨ Der **übersichtliche Aufbau**, die starke **Untergliederung des Lehrstoffs**, zahlreiche **Abbildungen** ein **detailliertes Inhaltsverzeichnis** sowie ein **ausführliches Stichwortregister** und eine **Formelsammlung** ermöglichen eine schnelle und zuverlässige Orientierung.

⇨ **400 Beispiele und Musteraufgaben** mit ausführlichen Lösungen und Lösungshinweisen dienen dazu, das jeweils behandelte mathematische Teilgebiet rascher erfassen, anwenden und einüben zu können.

⇨ **100 Originalaufgaben aus den Original – Reifeprüfungen der vergangenen Jahre** mit den Lösungserwartungen und wertvollen Lösungshinweisen ermöglichen eine realistische Vorbereitung auf die bevorstehende Reifeprüfung. Die Lösungshinweise haben die Funktion von Denkanstößen und sollen mögliche Berechnungen und Vorgehensweisen zur Ermittlung der jeweiligen Lösung aufzeigen.

Diese Originalaufgaben wurden mit freundlicher Genehmigung des **Bundesministeriums für Bildung, Wissenschaft und Forschung** in dieses Buch aufgenommen.

Viel Freude beim Lernen und den erhofften Erfolg bei der bevorstehenden Zentralmatura wünscht der Autor dieses Buchs.

14., überarbeitete Auflage 2023

© Copyright by Mag. Martin BERNHARD

Alle Rechte vorbehalten. Jede Art der Vervielfältigung, auch die des auszugsweisen Nachdrucks, der fotomechanischen Wiedergabe sowie der Einspeicherung und Verarbeitung in elektronische Systeme, ist gesetzlich verboten. Kein Teil des Werks darf reproduziert, verarbeitet, vervielfältigt oder verbreitet werden.

ISBN: 9781793360984

Inhaltsverzeichnis

Algebra und Geometrie

AG 1 Grundbegriffe der Algebra
- Zahlenmengen 6
- Bruchzahlen (rationale Zahlen) 8
- Prozente und Promille, Zinsrechnung 10
- Zinseszinsrechnung 11
- Potenzen und Wurzeln 12
- Variable, Terme und Formeln 14
- Rechnen mit ganz rationalen Termen 15
- Rechnen mit Bruchtermen 16
- Grundbegriffe über Gleichungen und Ungleichungen 17

AG 2 (Un-)Gleichungen und Gleichungssysteme
- Lineare Gleichung 18
- Gleichungen mit Bruchtermen, die auf lineare Gleichungen führen 19
- Textaufgaben, die mit linearen Gleichungen zu lösen sind 20
- Quadratische Gleichungen 22
- Zerlegung in Linearfaktoren – Satz von VIETA 24
- Lineare Ungleichungen 25
- Lineare Gleichungssysteme mit zwei Variablen 26

AG 3 Vektoren
- Vektorbegriff 30
- Grundrechenoperationen mit Vektoren 31
- Linearkombination von Vektoren 33
- Skalares Produkt zweier Vektoren 34
- Normalvektoren im $\mathbb{R}^2$ 35
- Geradengleichungen 36
- Lagebeziehung zweier Geraden 39

Planimetrie und Stereometrie
- Dreiecksberechnungen 43
- Berechnung von Vierecken 44
- Kreisberechnungen 45
- Körperberechnungen 46

AG 4 Trigonometrie
- Definition der Winkelfunktionen 50
- Eigenschaften der Winkelfunktionen 51
- Auflösung rechtwinkeliger Dreiecke – Grundaufgaben 54
- Auflösung rechtwinkeliger Dreiecke – Ebene Figuren 55
- Auflösung rechtwinkeliger Dreiecke – Anwendungsaufgaben 56

Funktionale Abhängigkeiten

FA 1 Funktionsbegriff, reelle Funktionen, Darstellungsformen und Eigenschaften
- Funktionsbegriff, reelle Funktionen 58
- Darstellung von Funktionen 59

- Eigenschaften reeller Funktionen 62
- Schnittpunkte von Funktionsgraphen mit den Koordinatenachsen 66
- Schnittpunkte von Funktionsgraphen mit Geraden 67
- Funktionen und mathematische Modelle 68
- Funktionen und Formeln 70
- Direkte und indirekte Proportionalität 71

FA 2   Lineare und quadratische Funktion
- Begriff der linearen Funktion 72
- Spezielle lineare Funktionen 74
- Begriff der quadratischen Funktion 75

FA 3   Potenzfunktionen
- Elementare Potenzfunktionen 76
- Streckung (Stauchung) und Verschiebung von Funktionen 78

FA 4   Polynomfunktionen
- Begriff der Polynomfunktion 80
- Nullstellen, Extremwerte und Wendepunkte von Polynomfunktionen 82

FA 5   Exponentialfunktion
- Begriff der Exponentialfunktion 84
- Die Exponentialfunktion $y = f(x) = a \cdot b^x$ 85
- Eine charakteristische Eigenschaft der Exponentialfunktion 86
- Anwendungen der Exponentialfunktion 87

FA 6   Sinusfunktion, Cosinusfunktion
- Sinusfunktion 88
- Die Funktion $y = f(x) = a \cdot \sin(b \cdot x)$ 88
- Cosinusfunktion 90

Analysis

AN 1   Änderungsmaße
- Absolute und relative Änderung, mittlere Änderungsrate 92
- Differenzen- und Differentialquotient 93
- Physikalische Deutung des Differenzen- und Differentialquotienten 94
- Differenzengleichungen 95

AN 2   Regeln für das Differenzieren
- Ableitung elementarer Funktionen 96
- Differentiationsregeln 97
- Höhere Ableitungen 99

AN 3   Ableitungsfunktion/Stammfunktion
- Ableitungsfunktion 100
- Stammfunktion 101
- Eigenschaften von Funktionen und ihrer Graphen 102

AN 4   Summation und Integral
- Das bestimmte Integral als Grenzwert von Summen 106
- Aufsuchen von Stammfunktionen 108

– Berechnung bestimmter Integrale mittels Stammfunktionen 109
– Flächenberechnungen 110
– Physikalische Anwendungen der Integralrechnung 112

Wahrscheinlichkeit und Statistik

WS 1 Beschreibende Statistik
– Daten erheben, darstellen und interpretieren 114
– Statistische Kennzahlen 115
– Streuungsmaße 117

WS 2 Wahrscheinlichkeitsrechnung
– Grundbegriffe 118
– Begriff der Wahrscheinlichkeit 119
– Rechnen mit Wahrscheinlichkeiten 122
– Mehrstufige Zufallsexperimente 123
– Bedingte Wahrscheinlichkeit 124
– Additionssatz für nicht ausschließende (vereinbare) Ereignisse 126
– Unabhängigkeit und Abhängigkeit von Ereignissen 126
– Multiplikationssatz für abhängige Ereignisse 128
– Totale Wahrscheinlichkeit, Satz von BAYES 129
– Kombinatorik 130
– Berechnung von Wahrscheinlichkeiten mittels kombinatorischer Zählformeln 132

WS 3 Wahrscheinlichkeitsverteilungen
– Zufallsvariable (Zufallsgröße) 134
– Wahrscheinlichkeitsverteilung einer diskreten Zufallsvariablen 135
– Kennzahlen einer diskreten Wahrscheinlichkeitsverteilung 136
– Binomialverteilung 138
– Wahrscheinlichkeitsverteilung einer stetigen Zufallsvariablen 140
– Normalverteilung 141
– Approximation der Binomialverteilung 143

WS 4 Schließende/Beurteilende Statistik
– Parameterschätzungen und Konfidenzintervalle 144
– Näherungsweise Berechnung von Konfidenzintervallen 145

Original-Maturaaufgaben
– Allgemeine Hinweise zur SRP Mathematik (AHS) 147

Teil 1- Aufgaben
– Angaben 148
– Lösungen 201

Teil 2- Aufgaben
– Angaben 182
– Lösungen 220

Mathematische Symbole, Größen und Einheiten 235
Formelsammlung 239
Stichwortregister 243

ALGEBRA und GEOMETRIE

AG 1 Grundbegriffe der Algebra

Zahlenmengen

$\mathbb{N}^* = \{1, 2, 3, ...\}$ — **Natürliche Zahlen** ohne 0

$\mathbb{N} = \{0, 1, 2, 3, ...\} = \mathbb{N}^* \cup \{0\}$ — **Natürliche Zahlen** mit 0

$\mathbb{Z} = \{..., -2, -1, 0, 1, 2, ...\}$ — **Ganze Zahlen**

Die natürlichen und ganzen Zahlen lassen sich auf der Zahlengeraden durch äquidistante Punkte darstellen.

$\mathbb{Q} = \left\{ \frac{a}{b} \mid a, b \in \mathbb{Z}, b \neq 0 \right\}$ — **Rationale Zahlen** = Bruchzahlen, endliche oder unendliche periodische Dezimalzahlen, z.B.: $\frac{3}{4} = 0,75$, $-\frac{2}{3} = -0,\dot{6} = -0,6666..$, $\frac{5}{6} = 0,8\dot{3} = 0,8333..$

$\mathbb{I}$ — **Irrationale Zahlen**, unendliche nicht periodische Dezimalzahlen, nicht als Bruch darstellbar, z.B.: $\sqrt{2} = 1,4142..$, $\pi = 3,1415..$, $e = 2,7182..$

$\mathbb{R} = \mathbb{Q} \cup \mathbb{I}$ — **Reelle Zahlen** bestehen aus den rationalen und irrationalen Zahlen. Sie können auf der Zahlengeraden dargestellt werden und füllen diese vollständig aus.

$\mathbb{C} = \{z \mid z = a + bi; a, b \in \mathbb{R}, i^2 = -1\}$ — **Komplexe Zahlen** bestehen aus einer reellen Zahl a und einer imaginären Zahl bi, z.B.: 3 + 4i. Sie können in der Gauß'schen Zahlenebene dargestellt werden.

Es gilt: $\mathbb{N}^* \subset \mathbb{N} \subset \mathbb{Z} \subset \mathbb{Q} \subset \mathbb{R} \subset \mathbb{C}$, $\mathbb{I} \subset \mathbb{R}$.

Besondere Zahlenmengen:

$\mathbb{N}_g = \{0, 2, 4, 6, ...\}$ — Gerade natürliche Zahlen

$\mathbb{N}_u = \{1, 3, 5, 7, ...\}$ — Ungerade natürliche Zahlen

$\mathbb{P} = \{2, 3, 5, 7, 11, ...\}$ — **Primzahlen** haben keine echten Teiler; sie sind nur durch 1 und sich selbst teilbar. Es gibt unendlich viele Primzahlen.

$\mathbb{Z}^+$ ($\mathbb{Q}^+$, $\mathbb{R}^+$) — Positive ganze (rationale, reelle) Zahlen

$\mathbb{Z}^-$ ($\mathbb{Q}^-$, $\mathbb{R}^-$) — Negative ganze (rationale, reelle) Zahlen

Beispiel: Die Tabelle enthält die Symbole $\in$ oder $\notin$, je nachdem ob die in der linken Spalte angeführten Zahlen in den jeweiligen Zahlenmengen *enthalten* oder *nicht enthalten* sind.

	$\mathbb{N}^*$	$\mathbb{N}$	$\mathbb{N}_g$	$\mathbb{N}_u$	$\mathbb{P}$	$\mathbb{Z}^+$	$\mathbb{Z}^-$	$\mathbb{Z}$	$\mathbb{Q}$	$\mathbb{I}$	$\mathbb{R}$	$\mathbb{C}$
2	$\in$	$\in$	$\in$	$\notin$	$\in$	$\in$	$\notin$	$\in$	$\in$	$\notin$	$\in$	$\in$
−5	$\notin$	$\notin$	$\notin$	$\notin$	$\notin$	$\notin$	$\in$	$\in$	$\in$	$\notin$	$\in$	$\in$
$\frac{3}{4}$	$\notin$	$\notin$	$\notin$	$\notin$	$\notin$	$\notin$	$\notin$	$\notin$	$\in$	$\notin$	$\in$	$\in$
$\sqrt{2}$	$\notin$	$\notin$	$\notin$	$\notin$	$\notin$	$\notin$	$\notin$	$\notin$	$\notin$	$\in$	$\in$	$\in$
$\sqrt{49}$	$\in$	$\in$	$\notin$	$\in$	$\in$	$\in$	$\notin$	$\in$	$\in$	$\notin$	$\in$	$\in$
$4 - 3i$	$\notin$	$\notin$	$\notin$	$\notin$	$\notin$	$\notin$	$\notin$	$\notin$	$\notin$	$\notin$	$\notin$	$\in$

Intervallschreibweise für bestimmte Teilmengen aus $\mathbb{R}$:

$[a; b] = \{x \in \mathbb{R} \mid a \leq x \leq b\}$ ... **abgeschlossenes Intervall**

$]a; b[= \{x \in \mathbb{R} \mid a < x < b\}$ ... **offenes Intervall**

$[a;b[= \{x \in \mathbb{R} | a \leq x < b\}$, $]a;b] = \{x \in \mathbb{R} | a < x \leq b\}$ ... **halb offene Intervalle**

$]-\infty;\infty[= \mathbb{R}$, $[a;\infty[= \{x \in \mathbb{R} | a \leq x < \infty\}$, $]-\infty;b] = \{x \in \mathbb{R} | -\infty < x \leq b\}$ ... **unendliche Intervalle**

Aufgabe 01: Stelle folgende Zahlenmengen durch Intervalle dar:

a) $\{x \in \mathbb{R} | -1 \leq x \leq 2\}$ b) $\{x \in \mathbb{R} | -1 < x \leq 2\}$ c) $\{x \in \mathbb{R} | -1 < x < 2\}$ d) $\{x \in \mathbb{R} | x \geq -1\}$

$[-1; 2]$ $]-1; 2]$ $]-1; 2[$ $[-1; \infty[$

Aussagen über Zahlenmengen: Die folgenden Beispiele machen Aussagen über Zahlenmengen. Überprüfe den Wahrheitsgehalt und begründe die getroffene Entscheidung.

Aufgabe 02: a) $\frac{3\pi}{2} \in \mathbb{R}$

$\frac{3\pi}{2} \in \mathbb{R}$ ist **wahr**, da die Zahl irrational ist, und daher in der Menge der reellen Zahlen enthalten ist.

b) $\frac{\sqrt[4]{16}}{3} \in \mathbb{Z}$

$\frac{\sqrt[4]{16}}{3} \in \mathbb{Z}$ ist **falsch**, da $\frac{\sqrt[4]{16}}{3} = \frac{2}{3}$ ist und daher ein Element aus $\mathbb{Q}$ aber nicht aus $\mathbb{Z}$ ist.

Aufgabe 03: a) Die Differenz einer ganzen Zahl und ihrer Gegenzahl ist immer positiv.

Die Aussage ist **falsch**, weil z.B. $-2 - (2) = -4$, also negativ ist.
(Beachte: 2 ist die Gegenzahl von -2).

b) Der Quotient zweier irrationaler Zahlen ist stets eine irrationale Zahl.

Die Aussage ist **falsch**, weil z.B. $\frac{\sqrt{3}}{\sqrt{3}} = 1$, also rational ist.

c) Die Summe zweier ungerader Zahlen ist stets eine gerade Zahl.

Die Aussage ist **wahr**, weil $(2n+1)+(2m+1) = 2\underbrace{(n+m+1)}_{k} = 2k$, also gerade ist.

d) Das Produkt zweier gerader Zahlen ist stets eine ungerade Zahl.

Die Aussage ist **falsch**, weil $2n \cdot 2m = 2\underbrace{(2nm)}_{k} = 2k$, also gerade ist.

Aufgabe 04: $3,2\dot{7}$ ist eine rationale Zahl.

Die Aussage ist **wahr**, da sich die gegebene Zahl in einen Bruch umwandeln lässt:
$3,2\dot{7} = 3 + 0,2\dot{7} = 3 + \frac{27-2}{90} = 3 + \frac{25}{90} = 3\frac{25}{90} = 3\frac{5}{18} = \frac{59}{18}$

Hinweis: *Zähler:* Zifferngruppe nach dem Komma, vermindert um die Zifferngruppe vor der Periode
Nenner: Anzahl der Neuner = Anzahl der Ziffern der Periode
Anzahl der Nullen = Anzahl der Ziffern vor der Periode

Aufgabe 05: Die reellen Zahlen sind eine Obermenge der unendlichen nicht periodischen Dezimalzahlen.

Die Ausage ist **wahr**, weil die unendlichen nicht periodischen Dezimalzahlen die Menge der irrationalen Zahlen darstellen, welche eine Teilmenge der reellen Zahlen ist.

Aufgabe 06: Die Menge $M = \{x \in \mathbb{Q} | -2 < x \leq 4\}$ und das Intervall $]-2;4]$ stellen die gleiche Menge dar.

Die Aussage ist **falsch**, weil das Intervall auch irrationale Zahlen enthält. Die Menge M enthält aber nur rationale Zahlen und ist daher eine Teilmenge des Intervalls.

Aufgabe 07: Das Produkt zweier konjugiert komplexer Zahlen ist eine reelle Zahl.

Die Aussage ist **wahr**, weil $(a+bi) \cdot (a-bi) = a^2 + b^2$ ist, und das ist eine reelle Zahl.

Einführung von Bruchzahlen (rationalen Zahlen)

$2:5 = \frac{2}{5}$ ist *keine* ganze Zahl. Die ganzen Zahlen sind bezüglich der *Division nicht abgeschlossen*.

Zahlen der Gestalt $r = \frac{a}{b}, a,b \in \mathbb{Z}, b \neq 0$ heißen **Bruchzahlen** (rationale Zahlen). Sie bilden die Menge $\mathbb{Q}$.

Der **Zähler a** gibt die Anzahl der gleichen Teile an.
Der **Nenner b** gibt an, in wie viele gleiche Teile das Ganze zu zerlegen ist.
Der **Bruchstrich** steht zwischen Zähler und Nenner und entspricht dem *Divisionszeichen*.
Wert eines Bruches = *Dezimalzahl*, die sich beim Ausrechnen der Division a : b ergibt. $(2:5 = 0,4)$.
Echter/Unechter Bruch = Betrag des *Zählers* ist *kleiner/größer* als der Betrag des *Nenners*.
Eine **gemischte Zahl** besteht aus einer ganzen Zahl und einem echten Bruch. $\left(3\frac{2}{5} = 3 + \frac{2}{5}\right)$

Dezimalbruch = Bruch, dessen *Nenner* eine *dekadische Einheit* ist. $\left(\frac{5}{10} = 0,5; \frac{38}{100} = 0,38; \frac{256}{1000} = 0,256\right)$

Aufgabe 08: a) Schreib die Divisionen $5:3; 12:7; 26:5$ als Bruch an.

$$5:3 = \frac{5}{3}; 12:7 = \frac{12}{7}; 26:5 = \frac{26}{5}$$

b) Schreibe die Brüche $\frac{3}{4}; \frac{16}{5}; \frac{22}{3}$ als Division an und führe sie aus.

$$\frac{3}{4} = 3:4 = 0,75; \frac{16}{5} = 16:5 = 3,2; \frac{22}{3} = 22:3 = 7,333... = 7,\dot{3}$$

c) Schreibe $\frac{4}{10}; \frac{35}{100}; \frac{96}{1000}$ als Dezimalzahl an. Ergebnis: $\frac{4}{10} = 0,4; \frac{35}{100} = 0,35; \frac{96}{1000} = 0,096$

d) Schreibe $0,2; 0,55; 3,012$ als Dezimalbruch an. Ergebnis: $0,2 = \frac{2}{10}; 0,55 = \frac{55}{100}; 3,012 = 3\frac{12}{1000} = \frac{3012}{1000}$

Erweitern und Kürzen von Brüchen

Erweitern eines Bruches heißt: *Zähler* und *Nenner* mit *der gleichen Zahl* $k \neq 0$ *multiplizieren*: $\frac{a}{b} = \frac{a \cdot k}{b \cdot k}$

Der *Wert* eines Bruches *ändert sich* beim Erweitern *nicht*.

Kürzen eines Bruches heißt: *Zähler* und *Nenner* durch *die gleiche Zahl* $k \neq 0$ *dividieren*: $\frac{a}{b} = \frac{a:k}{b:k}$

Der *Wert* eines Bruches *ändert sich* beim Kürzen *nicht*.

Aufgabe 09: a) Erweitere den Bruch $\frac{2}{5}$ mit 2, 3, 5, 9, 12.

$$\frac{2}{5} = \frac{2 \cdot 2}{5 \cdot 2} = \frac{4}{10}; \frac{2}{5} = \frac{2 \cdot 3}{5 \cdot 3} = \frac{6}{15}; \frac{2}{5} = \frac{2 \cdot 5}{5 \cdot 5} = \frac{10}{25}; \frac{2}{5} = \frac{2 \cdot 9}{5 \cdot 9} = \frac{18}{45}; \frac{2}{5} = \frac{2 \cdot 12}{5 \cdot 12} = \frac{24}{60}$$

b) Kürze den Bruch $\frac{18}{24}$ soweit als möglich.

1. Art: $\frac{18}{24} = \frac{18:2}{24:2} = \frac{9}{12} = \frac{9:3}{12:3} = \frac{3}{4}$ oder 2. Art: $\frac{18}{24} = \frac{3 \cdot 6}{4 \cdot 6} = \frac{3}{4}$

Ordnen von Brüchen

Brüche können der Größe nach geordnet werden. Dazu ist es notwendig, sie auf einen **gemeinsamen Nenner** zu bringen, das ist das *kleinste gemeinsame Vielfache* (kgV) *aller* vorkommenden *Nenner*.

Aufgabe 10: Ordne die Brüche $\frac{9}{4}$ und $\frac{20}{7}$ der Größe nach.

$4 \cdot 7 = 28$ ist der gemeinsame Nenner.
$\frac{9}{4} = \frac{9 \cdot 7}{4 \cdot 7} = \frac{63}{28}$ (mit 7 erweitert)
$\frac{20}{7} = \frac{20 \cdot 4}{7 \cdot 4} = \frac{80}{28}$ (mit 4 erweitert)
$\frac{63}{28} < \frac{80}{28} \Leftrightarrow \frac{9}{4} < \frac{20}{7}$

AG 1 Grundbegriffe der Algebra

Addition und Subtraktion von Brüchen

Addition/Subtraktion von gleichnamigen Brüchen: $\frac{a}{b} \pm \frac{c}{b} = \frac{a \pm c}{b}$

Die *Zähler* werden *addiert/subtrahiert*, der *Nenner* bleibt *unverändert*.

Addition/Subtraktion von ungleichnamigen Brüchen: $\frac{a}{b} \pm \frac{c}{d} = \frac{a \cdot d \pm c \cdot b}{b \cdot d}$

Die Brüche werden durch *geeignetes Erweitern* gleichnamig gemacht und dann addiert/subtrahiert.

Der **kleinste gemeinsame Nenner** ist das kgV aller vorkommenden *Nenner*.

Aufgabe 11: Berechne:

a) $\frac{2}{7} + \frac{4}{7} = \frac{6}{7}$, $\frac{21}{5} + 3 = \frac{21}{5} + \frac{15}{5} = \frac{36}{5} = 7\frac{1}{5}$ b) $\frac{1}{4} + \frac{2}{5} = \frac{1 \cdot 5}{20} + \frac{2 \cdot 4}{20} = \frac{5}{20} + \frac{8}{20} = \frac{13}{20}$ (kgV(4,5) = 20)

c) $\frac{1}{4} - \frac{2}{5} = \frac{1 \cdot 5}{20} - \frac{2 \cdot 4}{20} = \frac{5}{20} - \frac{8}{20} = -\frac{3}{20}$ (kgV(4,5) = 20)

d) $2\frac{1}{3} - \frac{4}{5} = \frac{7}{3} - \frac{4}{5} = \frac{7 \cdot 5}{15} - \frac{4 \cdot 3}{15} = \frac{35}{15} - \frac{12}{15} = \frac{23}{15} = 1\frac{8}{15}$ (kgV(3,5) = 15)

Multiplikation von Brüchen

Multiplikation eines Bruches mit einer ganzen Zahl: $\frac{a}{b} \cdot c = \frac{a \cdot c}{b}$

Der *Zähler* wird mit der ganzen Zahl *multipliziert*, der *Nenner* bleibt *unverändert*.

Multiplikation von zwei Brüchen: $\frac{a}{b} \cdot \frac{c}{d} = \frac{a \cdot c}{b \cdot d}$

Die *Zähler* und die *Nenner* werden *multipliziert*.

Aufgabe 12: Berechne:

a) $\frac{2}{5} \cdot 4 = \frac{2 \cdot 4}{5} = \frac{8}{5} = 1\frac{3}{5}$ b) $6 \cdot \frac{2}{3} = \frac{6 \cdot 2}{3} = \frac{\cancel{3} \cdot 2 \cdot 2}{\cancel{3} \cdot 1} = \frac{4}{1} = 4$

c) $\frac{2}{5} \cdot \frac{10}{3} = \frac{2 \cdot 10}{5 \cdot 3} = \frac{2 \cdot \cancel{5} \cdot 2}{\cancel{5} \cdot 3} = \frac{4}{3} = 1\frac{1}{3}$ d) $\frac{3}{7} \cdot \frac{21}{8} \cdot \frac{16}{5} = \frac{3 \cdot 21 \cdot 16}{7 \cdot 8 \cdot 5} = \frac{3 \cdot 7 \cdot 3 \cdot 8 \cdot 2}{7 \cdot 8 \cdot 5} = \frac{18}{5} = 3\frac{3}{5}$

Division von Brüchen

Division eines Bruches durch eine ganze Zahl $c \neq 0$: $\frac{a}{b} : c = \frac{a}{b \cdot c}$

Der *Nenner* wird mit der ganzen Zahl *multipliziert*, der *Zähler* bleibt *unverändert*.

Division von zwei Brüchen: $\frac{a}{b} : \frac{c}{d} = \frac{a}{b} \cdot \frac{d}{c} = \frac{a \cdot d}{b \cdot c}$

Der erste Bruch wird *mit dem Kehrwert* (Reziprokwert) des zweiten Bruchs *multipliziert*.

Wird die *Division zweier Brüche in Bruchform* angeschrieben entsteht ein **Doppelbruch**.

$$\frac{a}{b} : \frac{c}{d} = \frac{\frac{a}{b}}{\frac{c}{d}} \quad \leftarrow \text{Hauptbruchstrich} \rightarrow \quad \frac{\frac{a}{b}}{\frac{c}{d}} = \frac{a \cdot d}{b \cdot c} = \frac{\text{Produkt der Außenglieder}}{\text{Produkt der Innenglieder}}$$

Aufgabe 13: Berechne:

a) $\frac{1}{2} : 4 = \frac{1}{2 \cdot 4} = \frac{1}{8}$ b) $2\frac{1}{3} : 14 = \frac{7}{3} : 14 = \frac{7}{3 \cdot 14} = \frac{7 \cdot 1}{3 \cdot 2 \cdot 7} = \frac{1}{6}$

c) $\frac{10}{3} : \frac{5}{2} = \frac{10}{3} \cdot \frac{2}{5} = \frac{10 \cdot 2}{3 \cdot 5} = \frac{2 \cdot \cancel{5} \cdot 2}{3 \cdot \cancel{5}} = \frac{4}{3} = 1\frac{1}{3}$ d) $3 : \frac{21}{8} = \frac{3}{1} \cdot \frac{21}{8} = \frac{3}{1} \cdot \frac{8}{21} = \frac{3 \cdot 8}{1 \cdot 21} = \frac{\cancel{3} \cdot 8}{1 \cdot \cancel{3} \cdot 7} = \frac{8}{7} = 1\frac{1}{7}$

e) $\frac{\frac{3}{4}}{\frac{2}{7}} = \frac{3 \cdot 7}{4 \cdot 2} = \frac{21}{8} = 2\frac{5}{8}$ f) $\frac{\frac{3}{4}}{6} = \frac{\frac{3}{4}}{\frac{6}{1}} = \frac{3 \cdot 1}{4 \cdot 6} = \frac{\cancel{3} \cdot 1}{4 \cdot 2 \cdot \cancel{3}} = \frac{1}{8}$ g) $\frac{5}{1+\frac{2}{3}} = \frac{5}{\frac{5}{3}} = \frac{\frac{5}{1}}{\frac{5}{3}} = \frac{5 \cdot 3}{1 \cdot 5} = \frac{3}{1} = 3$

Prozente und Promille

In der **Prozentrechnung** ordnet man dem **Grundwert g** die Zahl 100 zu.

1 Prozent = 1 % = $\dfrac{g}{100}$ ein Hundertstel des Grundwerts. **p Prozent** = p % = $\dfrac{p \cdot g}{100}$ = a ... Prozentanteil

In der **Promillerechnung** ordnet man dem **Grundwert g** die Zahl 1000 zu.

1 Promille = 1 ‰ = $\dfrac{g}{1000}$ ein Tausendstel des Grundwerts. **p Promille** = p ‰ = $\dfrac{p \cdot g}{1000}$ = a ... Promilleanteil

Aufgabe 14: Berechnung des Prozentanteils:

Eine Ware wurde um 245 € eingekauft und mit 8 % Gewinn verkauft.
Wie groß war der Gewinn und der Verkaufspreis? (Rechnung von Hundert)

g = 245 €

$a = \dfrac{p \cdot g}{100} = \dfrac{8 \cdot 245}{100} = 19{,}6\,€$ Gewinn

g + a = 264,6 € Verkaufspreis

Aufgabe 15: Berechnung des Prozentsatzes:

Beim Kauf eines Grundstücks um 24 000 € wurden dem Vermittler 360 € Provision bezahlt.
Wie viel Prozent betrug sie?

$\dfrac{p \cdot g}{100} = a \Rightarrow p = \dfrac{a \cdot 100}{g} = \dfrac{360 \cdot 100}{24\,000} = 1{,}5\%$ Provision

Aufgabe 16: Berechnung des Grundwerts:

Die 20-prozentige Mehrwertsteuer einer Ware betrug 157,5 €.
Berechne den Verkaufspreis ohne MWSt.

$\dfrac{p \cdot g}{100} = a \Rightarrow \dfrac{20 \cdot g}{100} = 157{,}5 \Rightarrow g = \dfrac{100 \cdot 157{,}5}{20} = 787{,}5\,€$ Preis ohne MWSt.

Aufgabe 17: Ein Haus ist mit 620 000 € versichert. Als jährliche Prämie sind 2 ‰ der Versicherungssumme zu bezahlen. Berechne den Promilleanteil (die jährliche Prämie).

$a = \dfrac{p \cdot g}{1000} = \dfrac{2 \cdot 620\,000}{1000} = 1240\,€$ jährliche Prämie

Zinsrechnung

In der Zinsrechnung sind folgende Bezeichnungen üblich:

K_0 ... Anfangskapital   Z ... Zinsen   p ... Zinssatz in %   K ... Endkapital   n, m, t ... Laufzeit

Einfachzinsformeln:

Jahreszinsen $Z = \dfrac{K_0 \cdot p \cdot n}{100}$ Endkapital $K = K_0\left(1 + \dfrac{p \cdot n}{100}\right)$ n ... Laufzeit in Jahren

Monatszinsen $Z = \dfrac{K_0 \cdot p \cdot m}{100 \cdot 12}$ Endkapital $K = K_0\left(1 + \dfrac{p \cdot m}{100 \cdot 12}\right)$ m ... Laufzeit in Monaten

Tageszinsen $Z = \dfrac{K_0 \cdot p \cdot t}{100 \cdot 360}$ Endkapital $K = K_0\left(1 + \dfrac{p \cdot t}{100 \cdot 360}\right)$ t ... Laufzeit in Tagen

Es gilt folgende Zeiteinteilung: 1 Jahr = 12 Monate, 1 Monat = 30 Tage

Aufgabe 18: Berechnung der Zinsen:

Wie viel Zinsen tragen 24000 € in der Zeit von 3 Monaten und 20 Tagen bei einem Zinssatz von 3 %?

Zeitdauer t = 3·30 + 20 = 110 Tage; Einsetzen in obige Formel ergibt:

$$Z = \frac{K_0 \cdot p \cdot t}{100 \cdot 360} = \frac{24000 \cdot 3 \cdot 110}{100 \cdot 360} = 220 \text{ € Zinsen}$$

Aufgabe 19: Berechnung des Anfangskapitals:

Wie groß ist das Kapital, das bei einem Zinssatz von 5 % in 8 Monaten 430 € Zinsen trägt?

$$Z = \frac{K_0 \cdot p \cdot m}{100 \cdot 12} \quad | \; K_0 \text{ explizit darstellen}$$

$$K_0 = \frac{Z \cdot 100 \cdot 12}{p \cdot m} \Rightarrow K_0 = \frac{430 \cdot 100 \cdot 12}{5 \cdot 8} = 12900 \text{ € Kapital}$$

Aufgabe 20: Berechnung des Zinssatzes:

Ein Geschäftsmann verrechnet für eine Schuld von 4700 €, die 135 Tage nach dem Fälligkeitstermin beglichen wurde, Verzugszinsen von 141 €. Wie viel Prozent Verzugszinsen sind das?

$$Z = \frac{K_0 \cdot p \cdot t}{100 \cdot 360} \quad | \; p \text{ explizit darstellen}$$

$$p = \frac{100 \cdot 360 \cdot Z}{K_0 \cdot t} \Rightarrow p = \frac{100 \cdot 360 \cdot 141}{4700 \cdot 135} = 8\% \text{ Verzugszinsen}$$

Aufgabe 21: Berechnung der Zeit:

In wie viel Monaten trägt ein Kapital von 35000 € bei einer 6 %igen Verzinsung 1662,50 € Zinsen?

$$Z = \frac{K_0 \cdot p \cdot m}{100 \cdot 12} \quad | \; m \text{ explizit darstellen}$$

$$m = \frac{100 \cdot 12 \cdot Z}{K_0 \cdot p} \Rightarrow m = \frac{100 \cdot 12 \cdot 1662{,}50}{35000 \cdot 6} = 9{,}5 \text{ Monate} = 9 \text{ Monate und 15 Tage}$$

Zinseszinsrechnung

Zinseszinsen erhält man, wenn die Bank die in einem Jahr angelaufenen *Zinsen zum Kapital* schlägt, sodass sie im nächsten Jahr mitverzinst werden. Man nennt das eine „kontokorrente Verzinsung".

Zinseszinsformeln: $K_n = K_0 \cdot q^n \qquad q = 1 + \dfrac{p}{100}$ ... Aufzinsungsfaktor

$\qquad\qquad\qquad\quad K_0 = K_n \cdot v^n \qquad v = \dfrac{1}{q}$ ... Abzinsungsfaktor

K_0 ... Anfangskapital $\qquad K_n$ ... Endkapital nach n Jahren $\qquad$ p ... Zinssatz in % $\qquad$ n ... Laufzeit in Jahren

Aufgabe 22: a) Auf welchen Betrag wächst ein Kapital von 15000 € bei 6 % Zinseszinsen in 5 Jahren?

$$q = 1 + \frac{6}{100} = 1{,}06 \qquad K_5 = 15000 \cdot 1{,}06^5 = 20073{,}38 \text{ €}$$

b) Welches Kapital muss man heute auf die Bank legen, damit es nach 10 Jahren bei 5 % Zinseszinsen auf 10000 € anwächst?

$$q = 1 + \frac{5}{100} = 1{,}05, \; v = \frac{1}{q} = \frac{1}{1{,}05} \qquad K_0 = 10000 \cdot \left(\frac{1}{1{,}05}\right)^{10} = 6139{,}13 \text{ €}$$

Begriff der Potenz

Unter einer **Potenz** versteht man ein **Produkt aus gleichen Faktoren**.

$$\underbrace{a}_{1\text{-mal}} = a^1 \qquad \underbrace{a \cdot a}_{2\text{-mal}} = a^2 \qquad \underbrace{a \cdot a \cdot a}_{3\text{-mal}} = a^3 \qquad \underbrace{a \cdot a \cdot a \cdot a}_{4\text{-mal}} = a^4 \qquad \underbrace{a \cdot a \cdot a \cdot \ldots \cdot a}_{n\text{-mal}} = a^n, a \in \mathbb{R}, n \in \mathbb{N}^*$$

Man nennt: **a** ... Basis (Grundzahl), **n** ... Exponent (Hochzahl), **a^n** ... Potenz (Potenzwert).

Es gilt: $a^0 = 1 \qquad \forall a \in \mathbb{R} \setminus \{0\}$

$a^{-n} = \dfrac{1}{a^n} \qquad \forall a \in \mathbb{R} \setminus \{0\}, n \in \mathbb{N}^*$ (Potenzen mit negativen Exponenten)

Für die Basis 0 gilt: $0^n = 0 \quad \forall n \in \mathbb{N}^*$. 0^0 und 0^{-n} sind *nicht* definiert.

Aufgabe 23: a) Gib in Potenzschreibweise an $4 \cdot 4 \cdot 4 \cdot (a-3) \cdot (a-3)$.

$$4 \cdot 4 \cdot 4 \cdot (a-3) \cdot (a-3) = 4^3 \cdot (a-3)^2$$

b) Ermittle die Zahlenwerte folgender Potenzterme: $5^2, 5^3, (-5)^2, (-5)^3, -2^3 + (-2)^3, 2^{-3}$

$5^2 = 25$ ist positiv, $5^3 = 125$ ist positiv.

$(-5)^2 = 25$ ist positiv, $(-5)^3 = -125$ ist negativ.

$-2^3 + (-2)^3 = -8 + (-8) = -16$

$2^{-3} = \dfrac{1}{2^3} = \dfrac{1}{2 \cdot 2 \cdot 2} = \dfrac{1}{8}$

Rechnen mit Potenzen

(1) $a^n \cdot a^m = a^{n+m}$ — bei gleicher Basis die Hochzahlen addieren — $2^5 \cdot 2^3 = 2^{5+3} = 2^8$

(2) $a^n : a^m = a^{n-m}$ — bei gleicher Basis die Hochzahlen subtrahieren — $2^5 : 2^3 = 2^{5-3} = 2^2$

(3) $a^n \cdot b^n = (a \cdot b)^n$ — bei gleicher Hochzahl die Basen multiplizieren — $2^5 \cdot 3^5 = (2 \cdot 3)^5$

(4) $a^n : b^n = \left(\dfrac{a}{b}\right)^n$ — bei gleicher Hochzahl die Basen dividieren — $2^5 : 3^5 = \left(\dfrac{2}{3}\right)^5$

(5) $(a \cdot b)^n = a^n \cdot b^n$ — Jeder Faktor wird potenziert. — $(2 \cdot 3)^5 = 2^5 \cdot 3^5$

(6) $\left(\dfrac{a}{b}\right)^n = \dfrac{a^n}{b^n}$ — Zähler und Nenner werden potenziert. — $\left(\dfrac{2}{3}\right)^5 = \dfrac{2^5}{3^5}$

(7) $(a^n)^m = a^{n \cdot m}$ — Hochzahlen multiplizieren, Basis bleibt gleich — $(2^3)^2 = 2^{3 \cdot 2} = 2^6$

Aufgabe 24: Führe unter Anwendung obiger Regeln folgende Berechnungen durch:

a) $5a^3 - 2a^2 + a - 4a^3 + a^2 - 2a = 5a^3 - 4a^3 - 2a^2 + a^2 + a - 2a = a^3 - a^2 - a$

Hinweis: Add. u. Subtr. ist nur für gleichnamige Potenzen möglich!

b) $3a^2b^3c \cdot 8a^4bc^2 = 24a^{2+4}b^{3+1}c^{1+2} = 24a^6b^4c^3$

c) $5a^{-2}b^3c^{-2} \cdot 3a^4b^{-1}c^2 = 15a^{-2+4}b^{3-1}c^{-2+2} = 15a^2b^2c^0 = 15a^2b^2$ (Beachte: $c^0 = 1$).

d) $9a^4b^3c^5 : 3a^3bc^2 = 3a^{4-3}b^{3-1}c^{5-2} = 3ab^2c^3$

e) $\left(3a^{-2}b^3c^{-1}\right)^2 = 3^2 a^{-2 \cdot 2} b^{3 \cdot 2} c^{-1 \cdot 2} = 9a^{-4}b^6c^{-2} = \dfrac{9b^6}{a^4c^2}$

f) $\left(\dfrac{2x^3y^{-2}z}{3x^{-3}yz^4}\right)^{-2} = \dfrac{2^{-2}x^{3 \cdot (-2)}y^{(-2) \cdot (-2)}z^{1 \cdot (-2)}}{3^{-2}x^{(-3) \cdot (-2)}y^{1 \cdot (-2)}z^{4 \cdot (-2)}} = \dfrac{2^{-2}x^{-6}y^4z^{-2}}{3^{-2}x^6y^{-2}z^{-8}} = \dfrac{9}{4}x^{-12}y^6z^6 = \dfrac{9y^6z^6}{4x^{12}}$

AG 1 Grundbegriffe der Algebra

Begriff der Wurzel

$x^2 = 16$ hat die Lösung $\sqrt{16} = 4$, da $4^2 = 16$ ist. $x^3 = 27$ hat die Lösung $\sqrt[3]{27} = 3$, da $3^3 = 27$ ist.

Allgemein gilt: $x^n = a$ hat die Lösung $\sqrt[n]{a}$, das ist jene Zahl b, deren n-te Potenz gleich a ist.

Für alle nicht negativen Zahlen a und b gilt: $\sqrt[n]{a} = b \Leftrightarrow b^n = a$, für alle $n \in \mathbb{N}^*$.

Man nennt $\sqrt[n]{a}$ ... **Wurzelwert**, n ... **Wurzelexponent**, a ... **Radikand**.

Anmerkungen: (1) Es gilt: $\sqrt[1]{a} = a, \sqrt[2]{a} = \sqrt{a}, \sqrt[n]{0} = 0, \sqrt[n]{1} = 1$.

(2) Potenzieren und Wurzelziehen sind über $\mathbb{R}_o^+$ **inverse Rechenoperationen**.

(3) Das Berechnen des Wurzelwertes heißt **Wurzelziehen (Radizieren)**.

Potenzschreibweise von Wurzeln

$\sqrt[n]{a} = a^{\frac{1}{n}} \quad \forall a \in \mathbb{R}_o^+, n \in \mathbb{N}^*$ **Beispiele:** $\sqrt{5} = 5^{\frac{1}{2}}; \; 7^{\frac{1}{3}} = \sqrt[3]{7}$

$\sqrt[q]{a^p} = a^{\frac{p}{q}} \quad \forall a \in \mathbb{R}_o^+, q \in \mathbb{N}^*, p \in \mathbb{Z} \; (\frac{p}{q} \in \mathbb{Q})$ **Beispiele:** $\sqrt[3]{10^2} = 10^{\frac{2}{3}}; \; 2^{\frac{3}{5}} = \sqrt[5]{2^3}; \; 4^{\frac{-3}{2}} = \sqrt{4^{-3}}$

Aufgabe 25: Ermittle folgende Wurzelwerte:

$\sqrt[3]{64} = 4; \; \sqrt[4]{2^4} = 2; \; \sqrt{(3x)^2} = 3x; \; \sqrt[3]{(a+b)^3} = a+b; \; \sqrt[n]{(xy)^n} = xy; \; \left(\dfrac{\sqrt{x^2-y^2}}{x+y}\right)^2 = \dfrac{x^2-y^2}{(x+y)^2} = \dfrac{x-y}{x+y}$

Rechnen mit Wurzeln

(1) $\sqrt[n]{a} \cdot \sqrt[n]{b} = \sqrt[n]{a \cdot b}$ bei gleichen Wurzelexponenten die Radikanden multiplizieren $\sqrt[3]{4} \cdot \sqrt[3]{7} = \sqrt[3]{28}$

(2) $\sqrt[n]{a} : \sqrt[n]{b} = \dfrac{\sqrt[n]{a}}{\sqrt[n]{b}} = \sqrt[n]{\dfrac{a}{b}}$ bei gleichen Wurzelexponenten die Radikanden dividieren $\sqrt{16} : \sqrt{8} = \sqrt{\dfrac{16}{8}} = \sqrt{2}$

(3) $\sqrt[n]{a \cdot b} = \sqrt[n]{a} \cdot \sqrt[n]{b}$ aus jedem Faktor die Wurzel ziehen $\sqrt[5]{7 \cdot 8} = \sqrt[5]{7} \cdot \sqrt[5]{8}$

(4) $\sqrt[n]{\dfrac{a}{b}} = \dfrac{\sqrt[n]{a}}{\sqrt[n]{b}}$ aus Zähler und Nenner die Wurzel ziehen $\sqrt[4]{\dfrac{20}{7}} = \dfrac{\sqrt[4]{20}}{\sqrt[4]{7}}$

(5) $\left(\sqrt[n]{a}\right)^r = \sqrt[n]{a^r}$ Wurzelexponent unverändert lassen, Radikand potenzieren $\left(\sqrt[3]{2}\right)^2 = \sqrt[3]{2^2} = \sqrt[3]{4}$

Aufgabe 26: Führe folgende Berechnungen durch:

a) $5 \cdot \sqrt[3]{x} + 3 \cdot \sqrt[4]{y} - 2 \cdot \sqrt[3]{x} - 5 \cdot \sqrt[4]{y} = 3 \cdot \sqrt[3]{x} - 2 \cdot \sqrt[4]{y}$ **Hinweis:** Addition u. Subtraktion ist nur für Wurzeln mit gleichem Wurzelexponenten und gleichem Radikanden möglich!

b) $\sqrt{6} \cdot \sqrt{3} = \sqrt{6 \cdot 3} = \sqrt{18} = \sqrt{9 \cdot 2} = 3\sqrt{2}$ **Hinweis:** Regel (1) anwenden!

c) $\sqrt[3]{4} \cdot \sqrt{2} = \sqrt[3 \cdot 2]{4^2} \cdot \sqrt[2 \cdot 3]{2^3} = \sqrt[6]{16 \cdot 8} = \sqrt[6]{128} = \sqrt[6]{2^6 \cdot 2} = 2\sqrt[6]{2}$ **Hinweis:** Auf gleichen Wurzelexponenten bringen!

d) $\sqrt{5} : \sqrt{125} = \sqrt{\dfrac{5}{125}} = \sqrt{\dfrac{1}{25}} = \dfrac{1}{5}$ **Hinweis:** Regel (2) anwenden!

e) $\sqrt[3]{4} : \sqrt{2} = \sqrt[3 \cdot 2]{4^2} : \sqrt[2 \cdot 3]{2^3} = \sqrt[6]{2^4} : \sqrt[6]{2^3} = \sqrt[6]{2^{4-3}} = \sqrt[6]{2}$ **Hinweis:** Auf gleichen Wurzelexponenten bringen!

f) $\dfrac{3\sqrt{5} - \sqrt{15}}{2\sqrt{15}} = \dfrac{(3\sqrt{5} - \sqrt{15}) \cdot \sqrt{15}}{2\sqrt{15} \cdot \sqrt{15}} = \dfrac{3\sqrt{45} - 15}{2 \cdot 15} = \dfrac{9\sqrt{5} - 15}{30} = \dfrac{3\sqrt{5} - 5}{10}$ **Hinweis:** Rationalmachen des Nenners! Erweitern mit $\sqrt{15}$

g) $\left(\sqrt{6}\right)^3 = \sqrt{6^3} = \sqrt{36 \cdot 6} = 6\sqrt{6}$ **Hinweis:** Regel (5) anwenden!

h) $\sqrt[3]{\sqrt{125}} = \sqrt[6]{125} = \sqrt[6]{5^3} = \sqrt{5}$ **Hinweis:** Es gilt die Regel $\sqrt[n]{\sqrt[m]{a}} = \sqrt[n \cdot m]{a}$

i) $\left(x^{\frac{5}{4}} \cdot \sqrt[3]{x^5}\right) : \sqrt[3]{x^2} = x^{\frac{5}{4}} \cdot x^{\frac{5}{3}} : x^{\frac{2}{3}} = x^{\frac{5}{4} + \frac{5}{3} - \frac{2}{3}} = x^{\frac{5}{4} + 1} = x^{\frac{9}{4}} = \sqrt[4]{x^9} = \sqrt[4]{x^8 \cdot x} = x^2 \sqrt[4]{x}$ **Hinweis:** Potenzschreibweise verwenden und zurückverwandeln.

Variable, Terme und Formeln

Variable sind Platzhalter oder Leerstellen für Elemente aus einer gegebenen Grundmenge.
Variable werden mit Buchstaben gekennzeichnet: a, b, c, ... x, y, z.

Terme sind sinnvolle mathematische Ausdrücke, die aus Zahlen, Variablen, Operationszeichen und Klammern bestehen können.

Beispiele: Zahlenterme: $20+3^2$, $8-\frac{3}{4}$, $4\sqrt{3}+12$

Ganz rationale Terme: $x-10$, $3(4+b^2)$, $\frac{3-5a}{7}$

Gebrochen rationale Terme: $\frac{5}{x}$, $\frac{3a-7}{4b}$, $\frac{8x+2y}{z}$, $\frac{x^2\sqrt{y}}{x-1}$ (Der Nenner enthält mindestens eine Variable)

Terme besitzen eine *Definitionsmenge*. Das ist die Menge jener Elemente aus einer gegebenen Grundmenge, die man für die Variablen einsetzen kann, sodass sich ein eindeutiger Zahlenwert ergibt.

Beispiel: Die obigen ganz rationalen Terme sind für alle Zahlen aus einer gegebenen Grundmenge definiert.
Die obigen gebrochen rationalen Terme sind nur für jene Zahlen aus der gegebenen Grundmenge definiert, für die der Nenner nicht gleich 0 wird. Treten Wurzeln auf, müssen die Radikanden ≥ 0 sein.

Der Term $\frac{x^2\sqrt{y}}{x-1}$ ist für $x \in \mathbb{R}, x \neq 1$ und $y \in \mathbb{R}, y \geq 0$ definiert.

Zwei Terme heißen *äquivalent*, wenn sich bei jeder Belegung ihrer Variablen jeweils der gleiche Zahlenwert ergibt.

Beispiel: Die Terme $T_1(x) = x^2 + 4x + 4$ und $T_2(x) = (x+2)^2$ sind äquivalent bezüglich $\mathbb{R}$, weil sich beim Einsetzen jeder beliebigen Zahl aus $\mathbb{R}$ jeweils der gleiche Zahlenwert ergibt.
$T_1(-2) = T_2(-2) = 0$, $T_1(0) = T_2(0) = 4$, $T_1(1) = T_2(1) = 9$ usw.

Formeln sind spezielle Terme, die einen Zusammenhang zwischen verschiedenen Größen beschreiben.

Beispiele: Formeln der Geometrie, zB $u = 2a + 2b$, $A = \frac{g \cdot h}{2}$, $V = G \cdot h$, $O = 4r^2\pi$, ...

Physikalische Formeln, zB $s = \frac{a}{2} \cdot t^2$, $E_k = \frac{mv^2}{2}$, $E = mc^2$, $F = G\frac{Mm}{r^2}$, $U = R \cdot I$, ...

Binomische Formeln: $(a \pm b)^2 = a^2 \pm 2ab + b^2$, $(a+b) \cdot (a-b) = a^2 - b^2$

Aufgabe 27: Gegeben sind zwei Zahlen a und b. Stelle einen Term auf, der Folgendes beschreibt.

a) Die doppelte Summe dieser Zahlen. Ergebnis: $2(a+b)$

b) Die halbe Differenz dieser Zahlen. Ergebnis: $\frac{a-b}{2}$

c) Das dreifache Produkt dieser Zahlen vermehrt um die zweite Zahl. Ergebnis: $3ab + b$

d) Den Quotienten dieser Zahlen vermindert um die Hälfte der ersten Zahl. Ergebnis: $\frac{a}{b} - \frac{a}{2}$

Aufgabe 28: Ein Werkstück hat die Länge a cm, ein zweites die Länge b cm, ein drittes die Länge c cm. Welche Aussagen werden durch folgende Terme getroffen?

a) $a + b + c = 100$ Ergebnis: Die Summe der Längen beträgt 100cm.

b) $a = 2(b+c)$ Ergebnis: Das Werkstück a ist doppelt so lang wie b und c zusammen.

Aufgabe 29: Für einen Kinobesuch zahlen Erwachsene a € und Kinder die Hälfte. Das Kino werde von x Erwachsenen und y Kindern besucht. Stelle eine Formel zur Berechnung der Gesamteinnahmen G auf.

Ergebnis: $G = a \cdot x + \frac{a}{2} \cdot y$

Rechnen mit ganz rationalen Termen

Addition und Subtraktion: Es dürfen nur Terme mit gleichen Variablen addiert/subtrahiert werden.

Beispiel: $5a + 3b - 2a + 4b = (5a - 2a) + (3b + 4b) = 3a + 7b$

Multiplikation: Die Zahlen vor den Variablen werden miteinander multipliziert, dahinter schreibt man die Variablen meist in alphabetischer Reihenfolge.

Beispiel: $3ax \cdot 4by \cdot 2cz = 24abcxyz$

Treten in Termen **Klammern** auf, so sind diese zunächst aufzulösen. **Mehrere Klammern** löst man im Allgemeinen von *innen* beginnend auf.

Beim **Weglassen von Klammern** gilt:

Steht ein "+" vor der Klammer, ändert sich nichts,

steht ein "−" vor der Klammer, ändern sich die Vorzeichen aller innerhalb der Klammer stehenden Terme.

Ist in allen Summanden eines Summenterms ein **gemeinsamer Faktor** enthalten, so kann man diesen **herausheben**. Beispiel: $7x + 7y = 7 \cdot (x + y)$

Binomische Formeln: $(a + b)^2 = a^2 + 2ab + b^2$

$(a - b)^2 = a^2 - 2ab + b^2$

$(a + b) \cdot (a - b) = a^2 - b^2$

Aufgabe 30: Führe folgende Berechnung durch:

$5a + 3b - 2a + b - a - 2b =$ nach gleichnamigen Summanden ordnen

$= \underbrace{5a - 2a - a} + \underbrace{3b + b - 2b} =$ Zusammenfassen

$= 2a + 2b =$ gemeinsamen Faktor 2 herausheben

$= 2(a+b)$

Aufgabe 31: Führe folgende Berechnung durch:

$5x + 3y - [2x - y + (x - 2y)] =$ runde Klammer auflösen

$= 5x + 3y - [2x - y + x - 2y] =$ Term in der Klammer zusammenfassen

$= 5x + 3y - [3x - 3y] =$ eckige Klammer auflösen

$= 5x + 3y - 3x + 3y =$ Zusammenfassen

$= 2x + 6y =$ gemeinsamen Faktor 2 herausheben

$= 2(x+3y)$

Aufgabe 32: Führe folgende Berechnung durch:

$(4x - 5) \cdot (2x + 9) = 4x \cdot 2x + 4x \cdot 9 - 5 \cdot 2x - 5 \cdot 9 =$ Jedes Glied des 1. Terms wird mit

$= 8x^2 + 36x - 10x - 45 =$ jedem Glied des 2. Terms multipliziert

$= 8x^2 + 26x - 45$

Aufgabe 33: Hebe die gemeinsamen Faktoren heraus:

$6xp + 8xq + 6yp + 8yq = x \cdot (6p + 8q) + y \cdot (6p + 8q)$

$= (x + y) \cdot (6p + 8q) = 2 \cdot (x + y) \cdot (3p + 4q)$

Aufgabe 34: Berechne unter Anwendung der binomischen Formeln:

a) $(2x + 7)^2 = (2x)^2 + 2 \cdot (2x) \cdot 7 + 7^2 = 4x^2 + 28x + 49$

b) $(6x - 4y)^2 = (6x)^2 - 2 \cdot (6x) \cdot (4y) + (4y)^2 = 36x^2 - 48xy + 16y^2$

c) $(15a + 8) \cdot (15a - 8) = (15a)^2 - 8^2 = 225a^2 - 64$

Erweitern und Kürzen von Bruchtermen

Ein **Bruchterm** ist ein Ausdruck der Gestalt $\frac{T_1(x)}{T_2(x)}$. Der Bruchterm ist für jene Zahlen der Grundmenge *nicht* definiert, für die $T_2(x) = 0$ ist.

Beim **Erweitern** wird der *Zähler und der Nenner* mit demselben Term $T \neq 0$ *multipliziert*.

Beim **Kürzen** wird der *Zähler und der Nenner* durch denselben Term $T \neq 0$ *dividiert*.

Bemerkung: Der gegebene Bruchterm und der erweiterte bzw. gekürzte Bruchterm sind bezüglich der Durchschnittsmenge ihrer Definitionsmengen äquivalent, d.h. dass die Terme bei jeder Belegung der Variablen durch Zahlen dieser Menge jeweils den gleichen Termwert ergeben.

Aufgabe 35: Erweitere den Term $\frac{5x}{3}$ mit dem Term $x - 2 \neq 0$.

$$\frac{5x}{3} = \frac{5x(x-2)}{3(x-2)} = \frac{5x^2 - 10x}{3x - 6}$$ Äquivalent bezüglich $D = \mathbb{R} \setminus \{2\}$.

Aufgabe 36: Kürze den Term $\frac{x^2 - 9}{4 \cdot (x+3)}$ durch den Term $x + 3 \neq 0$.

$$\frac{x^2 - 9}{4 \cdot (x+3)} = \frac{(x+3) \cdot (x-3)}{4 \cdot (x+3)} = \frac{x-3}{4}$$ Äquivalent bezüglich $D = \mathbb{R} \setminus \{-3\}$.

Addition und Subtraktion von Bruchtermen

Gleichnamige Bruchterme werden addiert (subtrahiert), indem man die *Terme im Zähler addiert (subtrahiert)* und den *Term im Nenner unverändert* lässt.

Ungleichnamige Bruchterme werden zunächst gleichnamig gemacht, indem man sie auf einen *gemeinsamen Nenner* bringt.

Bemerkung: Man bestimmt meistens den so genannten **Hauptnenner**. Das ist der einfachste Term, der alle vorkommenden Nenner als Faktoren enthält. Zu diesem Zweck werden die Einzelnenner als Produkte nicht weiter zerlegbarer Faktoren dargestellt. Der Hauptnenner ergibt sich dann als Produkt der vorkommenden Faktoren; bei gemeinsamen Faktoren jeweils mit der höchsten Potenz.

Aufgabe 37: Berechne $\frac{4ab}{a-2} - \frac{8b}{a-2} =$

$$\frac{4ab}{a-2} - \frac{8b}{a-2} = \frac{4ab - 8b}{a-2} = \frac{4b(a-2)}{a-2} = 4b$$ **Hinweis:** Durch $a - 2 \neq 0$ wurde gekürzt.

Aufgabe 38: Berechne $\frac{3x+y}{3x^2y} + \frac{x-2y}{2xy^2} =$

$$\frac{3x+y}{3x^2y} + \frac{x-2y}{2xy^2} = \frac{(3x+y) \cdot 2y}{6x^2y^2} + \frac{(x-2y) \cdot 3x}{6x^2y^2} = \frac{6xy + 2y^2}{6x^2y^2} + \frac{3x^2 - 6xy}{6x^2y^2} = \frac{3x^2 + 2y^2}{6x^2y^2}$$ **Hinweis:** $6x^2y^2$ ist der Hauptnenner.

Multiplikation und Division von Bruchtermen

Multiplizieren:

$$\frac{T_1}{T_2} \cdot \frac{T_3}{T_4} = \frac{T_1 \cdot T_3}{T_2 \cdot T_4}$$ **Merkregel:** $\frac{\text{Zähler mal Zähler}}{\text{Nenner mal Nenner}}$

Dividieren:

$$\frac{T_1}{T_2} : \frac{T_3}{T_4} = \frac{T_1}{T_2} \cdot \frac{T_4}{T_3} = \frac{T_1 \cdot T_4}{T_2 \cdot T_3}$$ **Merkregel:** Den ersten Bruch mit dem *Kehrwert* des zweiten Bruchs multiplizieren.

Aufgabe 39: Berechne $\frac{5x}{x+y} \cdot \frac{3x+3y}{15y} =$

$$\frac{5x}{x+y} \cdot \frac{3x+3y}{15y} = \frac{5x \cdot (3x+3y)}{(x+y) \cdot 15y} = \frac{15x(x+y)}{(x+y)15y} = \frac{x}{y}$$ **Hinweis:** Durch 15 und $(x+y)$ wurde gekürzt.

Aufgabe 40: Berechne $\frac{6pq^2}{7p^2q} : \frac{9pq^3}{14p^3q} =$

$$\frac{6pq^2}{7p^2q} : \frac{9pq^3}{14p^3q} = \frac{6pq^2}{7p^2q} \cdot \frac{14p^3q}{9pq^3} = \frac{84p^4q^3}{63p^3q^4} = \frac{4p}{3q}$$ **Hinweis:** Durch 21, durch p^3 und durch q^3 wurde gekürzt.

Grundbegriffe über Gleichungen und Ungleichungen

Bei einer **Gleichung** werden zwei Terme durch das „=" Zeichen verbunden, sie hat also die Gestalt $T_1 = T_2$. Werden die beiden Terme durch eines der Ungleichheitszeichen $<, \leq, >, \geq, \neq$ verbunden, dann liegt eine **Ungleichung** vor. (Un-) Gleichungen zwischen Zahlen sind wahre oder falsche Aussagen. (Un-) Gleichungen mit Variablen sind Aussageformen, die erst nach Belegen der Variablen mit Zahlen zu einer wahren oder falschen Aussage werden.

Grundmenge G: Menge der Zahlen, die zur Belegung der Variablen zugelassen sind.

Definitionsmenge D: Menge jener Zahlen von G, für die die auftretenden Terme definiert sind. $D \subseteq G$.

Lösung: Jedes Element aus D, das die (Un-) Gleichung zu einer wahren Aussage macht.

Lösungsmenge L: Menge aller Lösungen. Es gilt: $L \subseteq D$

Hat die (Un-) Gleichung keine Lösung, ist die Lösungsmenge leer. $L = \{\}$.

Ist $L = D$, dann ist die (Un-) Gleichung allgemeingültig.

Lösen einer Gleichung: Ermitteln der Lösungsmenge durch Probieren, durch Näherungsverfahren, graphisch oder durch Äquivalenzumformungen.

Äquivalenzumformungen führen eine gegebene Gleichung in eine **äquivalente Gleichung** über. Das ist eine Gleichung, die bezüglich der gegebenen Grundmenge *dieselbe Lösungsmenge* besitzt. Die wichtigsten Äquivalenzumformungen sind:

- $\forall b \in \mathbb{R}:$ $\quad T_1 = T_2 \Leftrightarrow T_1 \pm b = T_2 \pm b \quad$ dieselbe Zahl addieren bzw. subtrahieren
- $\forall c \in \mathbb{R}\setminus\{0\}:$ $\quad T_1 = T_2 \Leftrightarrow T_1 \cdot c = T_2 \cdot c \quad$ mit derselben Zahl $\neq 0$ multiplizieren
- $\forall c \in \mathbb{R}\setminus\{0\}:$ $\quad T_1 = T_2 \Leftrightarrow \frac{T_1}{c} = \frac{T_2}{c} \quad$ durch dieselbe Zahl $\neq 0$ dividieren
- $\forall T$ mit $D_T \subseteq D:$ $\quad T_1 = T_2 \Leftrightarrow T_1 \pm T = T_2 \pm T \quad$ den gleichen Term addieren oder subtrahieren
- $\forall T \neq 0$ mit $D_T \subseteq D:$ $\quad T_1 = T_2 \Leftrightarrow T_1 \cdot T = T_2 \cdot T \quad$ mit dem gleichen Term $\neq 0$ multiplizieren
- $\forall T \neq 0$ mit $D_T \subseteq D:$ $\quad T_1 = T_2 \Leftrightarrow \frac{T_1}{T} = \frac{T_2}{T} \quad$ durch denselben Term $\neq 0$ dividieren

Bei den **Ungleichungen** gelten die obigen Äquivalenzumformungen mit folgenden *Einschränkungen*:
- Beim Multiplizieren mit einer *negativen* Zahl bzw. beim Dividieren durch eine *negative* Zahl dreht sich das Ungleichheitszeichen um.
- Beim Multiplizieren mit einem Term oder beim Dividieren durch einen Term sind die Fälle $T > 0$ und $T < 0$ getrennt zu untersuchen. (*Fallunterscheidung!*). Im ersten Fall bleibt das Ungleichheitszeichen, im zweiten Fall dreht es sich um.

Beim Lösen von (Un-)Gleichungen ist man bestrebt, die **Variable explizit** darzustellen, indem man Äquivalenzumformungen so oft anwendet, bis die *Variable allein auf einer Seite* steht.

Zur **Probe** wird jede *Lösung* anstelle der Variablen in die gegebene Gleichung *eingesetzt* und nachgeprüft, ob sich eine *wahre* Aussage ergibt. Die Probe ist nur dann unbedingt notwendig und ein Teil der Rechnung, wenn im Lösungsweg einmal *keine* Äquivalenzumformung durchgeführt wurde (z.B.: Dividieren durch eine Variable, Quadrieren einer Gleichung).

Aufgabe 41: Löse in $\mathbb{R}$: **a)** die Gleichung $\frac{3}{4}y - 3 = 2 + \frac{1}{4}y$ **b)** die Ungleichung $\frac{1}{2}x - 8 \leq 7$ mittels Äquivalenzumformungen.

a) $\frac{3}{4}y - 3 = 2 + \frac{1}{4}y \quad |\cdot 4$
$3y - 12 = 8 + y \quad |+12 - y$
$2y = 20 \quad |:2$
$y = 10$

b) $\frac{1}{2}x - 8 \leq 7 \quad |+8$
$\frac{1}{2}x \leq 15 \quad |\cdot 2$
$x \leq 30$
$L = \{x \in \mathbb{R} \mid x \leq 30\} = \,]-\infty; 30]$

Aufgabe 42: Begründe, warum es sich bei der unten durchgeführten Umformung um keine Äquivalenzumformung handelt.

$z^2 - 7z = 0 \quad |:z \qquad$ Die ursprüngliche Gleichung hat die Lösungen $z_1 = 0$ und $z_2 = 7$.
$z - 7 = 0 \qquad\qquad\quad$ Durch die Division ist die Lösung $z = 0$ verloren gegangen.
$z = 7 \qquad\qquad\qquad\;$ Daher liegt keine Äquivalenzumformung vor.

AG 2 (Un-)Gleichungen und Gleichungssysteme

Lineare Gleichung

Unter der **Normalform einer linearen Gleichung** mit einer Variablen versteht man eine Gleichung der Gestalt:

$$ax + b = 0 \text{ mit } a, b \in \mathbb{R} \text{ und } a \neq 0.$$

Koeffizient von x — absolutes (konstantes) Glied

Jede Gleichung, die durch Äquivalenzumformungen auf die Normalform **ax + b = 0** gebracht werden kann, bezeichnet man als **lineare Gleichung**. Sie hat die Lösung $x = -\frac{b}{a}$.

Beim Lösen von Gleichungen ist man bestrebt, die **Variable explizit** darzustellen, indem man Äquivalenzumformungen so oft anwendet, bis die *Variable allein auf einer Seite* steht.

Aufgabe 01: Löse die lineare Gleichung $ax + b = 0$.

(1) Algebraische Lösung:

$$ax + b = 0 \quad | -b$$
$$ax = -b \quad | :a \neq 0$$
$$x = -\frac{b}{a}$$

(2) Graphische Lösung:

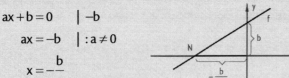

Hinweis: Der Graph der Funktion $f: y = ax + b$ ist eine Gerade. Die x-Koordinate des Schnittpunkts N dieser Geraden mit der x-Achse ist die Lösung der gegebenen Gleichung.

Aufgabe 02: Löse die Gleichung $4 + 2(y-5) = 8y - 4(y-2)$ in $\mathbb{Z}$ und mache die Probe.

$$4 + 2(y-5) = 8y - 4(y-2)$$
$$4 + 2y - 10 = 8y - 4y + 8$$
$$2y - 6 = 4y + 8 \quad | -2y - 8$$
$$2y - 6 - 2y - 8 = 4y + 8 - 2y - 8$$
$$-14 = 2y \Leftrightarrow 2y = -14 \quad |:2$$
$$y = -7 \quad L = \{-7\}$$

Probe:
$$4 + 2 \cdot (-7 - 5) = 8 \cdot (-7) - 4 \cdot (-7 - 2)$$
$$4 + 2 \cdot (-12) = -56 - 4 \cdot (-9)$$
$$4 - 24 = -56 + 36$$
$$-20 = -20, \text{w.A.}$$

Aufgabe 03: Löse die Gleichung $-5x + 15 - [-7x - 20 + 11(-2x + 1)] = 6(4x + 4)$ in $\mathbb{R}$.

$$-5x + 15 - [-7x - 20 + 11(-2x + 1)] = 6(4x + 4)$$
$$-5x + 15 - [-7x - 20 - 22x + 11] = 24x + 24$$
$$-5x + 15 - [-29x - 9] = 24x + 24$$
$$-5x + 15 + 29x + 9 = 24x + 24$$
$$24x + 24 = 24x + 24$$

Die letzte Gleichung ergibt für jede Zahl $x \in \mathbb{R}$ eine wahre Aussage, daher ist die Lösungsmenge $L = \mathbb{R}$. Man sagt: Die **Gleichung ist** über $\mathbb{R}$ **allgemeingültig**.

Aufgabe 04: Löse die Gleichung $2z + 14 - [11z + 6 - (2z + 7)] = -(7z + 11)$ in $\mathbb{R}$.

$$2z + 14 - [11z + 6 - (2z + 7)] = -(7z + 11)$$
$$2z + 14 - [11z + 6 - 2z - 7] = -7z - 11$$
$$2z + 14 - [9z - 1] = -7z - 11$$
$$2z + 14 - 9z + 1 = -7z - 11$$
$$-7z + 15 = -7z - 11$$
$$15 = -11$$

Die letzte Gleichung ist eine falsche Aussage, daher ist die Lösungsmenge die leere Menge $L = \{\ \}$.
Man sagt: Die **Gleichung ist** über $\mathbb{R}$ **unlösbar**.

Gleichungen mit Bruchtermen, die auf eine lineare Gleichung führen

Die Variable kommt in keinem Nenner vor.
Die Gleichung wird *bruchfrei* gemacht, indem man sie mit dem **Hauptnenner HN** (kleinstes gemeinsames Vielfaches aller vorhandenen Nenner) multipliziert. Dies führt auf eine lineare Gleichung mit ganzrationalen Termen, die durch Äquivalenzumformungen auf die Normalform gebracht wird.

Die Variable kommt in mindestens einem Nenner vor.
Man ermittelt zunächst die **Definitionsmenge** der Gleichung, indem man die vorhandenen *Nenner gleich null* setzt und die so berechneten Zahlen aus der Grundmenge ausschließt.
Dann wird die Gleichung *bruchfrei* gemacht, indem man sie mit dem **Hauptnenner** HN multipliziert.

Aufgabe 05: Löse folgende Gleichung in $\mathbb{Q}$ und mache die Probe.

$$\frac{3x-4}{2} + \frac{4x-7}{3} = \frac{10x-12}{4} \qquad \cdot 12 \ (= \text{Hauptnenner})$$
$$6(3x-4) + 4(4x-7) = 3(10x-12) \qquad \text{Klammern ausrechnen}$$
$$18x - 24 + 16x - 28 = 30x - 36 \qquad \text{Zusammenfassen}$$
$$34x - 52 = 30x - 36 \qquad +52$$
$$34x = 30x + 16 \qquad -30x$$
$$4x = 16 \qquad :4$$
$$x = 4, \ \mathbf{L} = \{4\}$$

Probe:
$$T_1(4) = \frac{3 \cdot 4 - 4}{2} + \frac{4 \cdot 4 - 7}{3} = \frac{8}{2} + \frac{9}{3} = 7$$
$$T_2(4) = \frac{10 \cdot 4 - 12}{4} = \frac{28}{4} = 7$$
$$T_1(4) = T_2(4) \ \text{w.A.}$$

Aufgabe 06: Löse folgende Gleichung in $\mathbb{Q}$ und mache die Probe.

$$\frac{9}{x-1} - \frac{1}{x-3} = \frac{8}{x} \qquad \cdot x(x-1)(x-3) \ldots (= HN)$$
$$9x(x-3) - x(x-1) = 8(x-1)(x-3) \qquad \text{Klammern ausrechnen}$$
$$9x^2 - 27x - x^2 + x = 8x^2 - 32x + 24 \qquad \text{Zusammenfassen}$$
$$8x^2 - 26x = 8x^2 - 32x + 24 \qquad -8x^2 + 32x$$
$$6x = 24$$
$$x = 4 \in D, \ \mathbf{L} = \{4\}$$

Definitionsmenge:
$x = 0$
$x - 1 = 0 \Rightarrow x = 1$
$x - 3 = 0 \Rightarrow x = 3 \quad D = \mathbb{Q}\setminus\{0, 1, 3\}$

Probe:
$$T_1(4) = \frac{9}{4-1} - \frac{1}{4-3} = \frac{9}{3} - \frac{1}{1} = 2, \ T_2(4) = \frac{8}{4} = 2$$
$$T_1(4) = T_2(4) \ \text{w.A.}$$

Aufgabe 07: Löse folgende Gleichung in $\mathbb{Q}$ und mache die Probe.

$$(x+4)^2 - 5 \cdot (3x+5) = (x^2+1) - 3 \qquad \text{Ausmultiplizieren}$$
$$x^2 + 8x + 16 - 15x - 25 = x^2 + 1 - 3 \qquad \text{Zusammenfassen}$$
$$x^2 - 7x - 9 = x^2 - 2 \qquad -x^2$$
$$-7x - 9 = -2 \qquad +9$$
$$-7x = 7 \qquad :(-7)$$
$$x = \frac{7}{-7} = -1, \ \mathbf{L} = \{-1\}$$

Probe:
$$(-1+4)^2 - 5 \cdot (-3+5) = ((-1)^2 + 1) - 3$$
$$3^2 - 5 \cdot 2 = 2 - 3$$
$$-1 = -1 \ | \ \text{wahre Aussage!}$$

Textaufgaben

Textaufgaben sind in **Text eingekleidete mathematische Aufgaben**, die einen Sachzusammenhang beschreiben. Es ist wichtig, den Text mehrmals zu lesen, bis man die Aufgabe versteht.

Bei der **Bearbeitung von Textaufgaben** sind folgende Punkte nützlich:

(1) Überlegen, welche Größe als **Unbekannte** (**Variable**) gewählt wird.
(2) Übertragen des Textes in die **Sprache der Mathematik**. Wenn möglich, Tabelle anlegen.
(3) Aufstellen der **Ansatzgleichung** aus Termen, die gleichgesetzt werden können.
(4) **Lösen** der Ansatzgleichung.
(5) **Probe (Prüfung der Lösung)** anhand des Textes, ob die Lösung den Bedingungen entspricht.
(6) **Antworten**.

Aufgabe 08: Vertauscht man in einer zweiziffrigen Zahl mit der Ziffernsumme 15 die beiden Ziffern, so ist die Hälfte der neuen Zahl um 48 kleiner als die ursprüngliche Zahl. Wie heißt die Zahl?

	Z	E	Dekadischer Wert
Gesuchte Zahl	$15-x$	x	$10\cdot(15-x)+x=150-9x$
Neue Zahl	x	$15-x$	$10x+15-x=9x+15$

Ansatzgleichung: $\frac{9x+15}{2}+48=150-9x$

Lösen der Ansatzgleichung:
$$9x+15+96=300-18x$$
$$27x=189$$
$$x=7$$

Antwort: Die Zahl heißt 87. Prüfung: $\frac{78}{2}=39;\ 39+48=87$

Aufgabe 09: Ein Betrag von 7500 € soll unter drei Personen A, B und C wie folgt aufgeteilt werden: B erhält um 25% mehr als A. C erhält zwei Drittel vom Betrag, den A und B zusammen erhalten. Berechne die einzelnen Teilbeträge.

A erhält x €,   B erhält $x+\frac{x\cdot25}{100}=1{,}25x$ €,   C erhält $\frac{2}{3}(x+1{,}25x)$ €

Ansatzgleichung:

$$x+1{,}25x+\frac{2}{3}(x+1{,}25x)=7500$$
$$2{,}25x+\frac{2}{3}\cdot2{,}25x=7500$$
$$3{,}75x=7500 \qquad \text{Antwort: A erhält 2000 €, B erhält 2500 € und C erhält 3000 €.}$$
$$x=\frac{7500}{3{,}75}$$
$$x=2000$$

Prüfung: $2000+2500+3000=7500$

Aufgabe 10: In einem Rechteck ist die Breite um 6cm kürzer als die Länge. Wenn man die Länge um 3cm verkürzt und die Breite unverändert lässt, erhält man ein Rechteck, dessen Flächeninhalt um $120\,cm^2$ kleiner ist als der Flächeninhalt des ursprünglichen Rechtecks. Berechne die Seitenlängen des ursprünglichen Rechtecks.

	Länge	Breite	Flächeninhalt
Ursprüngliches Rechteck	x	$x-6$	$x\cdot(x-6)$
Neues Rechteck	$x-3$	$x-6$	$(x-3)(x-6)$

Ansatzgleichung:
$$x(x-6)-120=(x-3)(x-6)$$
$$x^2-6x-120=x^2-3x-6x+18$$
$$3x=138$$
$$x=46$$

Antwort: Die Seitenlängen des ursprünglichen Rechtecks sind 46cm und 40cm.

Prüfung: $43cm\cdot 40cm = 1720\,cm^2$ ist um $120\,cm^2$ kleiner als $46cm\cdot 40cm=1840\,cm^2$.

AG 2 (Un-)Gleichungen und Gleichungssysteme

Aufgabe 11: Die Einerziffer einer zweiziffrigen Zahl ist um 3 größer als ihre Zehnerziffer. Vertauscht man die beiden Ziffern so erhält man eine neue Zahl. Addiert man beide Zahlen, so erhält man 77.
   a) Ermittle aus den gegebenen Ziffern den Zahlenwert beider Zahlen.
   b) Begründe, warum die Ansatzgleichung x+x+3 +x+3+x = 77 falsch ist.
   c) Stelle die richtige Ansatzgleichung auf und berechne beide Zahlen

   x ... Zehnerziffer der gegebenen Zahl
a) Zahlenwert der gegebenen Zahl: $10x + x + 3$
   Zahlenwert der neuen Zahl: $10(x+3) + x$
b) Die Ansatzgleichung ist falsch, weil sie den Stellenwert der Ziffern nicht berücksichtigt.
c) Richtige Ansatzgleichung:

$$10x + x + 3 + 10(x+3) + x = 77$$
$$10x + x + 3 + 10x + 30 + x = 77$$
$$22x + 33 = 77$$
$$22x = 44$$
$$x = 2$$

Antwort: Die beiden Zahlen lauten 25 und 52.   Prüfung: $25 + 52 = 77$

Aufgabe 12: In der Luftfahrt wird die Flughöhe in Fuß gemessen. 1 Fuß = 30,48cm.
   a) Gib eine Formel an, mit der von Fuß auf Meter umgerechnet werden kann.
   b) Gib eine Formel an, mit der von Meter auf Fuß umgerechnet werden kann.

a) 1 Fuß = 30,48cm = 0,3048m
   Damit: Flughöhe in m = $0,3048 \cdot$ Flughöhe in Fuß
b) 1m = $\frac{1}{0,3048} \approx 3,2808$ Fuß
   Damit: Flughöhe in Fuß = $3,2808 \cdot$ Flughöhe in m

Aufgabe 13: Anna und Lukas haben den gleichen Schulweg. Anna fährt mit dem Fahrrad mit einer mittleren Geschwindigkeit von 14km/h. Lukas geht mit einer mittleren Geschwindigkeit von 4km/h zu Fuß. Sie kommen gleichzeitig in der Schule an, wenn Lukas eine Viertelstunde vor Anna von zu Hause weggeht.
Berechne die Wegzeiten von Anna und Lukas.

Weg s = Geschwindigkeit v mal Zeit t

Für Anna gilt: $s = 14 \cdot t$

Für Lukas gilt: $s = 4 \cdot \left(t + \frac{1}{4}\right)$

Da die Wege gleich sind, ergibt sich die Ansatzgleichung:

$$14 \cdot t = 4\left(t + \frac{1}{4}\right)$$
$$14t = 4t + 1$$
$$10t = 1$$
$$t = \frac{1}{10}h = 6 \text{ Minuten, Wegzeit für Anna.}$$

$\left(\frac{1}{10} + \frac{1}{4}\right)h = \frac{7}{20}h = 21$ Minuten, Wegzeit für Lukas.

Prüfung: $14 km/h \cdot \frac{1}{10}h = 1,4 km$; $4 km/h \cdot \frac{7}{20}h = \frac{7}{5}km = 1,4 km \Rightarrow$ Die Wege sind gleich.

Quadratische Gleichungen (Gleichungen zweiten Grades)

Rein quadratische Gleichung: $ax^2 + c = 0$, $a \neq 0, c \in \mathbb{R}$ lässt sich auf die Form $x^2 = q = -\dfrac{c}{a}$ bringen.

In der Menge $\mathbb{R}$ gibt es **drei Lösungsfälle**:

Für $q > 0$ gibt es *zwei reelle* Lösungen $L = \{+\sqrt{q}, -\sqrt{q}\}$; für $q = 0$ ist $L = \{0\}$; Für $q < 0$ ist $L = \{\ \}$.

Quadratische Gleichungen ohne konstantes Glied

$ax^2 + bx = 0$; $a \neq 0, b \in \mathbb{R}$ $\qquad\qquad\qquad\qquad$ $x^2 + px = 0$; $p \neq 0$

Sie besitzen stets *zwei verschiedene reelle* Lösungen. Man erhält sie, indem man x heraushebt und die so erhaltenen Faktoren gleich null setzt.

$x(ax + b) = 0$; $x_1 = 0$, $x_2 = -\dfrac{b}{a}$ $\qquad\qquad$ $x(x + p) = 0$; $x_1 = 0$, $x_2 = -p$

Allgemeine quadratische Gleichung $\qquad\qquad$ **Normalform der quadratischen Gleichung**

$ax^2 + bx + c = 0$; $a \neq 0$, $b, c \in \mathbb{R}$ $\qquad\qquad$ $x^2 + px + q = 0$; $p = \dfrac{b}{a}$, $q = \dfrac{c}{a}$

Lösungsformeln

$$x_{1,2} = \frac{-b \pm \sqrt{b^2 - 4ac}}{2a}$$ „Große Lösungsformel" $\qquad$ $$x_{1,2} = -\frac{p}{2} \pm \sqrt{\left(\frac{p}{2}\right)^2 - q}$$ „Kleine Lösungsformel"

Diskriminante

$D = b^2 - 4ac$ $\qquad\qquad\qquad\qquad\qquad$ $D = \left(\dfrac{p}{2}\right)^2 - q$

Für **D > 0** gibt es zwei reelle Lösungen, für **D = 0** eine reelle Lösung und für **D < 0** keine reelle Lösung.

Graphisches Lösen quadratischer Gleichungen:

Beim graphischen Lösen einer quadratischen Gleichung zeichnet man den Graphen der zugehörigen quadratischen Funktion $f: y = ax^2 + bx + c$. Dieser ist eine Parabel. Je nach Lage dieser Parabel gibt es zwei, genau eine oder keine Nullstelle. Die Lösungen stimmen mit den Nullstellen überein.

Aufgabe 14: Ermittle die Lösungen der Gleichung $4x^2 - 25 = 0$ in $\mathbb{R}$.

$$4x^2 - 25 = 0 \mid +25$$
$$4x^2 = 25 \mid :4$$
$$x^2 = \frac{25}{4} \Rightarrow x_{1,2} = \pm\sqrt{\frac{25}{4}} = \pm\frac{5}{2} = \pm 2{,}5$$
$$x_1 = 2{,}5;\ x_2 = -2{,}5$$

Aufgabe 15: Ermittle die Lösungen der Gleichung $7x^2 + 21x = 0$ in $\mathbb{R}$.

$$7x^2 + 21x = 0 \mid \text{x herausheben}$$
$$x \cdot (7x + 21) = 0 \mid \text{Faktoren = 0 setzen}$$
$$x = 0 \Rightarrow x_1 = 0$$
$$7x + 21 = 0 \Rightarrow x_2 = -3$$

Aufgabe 16: Ermittle die Lösungen der Gleichung $2x^2 - 5x - 3 = 0$ in $\mathbb{R}$.

$$x_{1,2} = \frac{5 \pm \sqrt{25 + 24}}{4} = \frac{5 \pm \sqrt{49}}{4} = \frac{5 \pm 7}{4} \mid \text{Große Lösungsformel anwenden!}$$
$$x_1 = \frac{12}{4} = 3;\ x_2 = -\frac{2}{4} = -\frac{1}{2} = -0{,}5$$

Aufgabe 17: Löse in $\mathbb{R}$: $x^2 + x - 6 = 0$ **(1)** rechnerisch und **(2)** graphisch.

Der Vergleich mit der Normalform $x^2 + px + q = 0$ ergibt $p = 1$ und $q = -6$.
Diese Werte werden in die „Kleine Lösungsformel" eingesetzt.

(1) $x_{1,2} = -\dfrac{p}{2} \pm \sqrt{\left(\dfrac{p}{2}\right)^2 - q}$

$x_{1,2} = -\dfrac{1}{2} \pm \sqrt{\left(\dfrac{1}{2}\right)^2 - (-6)}$

$x_{1,2} = -\dfrac{1}{2} \pm \sqrt{\dfrac{1}{4} + 6} = -\dfrac{1}{2} \pm \sqrt{\dfrac{25}{4}}$

$x_{1,2} = -\dfrac{1}{2} \pm \dfrac{5}{2}$

$x_1 = -\dfrac{1}{2} + \dfrac{5}{2} = 2,\ x_2 = -\dfrac{1}{2} - \dfrac{5}{2} = -3$

(2) Wertetabelle, Graph

x	y
−5	14
−4	6
−3	0
−2	−4
−1	−6
0	−6
1	−4
2	0
3	6
4	14

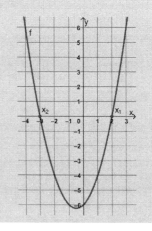

Aufgabe 18: Gegeben ist die quadratische Gleichung $2x^2 + 4x + c = 0$.
Ermittle jene Werte von c, für die sich zwei reelle Lösungen, eine reelle Lösung, keine reelle Lösung ergibt.

$2x^2 + 4x + c = 0$

$x_{1,2} = \dfrac{-4 \pm \sqrt{16 - 8c}}{4}$ Diskriminante $D = 16 - 8c$

Für $16 - 8c > 0$, also $c < 2$ ergeben sich zwei reelle Lösungen.
Für $16 - 8c = 0$, also $c = 2$ ergibt sich eine reelle Lösung (Doppellösung).
Für $16 - 8c < 0$, also $c > 2$ gibt es keine reellen Lösungen.

Aussagen über quadratische Gleichungen: Die folgenden Beispiele machen Aussagen über quadratische Gleichungen. Überprüfe den Wahrheitsgehalt und begründe die getroffene Entscheidung.

Aufgabe 19: Die Gleichung $x^2 - \dfrac{x}{4} = 0$ hat in der Grundmenge der ganzen Zahlen zwei Lösungen.

Die Aussage ist **falsch**, weil zwar die erste Lösung $x = 0$ eine ganze Zahl ist, aber die zweite Lösung ist $\dfrac{1}{4}$, und das ist keine ganze Zahl.

Aufgabe 20: Die Gleichung $x^2 + px + 2 = 0$ hat für $p = -3$ zwei ganzzahlige Lösungen.

$x^2 + px + 2 = 0$

$x_{1,2} = -\dfrac{p}{2} \pm \sqrt{\left(\dfrac{p}{2}\right)^2 - 2}$

Für $p = -3$ ergibt sich $x_{1,2} = \dfrac{3}{2} \pm \sqrt{\dfrac{9}{4} - 2} = \dfrac{3}{2} \pm \dfrac{1}{2}$.

$x_1 = 2$ und $x_2 = 1$ sind ganze Zahlen, die Aussage ist also **wahr**.

Aufgabe 21: Die Gleichung $ax^2 - 3x + 2 = 0$ hat für $a = -2$ genau eine reelle Lösung.

$-2x^2 - 3x + 2 = 0\ |\cdot(-1)$

$2x^2 + 3x - 2 = 0$

$x_{1,2} = \dfrac{-3 \pm \sqrt{9 + 16}}{4} = \dfrac{-3 \pm 5}{4}$, also $x_1 = \dfrac{1}{2} \in \mathbb{R}$ und $x_2 = -2 \in \mathbb{R}$.

Die Aussage ist **falsch**, weil es zwei reelle Lösungen gibt.

Zerlegung in Linearfaktoren – Satz von VIETA

Die Zahlen x_1 und x_2 sind genau dann Lösungen der **Gleichung** $x^2 + px + q = 0$, wenn Folgendes gilt:
- (1) Für die **Summe der Lösungen:** $x_1 + x_2 = -p$
- (2) Für das **Produkt der Lösungen:** $x_1 \cdot x_2 = q$
- (3) Der Gleichungsterm lässt sich als **Produkt zweier Linearfaktoren** darstellen:
$$x^2 + px + q = (x - x_1) \cdot (x - x_2)$$

Für die **allgemeine quadratische Gleichung** $ax^2 + bx + c = 0$, $(a \neq 0)$ gelten analoge Formeln:
$$x_1 + x_2 = -\frac{b}{a}, \quad x_1 \cdot x_2 = \frac{c}{a}, \quad ax^2 + bx + c = a \cdot (x - x_1) \cdot (x - x_2)$$

Aufgabe 22: Überprüfe ob $x_1 = -7$ und $x_2 = 8$ die Lösungen der Gleichung $x^2 - x - 56 = 0$ sind.

$x^2 - x - 56 = 0$ $\qquad\qquad\qquad$ $p = -1, q = -56$
$x_1 + x_2 = -7 + 8 = 1 = -p \Rightarrow p = -1$
$x_1 \cdot x_2 = (-7) \cdot 8 = -56 = q$
Ergebnis: Der Satz von VIETA ist erfüllt: -7 und 8 sind die Lösungen der gegebenen Gleichung.

Aufgabe 23: Ermittle die quadratische Gleichung mit den Lösungen $x_1 = 3$ und $x_2 = -7$ auf zwei Arten.

1. Art:
$x_1 + x_2 = 3 - 7 = -4 = -p \Rightarrow p = 4$
$x_1 \cdot x_2 = 3 \cdot (-7) = -21 = q$
Setzt man die Werte für p und q in die Normalform $x^2 + px + q = 0$ ein, dann erhält man die gesuchte Gleichung $x^2 + 4x - 21 = 0$.

2. Art:
$(x - x_1) \cdot (x - x_2) = 0$
$(x - 3) \cdot [x - (-7)] = 0$
$(x - 3) \cdot (x + 7) = 0$
$x^2 - 3x + 7x - 21 = 0$
$x^2 + 4x - 21 = 0$ ist die gesuchte Gleichung.

Aufgabe 24: Eine Lösung der Gleichung $2x^2 + x - 6 = 0$ ist $x_1 = -2$.
Ermittle die zweite Lösung durch Abspalten eines Linearfaktors.

Der Linearfaktor $(x - x_1) = (x + 2)$ wird durch eine Polynomdivision abgespalten.

$(2x^2 + x - 6) : (x + 2) = 2x - 3$
$\underline{\pm 2x^2 \pm 4x}$
$\qquad -3x - 6$
$\qquad \underline{\mp 3x \mp 6}$
$\qquad\qquad 0$ Rest

Durch Nullsetzen des zweiten Linearfaktors erhält man die zweite Lösung: $2x - 3 = 0 \Rightarrow x = \frac{3}{2}$

Aufgabe 25: Zerlege $x^2 + 6x - 7$ in Linearfaktoren.

Löse die zugehörige quadratische Gleichung:
$x^2 + 6x - 7 = 0$
$x_{1,2} = -3 \pm \sqrt{9 + 7}$ $\quad\}\ 4$
$x_1 = 1, x_2 = -7$
$(x - x_1) \cdot (x - x_2) = (x - 1) \cdot (x + 7) = x^2 + 6x - 7$
Ergebnis: $x^2 + 6x - 7 = (x - 1) \cdot (x + 7)$

Lineare Ungleichungen

Unter der **Normalform einer linearen Ungleichung** mit einer Variablen versteht man folgende Ungleichungen: $ax+b<0$; $ax+b\leq 0$; $ax+b>0$; $ax+b\geq 0$; $ax+b\neq 0$ mit $a, b \in \mathbb{R}$ und $a \neq 0$.
Jede Ungleichung, die durch Äquivalenzumformungen auf eine der obigen Normalformen gebracht werden kann, bezeichnet man als lineare Ungleichung.
Beim Lösen von Ungleichungen ist man – wie bei den Gleichungen – bestrebt, die **Variable explizit** darzustellen, indem man Äquivalenzumformungen so oft anwendet, bis die *Variable allein auf einer Seite* steht.

Aufgabe 26: Löse folgende Ungleichungen **(1)** in $\mathbb{N}$, **(2)** in $\mathbb{R}$:

a) $3x-2<x+1$ | $+2$
$\quad 3x<x+3$ | $-x$
$\quad 2x<3$ | $:2>0$
$\quad x<1,5$
(1) $L=\{0,1\}$; **(2)** $L=\{x\in\mathbb{R}\,|\,x<1,5\}=\,]-\infty;1,5[$

b) $x+3\geq 2x-1$ | -3
$\quad x\geq 2x-4$ | $-2x$
$\quad -x\geq -4$ | $:(-1)<0$, daher dreht sich das Ungleichheitszeichen um!
$\quad x\leq 4$
(1) $L=\{0,1,2,3,4\}$; **(2)** $L=\{x\in\mathbb{R}\,|\,x\leq 4\}=\,]-\infty;4]$

Aufgabe 27: Ermittle die Lösungsmenge folgender linearer Ungleichungen **(1)** in $\mathbb{N}$, **(2)** in $\mathbb{Z}^-$, **(3)** in $\mathbb{R}$:

a) $\dfrac{2x-1}{4}<2-\dfrac{3}{5}x$ | $\cdot 20$
$\quad 10x-5<40-12x$ | $+5$
$\quad 10x<45-12x$ | $+12x$
$\quad 22x<45$
$\quad x<\dfrac{45}{22}$
(1) $L=\{0,1,2\}$
(2) $L=\mathbb{Z}^-$
(3) $L=\left\{x\in\mathbb{R}\,\Big|\,x<\dfrac{45}{22}\right\}=\,\left]-\infty;\dfrac{45}{22}\right[$

Hinweis: Eine Ungleichung kann für verschiedene Grundmengen verschiedene Lösungsmengen besitzen.

b) $\dfrac{x-2}{3}-3\cdot\dfrac{5-x}{2}>1+\dfrac{11}{6}x$ | $\cdot 6$
$\quad 2\cdot(x-2)-9\cdot(5-x)>6+11x$ | Klammern auflösen
$\quad 2x-4-45+9x>11x+6$
$\quad 11x-49>11x+6$ | $+49$
$\quad 11x>11x+55$ | $:11$
$\quad x>x+5$; falsche Aussage für alle x
(1),(2),(3) $L=\{\ \}$

c) $4x\cdot(x+3)\leq(2x-1)^2+16x$ | Klammern auflösen
$\quad 4x^2+12x\leq 4x^2-4x+1+16x$ | Vereinfachen
$\quad 12x\leq 12x+1$; wahre Aussage für alle x
(1) $L=\mathbb{N}$, **(2)** $L=\mathbb{Z}^-$, **(3)** $L=\mathbb{R}$

Aufgabe 28: Bei der Herstellung eines Produkts betragen die Fixkosten 10465 €, die Stückkosten 2,86 €. Der Verkaufspreis betrage 3,19€ (ohne MWSt). Wieviel Stück müssen mindestens verkauft werden, damit kein Verlust entsteht.

x ... sei die Stückzahl, die mindestens verkauft werden muss.
Ansatz:
Fixkosten + Stückkosten mal Stückzahl $\leq$ Verkaufspreis mal Stückzahl
$\quad 10465+2,86\cdot x\leq 3,19\cdot x$
$\quad 10465\leq 0,33x$
$\quad x\geq\dfrac{10465}{0,33}\approx 31712,12$

Antwort: Mindestens 31713 Stück müssen verkauft werden.

Aufgabe 29: Ein Paar will eine Wohnung mieten und dafür höchstens 800 € monatlich ausgeben. Wie groß darf die Wohnung höchstens sein, wenn für die reine Miete 5,7 €/m² für die Betriebskosten 2,6 €/m² und für eine Reparaturrücklage 10% der Miete verrechnet werden?

x ... sei die Wohnungsgröße in m²
Ansatz:
Mietkosten/m² mal Wohnungsgröße + Betriebskosten/m² mal Wohnungsgröße + 10% der Miete $\leq$ 800
$\quad 5,7\cdot x+2,6\cdot x+0,57\cdot x\leq 800$
$\quad 8,87x\leq 800$
$\quad x\leq 90,19$

Auf eine ganze Zahl gerundet ergibt sich der Wert 90.
Antwort: Die Wohnungsgröße darf höchstens 90m² betragen.

Lineare Gleichungssysteme mit zwei Variablen

Unter der **Normalform eines Systems zweier linearer Gleichungen** mit zwei Variablen versteht man die konjunktive Verknüpfung folgender Gleichungen:

I: $a_1 x + b_1 y = c_1$

II: $a_2 x + b_2 y = c_2 \quad a_i, b_i, c_i \in \mathbb{R}; i = 1,2$. Jeweils einer der Koeffizienten a_1, a_2 bzw. b_1, b_2 muss $\neq 0$ sein.

Es gibt **drei Lösungsfälle**:

1. Fall: Die Lösungsmenge ist *einelementig* (eindeutige Lösbarkeit).
Graphisch: Die durch beide Gleichungen dargestellten **Geraden besitzen genau einen Schnittpunkt**.

2. Fall: Die Lösungsmenge ist *leer* (Unlösbarkeit).
Graphisch: Die durch beide Gleichungen dargestellten **Geraden sind disjunkt parallel.**

3. Fall: Die Lösungsmenge ist *unendlich*.
Graphisch: Die durch beide Gleichungen dargestellten **Geraden sind identisch.**

Rechnerische Verfahren zur Lösung eines Gleichungssystems mit zwei Variablen

(1) Einsetzungs- oder Substitutionsverfahren
(2) Gleichsetzungsverfahren
(3) Eliminationsverfahren

Aufgabe 30: Löse folgendes Gleichungssystem in $\mathbb{R}^2$ mittels obiger Verfahren.

(1) Einsetzungs- oder Substitutionsverfahren

I: $x - 2y = 4$
II: $5x - 4y = 2$

I': $x = 4 + 2y$
II': $5(4 + 2y) - 4y = 2$
$20 + 10y - 4y = 2$
$6y = -18 \quad |:6$
$y = -3$
I': $x = 4 + 2(-3)$
$x = -2$

$L = \{(-2 / -3)\}$

Aus einer Gleichung wird eine Variable (hier x) explizit dargestellt.

Setzt man die Substitutionsgleichung I' in II ein, ergibt sich die lineare Gleichung II' mit einer Variablen. Diese wird gelöst.

Man erhält den Wert für eine Variable (hier y).
Dieser Wert wird in die Substitutionsgleichung I' eingesetzt und daraus der Wert für die andere Variable (hier x) berechnet.
Die Lösung besteht aus einem Zahlenpaar.

(2) Gleichsetzungsverfahren

I: $x - 2y = 4$
II: $5x - 4y = 2$

I': $x = 4 + 2y \quad | \cdot 5$
II': $5x = 2 + 4y$

I'': $5x = 20 + 10y$
II': $5x = 2 + 4y$

$20 + 10y = 2 + 4y$
$6y = -18 \quad |:6$
$y = -3$
I': $x = 4 + 2 \cdot (-3)$
$x = -2$

$L = \{(-2 / -3)\}$

Aus jeder Gleichung wird dieselbe Variable oder ein Vielfaches von ihr explizit dargestellt (hier 5x).

Gleichsetzen ergibt eine lineare Gleichung mit einer Variablen. Diese wird gelöst.

Es ergibt sich der Wert für eine Variable (hier y).
Dieser Wert wird in eine der gegebenen Gleichungen eingesetzt.
Es ergibt sich der Wert für die andere Variable (hier x).

Die Lösung besteht aus einem Zahlenpaar.

(3) Eliminationsverfahren

I:	$x - 2y = 4 \quad \vert \cdot (-2)$	Die Gleichungen werden so umgeformt, dass in beiden Gleichungen dieselbe Variable (hier y) dem Betrag nach gleiche Koeffizienten mit entgegengesetzten Vorzeichen erhält.
II:	$5x - 4y = 2$	
I':	$-2x + 4y = -8$	Durch Addition dieser Gleichungen verschwindet dann diese Variable und es ergibt sich eine lineare Gleichung mit einer Variablen.
II:	$5x - 4y = 2$	
I'+II:	$3x = -6 \quad \vert :3$	Diese wird gelöst und ergibt den Wert für eine Variable (hier x).
	$x = -2$	
II:	$5(-2) - 4y = 2$	Dieser Wert wird in eine der gegebenen Gleichungen eingesetzt und man erhält den Wert für die andere Variable (hier y).
	$-10 - 4y = 2$	
	$-4y = 12 \quad \vert :(-4)$	
	$y = -3$	
	$L = \{(-2 / -3)\}$	Die Lösung besteht aus einem Zahlenpaar.

Aufgabe 31: Löse das obige Gleichungssystem graphisch.

I: $x - 2y = 4$ entspricht g_1: $y = \dfrac{x}{2} - 2$; $k_1 = \dfrac{1}{2}$, $d_1 = -2$

II: $5x - 4y = 2$ entspricht g_2: $y = \dfrac{5}{4}x - \dfrac{1}{2}$; $k_2 = \dfrac{5}{4}$, $d_2 = -\dfrac{1}{2}$

Hinweis: Die Werte von k sind die Steigungen der Geraden, die Werte von d bestimmen die Abschnitte auf der y-Achse.

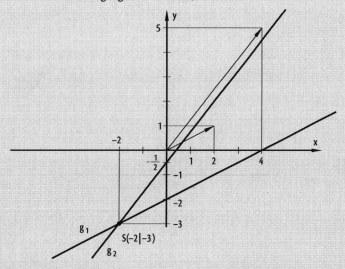

Die Lösung ist der Schnittpunkt $S(-2 / -3)$

Aufgabe 32: Begründe, warum folgende Gleichungssysteme nicht eindeutig lösbar sind.

a) $\begin{cases} 3x - 4y = -8 \;\vert \cdot (-2) \\ -6x + 8y = 16 \;\vert \cdot 1 \end{cases} \Leftrightarrow \begin{cases} -6x + 8y = 16 \\ -6x + 8y = 16 \end{cases}$ Das sind zwei identische Gleichungen. Sie stellen zwei identische Geraden dar.

Die **Lösungsmenge** des Systems ist **unendlich**, es gilt: $L = \left\{ (x / y) \in \mathbb{R} \times \mathbb{R} \;\middle|\; y = \dfrac{3}{4}x + 2 \right\}$

b) $\begin{cases} 3x - 4y = 5 \;\vert \cdot 2 \\ -6x + 8y = -5 \;\vert \cdot 1 \end{cases} \Leftrightarrow \begin{cases} 6x - 8y = 10 \\ -6x + 8y = -5 \end{cases}$

Addieren beider Gleichungen ergibt die falsche Aussage: $0 = 5$.

Die Gleichungen stellen zwei nicht identische parallele Geraden dar. Diese haben keinen Schnittpunkt. Die **Lösungsmenge** des Systems ist **leer**, es gilt: $L = \{\ \}$. Das **System** ist **unlösbar**.

Aufgabe 33: Begründe – ohne die Lösung zu berechnen – warum das Gleichungssystem $\begin{cases} 3x - 2y = 3 \\ -2x + 3y = 3 \end{cases}$

für $G = \mathbb{R} \times \mathbb{R}$ eindeutig lösbar ist.

Das zugehörige homogene Gleichungssystem hat die Gestalt $\begin{cases} 3x - 2y = 0 \\ -2x + 3y = 0 \end{cases}$

Da die beiden *homogenen Gleichungen nicht proportional* sind, ist das gegebene Gleichungssystem eindeutig lösbar.

Aufgabe 34: a) Begründe, warum das Gleichungssystem $\begin{cases} 5x - 10y = 20 \\ x - 2y = c_2 \end{cases}$ nicht eindeutig lösbar ist.

b) Ergänze den fehlenden Koeffizienten so, dass das System mehrdeutig lösbar ist.

c) Ergänze den fehlenden Koeffizienten so, dass das System unlösbar ist.

a) Die homogenen Gleichungen sind proportional: $\dfrac{a_1}{a_2} = \dfrac{b_1}{b_2} = \dfrac{5}{1}$

Daher ist das System *nicht eindeutig lösbar*.

b) Das System ist *mehrdeutig lösbar*, wenn auch die inhomogenen Gleichungen proportional sind:

$\dfrac{20}{c_2} = \dfrac{5}{1} \Rightarrow c_2 = 4$

c) Das System ist *unlösbar*, wenn die homogenen, nicht aber die inhomogenen Gleichungen proportional sind. Dies ist hier erfüllt für alle $c_2 \in \mathbb{R} \setminus \{4\}$.

Aufgabe 35: Ergänze die unvollständig angegebene Gleichung so, dass das System $\begin{cases} -4x + 12y = 28 \\ x \ldots\ldots\ldots = \ldots. \end{cases}$

a) mehrdeutig lösbar ist **b)** unlösbar ist **c)** eindeutig lösbar ist.

a) Das System ist mehrdeutig lösbar, wenn die inhomogenen Gleichungen proportional sind:

$\dfrac{a_1}{a_2} = \dfrac{-4}{1} = -4$

$\dfrac{12}{b_2} = -4 \Rightarrow b_2 = -3 \qquad \dfrac{28}{c_2} = -4 \Rightarrow c_2 = -7$

Damit: $x - 3y = -7$

b) Das System ist unlösbar, wenn die homogenen, nicht aber die inhomogenen Gleichungen proportional sind.

$\dfrac{12}{b_2} = -4 \Rightarrow b_2 = -3 \qquad \dfrac{28}{c_2} \neq -4 \Rightarrow c_2 \neq -7$

Für c_2 kann jede Zahl $\in \mathbb{R} \setminus \{-7\}$ gewählt werden, z. B.: $c_2 = 5$.

Damit: $x - 3y = 5$

c) Das System ist eindeutig lösbar, wenn die homogenen Gleichungen *nicht* proportional sind.

$\dfrac{a_1}{a_2} = \dfrac{-4}{1} = -4$

$\dfrac{12}{b_2} \neq -4 \Rightarrow b_2 \neq -3 \qquad$ Für c_2 kann jede Zahl $\in \mathbb{R}$ gewählt werden.

Mit $b_2 = 5 \neq -3$ und $c_2 = -7$ ergibt sich z.B.: $x + 5y = -7$.

Aufgabe 36: Eine zweiziffrige Zahl, durch ihre Ziffernsumme dividiert, ergibt den Quotienten 8. Subtrahiert man 45 von der Zahl, so erhält man eine Zahl mit denselben Ziffern in umgekehrter Reihenfolge. Wie heißt die Zahl?

	Z	E	Dekadischer Wert
Gesuchte Zahl	y	x	10y+x
Zahl mit vertauschten Ziffern	x	y	10x+y

Ansatzgleichungen:

$$\frac{10y+x}{y+x} = 8 \quad |\cdot(y+x)$$
$$10y+x-45 = 10x+y$$

$\Leftrightarrow \quad \begin{array}{l} 10y+x = 8y+8x \\ 10y+x-45 = 10x+y \end{array} \quad \Leftrightarrow \quad \begin{array}{l} 7x-2y = 0 \\ 9x-9y = -45 \; |:(-4{,}5) \end{array}$

$\begin{array}{l} 7x-2y=0 \\ -2x+2y=10 \end{array} \Rightarrow \begin{array}{l} 5x=10 \\ x=2 \end{array}$ Aus der 1. Gleichung folgt: $\begin{array}{l} 2y=7x=14 \\ y=7 \end{array}$

Antwort: Die gesuchte Zahl ist 72. Prüfung: $\frac{72}{9}=8$; $72-45=27$

Aufgabe 37: In einem Rechteck verhalten sich die Seiten wie 5:3. Verkürzt man die längere Seite um 35cm und verlängert man die kürzere Seite um 24cm, so erhält man ein flächengleiches Rechteck. Berechne die Seitenlängen des ursprünglichen Rechtecks.

Seiten des gesuchten Rechtecks: x, y. Seiten des veränderten Rechtecks: x − 35, y + 24.

Ansatzgleichungen:

$\begin{array}{l} x:y = 5:3 \\ x\cdot y = (x-35)(y+24) \end{array} \Leftrightarrow \begin{array}{l} 3x=5y \\ xy = xy - 35y + 24x - 840 \end{array} \Leftrightarrow \begin{array}{l} 3x-5y = 0 \; |\cdot(-7) \\ 24x-35y = 840 \end{array}$

$\begin{array}{l} -21x+35y = 0 \\ 24x-35y = 840 \end{array} \Rightarrow \begin{array}{l} 3x=840 \\ x=280 \end{array}$ Aus der 1. Gleichung folgt: $\begin{array}{l} 5y=3x=840 \\ y=168 \end{array}$

Antwort: Die Seitenlängen des ursprünglichen Rechtecks sind 280 cm und 168 cm.

Prüfung: $\frac{280}{168} = \frac{5}{3}$; $280 \cdot 168 = 47040$ und $245 \cdot 192 = 47040$

Aufgabe 38: Vom Ort A fährt um 7:00 Uhr ein Eilzug ab und holt den um 5:30 Uhr abgefahrenen Personenzug um 9:00 Uhr ein. Wenn der Eilzug um 10:00 Uhr im Ort B einfährt, ist der Personenzug noch 30 km von B entfernt. Berechne a) die mittlere Geschwindigkeit beider Züge, b) um wie viel Uhr der Personenzug in B ankommt und c) wie weit der Ort B vom Ort A entfernt ist.

u ... mittlere Geschwindigkeit des Eilzuges
v ... mittlere Geschwindigkeit des Personenzuges

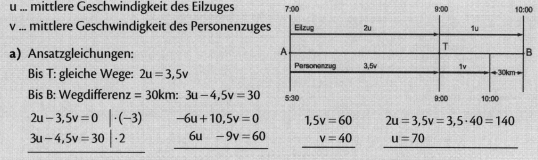

a) Ansatzgleichungen:
Bis T: gleiche Wege: $2u = 3{,}5v$
Bis B: Wegdifferenz = 30km: $3u - 4{,}5v = 30$

$\begin{array}{l} 2u-3{,}5v = 0 \; |\cdot(-3) \\ 3u-4{,}5v = 30 \; |\cdot 2 \end{array} \quad \begin{array}{l} -6u+10{,}5v = 0 \\ 6u \;\;\; -9v = 60 \end{array} \quad \begin{array}{l} 1{,}5v = 60 \\ v = 40 \end{array} \quad \begin{array}{l} 2u = 3{,}5v = 3{,}5\cdot 40 = 140 \\ u = 70 \end{array}$

Antwort: Die mittleren Geschwindigkeiten sind 40 km/h und 70 km/h.

b) $t = \frac{30}{40} = 0{,}75h = 45\,min$, Ankunft in B: 10:45 Uhr.

c) $s = u \cdot t = 70\,km/h \cdot 3h = 210\,km$.

AG 3 Vektoren

Vektorbegriff

Vektor = Menge aller *gleich langen, parallelen* und *gleich orientierten* Pfeile der Ebene (des Raums). Ein Repräsentant dieser Menge heißt **Vektorpfeil**, kurz **Pfeil**.

Eine andere Vektordefinition geht von der Menge $\mathbb{R}^2$ aller geordneten Paare reeller Zahlen aus.

Vektor = Ein geordnetes Zahlenpaar $(a_1|a_2) \in \mathbb{R}^2$ mit den Koordinaten a_1 und a_2.

Dieser Vektorbegriff lässt sich verallgemeinern:

Vektor im $\mathbb{R}^3$ = Geordnetes Zahlentripel $(a_1|a_2|a_3)$ mit den Koordinaten a_1, a_2 und a_3.

Vektor im $\mathbb{R}^n$ = Geordnetes Zahlentupel (n-tupel) $(a_1|a_2|a_3|\ldots|a_n)$ mit den Koord. $a_1, a_2, \ldots, a_n$.

Koordinatendarstellung eines Vektors:

$$\vec{a} = \overrightarrow{P_1P_2} = \begin{pmatrix} x_2 - x_1 \\ y_2 - y_1 \end{pmatrix} = \underbrace{\begin{pmatrix} a_x \\ a_y \end{pmatrix}}_{\text{Spaltenform}} \text{ oder } \underbrace{(a_x|a_y)}_{\text{Zeilenform}}$$

$$\vec{a} = \overrightarrow{P_1P_2} = \begin{pmatrix} x_2 - x_1 \\ y_2 - y_1 \\ z_2 - z_1 \end{pmatrix} = \begin{pmatrix} a_x \\ a_y \\ a_z \end{pmatrix} \text{ oder } (a_x|a_y|a_z)$$

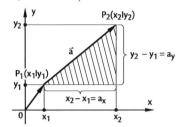

- Die Koordinaten eines Vektors $\vec{a}$ sind die Differenzen der entsprechenden Koordinaten des Endpunkts und des Anfangspunkts eines Repräsentanten von $\vec{a}$.
  Es gilt: $\vec{a} = \overrightarrow{P_1P_2} = P_2 - P_1$ ... **„Spitze minus Schaft"-Regel**

- Vom Punkt P_1 gelangt man zum Punkt P_2, indem man an den Punkt P_1 den Vektor $\overrightarrow{P_1P_2}$ "anhängt".
  Es gilt: $P_2 = P_1 + \overrightarrow{P_1P_2}$ ... **„APPEnd"-Regel** (**A**nfangspunkt **P**lus **P**feil = **End**punkt)

- Der Vektor $\overrightarrow{OP}$ führt vom Ursprung $O(0|0)$ zu einem Punkt P, er heißt **Ortsvektor**, zB $\overrightarrow{OP_1} = (x_1|y_1)$.

Betrag (oder Länge) des Vektors $\vec{a}$ ist gegeben durch $|\vec{a}| = \sqrt{a_x^2 + a_y^2}$ bzw. $|\vec{a}| = \sqrt{a_x^2 + a_y^2 + a_z^2}$

- Ein Vektor der Länge 1 heißt **Einheitsvektor**. zB $\vec{i} = (1|0)$, $\vec{j} = (0|1)$. Allgemein gilt: $\vec{a_o} = \frac{1}{|\vec{a}|}\vec{a}$

Beispiel: Gegeben: $P_1(2|1)$, $P_2(5|5)$

$$\vec{a} = \overrightarrow{P_1P_2} = \begin{pmatrix} x_2 - x_1 \\ y_2 - y_1 \end{pmatrix} = \begin{pmatrix} 5-2 \\ 5-1 \end{pmatrix} = \begin{pmatrix} 3 \\ 4 \end{pmatrix}$$

$$|\vec{a}| = \sqrt{3^2 + 4^2} = \sqrt{9+16} = \sqrt{25} = 5$$

$$\vec{a_o} = \frac{1}{|\vec{a}|}\vec{a} = \frac{1}{5}\begin{pmatrix} 3 \\ 4 \end{pmatrix}$$

Gegeben: $P_1(2|1|9)$, $P_2(5|5|-3)$

$$\vec{a} = \overrightarrow{P_1P_2} = \begin{pmatrix} x_2 - x_1 \\ y_2 - y_1 \\ z_2 - z_1 \end{pmatrix} = \begin{pmatrix} 5-2 \\ 5-1 \\ -3-9 \end{pmatrix} = \begin{pmatrix} 3 \\ 4 \\ -12 \end{pmatrix}$$

$$|\vec{a}| = \sqrt{3^2 + 4^2 + (-12)^2} = \sqrt{9+16+144} = \sqrt{169} = 13$$

$$\vec{a_o} = \frac{1}{|\vec{a}|}\vec{a} = \frac{1}{13}(3|4|-12)$$

Aufgabe 01: Lies aus der Zeichnung die Koordinaten der Punkte ab und berechne die Seitenvektoren.

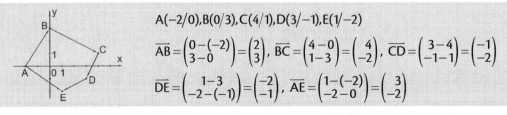

$A(-2/0), B(0/3), C(4/1), D(3/-1), E(1/-2)$

$\overrightarrow{AB} = \begin{pmatrix} 0-(-2) \\ 3-0 \end{pmatrix} = \begin{pmatrix} 2 \\ 3 \end{pmatrix}$, $\overrightarrow{BC} = \begin{pmatrix} 4-0 \\ 1-3 \end{pmatrix} = \begin{pmatrix} 4 \\ -2 \end{pmatrix}$, $\overrightarrow{CD} = \begin{pmatrix} 3-4 \\ -1-1 \end{pmatrix} = \begin{pmatrix} -1 \\ -2 \end{pmatrix}$

$\overrightarrow{DE} = \begin{pmatrix} 1-3 \\ -2-(-1) \end{pmatrix} = \begin{pmatrix} -2 \\ -1 \end{pmatrix}$, $\overrightarrow{AE} = \begin{pmatrix} 1-(-2) \\ -2-0 \end{pmatrix} = \begin{pmatrix} 3 \\ -2 \end{pmatrix}$

Aufgabe 02: In einer Firma sind 138 Frauen und 196 Männer beschäftigt. 67 Frauen und 82 Männer betreiben regelmäßig Sport. Gib einen Vektor an, der

  a) die Anzahlen der beschäftigten Frauen und Männer beschreibt,

b) die Anzahlen der beschäftigten Frauen beschreibt, die regelmäßig Sport betreiben bzw. nicht betreiben,
c) die Anzahlen der beschäftigten Männer beschreibt, die regelmäßig Sport betreiben bzw. nicht betreiben.
d) die Anzahlen der Beschäftigten beschreibt, die regelmäßig Sport betreiben.

a) $B = \begin{pmatrix} 138 \\ 196 \end{pmatrix}$ **b)** $F = \begin{pmatrix} 67 \\ 71 \end{pmatrix}$ **c)** $M = \begin{pmatrix} 82 \\ 114 \end{pmatrix}$ **d)** $S = \begin{pmatrix} 67 \\ 82 \end{pmatrix}$

Grundrechenoperationen von Vektoren

Addition und Subtraktion von Vektoren: Die Koordinaten werden addiert bzw. subtrahiert.

$$\vec{a} = \begin{pmatrix} a_x \\ a_y \end{pmatrix}, \vec{b} = \begin{pmatrix} b_x \\ b_y \end{pmatrix} \Rightarrow \vec{a} + \vec{b} = \begin{pmatrix} a_x + b_x \\ a_y + b_y \end{pmatrix}; \vec{a} - \vec{b} = \begin{pmatrix} a_x - b_x \\ a_y - b_y \end{pmatrix}$$

$$\vec{a} = \begin{pmatrix} a_x \\ a_y \\ a_z \end{pmatrix}, \vec{b} = \begin{pmatrix} b_x \\ b_y \\ b_z \end{pmatrix} \Rightarrow \vec{a} + \vec{b} = \begin{pmatrix} a_x + b_x \\ a_y + b_y \\ a_z + b_z \end{pmatrix}; \vec{a} - \vec{b} = \begin{pmatrix} a_x - b_x \\ a_y - b_y \\ a_z - b_z \end{pmatrix}$$

Beispiel: $\vec{a} + \vec{b} = \begin{pmatrix} 3 \\ -1 \\ 5 \end{pmatrix} + \begin{pmatrix} -2 \\ 3 \\ 1 \end{pmatrix} = \begin{pmatrix} 3+(-2) \\ -1+3 \\ 5+1 \end{pmatrix} = \begin{pmatrix} 1 \\ 2 \\ 6 \end{pmatrix}$, $\vec{a} - \vec{b} = \begin{pmatrix} 3 \\ -1 \\ 5 \end{pmatrix} - \begin{pmatrix} -2 \\ 3 \\ 1 \end{pmatrix} = \begin{pmatrix} 3-(-2) \\ -1-3 \\ 5-1 \end{pmatrix} = \begin{pmatrix} 5 \\ -4 \\ 4 \end{pmatrix}$

Multiplikation eines Vektors mit einer reellen Zahl (mit einem Skalar): Jede Koordinate wird mit der reellen Zahl multipliziert.

$$\vec{a} = \begin{pmatrix} a_x \\ a_y \end{pmatrix}, t \in \mathbb{R} \Rightarrow t \cdot \vec{a} = \begin{pmatrix} t \cdot a_x \\ t \cdot a_y \end{pmatrix}; \quad \vec{a} = \begin{pmatrix} a_x \\ a_y \\ a_z \end{pmatrix}, t \in \mathbb{R} \Rightarrow t \cdot \vec{a} = \begin{pmatrix} t \cdot a_x \\ t \cdot a_y \\ t \cdot a_z \end{pmatrix}$$

Beispiel: $4 \cdot \vec{a} = 4 \cdot \begin{pmatrix} 3 \\ -1 \\ 5 \end{pmatrix} = \begin{pmatrix} 4 \cdot 3 \\ 4 \cdot (-1) \\ 4 \cdot 5 \end{pmatrix} = \begin{pmatrix} 12 \\ -4 \\ 20 \end{pmatrix}$

Aufgabe 03: Von einem Parallelogramm kennt man drei Eckpunkte $A(-2/-2)$, $B(1/-2)$ und $D(2/0)$. Ermittle **(1)** die Koordinaten des fehlenden Eckpunktes C, **(2)** den Umfang und **(3)** die Längen der Diagonalen des Parallelogramms. Fertige eine Skizze an!

(1) $C = D + \overrightarrow{DC} = D + \overrightarrow{AB}$, weil $\overrightarrow{DC} = \overrightarrow{AB}$ ist.   Skizze

$\overrightarrow{AB} = B - A = \begin{pmatrix} 1 \\ -2 \end{pmatrix} - \begin{pmatrix} -2 \\ -2 \end{pmatrix} = \begin{pmatrix} 3 \\ 0 \end{pmatrix}$

$C = \begin{pmatrix} 2 \\ 0 \end{pmatrix} + \begin{pmatrix} 3 \\ 0 \end{pmatrix} = \begin{pmatrix} 5 \\ 0 \end{pmatrix}$

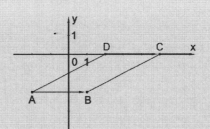

(2) $u = 2 \cdot |\overrightarrow{AB}| + 2 \cdot |\overrightarrow{BC}|$

$|\overrightarrow{AB}| = \sqrt{9+0} = 3$

$\overrightarrow{BC} = C - B = \begin{pmatrix} 5 \\ 0 \end{pmatrix} - \begin{pmatrix} 1 \\ -2 \end{pmatrix} = \begin{pmatrix} 4 \\ 2 \end{pmatrix}$, $|\overrightarrow{BC}| = \sqrt{16+4} = \sqrt{20}$

$u = 2 \cdot 3 + 2 \cdot \sqrt{20} \approx 14{,}94$

(3) $\vec{AC} = C - A = \begin{pmatrix} 5 \\ 0 \end{pmatrix} - \begin{pmatrix} -2 \\ -2 \end{pmatrix} = \begin{pmatrix} 7 \\ 2 \end{pmatrix}$ $d_1 = |\vec{AC}| = \sqrt{49 + 4} = \sqrt{53} \approx 7,28$

$\vec{BD} = D - B = \begin{pmatrix} 2 \\ 0 \end{pmatrix} - \begin{pmatrix} 1 \\ -2 \end{pmatrix} = \begin{pmatrix} 1 \\ 2 \end{pmatrix}$ $d_2 = |\vec{BD}| = \sqrt{1 + 4} = \sqrt{5} = 2,24$

Aufgabe 04: Von einem Parallelogramm ABCD kennt man die Eckpunkte A(–3/2) und B(4/5) sowie den Mittelpunkt M(0/6). Berechne **(1)** die Länge der Diagonalen und **(2)** den Umfang des Parallelogramms. Fertige eine Skizze an.

(1) Berechne zuerst die fehlenden Eckpunkte   Skizze

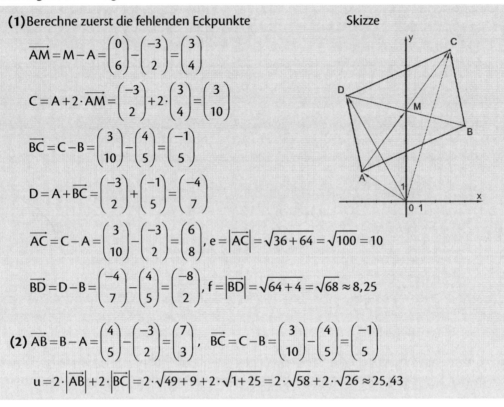

$\vec{AM} = M - A = \begin{pmatrix} 0 \\ 6 \end{pmatrix} - \begin{pmatrix} -3 \\ 2 \end{pmatrix} = \begin{pmatrix} 3 \\ 4 \end{pmatrix}$

$C = A + 2 \cdot \vec{AM} = \begin{pmatrix} -3 \\ 2 \end{pmatrix} + 2 \cdot \begin{pmatrix} 3 \\ 4 \end{pmatrix} = \begin{pmatrix} 3 \\ 10 \end{pmatrix}$

$\vec{BC} = C - B = \begin{pmatrix} 3 \\ 10 \end{pmatrix} - \begin{pmatrix} 4 \\ 5 \end{pmatrix} = \begin{pmatrix} -1 \\ 5 \end{pmatrix}$

$D = A + \vec{BC} = \begin{pmatrix} -3 \\ 2 \end{pmatrix} + \begin{pmatrix} -1 \\ 5 \end{pmatrix} = \begin{pmatrix} -4 \\ 7 \end{pmatrix}$

$\vec{AC} = C - A = \begin{pmatrix} 3 \\ 10 \end{pmatrix} - \begin{pmatrix} -3 \\ 2 \end{pmatrix} = \begin{pmatrix} 6 \\ 8 \end{pmatrix}$, $e = |\vec{AC}| = \sqrt{36 + 64} = \sqrt{100} = 10$

$\vec{BD} = D - B = \begin{pmatrix} -4 \\ 7 \end{pmatrix} - \begin{pmatrix} 4 \\ 5 \end{pmatrix} = \begin{pmatrix} -8 \\ 2 \end{pmatrix}$, $f = |\vec{BD}| = \sqrt{64 + 4} = \sqrt{68} \approx 8,25$

(2) $\vec{AB} = B - A = \begin{pmatrix} 4 \\ 5 \end{pmatrix} - \begin{pmatrix} -3 \\ 2 \end{pmatrix} = \begin{pmatrix} 7 \\ 3 \end{pmatrix}$, $\vec{BC} = C - B = \begin{pmatrix} 3 \\ 10 \end{pmatrix} - \begin{pmatrix} 4 \\ 5 \end{pmatrix} = \begin{pmatrix} -1 \\ 5 \end{pmatrix}$

$u = 2 \cdot |\vec{AB}| + 2 \cdot |\vec{BC}| = 2 \cdot \sqrt{49 + 9} + 2 \cdot \sqrt{1 + 25} = 2 \cdot \sqrt{58} + 2 \cdot \sqrt{26} \approx 25,43$

Aufgabe 05: Unter Verwendung der Angabe und der bisherigen Berechnungen von Aufgabe 02 sind folgende Aufgaben zu lösen:

Gib einen Vektor an, der

a) die Anzahlen der beschäftigten Frauen und Männer beschreibt, die regelmäßig Sport betreiben bzw. nicht betreiben.

b) die Anzahlen der Beschäftigten beschreibt, die keinen regelmäßigen Sport betreiben:

a) Bilde die Summe von $F = \begin{pmatrix} 67 \\ 71 \end{pmatrix}$ und $M = \begin{pmatrix} 82 \\ 114 \end{pmatrix}$: $F + M = \begin{pmatrix} 67 \\ 71 \end{pmatrix} + \begin{pmatrix} 82 \\ 114 \end{pmatrix} = \begin{pmatrix} 149 \\ 185 \end{pmatrix}$

b) Bilde die Differenz von $B = \begin{pmatrix} 138 \\ 196 \end{pmatrix}$ und $S = \begin{pmatrix} 67 \\ 82 \end{pmatrix}$: $B - S = \begin{pmatrix} 138 \\ 196 \end{pmatrix} - \begin{pmatrix} 67 \\ 82 \end{pmatrix} = \begin{pmatrix} 71 \\ 114 \end{pmatrix}$

Aufgabe 06: Gegeben sind $A = \begin{pmatrix} 3 \\ -1 \end{pmatrix}$ und $B = \begin{pmatrix} -4 \\ 7 \end{pmatrix}$. Berechne: **a)** $A + 2B$ **b)** $4B - 3A$

a) $A + 2B = \begin{pmatrix} 3 \\ -1 \end{pmatrix} + 2 \begin{pmatrix} -4 \\ 7 \end{pmatrix} = \begin{pmatrix} 3 - 8 \\ -1 + 14 \end{pmatrix} = \begin{pmatrix} -5 \\ 13 \end{pmatrix}$ **b)** $4B - 3A = 4 \begin{pmatrix} -4 \\ 7 \end{pmatrix} - 3 \begin{pmatrix} 3 \\ -1 \end{pmatrix} = \begin{pmatrix} -16 - 9 \\ 28 + 3 \end{pmatrix} = \begin{pmatrix} -25 \\ 31 \end{pmatrix}$

Linearkombination von Vektoren

Sind $\vec{a}_1, \vec{a}_2, \vec{a}_3, \ldots, \vec{a}_n$ Vektoren und $t_1, t_2, t_3, \ldots, t_n$ reelle Zahlen, dann heißt ein Vektor der Form $t_1\vec{a}_1 + t_2\vec{a}_2 + t_3\vec{a}_3 + \ldots + t_n\vec{a}_n$ eine **Linearkombination** der Vektoren $\vec{a}_i$ $(1 \leq i \leq n)$ über $\mathbb{R}$.

Beispiel: $3\vec{a} - 2\vec{b} + \frac{1}{5}\vec{c}$ ist eine Linearkombination der Vektoren $\vec{a}, \vec{b}$ und $\vec{c}$.

Aufgabe 07: Von einem Trapez ABCD sind die Vektoren $\overrightarrow{AB} = \vec{a}, \overrightarrow{BC} = \vec{b}, \overrightarrow{AD} = \vec{d}$ gegeben. E ist der Halbierungspunkt der Seite BC, F ist der Halbierungspunkt der Seite CD. Stelle jeden der Vektoren $\overrightarrow{AE}, \overrightarrow{AF}, \overrightarrow{BF}, \overrightarrow{ED}, \overrightarrow{FE}$ als Linearkombination von $\vec{a}, \vec{b}, \vec{d}$ dar.

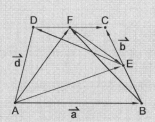

$\overrightarrow{AE} = \vec{a} + \frac{1}{2}\vec{b}, \quad \overrightarrow{DC} = -\vec{d} + \vec{a} + \vec{b}$,

$\overrightarrow{AF} = \vec{d} + \frac{1}{2}\overrightarrow{DC} = \vec{d} + \frac{1}{2}(-\vec{d} + \vec{a} + \vec{b}) = \frac{1}{2}(\vec{a} + \vec{b} + \vec{d})$

$\overrightarrow{BF} = -\vec{a} + \overrightarrow{AF}$,

$\overrightarrow{BF} = -\vec{a} + \frac{1}{2}(\vec{a} + \vec{b} + \vec{d}) = \frac{1}{2}(-\vec{a} + \vec{b} + \vec{d})$

$\overrightarrow{ED} = -\overrightarrow{AE} + \vec{d} = -\vec{a} - \frac{1}{2}\vec{b} + \vec{d}$,

$\overrightarrow{FE} = \frac{1}{2}\overrightarrow{DC} - \frac{1}{2}\vec{b} = \frac{1}{2}(-\vec{d} + \vec{a} + \vec{b}) - \frac{1}{2}\vec{b} = \frac{1}{2}(\vec{a} - \vec{d})$

Aufgabe 08: Löse **(1)** die Vektorgleichung $5\vec{b} - 3\vec{a} + 4(\vec{x} - 3\vec{b}) = \vec{b} - \vec{a}$ durch Term- bzw. Äquivalenzumformungen. Mache **(2)** die Probe mit den Vektoren $\vec{a} = (4/0/2)$ und $\vec{b} = (2/-1/0)$.

(1) $5\vec{b} - 3\vec{a} + 4(\vec{x} - 3\vec{b}) = \vec{b} - \vec{a}$

$5\vec{b} - 3\vec{a} + 4\vec{x} - 12\vec{b} = \vec{b} - \vec{a}$

$-7\vec{b} - 3\vec{a} + 4\vec{x} = \vec{b} - \vec{a}$

$4\vec{x} = 2\vec{a} + 8\vec{b}$

$\vec{x} = \frac{\vec{a}}{2} + 2\vec{b}$

(2) $\vec{x} = \frac{1}{2} \cdot \begin{pmatrix} 4 \\ 0 \\ 2 \end{pmatrix} + 2 \cdot \begin{pmatrix} 2 \\ -1 \\ 0 \end{pmatrix} = \begin{pmatrix} 6 \\ -2 \\ 1 \end{pmatrix}$

L.S.: $5 \cdot \begin{pmatrix} 2 \\ -1 \\ 0 \end{pmatrix} - 3 \cdot \begin{pmatrix} 4 \\ 0 \\ 2 \end{pmatrix} + 4 \cdot \left[\begin{pmatrix} 6 \\ -2 \\ 1 \end{pmatrix} - 3 \cdot \begin{pmatrix} 2 \\ -1 \\ 0 \end{pmatrix} \right] = \begin{pmatrix} -2 \\ -5 \\ -6 \end{pmatrix} + 4 \cdot \begin{pmatrix} 0 \\ 1 \\ 1 \end{pmatrix} = \begin{pmatrix} -2 \\ -1 \\ -2 \end{pmatrix}$

R.S.: $\begin{pmatrix} 2 \\ -1 \\ 0 \end{pmatrix} - \begin{pmatrix} 4 \\ 0 \\ 2 \end{pmatrix} = \begin{pmatrix} -2 \\ -1 \\ -2 \end{pmatrix}$ L.S. = R.S.

Aufgabe 09: Zerlege die Strecke $AB\,[A(3/-4/5),\,B(-3/-1/-4)]$ in drei gleich lange Teilstrecken. Berechne die Koordinaten der Teilungspunkte.

$\overrightarrow{AB} = B - A = \begin{pmatrix} -6 \\ 3 \\ -9 \end{pmatrix}$, $T_1 = A + \frac{1}{3}\overrightarrow{AB}$, $T_1 = \begin{pmatrix} 3 \\ -4 \\ 5 \end{pmatrix} + \frac{1}{3} \cdot \begin{pmatrix} -6 \\ 3 \\ -9 \end{pmatrix} = \begin{pmatrix} 3 \\ -4 \\ 5 \end{pmatrix} + \begin{pmatrix} -2 \\ 1 \\ -3 \end{pmatrix} = \begin{pmatrix} 1 \\ -3 \\ 2 \end{pmatrix}$

$T_2 = A + \frac{2}{3}\overrightarrow{AB}$, $T_2 = \begin{pmatrix} 3 \\ -4 \\ 5 \end{pmatrix} + \frac{2}{3} \cdot \begin{pmatrix} -6 \\ 3 \\ -9 \end{pmatrix} = \begin{pmatrix} 3 \\ -4 \\ 5 \end{pmatrix} + \begin{pmatrix} -4 \\ 2 \\ -6 \end{pmatrix} = \begin{pmatrix} -1 \\ -2 \\ -1 \end{pmatrix}$

Skalares Produkt zweier Vektoren

Das **skalare Produkt** der Vektoren $\vec{a}$ und $\vec{b}$ ist eine **reelle Zahl**. Sie ist definiert durch:

$$\vec{a} \cdot \vec{b} = \begin{pmatrix} a_x \\ a_y \end{pmatrix} \cdot \begin{pmatrix} b_x \\ b_y \end{pmatrix} = a_x \cdot b_x + a_y \cdot b_y \qquad \vec{a} \cdot \vec{b} = \begin{pmatrix} a_x \\ a_y \\ a_z \end{pmatrix} \cdot \begin{pmatrix} b_x \\ b_y \\ b_z \end{pmatrix} = a_x \cdot b_x + a_y \cdot b_y + a_z \cdot b_z$$

Das **skalare Produkt** zweier vom Nullvektor verschiedener Vektoren ist genau dann **gleich null**, wenn die beiden **Vektoren aufeinander normal** stehen.

Orthogonalitätskriterium:

$\vec{a} \perp \vec{b} \Leftrightarrow \vec{a} \cdot \vec{b} = 0$; dh.: $\vec{a} \perp \vec{b} \Leftrightarrow a_x b_x + a_y b_y = 0$ bzw. $a_x b_x + a_y b_y + a_z b_z = 0$

Gesetze für das Skalarprodukt:

$\forall \vec{a}, \vec{b}:$ $\qquad \vec{a} \cdot \vec{b} = \vec{b} \cdot \vec{a}$ $\qquad$ Kommutativgesetz

$\forall \vec{a}, \vec{b}, \vec{c}:$ $\qquad (\vec{a}+\vec{b}) \cdot \vec{c} = \vec{a} \cdot \vec{c} + \vec{b} \cdot \vec{c}$ $\qquad$ Distributivgesetz

$\forall \vec{a}, \vec{b}; t \in \mathbb{R}:$ $\qquad (t \cdot \vec{a}) \cdot \vec{b} = t \cdot (\vec{a} \cdot \vec{b})$ $\qquad$ Quasiassoziativgesetz

Aufgabe 10: Ein kleiner Handwerksbetrieb beschäftigt fünf Mitarbeiter. Drei Mitarbeiter bekommen einen Netto-Wochenlohn von jeweils 311 €, zwei Mitarbeiter von jeweils 356 €. Der Vektor A beschreibe die Mitarbeiter nach ihrer Lohnklasse, der Vektor N beschreibe die Nettolöhne. Stelle A und N auf, berechne $A \cdot N$ und deute das Ergebnis im gegebenen Kontext.

$$A = \begin{pmatrix} 3 \\ 2 \end{pmatrix}, N = \begin{pmatrix} 311 \\ 356 \end{pmatrix}$$

$$A \cdot N = \begin{pmatrix} 3 \\ 2 \end{pmatrix} \cdot \begin{pmatrix} 311 \\ 356 \end{pmatrix} = 3 \cdot 311 + 2 \cdot 356 = 1645$$

Deutung: Das Skalarprodukt $A \cdot N$ entspricht der Summe der Netto-Wochenlöhne der 5 Mitarbeiter.

Aufgabe 11: Überprüfe rechnerisch, ob das Dreieck $A(-5/-2), B(3/-1), C(1/2)$ rechtwinkelig ist.
(1) mittels Orthogonalitätskriterium (2) mittels Lehrsatz von PYTHAGORAS.

(1) Mittels Orthogonalitätskriterium:

Seitenvektoren: $\overrightarrow{AB} = \begin{pmatrix} 8 \\ 1 \end{pmatrix}, \overrightarrow{AC} = \begin{pmatrix} 6 \\ 4 \end{pmatrix}, \overrightarrow{BC} = \begin{pmatrix} -2 \\ 3 \end{pmatrix}$

Skalare Produkte je zweier Seitenvektoren:

$\overrightarrow{AB} \cdot \overrightarrow{AC} = \begin{pmatrix} 8 \\ 1 \end{pmatrix} \cdot \begin{pmatrix} 6 \\ 4 \end{pmatrix} = 48 + 4 = 52 \neq 0$, $\qquad \overrightarrow{BA} \cdot \overrightarrow{BC} = \begin{pmatrix} -8 \\ -1 \end{pmatrix} \cdot \begin{pmatrix} 2 \\ -3 \end{pmatrix} = -16 + 3 = -13 \neq 0$

$\overrightarrow{CA} \cdot \overrightarrow{CB} = \begin{pmatrix} -6 \\ -4 \end{pmatrix} \cdot \begin{pmatrix} 2 \\ -3 \end{pmatrix} = -12 + 12 = 0 \Rightarrow$ bei C liegt ein rechter Winkel vor!

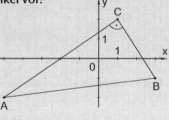

(2) Mittels Lehrsatz von PYTHAGORAS:

$c = |\overrightarrow{AB}| = \sqrt{64+1} = \sqrt{65}, \quad c^2 = 65$

$b = |\overrightarrow{AC}| = \sqrt{36+16} = \sqrt{52}, \quad b^2 = 52$

$a = |\overrightarrow{BC}| = \sqrt{4+9} = \sqrt{13}, \quad a^2 = 13$

$a^2 + b^2 = 13 + 52 = 65 = c^2$, daher ist das Dreieck rechtwinkelig.

Aufgabe 12: Beweise das Quasiassoziativgesetz.

Mit Benützung des Assoziativgesetzes für reelle Zahlen ergibt sich:

$$(t \cdot \vec{a}) \cdot \vec{b} = \left(t \cdot \begin{pmatrix} a_x \\ a_y \end{pmatrix} \right) \cdot \begin{pmatrix} b_x \\ b_y \end{pmatrix} = \begin{pmatrix} t \cdot a_x \\ t \cdot a_y \end{pmatrix} \cdot \begin{pmatrix} b_x \\ b_y \end{pmatrix} = t \cdot a_x \cdot b_x + t \cdot a_y \cdot b_y = t \cdot (a_x \cdot b_x + a_y \cdot b_y) = t \cdot (\vec{a} \cdot \vec{b})$$

Normalvektoren im $\mathbb{R}^2$

Ein Vektor $\vec{n} \neq \vec{o}$, der *auf* einen *gegebenen Vektor* $\vec{a} \neq \vec{o}$ *normal* steht, heißt ein **Normalvektor** zu $\vec{a}$.
Für $\vec{a}$ und $\vec{n}$ gilt das Orthogonalitätskriterium $\vec{n} \cdot \vec{a} = 0$.

In der **Ebene** können jedem Vektor $\vec{a} \neq \vec{o}$ zwei Normalvektoren mit dem gleichen Betrag wie $\vec{a}$ zugeordnet werden; diese entstehen durch eine Drehung um 90° bzw. −90°. Ihre Koordinaten sind gegeben durch:

$\vec{a} = \begin{pmatrix} a_x \\ a_y \end{pmatrix}$, $\vec{n}^l = \begin{pmatrix} -a_y \\ a_x \end{pmatrix}$ „Links-Kipp-Regel"

$\vec{a} = \begin{pmatrix} a_x \\ a_y \end{pmatrix}$, $\vec{n}^r = \begin{pmatrix} a_y \\ -a_x \end{pmatrix}$ „Rechts-Kipp-Regel"

Merkregel: • Koordinaten vertauschen,
• bei einer Koordinate das Vorzeichen ändern.

Aufgabe 13: Ermittle nach obiger Regel die zwei Normalvektoren von $\vec{a} = \begin{pmatrix} 2 \\ 3 \end{pmatrix}$ und begründe rechnerisch, dass sie jeweils auf den gegebenen Vektor normal stehen.

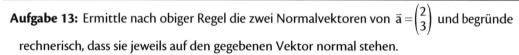

$\vec{a}^l = \begin{pmatrix} -3 \\ 2 \end{pmatrix}$, $\vec{a}^r = \begin{pmatrix} 3 \\ -2 \end{pmatrix}$

Bilde folgende Skalarprodukte: $\vec{a} \cdot \vec{a}^l = \begin{pmatrix} 2 \\ 3 \end{pmatrix} \cdot \begin{pmatrix} -3 \\ 2 \end{pmatrix} = -6 + 6 = 0$ und $\vec{a} \cdot \vec{a}^r = \begin{pmatrix} 2 \\ 3 \end{pmatrix} \cdot \begin{pmatrix} 3 \\ -2 \end{pmatrix} = 6 - 6 = 0$

Da die Skalarprodukte = 0 sind, stehen die jeweiligen Vektoren aufeinander normal.

Aufgabe 14: Gegeben sind zwei Vektoren $\vec{a} = \begin{pmatrix} 2 \\ -5 \end{pmatrix}$ und $\vec{b} = \begin{pmatrix} b_x \\ 4 \end{pmatrix}$.

Ermittle die unbekannte Koordinate b_x so, dass beide Vektoren aufeinander normal stehen.

Es gilt: $\vec{a} \perp \vec{b} \Leftrightarrow \vec{a} \cdot \vec{b} = 0$. Einsetzen ergibt eine lineare Gleichung für b_x:

$\begin{pmatrix} 2 \\ -5 \end{pmatrix} \cdot \begin{pmatrix} b_x \\ 4 \end{pmatrix} = 0 \Leftrightarrow 2b_x - 20 = 0 \Leftrightarrow 2b_x = 20 \Rightarrow b_x = 10$. Damit: $\vec{b} = \begin{pmatrix} 10 \\ 4 \end{pmatrix}$

Aufgabe 15: Gegeben ist das Viereck $A(-4/-4), B(3/-1), C(3/3), D(-1/3)$.
 a) Entnimm einer Zeichnung, welches Viereck vorzuliegen scheint.
 b) Beweise rechnerisch, dass die beiden Diagonalen aufeinander normal stehen.

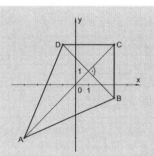

a) Vermutung: Das Viereck ist ein Deltoid. Es ist zu zeigen:

(1) $|\overrightarrow{AB}| = |\overrightarrow{AD}|$, $\overrightarrow{AB} = \begin{pmatrix} 7 \\ 3 \end{pmatrix}, |\overrightarrow{AB}| = \sqrt{58}$ und $\overrightarrow{AD} = \begin{pmatrix} 3 \\ 7 \end{pmatrix}, |\overrightarrow{AD}| = \sqrt{58}$

(2) $|\overrightarrow{BC}| = |\overrightarrow{CD}|$, $\overrightarrow{BC} = \begin{pmatrix} 0 \\ 4 \end{pmatrix}, |\overrightarrow{BC}| = 4$ und $\overrightarrow{CD} = \begin{pmatrix} -4 \\ 0 \end{pmatrix}, |\overrightarrow{CD}| = 4$

(3) $|\overrightarrow{AB}| \neq |\overrightarrow{BC}|$, $|\overrightarrow{AB}| = \sqrt{58}, |\overrightarrow{BC}| = 4$ also ist $|\overrightarrow{AB}| \neq |\overrightarrow{BC}|$

b) Die Diagonalen stehen aufeinander normal, wenn $\overrightarrow{AC} \cdot \overrightarrow{BD} = 0$ ist.

$\overrightarrow{AC} = C - A = \begin{pmatrix} 3 \\ 3 \end{pmatrix} - \begin{pmatrix} -4 \\ -4 \end{pmatrix} = \begin{pmatrix} 7 \\ 7 \end{pmatrix}$, $\overrightarrow{BD} = D - B = \begin{pmatrix} -1 \\ 3 \end{pmatrix} - \begin{pmatrix} 3 \\ -1 \end{pmatrix} = \begin{pmatrix} -4 \\ 4 \end{pmatrix}$

$\overrightarrow{AC} \cdot \overrightarrow{BD} = \begin{pmatrix} 7 \\ 7 \end{pmatrix} \cdot \begin{pmatrix} -4 \\ 4 \end{pmatrix} = -28 + 28 = 0$, was zu beweisen war.

Geradengleichungen

1) Parameterdarstellungen einer Geraden in $\mathbb{R}^2$ und $\mathbb{R}^3$

Punkt–Richtungsform		Zwei–Punkt–Form
Vektorschreibweise: $X = P + t \cdot \vec{a}, \; t \in \mathbb{R}$	Koordinatenschreibweise: in $\mathbb{R}^2$: $\begin{cases} x = p_x + ta_x \\ y = p_y + ta_y \end{cases}$ in $\mathbb{R}^3$: $\begin{cases} x = p_x + ta_x \\ y = p_y + ta_y \\ z = p_z + ta_z \end{cases} t \in \mathbb{R}$	$X = P + t \cdot \overrightarrow{PQ}, \; t \in \mathbb{R}$

X ... variabler Punkt auf g, P, Q ... feste Punkte auf g, $\vec{a}, \overrightarrow{PQ}$ ... Richtungsvektoren von g, t ... Parameter

Aufgabe 16: Ermittle die Gleichung einer Geraden, von der ein Punkt und ein Richtungsvektor gegeben sind.

$P(-5|-1), \vec{a} = (2|5)$

Vektorschreibweise

$g: X = \begin{pmatrix} -5 \\ -1 \end{pmatrix} + t \begin{pmatrix} 2 \\ 5 \end{pmatrix}$

Koordinatenschreibweise

$\begin{cases} x = -5 + 2t \\ y = -1 + 5t \end{cases} t \in \mathbb{R}$

$P(-1|-1|1), \vec{a} = (0|4|-3)$

Vektorschreibweise

$g: X = \begin{pmatrix} -1 \\ -1 \\ 1 \end{pmatrix} + t \begin{pmatrix} 0 \\ 4 \\ -3 \end{pmatrix}$

Koordinatenschreibweise

$\begin{cases} x = -1 + 0t \\ y = -1 + 4t \\ z = 1 - 3t \end{cases} t \in \mathbb{R}$

Aufgabe 17: Ermittle die Gleichung einer Geraden, von der zwei Punkte gegeben sind.

$P(-5|2), Q(-1|9)$

Ein Richtungsvektor von g ist $\vec{a} = \overrightarrow{PQ} = (4|7)$ und ein Punkt von g ist P.

$g: X = \begin{pmatrix} -5 \\ 2 \end{pmatrix} + t \begin{pmatrix} 4 \\ 7 \end{pmatrix}$ $\begin{cases} x = -5 + 4t \\ y = 2 + 7t \end{cases} t \in \mathbb{R}$

$P(-3|-1|1), Q(-1|-13|10)$

Ein Richtungsvektor von g ist $\vec{a} = \overrightarrow{PQ} = (2|-12|9)$ und ein Punkt von g ist P.

$g: X = \begin{pmatrix} -3 \\ -1 \\ 1 \end{pmatrix} + t \begin{pmatrix} 2 \\ -12 \\ 9 \end{pmatrix}$ $\begin{cases} x = -3 + 2t \\ y = -1 - 12t \\ z = 1 + 9t \end{cases} t \in \mathbb{R}$

Aufgabe 18: Ermittle **(1)** die fehlende Koordinate des auf der Geraden $g: X = \begin{pmatrix} -2 \\ 3 \end{pmatrix} + t \begin{pmatrix} 1 \\ -4 \end{pmatrix}$ liegenden Punktes $P(-3/y)$ und überprüfe **(2)** rechnerisch, ob der Punkt $Q(1/-5)$ auf dieser Geraden liegt.

Zur Lösung dieser Aufgabe wird das **Inzidenzkriterium** verwendet: Ein Punkt liegt genau dann auf einer bestimmten Geraden, wenn seine Koordinaten die zugehörige Geradengleichung erfüllen.

(1) Punkt P in die gegebene Geradengleichung statt X einsetzen:

$\begin{pmatrix} -3 \\ y \end{pmatrix} = \begin{pmatrix} -2 \\ 3 \end{pmatrix} + t \cdot \begin{pmatrix} 1 \\ -4 \end{pmatrix}$

I. $-3 = -2 + t$
II. $y = 3 - 4t$

I. $t = -1$
II. $y = 3 + 4 = 7 \Rightarrow P(-3/7)$

(2) Punkt Q in die gegebene Geradengleichung statt X einsetzen:

$\begin{pmatrix} 1 \\ -5 \end{pmatrix} = \begin{pmatrix} -2 \\ 3 \end{pmatrix} + t \cdot \begin{pmatrix} 1 \\ -4 \end{pmatrix}$

I. $1 = -2 + t \Rightarrow t = 3$
II. $-5 = 3 - 4t \Rightarrow 4t = 8 \Rightarrow t = 2$

Verschiedene Werte für t $\Rightarrow Q \notin g$

AG 3   Vektoren

2) Geradengleichung in Normalvektorform (NVF) im $\mathbb{R}^2$	
Vektorschreibweise	**Koordinatenschreibweise**
$\vec{n} \cdot (X - P) = 0$ bzw. $\vec{n} \cdot X = \vec{n} \cdot P$	$n_x \cdot x + n_y \cdot y = c_1$ mit $c_1 = n_x \cdot p_x + n_y \cdot p_y$

Aufgabe 19: Ermittle die Gleichung einer Geraden in NVF, von der ein Punkt P(−5|−1) und ein Normalvektor $\vec{n} = (-5|2)$ gegeben sind.

$$g: \vec{n} \cdot X = \vec{n} \cdot P: \begin{pmatrix} -5 \\ 2 \end{pmatrix} \cdot X = \begin{pmatrix} -5 \\ 2 \end{pmatrix} \cdot \begin{pmatrix} -5 \\ -1 \end{pmatrix} \Leftrightarrow \begin{pmatrix} -5 \\ 2 \end{pmatrix} \cdot X = 23 \text{ oder } -5x + 2y = 23$$

25 − 2 = 23 (skalares Produkt)

Aufgabe 20: Ermittle die Gleichung einer Geraden in NVF, von der zwei Punkte P(−5|2) und Q(−1|9) gegeben sind.

Richtungsvektor $\vec{a} = \vec{PQ} = (4|7)$, Normalvektor $\vec{n} = \vec{a}^\mathsf{l} = \vec{PQ} = (-7|4)$, (Kippregel anwenden!).

Damit: $g: \vec{n} \cdot X = \vec{n} \cdot P: \begin{pmatrix} -7 \\ 4 \end{pmatrix} \cdot X = \begin{pmatrix} -7 \\ 4 \end{pmatrix} \cdot \begin{pmatrix} -5 \\ 2 \end{pmatrix} \Leftrightarrow \begin{pmatrix} -7 \\ 4 \end{pmatrix} \cdot X = 43$ oder $-7x + 4y = 43$

Aufgabe 21: Berechne aus einer Parameterdarstellung $g: X = \begin{pmatrix} -5 \\ -1 \end{pmatrix} + t \begin{pmatrix} 2 \\ 5 \end{pmatrix}$ eine Normalvektorform von g.

Lösungsweg 1:
Elimination des Parameters aus der Koordinatenschreibweise der Parameterdarstellung.

$$g: X = \begin{pmatrix} -5 \\ -1 \end{pmatrix} + t \begin{pmatrix} 2 \\ 5 \end{pmatrix}$$

$x = -5 + 2t \quad |\cdot 5$
$y = -1 + 5t \quad |\cdot (-2)$

$\overline{\begin{array}{l} 5x = -25 + 10t \\ -2y = +2 - 10t \end{array}} \Big) +$

$g: 5x - 2y = -23 \Leftrightarrow \begin{pmatrix} 5 \\ -2 \end{pmatrix} X = -23$

Lösungsweg 2:
Verwende die Normalvektorform: $\vec{n} \cdot X = \vec{n} \cdot P$

$\vec{a} = \begin{pmatrix} 2 \\ 5 \end{pmatrix} \Rightarrow \vec{n} = \vec{a}^\mathsf{l} = \begin{pmatrix} -5 \\ 2 \end{pmatrix}$

$P(-5|-1): \vec{n} \cdot P = \begin{pmatrix} -5 \\ 2 \end{pmatrix} \cdot \begin{pmatrix} -5 \\ -1 \end{pmatrix} = 25 - 2 = 23$

$g: \begin{pmatrix} -5 \\ 2 \end{pmatrix} X = 23 \Leftrightarrow -5x + 2y = 23$

$\Leftrightarrow 5x - 2y = -23$

Aufgabe 22: Berechne aus einer Normalvektorform $g: \begin{pmatrix} 5 \\ -2 \end{pmatrix} X = -23$ eine Parameterdarstellung von g.

Normalvektor $\vec{n} = \begin{pmatrix} 5 \\ -2 \end{pmatrix}$, Richtungsvektor $\vec{a} = \vec{n}^\mathsf{l} = \begin{pmatrix} 2 \\ 5 \end{pmatrix}$, (Kippregel anwenden!).

Berechnung eines Punktes P: Man wählt eine Koordinate des Punkts P und ermittelt durch Einsetzen dieser Koordinate in die gegebene Gleichung von g die zweite Koordinate von P.

z.B.: $x = 1$: $g: \begin{pmatrix} 5 \\ -2 \end{pmatrix} \begin{pmatrix} 1 \\ y \end{pmatrix} = -23 \Leftrightarrow 5 \cdot 1 - 2y = -23 \Rightarrow y = 14$, also P(1|14)

Nun werden die Werte von $\vec{a}$ und P in die Parameterdarstellung eingesetzt:

$g: X = P + t\vec{a} \Leftrightarrow X = \begin{pmatrix} 1 \\ 14 \end{pmatrix} + t \begin{pmatrix} 2 \\ 5 \end{pmatrix}$

3) Implizite und explizite Darstellung vektorfreier Geradengleichungen

Aus der Koordinatenschreibweise der Normalvektorform ergibt sich:

$n_x \cdot x + n_y \cdot y = c_1 \Leftrightarrow \mathbf{ax + by + c = 0}$ ($n_x = a, n_y = b, c_1 = -c$) **implizite Darstellung** oder **allgemeine Geradengleichung**

$n_x \cdot x + n_y \cdot y = c_1 \Leftrightarrow y = -\dfrac{n_x}{n_y} \cdot x + \dfrac{c_1}{n_y}$ mit $n_y \neq 0$ **explizite Darstellung** oder **Hauptform**

$$y = \underset{\uparrow}{k \cdot x} + \underset{\uparrow}{d}$$
$\quad\quad\quad$ Anstieg $\quad$ Abschnitt auf der y-Achse

Der **Anstieg k** kann aus den Koordinaten eines Richtungsvektors oder Normalvektors der Geraden berechnet werden.

Es gilt: $\vec{a} = \begin{pmatrix} a_x \\ a_y \end{pmatrix} = \begin{pmatrix} 1 \\ k \end{pmatrix} \Rightarrow k = \dfrac{a_y}{a_x}$ (Siehe nebenstehende Zeichnung!)

$\vec{n} = \begin{pmatrix} n_x \\ n_y \end{pmatrix} = \begin{pmatrix} -k \\ 1 \end{pmatrix} \Rightarrow k = -\dfrac{n_x}{n_y}$

Ferner gilt: $k = \tan\alpha$, α ... Steigungswinkel

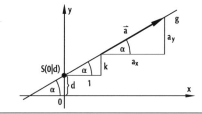

Aufgabe 23: Ermittle eine Gleichung der Geraden g, die

a) durch den Punkt P(−3|4) geht und den Anstieg $k = \dfrac{5}{2}$ hat,

b) durch den Punkt Q(−1|9) geht und parallel zu $g_1: X = \begin{pmatrix} 2 \\ 2 \end{pmatrix} + t \begin{pmatrix} 2 \\ 5 \end{pmatrix}$ verläuft,

c) durch den Punkt R(−5|−1) geht und normal auf $g_2: 2x + 5y = 14$ steht.

Parameterdarstellung: $X = P + t \cdot \vec{a}$	Normalvektorform: $\vec{n} \cdot X = \vec{n} \cdot P$
a) P(−3|4) $k = \dfrac{5}{2}$: $k = \dfrac{a_y}{a_x} = \dfrac{5}{2} \Rightarrow \vec{a} = \begin{pmatrix} 2 \\ 5 \end{pmatrix}$ $g: X = \begin{pmatrix} -3 \\ 4 \end{pmatrix} + t \begin{pmatrix} 2 \\ 5 \end{pmatrix}$	P(−3|4) $k = \dfrac{5}{2}$: $k = -\dfrac{n_x}{n_y} = \dfrac{5}{2} \Rightarrow \vec{n}_g = \begin{pmatrix} -5 \\ 2 \end{pmatrix}$; $\vec{n}_g \cdot P = 23$ $g: \begin{pmatrix} -5 \\ 2 \end{pmatrix} X = 23$ oder $-5x + 2y = 23$
b) Q(−1|9) $\Rightarrow$ P = Q(−1|9) $g \parallel g_1$: dh.: $\begin{cases} \vec{n}_{g_1} = \vec{n}_g \\ \vec{a}_{g_1} = \vec{a}_g \end{cases}$ $\vec{a}_{g_1} = \begin{pmatrix} 2 \\ 5 \end{pmatrix} = \vec{a}_g$ $g: X = \begin{pmatrix} -1 \\ 9 \end{pmatrix} + t \begin{pmatrix} 2 \\ 5 \end{pmatrix}$	Q(−1|9) $\Rightarrow$ P = Q(−1|9) $g \parallel g_1$: dh.: $\begin{cases} \vec{n}_{g_1} = \vec{n}_g \\ \vec{a}_{g_1} = \vec{a}_g \end{cases}$ $\vec{a}_{g_1} = \begin{pmatrix} 2 \\ 5 \end{pmatrix} \Rightarrow \vec{n}_g = \begin{pmatrix} -5 \\ 2 \end{pmatrix}$; $\vec{n}_g \cdot P = 23$ $g: \begin{pmatrix} -5 \\ 2 \end{pmatrix} X = 23$ oder $-5x + 2y = 23$
c) R(−5|−1) $\Rightarrow$ P = R(−5|−1) $g \perp g_2$: dh.: $\begin{cases} \vec{n}_{g_2} = \vec{a}_g \\ \vec{a}_{g_2} = \vec{n}_g \end{cases}$ $\vec{n}_{g_2} = \begin{pmatrix} 2 \\ 5 \end{pmatrix} = \vec{a}_g$ $g: X = \begin{pmatrix} -5 \\ -1 \end{pmatrix} + t \begin{pmatrix} 2 \\ 5 \end{pmatrix}$	R(−5|−1) $\Rightarrow$ P = R(−5|−1) $g \perp g_2$: dh.: $\begin{cases} \vec{n}_{g_2} = \vec{a}_g \\ \vec{a}_{g_2} = \vec{n}_g \end{cases}$ $\vec{n}_{g_2} = \begin{pmatrix} 2 \\ 5 \end{pmatrix} \Rightarrow \vec{n}_g = \begin{pmatrix} -5 \\ 2 \end{pmatrix}$; $\vec{n}_g \cdot P = 23$ $g: \begin{pmatrix} -5 \\ 2 \end{pmatrix} X = 23$ oder $-5x + 2y = 23$

Lagebeziehung zweier Geraden

Gegeben sind zwei Geraden g: $X = P + t_1\vec{a}$ und h: $X = Q + t_2\vec{b}$, $t_1, t_2 \in \mathbb{R}$, $\vec{a} \neq \vec{o}, \vec{b} \neq \vec{o}$.

In der Ebene $\mathbb{R}^2$ gibt es **drei verschiedene Lagen** für zwei Geraden:
  identisch parallel (g und h fallen zusammen), wenn die Koordinaten der Richtungsvektoren $\vec{a}$ und $\vec{b}$ *proportional* sind (dh. $\vec{a} = t \cdot \vec{b}$) und der Punkt $P \in g$ auch auf h liegt, bzw. $Q \in h$ auch auf g liegt.
  disjunkt parallel (g und h haben keinen Punkt gemeinsam), wenn die Koordinaten der Richtungsvektoren $\vec{a}$ und $\vec{b}$ *proportional* sind (dh. $\vec{a} = t \cdot \vec{b}$) und der Punkt $P \in g$ *nicht* auf h liegt, bzw. $Q \in h$ *nicht* auf g liegt.
  schneidend in genau einem Punkt S, wenn die Richtungsvektoren *nicht proportional* sind, dh. ($\vec{a} \neq t \cdot \vec{b}$).

Im Raum $\mathbb{R}^3$ gibt es **vier verschiedene Lagen** für zwei Geraden:
  identisch parallel, disjunkt parallel, schneidend und windschief.
  (**Windschiefe Geraden** sind weder parallel noch schneiden sie einander).
  Um festzustellen, ob zwei Geraden im Raum **schneidend oder windschief** sind, versucht man durch Gleichsetzen der beiden Geradengleichungen einen Schnittpunkt auszurechnen. Wenn die aus zwei Gleichungen errechneten Parameterwerte auch die dritte Gleichung erfüllen, dann schneiden sich die beiden Geraden in einem Punkt, andernfalls sind sie windschief.

Geometrische Veranschaulichung:

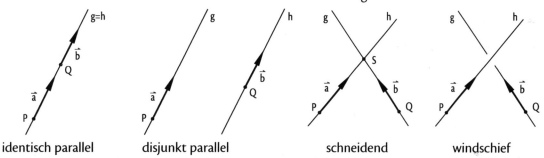

identisch parallel   disjunkt parallel   schneidend   windschief

Aufgabe 24: Untersuche rechnerisch die Lage der beiden Geraden g und h. Ermittle gegebenenfalls die Koordinaten des Schnittpunktes.

a) $g: X = \begin{pmatrix} 2 \\ 3 \end{pmatrix} + t \cdot \begin{pmatrix} -1 \\ 2 \end{pmatrix}$ $h: X = \begin{pmatrix} 2 \\ -1 \end{pmatrix} + s \cdot \begin{pmatrix} 2 \\ -4 \end{pmatrix}$ **b)** $g: X = \begin{pmatrix} 1 \\ -5 \end{pmatrix} + t \cdot \begin{pmatrix} -3 \\ 4 \end{pmatrix}$ $h: X = \begin{pmatrix} -4 \\ 1 \end{pmatrix} + s \cdot \begin{pmatrix} 1 \\ -1 \end{pmatrix}$

c) $g: X = \begin{pmatrix} 4 \\ -2 \end{pmatrix} + t \cdot \begin{pmatrix} -1 \\ 3 \end{pmatrix}$ $h: X = \begin{pmatrix} 3 \\ 1 \end{pmatrix} + s \cdot \begin{pmatrix} 1 \\ -3 \end{pmatrix}$

a) (1) $\begin{pmatrix} -1 \\ 2 \end{pmatrix} = -\dfrac{1}{2} \begin{pmatrix} 2 \\ -4 \end{pmatrix}$ Die Koordinaten der Richtungsvektoren sind *proportional*.

Die beiden Geraden können parallel oder identisch sein.

(2) Überprüfe, ob der Punkt $(2/3) \in g$ auch auf der Geraden h liegt.

$\begin{pmatrix} 2 \\ 3 \end{pmatrix} = \begin{pmatrix} 2 \\ -1 \end{pmatrix} + s \cdot \begin{pmatrix} 2 \\ -4 \end{pmatrix}$

$2 = 2 + 2s \Rightarrow s = 0$
$3 = -1 - 4s \Rightarrow s = -1$ Verschiedene Werte für $s \Rightarrow \begin{pmatrix} 2 \\ 3 \end{pmatrix} \notin h$

Aus (1) und (2) folgt: g und h sind disjunkt parallel.

b) Die Richtungsvektoren sind *nicht proportional*. Die beiden Geraden schneiden einander.

Berechnung des Schnittpunktes:

Gleichsetzen der Geradengleichungen:

$$\begin{pmatrix} 1 \\ -5 \end{pmatrix} + t \cdot \begin{pmatrix} -3 \\ 4 \end{pmatrix} = \begin{pmatrix} -4 \\ 1 \end{pmatrix} + s \cdot \begin{pmatrix} 1 \\ -1 \end{pmatrix}$$

Berechnung der Parameterwerte:

$$\left. \begin{matrix} 1 - 3t = -4 + s \\ -5 + 4t = 1 - s \end{matrix} \right\} +$$

$-4 + t = -3 \Rightarrow t = 1$ Einsetzen von t in g oder
$s = 5 - 3t = 2$ von s in h ergibt S(−2 / −1).

c) (1) $\begin{pmatrix} -1 \\ 3 \end{pmatrix} = (-1) \cdot \begin{pmatrix} 1 \\ -3 \end{pmatrix}$

Die Koordinaten der Richtungsvektoren sind *proportional*.

Die beiden Geraden können parallel oder identisch sein.

(2) Überprüfe, ob der Punkt (4/−2) ∈ g auch auf der Geraden h liegt.

$$\begin{pmatrix} 4 \\ -2 \end{pmatrix} = \begin{pmatrix} 3 \\ 1 \end{pmatrix} + s \cdot \begin{pmatrix} 1 \\ -3 \end{pmatrix}$$

$4 = 3 + s \Rightarrow s = 1$
$-2 = 1 - 3s \Rightarrow s = 1$ Gleiche Werte für s $\Rightarrow \begin{pmatrix} 4 \\ -2 \end{pmatrix} \in h$

Aus (1) und (2) folgt:. g und h sind identisch parallel.

Aufgabe 25: Gegeben sind die Geraden $g: X = \begin{pmatrix} 1 \\ 1 \end{pmatrix} + s \cdot \begin{pmatrix} -3 \\ 2 \end{pmatrix}$ und $h: 3x - 2y = -12$.

Ermittle die Koordinaten des Schnittpunktes der beiden Geraden auf zwei Arten.

1.Art:

Aufspalten der Vektorgleichung

$g: X = \begin{pmatrix} x \\ y \end{pmatrix} = \begin{pmatrix} 1 \\ 1 \end{pmatrix} + s \cdot \begin{pmatrix} -3 \\ 2 \end{pmatrix} = \begin{pmatrix} 1 - 3s \\ 1 + 2s \end{pmatrix} \Rightarrow x = 1 - 3s, y = 1 + 2s$.

Diese Terme werden in die Gleichung h eingesetzt:

h: $3x - 2y = -12$

$3(1 - 3s) - 2(1 + 2s) = -12$
$3 - 9s - 2 - 4s = -12$
$-13s = -13$
$s = 1$

Einsetzen des Parameterwertes in g ergibt S(−2/3).

2.Art:

Ermittle eine Parameterdarstellung von h:

$\vec{n}_h = \begin{pmatrix} 3 \\ -2 \end{pmatrix}$, $\vec{a}_h = \vec{n}_h^l = \begin{pmatrix} 2 \\ 3 \end{pmatrix}$ (Links-Kippregel anwenden, siehe Seite 35)

Setzt man z.B. für x = 0, erhält man für y = 6. Also: P(0 / 6) ∈ h.

Damit: $h: X = \begin{pmatrix} 0 \\ 6 \end{pmatrix} + t \cdot \begin{pmatrix} 2 \\ 3 \end{pmatrix}$

Berechnung des Schnittpunktes:

$\begin{pmatrix} 1 \\ 1 \end{pmatrix} + s \cdot \begin{pmatrix} -3 \\ 2 \end{pmatrix} = \begin{pmatrix} 0 \\ 6 \end{pmatrix} + t \cdot \begin{pmatrix} 2 \\ 3 \end{pmatrix}$

Berechnung der Parameterwerte:

$1 - 3s = 0 + 2t \mid \cdot (-3)$
$1 + 2s = 6 + 3t \mid \cdot 2$

$\left.\begin{array}{l} -3 + 9s = 0 - 6t \\ 2 + 4s = 12 + 6t \end{array}\right\} +$

$-1 + 13s = 12 \Rightarrow s = 1$
$2t = 1 - 3s = -2 \Rightarrow t = -1$

Einsetzen von s in g oder von t in h ergibt S(−2/3).

Aufgabe 26: Untersuche rechnerisch die Lage der beiden Geraden g und h. Ermittle gegebenenfalls die Koordinaten des Schnittpunktes.

a) $g: X = (1/0/8) + r \cdot (2/1/-3)$ $h: X = (9/3/7) + s \cdot (4/1/5)$
b) $h: X = (9/3/7) + s \cdot (4/1/5)$ $l: X = (2/-1/5) + t \cdot (-4/-1/-5)$

a) Die Richtungsvektoren der beiden Geraden sind *nicht proportional*. Daher schneiden die beiden Geraden einander oder sie sind windschief.

Gleichsetzen der Geradengleichungen:

I. $1 + 2r = 9 + 4s$
II. $r = 3 + s$
III. $8 - 3r = 7 + 5s$

Berechne aus den Gleichungen I. und II die Parameter r und s:

I. $1 + 2r = 9 + 4s$
II. $r = 3 + s \mid \cdot (-4)$

$\left.\begin{array}{l} \text{I. } 1 + 2r = 9 + 4s \\ \text{II'. } -4r = -12 - 4s \end{array}\right\} +$

$1 - 2r = -3$
$2r = 4$ II. $2 = 3 + s$
$r = 2$ $s = -1$

Setze die Werte für r und s in die Gleichung III ein:

$8 - 3 \cdot 2 = 7 + 5 \cdot (-1)$
$2 = 2$ w.A. $\Rightarrow$ g und h schneiden einander!

Den Schnittpunkt S erhält man durch Einsetzen der Parameterwerte in die entsprechenden Gleichungen:

$S = \begin{pmatrix} 1 \\ 0 \\ 8 \end{pmatrix} + 2 \cdot \begin{pmatrix} 2 \\ 1 \\ -3 \end{pmatrix} = \begin{pmatrix} 5 \\ 2 \\ 2 \end{pmatrix}$ oder $S = \begin{pmatrix} 9 \\ 3 \\ 7 \end{pmatrix} + (-1) \cdot \begin{pmatrix} 4 \\ 1 \\ 5 \end{pmatrix} = \begin{pmatrix} 5 \\ 2 \\ 2 \end{pmatrix}$

b) Die Richtungsvektoren der beiden Geraden sind *proportional*. Daher sind die beiden Geraden disjunkt parallel oder identisch parallel.

Bilde den Verbindungsvektor $\overrightarrow{AB}$ zwischen dem festen Punkt A(9/3/7) der Geraden h und dem festen Punkt B(2/−1/5) der Geraden l.

$$\overrightarrow{AB} = B - A = \begin{pmatrix} 2 \\ -1 \\ 5 \end{pmatrix} - \begin{pmatrix} 9 \\ 3 \\ 7 \end{pmatrix} = \begin{pmatrix} -7 \\ -4 \\ -2 \end{pmatrix}$$

$\overrightarrow{AB}$ ist *nicht proportional* zu den Richtungsvektoren der gegebenen Geraden. Daher sind die beiden Geraden disjunkt parallel.

Aufgabe 27:
a) Zeige rechnerisch, dass die Geraden $g: X = (7/4/-7) + s \cdot (1/6/4)$ und $h: X = (-2/3/-1) + t \cdot (-8/5/-6)$ windschief sind.
b) Ändere die z–Koordinate des Richtungsvektors der Geraden h so ab, dass g und h einander schneiden und gib die Koordinaten des Schnittpunktes an.

a) Die Richtungsvektoren der beiden Geraden sind *nicht proportional*. Daher schneiden die beiden Geraden einander oder sie sind windschief.
Gleichsetzen der Geradengleichungen:
   I. $7 + s = -2 - 8t$
   II. $4 + 6s = 3 + 5t$
   III. $-7 + 4s = -1 - 6t$

Berechne aus den Gleichungen I. und II die Parameter s und t:
   I. $7 + s = -2 - 8t \quad | \cdot (-6)$
   II. $4 + 6s = 3 + 5t$

   I'. $-42 - 6s = 12 + 48t$ $\Big\} +$
   II. $4 + 6s = 3 + 5t$

   $-38 = 15 + 53t$
   $-53 = 53t$ \qquad II. $6s = -1 + 5t = -1 - 5 = -6$
   $t = -1$ \qquad\qquad $s = -1$

Setze die Werte für s und t in die Gleichung III ein:
$-7 + 4 \cdot (-1) = -1 - 6 \cdot (-1)$
$-11 = 5$ f.A. $\Rightarrow$ g und h sind windschief!

b) Setze die Werte für s und t in die Gleichung III ein und berechne z:
$-7 + 4 \cdot s = -1 + z \cdot t$
$-7 + 4 \cdot (-1) = -1 + z \cdot (-1)$
$-11 = -1 - z$
$z = 10$

$$h_1: X = \begin{pmatrix} -2 \\ 3 \\ -1 \end{pmatrix} + t \cdot \begin{pmatrix} -8 \\ 5 \\ 10 \end{pmatrix}$$

Für $t = -1$ erhält man $S(6/-2/-11)$.

Planimetrie

Dreiecksberechnungen

Ungleichseitiges Dreieck

$U = a + b + c$

$s = \dfrac{U}{2} = \dfrac{a+b+c}{2}$

$\alpha + \beta + \gamma = 180°$

$A = \dfrac{a \cdot h_a}{2} = \dfrac{b \cdot h_b}{2} = \dfrac{c \cdot h_c}{2}$

$A = \sqrt{s(s-a)(s-b)(s-c)}$

HERON'sche Flächenformel

Gleichschenkeliges Dreieck

$U = 2a + c$

$h = \sqrt{a^2 - \left(\dfrac{c}{2}\right)^2} = \sqrt{a^2 - \dfrac{c^2}{4}}$

$A = \dfrac{c \cdot h}{2}$

$A = \dfrac{c}{2}\sqrt{a^2 - \dfrac{c^2}{4}}$

Gleichseitiges Dreieck

$U = 3a$

$h = \sqrt{a^2 - \left(\dfrac{a}{2}\right)^2} = \dfrac{a}{2}\sqrt{3}$

$A = \dfrac{a \cdot h}{2}$

$A = \dfrac{a^2}{4}\sqrt{3}$

Rechtwinkeliges Dreieck

$U = a + b + c$

$c = p + q$

$h = \sqrt{a^2 - p^2} = \sqrt{b^2 - q^2} = \dfrac{a \cdot b}{c}$

$p = \sqrt{a^2 - h^2}, \quad q = \sqrt{b^2 - h^2}$

$A = \dfrac{c \cdot h}{2} = \dfrac{a \cdot b}{2}$

Lehrsatz des PYTHAGORAS

$\boxed{a^2 + b^2 = c^2}$

$a^2 = c^2 - b^2 \Rightarrow a = \sqrt{c^2 - b^2}$

$b^2 = c^2 - a^2 \Rightarrow b = \sqrt{c^2 - a^2}$

Kathetensatz

$a^2 = c \cdot p$

$b^2 = c \cdot q$

Höhensatz

$h^2 = p \cdot q$

Rechtwinkelig-gleichschenkeliges Dreieck

$U = 2a + c$

$h = \sqrt{a^2 - \left(\dfrac{c}{2}\right)^2} = \sqrt{a^2 - \dfrac{c^2}{4}}$

$A = \dfrac{a^2}{2}$

$A = \dfrac{c \cdot h}{2} = \dfrac{c}{2}\sqrt{a^2 - \dfrac{c^2}{4}}$

Aufgabe 01: Dreieck: $A = 7020\,mm^2$ und $h_c = 195\,mm$ sind gegeben. Berechne die zugehörige Seite.

$A = \dfrac{c \cdot h_c}{2} \quad \Big| \cdot 2 \Leftrightarrow 2A = c \cdot h_c \quad \Big| : h_c \Leftrightarrow c = \dfrac{2A}{h_c} = \dfrac{2 \cdot 7020}{195} = 72\,mm$

Aufgabe 02: Von den Größen a, b, c, p, q, h eines rechtwinkeligen Dreiecks sind $b = 60{,}9\,cm$ und $c = 84{,}1\,cm$ gegeben. Berechne die fehlenden Größen.

$a = \sqrt{c^2 - b^2} = \sqrt{84{,}1^2 - 60{,}9^2} = 58\,cm$

$a^2 = c \cdot p \Rightarrow p = \dfrac{a^2}{c} = \dfrac{58^2}{84{,}1} = 40\,cm, \quad q = c - p = 44{,}1\,cm, \quad h^2 = p \cdot q \Rightarrow h = \sqrt{p \cdot q} = \sqrt{40 \cdot 44{,}1} = 42\,cm$

Berechnung von Vierecken

Rechteck

	$U = 2a + 2b = 2(a+b)$	$A = a \cdot b$	$d^2 = a^2 + b^2$ $d = \sqrt{a^2 + b^2}$

Quadrat

	$U = 4a$	$A = a^2$	$d^2 = a^2 + a^2 = 2a^2$ $d = a\sqrt{2}$

Parallelogramm (Rhomboid)

	$U = 2a + 2b = 2(a+b)$	$A = a \cdot h_a = b \cdot h_b$	

Rhombus (Raute)

	$U = 4a$	$A = a \cdot h$ $A = \dfrac{e \cdot f}{2}$	$a^2 = \left(\dfrac{e}{2}\right)^2 + \left(\dfrac{f}{2}\right)^2$

Allgemeines Trapez

	$U = a + b + c + d$	$A = \dfrac{(a+c)h}{2}$	$m = \dfrac{a+c}{2}$

Gleichschenkeliges Trapez

	$U = a + 2b + c$	$A = \dfrac{(a+c)h}{2}$	$m = \dfrac{a+c}{2}$

Deltoid (Drachenviereck)

	$U = 2a + 2b = 2(a+b)$	$A = \dfrac{e \cdot f}{2}$	

Aufgabe 03: Von den Größen a, b, h_a, h_b, u, A eines Parallelogramms sind folgende drei gegeben: $a = 5{,}6\,dm, u = 18{,}2\,dm, h_b = 5{,}2\,dm$. Berechne die fehlenden Größen.

$u = 2a + 2b \Rightarrow b = \dfrac{u-2a}{2} = \dfrac{18{,}2-2 \cdot 5{,}6}{2} = 3{,}5\,dm$, $A = b \cdot h_b = 18{,}2\,dm^2$, $A = a \cdot h_a \Rightarrow h_a = \dfrac{A}{a} = 3{,}25\,dm$

Aufgabe 04: Von einem Trapez kennt man $a = 221\,mm$, $c = 100\,mm$ $d = 193\,mm$ und $h = 168\,mm$. Berechne die Länge der fehlenden Seite, den Umfang, den Flächeninhalt und die Länge der Diagonalen.

$x = \sqrt{d^2 - h^2} = \sqrt{193^2 - 168^2} = 95\,mm$, $y = a - (c+x) = 221 - (100+95) = 26\,mm$

$b = \sqrt{y^2 + h^2} = \sqrt{26^2 + 168^2} = 170\,mm$, $u = a + b + c + d = 684\,mm$, $A = \dfrac{a+c}{2} \cdot h = \dfrac{321}{2} \cdot 168 = 26964\,mm^2$

$e = \sqrt{(c+x)^2 + h^2} = \sqrt{195^2 + 168^2} = 257{,}39\,mm$, $f = \sqrt{(c+y)^2 + h^2} = \sqrt{126^2 + 168^2} = 210\,mm$

Planimetrie und Stereometrie

Kreisberechnungen

Kreis

r ... Radius	d ... Durchmesser
$U = 2r\pi = d\pi$ $\qquad$ $\pi = 3{,}14159...$ transzendente Zahl $\approx \frac{22}{7}$	$A = r^2\pi = \frac{d^2\pi}{4}$

Kreisbogen

r ... Radius $\qquad$ b ... Kreisbogen $\qquad$ α ... Zentriwinkel

$$b = \frac{r\pi\alpha}{180°} \quad (b = r \cdot \alpha \text{ für } \alpha \text{ in rad})$$

Kreissektor

r ... Radius $\qquad$ b ... Kreisbogen $\qquad$ α ... Zentriwinkel

$$U = 2r + b = 2r + \frac{r\pi\alpha}{180°} \; (= 2r + r\cdot\alpha \text{ für } \alpha \text{ in rad}) \qquad A = \frac{b\cdot r}{2} = \frac{r^2\pi\alpha}{360°} \left(\frac{r^2\alpha}{2} \text{ für } \alpha \text{ in rad}\right)$$

Kreissegment

r ... Radius $\qquad$ b ... Kreisbogen $\qquad$ α ... Zentriwinkel

A = Kreissektor − Dreieck $\qquad$ Sonderfall: 90° bzw. $\frac{\pi}{2}$

$$A = \frac{r^2\pi\alpha}{360°} - \frac{r^2}{2}\sin\alpha \left(\frac{r^2}{2}(\alpha - \sin\alpha) \text{ für } \alpha \text{ in rad}\right) \qquad A = \frac{r^2\pi}{4} - \frac{r^2}{2} = \frac{r^2}{2}\left(\frac{\pi}{2} - 1\right)$$

Kreisring

R ... äußerer Radius $\qquad$ r ... innerer Radius

$$A = R^2\pi - r^2\pi = \pi(R^2 - r^2) = \pi(R+r)(R-r)$$
$$U = 2R\pi + 2r\pi = 2\pi(R+r)$$

Aufgabe 05: Berechne den Radius, den Durchmesser und den Umfang eines Kreises, dessen Flächeninhalt A = 265 dm² beträgt.

$$A = r^2\pi \Rightarrow r = \sqrt{\frac{A}{\pi}} = \sqrt{\frac{265}{\pi}} \approx 9{,}18\,\text{dm}, \; d = 2r \approx 18{,}37\,\text{dm}, \; u = 2r\pi \approx 18{,}37\pi \approx 57{,}71\,\text{dm}$$

Aufgabe 06: Berechne den Radius, den Umfang und den Flächeninhalt eines Kreissektors, von dem der Kreisbogen b = 54 mm und der Zentriwinkel $\alpha = 62°$ gegeben sind.

$$b = \frac{r\pi\alpha}{180°} \Rightarrow r = \frac{b\cdot 180°}{\pi\cdot\alpha} = \frac{54\cdot 180°}{\pi\cdot 62°} \approx 49{,}90\,\text{mm}$$

$$u = b + 2r \approx 54 + 2\cdot 49{,}90 \approx 153{,}81\,\text{mm}, \quad A = \frac{r^2\pi\alpha}{360°} \approx \frac{49{,}90^2 \cdot \pi \cdot 62°}{360°} \approx 1347{,}37\,\text{mm}^2$$

Aufgabe 07: Berechne α und b eines Kreissektors, von dem r = 4,5 cm und der Flächeninhalt A = 28,3 cm² gegeben sind. Berechne auch den Flächeninhalt des zugehörigen Kreissegments.

$$A = \frac{r^2\pi\alpha}{360°} \Rightarrow \alpha = \frac{360°\cdot A}{r^2\pi} = \frac{360°\cdot 28{,}3}{4{,}5^2\cdot\pi} \approx 160{,}15°, \quad b = \frac{r\pi\alpha}{180°} \approx \frac{4{,}5\cdot\pi\cdot 160{,}15°}{180°} \approx 12{,}58\,\text{cm}$$

$$A = \frac{r^2\pi\alpha}{360°} - \frac{r^2}{2}\sin\alpha = \frac{4{,}5^2\cdot\pi\cdot 160{,}15°}{360°} - \frac{4{,}5^2}{2}\cdot\sin 160{,}15° \approx 28{,}30 - 3{,}44 \approx 24{,}86\,\text{cm}^2$$

Stereometrie

Körperberechnungen

Quader

Eigenschaften	Diagonalen	Oberfläche	Volumen
Von 6 Rechtecken begrenzt. Gegenüberliegende Rechtecke sind flächengleich.	Flächendiagonalen $d_1 = \sqrt{a^2 + b^2}$ $d_2 = \sqrt{a^2 + c^2}$ $d_3 = \sqrt{b^2 + c^2}$ Raumdiagonale: $d = \sqrt{a^2 + b^2 + c^2}$	$O = 2G + M$ $O = 2(ab + ac + bc)$	$V = G \cdot h$ $V = abc$

Quadratisches Prisma (regelmäßiges vierseitiges Prisma)

Eigenschaften	Diagonalen	Oberfläche	Volumen
Die Grund- und die Deckfläche sind Quadrate. Die Mantelfläche besteht aus vier flächengleichen Rechtecken.	Flächendiagonalen: $d_1 = \sqrt{2a^2} = a\sqrt{2}$ $d_2 = \sqrt{a^2 + h^2}$ Raumdiagonale: $d = \sqrt{2a^2 + h^2}$	$O = 2G + M$ $O = 2a^2 + 4ah$ $= 2a(a + 2h)$	$V = G \cdot h$ $V = a^2 \cdot h$

Würfel

Eigenschaften	Diagonalen	Oberfläche	Volumen
Von 6 Quadraten begrenzt.	Flächendiagonale: $d_1 = \sqrt{2a^2} = a\sqrt{2}$ Raumdiagonale: $d = \sqrt{3a^2} = a\sqrt{3}$	$O = 6a^2$	$V = a^3$

Drehzylinder (gerader Kreiszylinder)

Eigenschaften	Mantelfläche	Oberfläche	Volumen
Die Grund- und Deckfläche sind flächengleiche Kreise. Die Mantellinien stehen auf die Grundfläche normal. Der Achsenschnitt ist ein Rechteck.	$U = 2r\pi$ $M = 2r\pi h$	$O = 2G + M$ $O = 2r^2\pi + 2r\pi h$ $= 2r\pi(r + h)$	$V = G \cdot h$ $V = r^2\pi h$

Gleichseitiger Zylinder

Eigenschaften	Mantelfläche	Oberfläche	Volumen
Es handelt sich um einen Drehzylinder, dessen Achsenschnitt ein Quadrat ist.	$U = 2r\pi$ $M = 4r^2\pi$	$O = 2G + M$ $O = 6r^2\pi$	$V = G \cdot h$ $V = 2r^3\pi$

Planimetrie und Stereometrie

Quadratische Pyramide (regelmäßige vierseitige Pyramide)

Eigenschaften	h_a, s	Oberfläche	Volumen
Die Grundfläche ist ein Quadrat. Die Mantelfläche besteht aus vier gleichschenkeligen kongruenten Dreiecken.	$h_a = \sqrt{\left(\frac{a}{2}\right)^2 + h^2}$ $s = \sqrt{\left(\frac{a}{2}\right)^2 + h_a^2}$ $= \sqrt{\frac{a^2}{2} + h^2}$	$O = G + M$ $O = a^2 + 4 \frac{a \cdot h_a}{2}$ $= a^2 + 2ah_a$ $= a(a + 2h_a)$	$V = G \cdot \frac{h}{3}$ $V = a^2 \cdot \frac{h}{3}$

Regelmäßiges Oktaeder

Eigenschaften	h, $\overline{EF}$	Oberfläche	Volumen
Von acht gleichseitigen kongruenten Dreiecken begrenzt.	$h = \frac{a}{2}\sqrt{2}$ $\overline{EF} = 2h = a\sqrt{2}$	$O = 8 \cdot \frac{a^2}{4}\sqrt{3}$ $= 2a^2\sqrt{3}$	$V = 2 \cdot a^2 \cdot \frac{h}{3}$ $= \frac{a^3\sqrt{2}}{3}$

Regelmäßiges Tetraeder

Eigenschaften	h_1, $\overline{MC}$, h	Oberfläche	Volumen
Von vier gleichseitigen kongruenten Dreiecken begrenzt.	$h_1 = \frac{a}{2}\sqrt{3}$ $\overline{MC} = \frac{2}{3}h_1 = \frac{a\sqrt{3}}{3}$ $h = \sqrt{a^2 - \overline{MC}^2} = \frac{a}{3}\sqrt{6}$	$O = 4 \cdot \frac{a^2}{4}\sqrt{3}$ $= a^2\sqrt{3}$	$V = \frac{a^2}{4}\sqrt{3} \cdot \frac{h}{3}$ $= \frac{a^3\sqrt{2}}{12}$

Quadratischer Pyramidenstumpf

Eigenschaften	h, h_a, M	Oberfläche	Volumen
Die Grund- und Deckfläche ist ein Quadrat. Die Mantelfläche besteht aus vier gleichschenkeligen kongruenten Trapezen.	$h = h_1 - h_2$ $h_a = \sqrt{h^2 + \left(\frac{a_1 - a_2}{2}\right)^2}$ $M = 2(a_1 + a_2)h_a$	$O = G_1 + G_2 + M$ $O = a_1^2 + a_2^2 +$ $2(a_1 + a_2)h_a$	$V = (G_1 + \sqrt{G_1 G_2} + G_2) \cdot \frac{h}{3}$ $V = (a_1^2 + a_1 a_2 + a_2^2) \cdot \frac{h}{3}$

Drehkegel (gerader Kreiskegel)

Eigenschaften	Mantelfläche	Oberfläche	Volumen
Die Grundfläche ist ein Kreis. Der Achsenschnitt ist ein gleichschenkeliges Dreieck. $s^2 = r^2 + h^2$	$M = r\pi s$	$O = G + M$ $O = r^2\pi + r\pi s$ $= r\pi(r + s)$	$V = G \cdot \frac{h}{3}$ $V = r^2\pi \frac{h}{3}$

Gleichseitiger Kegel

Eigenschaften	Mantelfläche	Oberfläche	Volumen
Es handelt sich um einen Drehkegel, dessen Achsenschnitt ein gleichseitiges Dreieck ist. $h = r\sqrt{3}$	$M = 2r^2\pi$	$O = G + M$ $O = 3r^2\pi$	$V = G \cdot \frac{h}{3}$ $V = \frac{r^3\pi\sqrt{3}}{3}$

Kugel		Hohlkugel	
	$O = 4r^2\pi = d^2\pi$ $V = \dfrac{4r^3\pi}{3} = \dfrac{d^3\pi}{6}$		$V = \dfrac{4\pi}{3}\left(R^3 - r^3\right)$
Kugelsektor (Kugelausschnitt)		**Kugelsegment** (Kugelabschnitt)	
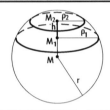	$O = \underbrace{2r\pi h}_{\text{Kugelkappe (Kalotte)}} + \underbrace{\rho\pi r}_{\text{Kegelmantel}}$ $V = \dfrac{2r^2\pi h}{3}$		$O = \underbrace{2r\pi h}_{\text{Kugelkappe}} + \underbrace{\rho^2\pi}_{\text{Basiskreis}}$ $V = \dfrac{\pi h^2}{3}(3r - h)$ oder $V = \dfrac{\pi h}{3}\left(3\rho^2 + h^2\right)$

Kugelschicht und Kugelzone

$O = \underbrace{\rho_1^2\pi}_{\text{Basiskreis}} + \underbrace{\rho_2^2\pi}_{\text{Deckkreis}} + \underbrace{2r\pi h}_{\text{Kugelzone}}$

$V = \pi\dfrac{h}{2}\left(\rho_1^2 + \rho_2^2\right) + \dfrac{4\pi}{3}\left(\dfrac{h}{2}\right)^3 = \dfrac{\pi h}{6}\left(3\rho_1^2 + 3\rho_2^2 + h^2\right)$

Aufgabe 08: Von einem Quader sind a= 252mm, b= 240mm und c = 275mm gegeben. Berechne die Längen der Flächendiagonalen und Raumdiagonalen, sowie die Oberfläche und das Volumen.

$d_1 = \sqrt{a^2 + b^2} = \sqrt{252^2 + 240^2} = 348\,mm$, $d_2 = \sqrt{a^2 + c^2} = 373\,mm$, $d_3 = \sqrt{b^2 + c^2} = 365\,mm$

$d = \sqrt{a^2 + b^2 + c^2} \approx 443{,}54\,mm$, $O = 2(ab + ac + bc) = 391560\,mm^2$, $V = abc = 16632000\,mm^3$

Aufgabe 09: Von einem quadratischen Prisma sind die Grundkante a= 42cm, und die Höhe (=Seitenkante) h = 31cm gegeben.
Berechne die Längen der Flächen- und Raumdiagonalen, sowie die Oberfläche und das Volumen.

$d_1 = \sqrt{2a^2} = a\sqrt{2} = 42\sqrt{2} \approx 59{,}40\,cm$, $d_2 = \sqrt{a^2 + h^2} \approx 52{,}20\,cm$, $d = \sqrt{2a^2 + h^2} = 67\,cm$

$O = 2a^2 + 4ah = 8736\,cm^2$, $V = a^2 h = 54684\,cm^3$

Aufgabe 10: Von einer rechteckigen Pyramide sind die Grundkanten a= 78mm und b = 27mm sowie die Höhe h = 95mm gegeben. Berechne die Höhen der Seitenflächen h_a und h_b, die Seitenkante s sowie die Oberfläche und das Volumen.

$h_a = \sqrt{h^2 + \left(\dfrac{b}{2}\right)^2} \approx 95{,}95\,mm$, $h_b = \sqrt{h^2 + \left(\dfrac{a}{2}\right)^2} \approx 102{,}69\,mm$, $s = \sqrt{h_a^2 + \left(\dfrac{a}{2}\right)^2} \approx 103{,}58\,mm$

$O = a\cdot b + a\cdot h_a + b\cdot h_b \approx 12363{,}17\,mm^2$, $V = \dfrac{a\cdot b\cdot h}{3} = 66690\,mm^3$

Aufgabe 11: Das Volumen eines regelmäßigen Tetraeders beträgt $250\,cm^3$.
Berechne die Kantenlänge, die Höhe und die Oberfläche.

$V = \dfrac{a^3 \cdot \sqrt{2}}{12} \Rightarrow a = \sqrt[3]{\dfrac{12V}{\sqrt{2}}} \approx 12{,}85\,cm$, $h = \dfrac{a\cdot\sqrt{6}}{3} \approx 10{,}49\,cm$, $O = a^2 \cdot \sqrt{3} \approx 285{,}96\,cm^2$

Planimetrie und Stereometrie

Aufgabe 12: Der Mantel eines Drehzylinders beträgt $308\pi\,cm^2$, der Radius verhält sich zur Höhe wie 7 : 11. Berechne das Volumen des Zylinders.

$$M = 2r\pi h,\ r:h = 7:11 \Rightarrow h = \frac{11r}{7}$$

$$308\pi = 2r\pi \cdot \frac{11r}{7} = \frac{22r^2\pi}{7} \Rightarrow r = \sqrt{\frac{7\cdot 308}{22}} \approx 9{,}90\,cm,\ h = \frac{11r}{7} \approx 15{,}56\,cm,\ V = r^2\pi h \approx 4789{,}43\,cm^3$$

Aufgabe 13: Berechne die Masse eines 1m langen nahtlosen Stahlrohres (Dichte $\rho = 7{,}8\,kg/dm^3$) mit der Wandstärke $w = 4\,mm$ und dem lichten Durchmesser $d = 120\,mm$.

$$r = \frac{d}{2} = 60\,mm = 0{,}6\,dm\ldots\text{innerer Radius},\ w = R - r \Rightarrow R = w + r = 64\,mm = 0{,}64\,dm\ldots\text{äußerer Radius}$$

$$V = \pi(R^2 - r^2)h = \pi\cdot(0{,}64^2 - 0{,}60^2)\cdot 10 \approx 1{,}56\,dm^3,\ m = \rho\cdot V \approx 7{,}8\,\frac{kg}{dm^3}\cdot 1{,}56\,dm^3 \approx 12{,}17\,kg$$

Aufgabe 14: Die Oberfläche eines gleichseitigen Kegels beträgt $O = 300\,cm^2$. Berechne den Radius r, die Mantellinie s, den Mantel und das Volumen des Kegels.

$$O = 3r^2\pi \Rightarrow r = \sqrt{\frac{O}{3\pi}} = \sqrt{\frac{300}{3\pi}} \approx 5{,}64\,cm,\ s = 2r \approx 11{,}28\,cm$$

$$M = 2r^2\pi \approx 2\cdot 5{,}64^2\cdot\pi \approx 200\,cm^2,\ V = \frac{r^3\pi\sqrt{3}}{3} \approx \frac{5{,}64^3\cdot\pi\cdot\sqrt{3}}{3} \approx 325{,}74\,cm^3$$

Aufgabe 15: Aus einem Würfel mit 10 cm Kantenlänge wird die größte Kugel gedreht. Berechne das Volumen der Kugel und den Materialabfall in %.

$$r = 5\,cm,\ V_{Kugel} = \frac{4r^3\pi}{3} = \frac{4\cdot 5^3\cdot\pi}{3} \approx 523{,}60\,cm^3,\ V_{Würfel} = r^3 = 10^3 = 1000\,cm^3$$

$$\text{Materialabfall} = V_{Würfel} - V_{Kugel} = 476{,}4\,cm^3 \,\hat{=}\, 47{,}64\,\%$$

Aufgabe 16: Eine Kugel vom Halbmesser $r = 18\,cm$ wird im Abstand $a = 15\,cm$ vom Mittelpunkt durchgeschnitten. Berechne die Oberfläche und das Volumen des kleineren Kugelabschnitts.

$$h = r - a = 3\,cm,\ \rho = \sqrt{r^2 - a^2} = \sqrt{18^2 - 15^2} \approx 9{,}95\,cm$$

$$O = 2r\pi h + \rho^2\pi \approx 108\pi + 9{,}95^2\pi \approx 650{,}31\,cm^2,\ V = \frac{\pi h^2}{3}(3r - h) = \frac{\pi\cdot 3^2}{3}(3\cdot 18 - 3) \approx 480{,}66\,cm^3$$

Aufgabe 17: In einer Kugel mit dem Halbmesser $r = 87\,cm$ verhält sich der Inhalt eines Kugelausschnitts zum Inhalt der ganzen Kugel wie 4 : 29. Wie verhalten sich die zugehörigen Oberflächen?

$$V_S = \frac{2r^2\pi h}{3};\ V_K = \frac{4r^3\pi}{3};\ \frac{V_S}{V_K} = \frac{2r^2\pi h}{4r^3\pi} = \frac{h}{2r} = \frac{4}{29} \Rightarrow 29h = 8r \Rightarrow h = \frac{8r}{29} = 24\,cm$$

$$\rho = \sqrt{r^2 - (r-h)^2} = \sqrt{87^2 - 63^2} = 60\,cm$$

$$O_S = 2r\pi h + \rho\pi r = r\pi(2h + \rho);\ O_K = 4r^2\pi$$

$$\frac{O_S}{O_K} = \frac{r\pi(2h+\rho)}{4r^2\pi} = \frac{2h+\rho}{4r} = \frac{108}{348} = \frac{9}{29}$$

AG 4 Trigonometrie

Gradmaß (DEGree)	Bogenmaß (RAD)
$1° = \textbf{1 Grad} = \frac{1}{90}$ des rechten Winkels	$\text{arc(us)}\alpha = \frac{b}{r}$ heißt das **Bogenmaß** des Winkels α.
$1' = \textbf{1 Minute} = \frac{1}{60}$ eines Grades	b ... Kreisbogenlänge, r ... Kreisradius. Einheit: **1 Radiant (rad)**
$1'' = \textbf{1 Sekunde} = \frac{1}{60}$ einer Minute	1 rad $\approx$ 57,3°... Winkel, für den arc α = 1 ist.
$1° = 60' = 3600''$; $1' = 60''$	Es gilt: $0° \triangleq 0; 90° \triangleq \frac{\pi}{2}; 180° \triangleq \pi; 270° \triangleq \frac{3\pi}{2}; 360° \triangleq 2\pi$

Winkelfunktionen

Im rechtwinkeligen Dreieck gilt für die spitzen Winkel:

$$\sin\alpha = \frac{\text{Gegenkathete}}{\text{Hypotenuse}} = \frac{a}{c}; \quad \cos\alpha = \frac{\text{Ankathete}}{\text{Hypotenuse}} = \frac{b}{c}; \quad \tan\alpha = \frac{\text{Gegenkathete}}{\text{Ankathete}} = \frac{a}{b}$$

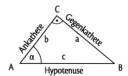

Für beliebige Winkel im Einheitskreis gilt:

$\sin\alpha$ = x −Koordinate des Radiusvektors (Abszisse des laufenden Punktes)
$\cos\alpha$ = y −Koordinate des Radiusvektors (Ordinate des laufenden Punktes)

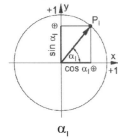 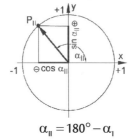 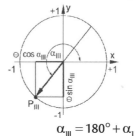 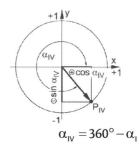

| α_I | $\alpha_{II} = 180° - \alpha_I$ | $\alpha_{III} = 180° + \alpha_I$ | $\alpha_{IV} = 360° - \alpha_I$ |

$\tan\alpha$ = der durch Verlängerung des Radiusvektors entstandene Abschnitt auf der Tangensachse

Tangensachse: Jene Gerade, die durch den Einheitspunkt der x-Achse parallel zur y-Achse verläuft.

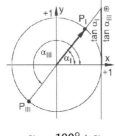 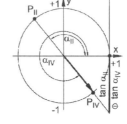

| $\alpha_{III} = 180° + \alpha_I$ | $\alpha_{II} = 180° - \alpha_I$, $\alpha_{IV} = 360° - \alpha_I$ |

Spezielle Winkel und Funktionswerte

Deg	0°	30°	45°	60°	90°	120°	135°	150°	180°	210°	225°	240°	270°	300°	315°	330°	360°
sin	0	$\frac{1}{2}$	$\frac{\sqrt{2}}{2}$	$\frac{\sqrt{3}}{2}$	1	$\frac{\sqrt{3}}{2}$	$\frac{\sqrt{2}}{2}$	$\frac{1}{2}$	0	$-\frac{1}{2}$	$-\frac{\sqrt{2}}{2}$	$-\frac{\sqrt{3}}{2}$	−1	$-\frac{\sqrt{3}}{2}$	$-\frac{\sqrt{2}}{2}$	$-\frac{1}{2}$	0
cos	1	$\frac{\sqrt{3}}{2}$	$\frac{\sqrt{2}}{2}$	$\frac{1}{2}$	0	$-\frac{1}{2}$	$-\frac{\sqrt{2}}{2}$	$-\frac{\sqrt{3}}{2}$	−1	$-\frac{\sqrt{3}}{2}$	$-\frac{\sqrt{2}}{2}$	$-\frac{1}{2}$	0	$\frac{1}{2}$	$\frac{\sqrt{2}}{2}$	$\frac{\sqrt{3}}{2}$	1
tan	0	$\frac{1}{\sqrt{3}}$	1	$\sqrt{3}$	∞	$-\sqrt{3}$	−1	$-\frac{1}{\sqrt{3}}$	0	$\frac{1}{\sqrt{3}}$	1	$\sqrt{3}$	∞	$-\sqrt{3}$	−1	$-\frac{1}{\sqrt{3}}$	0

AG 4 Trigonometrie

Vorzeichen der Winkelfunktionen (siehe obige Zeichnungen)

1. Quadrant: I: $0° < \alpha_I < 90°$
2. Quadrant: II: $90° < \alpha_{II} < 180°$
3. Quadrant: III: $180° < \alpha_{III} < 270°$
4. Quadrant: IV: $270° < \alpha_{IV} < 360°$

	$\alpha \in I$	$\alpha \in II$	$\alpha \in III$	$\alpha \in IV$
$\sin \alpha$	+	+	−	−
$\cos \alpha$	+	−	−	+
$\tan \alpha$	+	−	+	−

Eigenschaften der Winkelfunktionen

Periodizität: sin und cos haben die Periodenlänge 360°, tan hat die Periodenlänge 180°.

Für **negative Winkel** gilt: $\sin(-\alpha) = -\sin\alpha$, $\cos(-\alpha) = +\cos\alpha$, $\tan(-\alpha) = -\tan\alpha$

Reduktionsformeln *ohne* Änderung der Winkelfunktion: Mit den Formeln können Winkelfunktionen mit Winkeln, die im 2., 3. oder 4. Quadranten liegen, in Winkelfunktionen mit Winkeln, die im 1. Quadranten liegen, umgerechnet werden.

$\sin\alpha_{II} = \sin(180° - \alpha_I) = +\sin\alpha_I$ $\sin\alpha_{III} = \sin(180° + \alpha_I) = -\sin\alpha_I$ $\sin\alpha_{IV} = \sin(360° - \alpha_I) = -\sin\alpha_I$

$\cos\alpha_{II} = \cos(180° - \alpha_I) = -\cos\alpha_I$ $\cos\alpha_{III} = \cos(180° + \alpha_I) = -\cos\alpha_I$ $\cos\alpha_{IV} = \cos(360° - \alpha_I) = +\cos\alpha_I$

$\tan\alpha_{II} = \tan(180° - \alpha_I) = -\tan\alpha_I$ $\tan\alpha_{III} = \tan(180° + \alpha_I) = +\tan\alpha_I$ $\tan\alpha_{IV} = \tan(360° - \alpha_I) = -\tan\alpha_I$

Reduktionsformeln *mit* Änderung der Winkelfunktion:

$\sin(90° - \alpha) = +\cos\alpha$ $\sin(90° + \alpha) = +\cos\alpha$ $\sin(270° - \alpha) = -\cos\alpha$ $\sin(270° + \alpha) = -\cos\alpha$

$\cos(90° - \alpha) = +\sin\alpha$ $\cos(90° + \alpha) = -\sin\alpha$ $\cos(270° - \alpha) = -\sin\alpha$ $\cos(270° + \alpha) = +\sin\alpha$

Trigonometrische Grundbeziehungen:

$\sin^2\alpha + \cos^2\alpha = 1$, $\tan\alpha = \dfrac{\sin\alpha}{\cos\alpha}$ Ferner gilt: $1 + \tan^2\alpha = \dfrac{1}{\cos^2\alpha}$

Aufgabe 01: Gegeben $\alpha = 53{,}26°$. **a)** Berechne $\sin\alpha, \cos\alpha$ und $\tan\alpha$.

b) Die Taste $\boxed{\sin}$ sei defekt. Wie kann man den Wert von $\sin\alpha$ trotzdem berechnen.

a) Verwende die Tasten $\boxed{\sin}$, $\boxed{\cos}$ bzw. $\boxed{\tan}$ des Taschenrechners.
$\sin 53{,}26° = 0{,}8014$, $\cos 53{,}26° = 0{,}5982$, $\tan 53{,}26° = 1{,}3397$

b) $\tan\alpha = \dfrac{\sin\alpha}{\cos\alpha} \Rightarrow \sin\alpha = \cos\alpha \cdot \tan\alpha = 0{,}5982 \cdot 1{,}3397 = 0{,}8014$

Aufgabe 02: Von einem rechtwinkeligen Dreieck sind die beiden Katheten a = 5 und b = 12 gegeben.
a) Ermittle die Werte der Winkelfunktionen für α und β. **b)** Berechne die Winkel α und β.

a) Lehrsatz von PYTHAGORAS anwenden: $c = \sqrt{a^2 + b^2} = \sqrt{169} = 13$

$\sin\alpha = \dfrac{a}{c} = \dfrac{5}{13}$ $\cos\alpha = \dfrac{b}{c} = \dfrac{12}{13}$ $\tan\alpha = \dfrac{a}{b} = \dfrac{5}{12}$

$\sin\beta = \dfrac{b}{c} = \dfrac{12}{13}$ $\cos\beta = \dfrac{a}{c} = \dfrac{5}{13}$ $\tan\beta = \dfrac{b}{a} = \dfrac{12}{5}$

b) Verwende die Taste $\boxed{\sin^{-1}}$ des Taschenrechners.

$\alpha = \arcsin\dfrac{a}{c} = \arcsin\dfrac{5}{13} = \sin^{-1}\dfrac{5}{13} = 22{,}6199°$

$\beta = \arcsin\dfrac{b}{c} = \arcsin\dfrac{12}{13} = \sin^{-1}\dfrac{12}{13} = 67{,}3801°$

Anmerkung: Zum selben Ergebnis führt die Anwendung der Tasten $\boxed{\cos^{-1}}$ bzw. $\boxed{\tan^{-1}}$ für die unter a) berechneten cos- bzw. tan-Werte.

Aufgabe 03: a) Ermittle alle Winkel im Intervall $[0°;360°]$ mit dem Sinuswert 0,8.

b) Ermittle alle Winkel im Intervall $[0°;360°]$ mit Cosinuswert $-0,4$.

c) Ermittle alle Winkel im Intervall $[0°;360°]$ mit dem Tangenswert 3,7.

a) Der Sinus ist positiv im 1. und 2. Quadranten.
$\alpha_I = \sin^{-1} 0,8 = 53,13°$; $\alpha_{II} = 180° - 53,13° = 126,87°$

b) Berechne zuerst den Winkel im 1. Quadranten mit positivem Cosinuswert 0,4.
$\alpha_I = \cos^{-1} 0,4 = 66,42°$
Der Cosinus ist negativ im 2. und 3. Quadranten, daher gilt:
$\alpha_{II} = 180° - 66,42° = 113,58°$; $\alpha_{III} = 180° + 66,42° = 246,42°$

c) Der Tangens ist positiv im 1. und 3. Quadranten.
$\alpha_I = \tan^{-1} 3,7 = 74,88°$; $\alpha_{III} = 180° + 74,88° = 254,88°$

Aufgabe 04: Ermittle alle Winkel im Intervall $[0°;360°]$, für die $\cos\alpha = \sin\alpha$ ist.

$\cos\alpha = \sin\alpha \,|^2$
$\cos^2\alpha = \sin^2\alpha$
$\cos^2\alpha = 1 - \cos^2\alpha \Leftrightarrow 2\cos^2\alpha = 1 \Rightarrow \cos^2\alpha = \frac{1}{2}$
$(\cos\alpha)_{1,2} = \pm\sqrt{\frac{1}{2}} = \pm\frac{1}{\sqrt{2}} = \pm\frac{\sqrt{2}}{2}$
$(\cos\alpha)_1 = \frac{\sqrt{2}}{2} \Rightarrow \alpha_1 = 45°$ (Siehe Tabelle auf Seite 50)
$(\cos\alpha)_2 = -\frac{\sqrt{2}}{2} \Rightarrow \alpha_2 = 225°$ (Siehe Tabelle auf Seite 50)

Aufgabe 05: Die Lage eines Punktes kann mit Hilfe von **Polarkoordinaten** festgelegt werden. Dabei wird die Entfernung r des Punktes vom Ursprung O und der Winkel φ zwischen der positiven x-Achse und dem Pfeil $\overrightarrow{OP}$ verwendet. (Siehe nebenstehde Skizze).

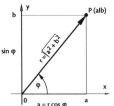

a) Berechne die Polarkoordinaten von $P(-3|4)$.

b) Berechne die kartesischen Koordinaten von $Q(5|233,13°)$.

a) $r = \sqrt{a^2 + b^2} = \sqrt{(-3)^2 + 4^2} = \sqrt{25} = 5$

$\tan\varphi_I = \left|\frac{b}{a}\right| = \frac{4}{3} \Rightarrow \varphi_I = \tan^{-1}\left(\frac{4}{3}\right) = 53,13°$

Der Punkt P liegt im 2. Quadranten, daher gilt: $\varphi_{II} = 180° - \varphi_I = 180° - 53,13° = 126,87°$
Damit: $P(r|\varphi) = P(5|126,87°)$.

b) $a = r \cdot \cos\varphi = 5 \cdot \cos 233,13° = -3$; $b = r \cdot \sin\varphi = 5 \cdot \sin 233,13° = -4$
Damit $Q(a|b) = Q(-3|-4)$.

Aufgabe 06: Stelle die gegebenen Funktionswerte durch Funktionswerte des reduzierten Winkels derselben Funktion dar.

a) $\sin 317°$ **b)** $\cos 164°$ **c)** $\tan 247°$

a) $\sin 317° = \sin(360° - 43°) = -\sin 43° = -0,68$

b) $\cos 164° = \cos(180° - 16°) = -\cos 16° = -0,96$

c) $\tan 247° = \tan(180° + 67°) = \tan 67° = 2,36$

AG 4   Trigonometrie

Aufgabe 07: Stelle die gegebenen Funktionswerte durch Funktionswerte des im 1. Quadranten liegenden Winkels derselben Funktion dar.
  a) $\sin 750°$ b) $\cos 1125°$ c) $\tan 600°$ d) $\sin 940°$ e) $\cos(-425°)$

a) $\sin 750° = \sin(750° - 2 \cdot 360°) = \sin 30° = 0{,}50$

b) $\cos 1125° = \cos(1125° - 3 \cdot 360°) = \cos 45° = 0{,}71$

c) $\tan 600° = \tan(600° - 3 \cdot 180°) = \tan 60° = 1{,}73$

d) $\sin 940° = \sin(940° - 2 \cdot 360°) = \sin 220° = \sin(180° + 40°) = -\sin 40° = -0{,}64$

e) $\cos(-425°) = \cos(-425° + 2 \cdot 360°) = \cos 295° = \cos(360° - 65°) = \cos 65° = 0{,}42$

Aufgabe 08: Führe die gegebenen Funktionswerte auf Funktionswerte des Winkels α zurück.
  a) $\sin(450° - \alpha)$ b) $\cos(\alpha - 630°)$

a) $\sin(450° - \alpha) = \sin(450° - \alpha - 360°) = \sin(90° - \alpha) = \cos \alpha$

b) $\cos(\alpha - 630°) = \cos(\alpha - 630° + 2 \cdot 360°) = \cos(\alpha + 90°) = -\sin \alpha$

Aufgabe 09: Gegeben: $\sin \varphi = \frac{2}{5}$, $90° < \varphi < 180°$. Ermittle ohne Berechnung des Winkels φ die Werte der übrigen Winkelfunktionen.

Der Cosinus ist im II. Quadranten negativ, daher gilt:

$$\cos \varphi = -\sqrt{1 - \sin^2 \varphi} = -\sqrt{1 - \frac{4}{25}} = -\sqrt{\frac{21}{25}} = -\frac{\sqrt{21}}{5} \approx -0{,}92$$

$$\tan \varphi = \frac{\sin \varphi}{\cos \varphi} = \frac{\frac{2}{5}}{-\frac{\sqrt{21}}{5}} = -\frac{2 \cdot 5}{5 \cdot \sqrt{21}} = -\frac{2}{\sqrt{21}} \approx -0{,}44$$

Aufgabe 10: Gegeben: $\cos \varphi = \frac{2}{3}$, $270° < \varphi < 360°$. Ermittle ohne Berechnung des Winkels φ die Werte der übrigen Winkelfunktionen.

Der Sinus ist im IV. Quadranten negativ, daher gilt:

$$\sin \varphi = -\sqrt{1 - \cos^2 \varphi} = -\sqrt{1 - \frac{4}{9}} = -\sqrt{\frac{5}{9}} = -\frac{\sqrt{5}}{3} \approx -0{,}75$$

$$\tan \varphi = \frac{\sin \varphi}{\cos \varphi} = \frac{-\frac{\sqrt{5}}{3}}{\frac{2}{3}} = -\frac{\sqrt{5} \cdot 3}{3 \cdot 2} = -\frac{\sqrt{5}}{2} \approx -1{,}12$$

Aufgabe 11: Vereinfache den Ausdruck $\frac{\sin \alpha \cdot \cos \alpha}{1 - \sin^2 \alpha}$

$$\frac{\sin \alpha \cdot \cos \alpha}{1 - \sin^2 \alpha} = \frac{\sin \alpha \cdot \cos \alpha}{\cos^2 \alpha} = \frac{\sin \alpha}{\cos \alpha} = \tan \alpha$$

Aufgabe 12: Beweise die Richtigkeit der Formel $\frac{1}{1 + \tan^2 \varphi} = \cos^2 \varphi$

$$\frac{1}{1 + \tan^2 \varphi} = \frac{1}{1 + \frac{\sin^2 \varphi}{\cos^2 \varphi}} = \frac{1}{\frac{\cos^2 \varphi + \sin^2 \varphi}{\cos^2 \varphi}} = \frac{1}{\frac{1}{\cos^2 \varphi}} = \cos^2 \varphi$$

Auflösung rechtwinkeliger Dreiecke - Grundaufgaben

Mit Hilfe der Winkelfunktionen lassen sich *rechtwinkelige* Dreiecke auflösen, wenn **zwei Seiten** oder **eine Seite und ein Winkel** gegeben sind. Folgende **Vorgangsweise** ist zweckmäßig:

Mache eine **Skizze**, formuliere die **Ansätze allgemein**, stelle die **gesuchte Größe explizit** dar und **setze** dann die **konkreten Zahlenwerte ein**.

Aufgabe 13: 1. Grundaufgabe: Gegeben sind die Hypotenuse und eine Kathete.

Gegeben: $c = 195$ mm, $a = 99$ mm. Berechne b, α, β.

Skizze	Berechnungen	Ergebnisse
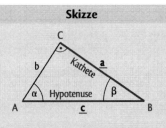	$\sin\alpha = \dfrac{a}{c} = \dfrac{99}{195} \Rightarrow \alpha = \sin^{-1}\dfrac{99}{195}$	$\alpha = 30{,}51°$
	$\beta = 90° - \alpha = 90° - 30{,}51°$	$\beta = 59{,}49°$
	$\cos\alpha = \dfrac{b}{c} \Rightarrow b = c \cdot \cos\alpha = 195 \cdot \cos 30{,}51°$	$b = 168$ mm

Alternative Berechnungen: $\cos\beta = \dfrac{a}{c} \Rightarrow \beta$; $\sin\beta = \dfrac{b}{c}$ oder $\tan\alpha = \dfrac{a}{b}$ oder $\tan\beta = \dfrac{b}{a} \Rightarrow b$

Aufgabe 14: 2. Grundaufgabe: Gegeben sind beide Katheten.

Gegeben: $a = 276{,}85$ mm, $b = 766{,}88$ mm. Berechne c, α, β.

Skizze	Berechnungen	Ergebnisse
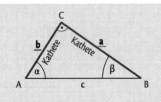	$\tan\alpha = \dfrac{a}{b} = \dfrac{276{,}85}{766{,}88} \Rightarrow \alpha = \tan^{-1}\dfrac{276{,}85}{766{,}88}$	$\alpha = 19{,}85°$
	$\beta = 90° - \alpha = 90° - 19{,}85°$	$\beta = 70{,}15°$
	$\sin\alpha = \dfrac{a}{c} \Rightarrow c = \dfrac{a}{\sin\alpha} = \dfrac{276{,}85}{\sin 19{,}85°}$	$c = 815{,}32$ mm

Alternative Berechnungen: $\tan\beta = \dfrac{b}{a} \Rightarrow \beta$; $\sin\beta = \dfrac{b}{c}$ oder $\cos\alpha = \dfrac{b}{c}$ oder $\cos\beta = \dfrac{a}{c} \Rightarrow c$

Aufgabe 15: 3. Grundaufgabe: Gegeben sind die Hypotenuse und ein Winkel.

Gegeben: $c = 89{,}31$ mm, $\alpha = 54{,}79°$. Berechne a, b, β.

Skizze	Berechnungen	Ergebnisse
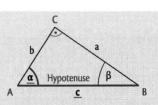	$\beta = 90° - \alpha = 90° - 54{,}79°$	$\beta = 35{,}21°$
	$\sin\alpha = \dfrac{a}{c} \Rightarrow a = c \cdot \sin\alpha = 89{,}31 \cdot \sin 54{,}79°$	$a = 72{,}97$ mm
	$\cos\alpha = \dfrac{b}{c} \Rightarrow b = c \cdot \cos\alpha = 89{,}31 \cdot \cos 54{,}79°$	$b = 51{,}49$ mm

Alternative Berechnungen: $\cos\beta = \dfrac{a}{c} \Rightarrow a$; $\sin\beta = \dfrac{b}{c}$ oder $\cos\alpha = \dfrac{b}{c} \Rightarrow b$ oder $\tan\alpha = \dfrac{a}{b}$ oder $\tan\beta = \dfrac{b}{a} \Rightarrow b$

Aufgabe 16: 4. Grundaufgabe: Gegeben sind eine Kathete und ein Winkel.

Gegeben: $a = 64{,}95$ mm, $\alpha = 11{,}92°$. Berechne b, c, β.

Skizze	Berechnungen	Ergebnisse
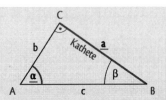	$\beta = 90° - \alpha = 90° - 11{,}92°$	$\beta = 78{,}08°$
	$\tan\beta = \dfrac{b}{a} \Rightarrow b = a \cdot \tan\beta = 64{,}95 \cdot \tan 78{,}08°$	$b = 307{,}68$ mm
	$\cos\beta = \dfrac{a}{c} \Rightarrow c = \dfrac{a}{\cos\beta} = \dfrac{64{,}95}{\cos 78{,}08°}$	$c = 314{,}46$ mm

Alternative Berechnungen: $\tan\alpha = \dfrac{a}{b} \Rightarrow b$; $\sin\alpha = \dfrac{a}{c}$ oder $\cos\beta = \dfrac{a}{c} \Rightarrow c$ oder $\sin\beta = \dfrac{b}{c}$ oder $\cos\alpha = \dfrac{b}{c} \Rightarrow c$

Auflösung rechtwinkeliger Dreiecke - Ebene Figuren

Ebene Figuren können zB durch Einzeichnen der Höhe/n bzw. Diagonale/n **in Teilfiguren zerlegt** werden, die **rechtwinkelige Dreiecke** enthalten. Aus diesen Dreiecken kann man durch **Anwendung der Grundaufgaben** des rechtw. Dreiecks **die gesuchten Größen der gegebenen Figuren berechnen**.

Aufgabe 17: Von einem rechtwinkeligen Dreieck kennt man a = 12,5 und h_c = 11,7. Berechne $b, c, \alpha, \beta, p, q, A$.

$\Delta FBC: \sin\beta = \dfrac{h_c}{a} \Rightarrow \beta = \sin^{-1}\dfrac{h_c}{a} = \sin^{-1}\dfrac{11,7}{12,5} = 69,39°$

$\cos\beta = \dfrac{p}{a} \Rightarrow p = a \cdot \cos\beta = 12,5 \cdot \cos 69,39° = 4,40$

$\Delta ABC: \cos\beta = \dfrac{a}{c} \Rightarrow c = \dfrac{a}{\cos\beta} = \dfrac{12,5}{\cos 69,39°} = 35,51$

$\alpha = 90° - \beta = 20,61°$

$\cos\alpha = \dfrac{b}{c} \Rightarrow b = c \cdot \cos\alpha = 35,51 \cdot \cos 20,61° = 33,24$

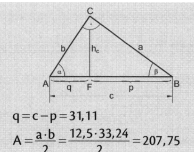

$q = c - p = 31,11$

$A = \dfrac{a \cdot b}{2} = \dfrac{12,5 \cdot 33,24}{2} = 207,75$

Aufgabe 18: Von einem gleichschenkeligen Dreieck kennt man a = 36 und $\alpha = 52,23°$. Berechne c, γ, h_a, h_c, A.

$\Delta ABC: \gamma = 180° - 2\alpha = 75,54°$

$\Delta ADC: \sin\alpha = \dfrac{h_c}{a} \Rightarrow h_c = a \cdot \sin\alpha = 36 \cdot \sin 52,23° = 28,46$

$\Delta AEC: \sin\gamma = \dfrac{h_a}{a} \Rightarrow h_a = a \cdot \sin\gamma = 36 \cdot \sin 75,54° = 34,86$

$\Delta ABE: \sin\alpha = \dfrac{h_a}{c} \Rightarrow c = \dfrac{h_a}{\sin\alpha} = \dfrac{34,86}{\sin 52,23°} = 44,10$

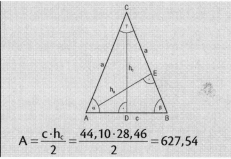

$A = \dfrac{c \cdot h_c}{2} = \dfrac{44,10 \cdot 28,46}{2} = 627,54$

Aufgabe 19: Von einem Rhombus kennt man die Diagonalen e = 312 und f = 130. Berechne a, h, α, β, A.

$\Delta ABM: \tan\dfrac{\alpha}{2} = \dfrac{\frac{f}{2}}{\frac{e}{2}} = \dfrac{f}{e} \Rightarrow \dfrac{\alpha}{2} = \tan^{-1}\dfrac{f}{e} = \tan^{-1}\dfrac{130}{312} = 22,62° \Rightarrow \alpha = 45,24°$

$\sin\dfrac{\alpha}{2} = \dfrac{\frac{f}{2}}{a} \Rightarrow a = \dfrac{\frac{f}{2}}{\sin\frac{\alpha}{2}} = \dfrac{f}{2\sin\frac{\alpha}{2}} = \dfrac{130}{2\sin 22,62°} = 169$

$\Delta AFD: \sin\alpha = \dfrac{h}{a} \Rightarrow h = a \cdot \sin\alpha = 169 \cdot \sin 45,26° = 120$

$\beta = 180° - \alpha = 134,76°$

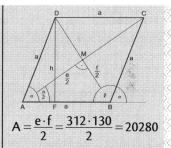

$A = \dfrac{e \cdot f}{2} = \dfrac{312 \cdot 130}{2} = 20280$

Aufgabe 20: Von einem gleichschenkeligen Trapez sind die Höhe h = 63, die Diagonale f = 156 und der Winkel $\alpha = 75,75°$ gegeben. Berechne $a, b, c, d, e, \beta, \gamma, \delta, A$.

$\beta = \alpha = 75,75°; \quad \gamma = \delta = \dfrac{360° - 2\alpha}{2} = 104,25°; \quad e = f = 156$

$\Delta AED: \sin\alpha = \dfrac{h}{d} \Rightarrow d = \dfrac{h}{\sin\alpha} = \dfrac{63}{\sin 75,75°} = 65; \quad b = d = 65$

$\tan\alpha = \dfrac{h}{x} \Rightarrow x = \dfrac{h}{\tan\alpha} = \dfrac{63}{\tan 75,75°} = 16$

$\Delta EBD: \sin\beta_1 = \dfrac{h}{f} = \dfrac{63}{156} \Rightarrow \beta_1 = \arcsin\dfrac{63}{156} = 23,82°$

$\cos\beta_1 = \dfrac{y}{f} \Rightarrow y = f \cdot \cos\beta_1 = 156 \cdot \cos 23,82° = 142,71$

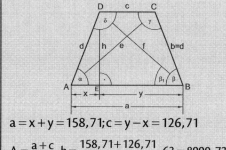

$a = x + y = 158,71; \quad c = y - x = 126,71$

$A = \dfrac{a + c}{2} \cdot h = \dfrac{158,71 + 126,71}{2} \cdot 63 = 8990,73$

Auflösung rechtwinkeliger Dreiecke - Anwendungsaufgaben

Steigung (Gefälle) einer Strecke = $\tan\alpha = \dfrac{\text{Höhenunterschied h}}{\text{Horizontalentfernung e}}$ (zwischen den Endpunkten der Strecke)

Sie wird in Grad oder Prozent angegeben. Für die **Steigung in Grad** gilt $\alpha = \tan^{-1}\dfrac{h}{e}$.

Die **Steigung in Prozent** ist der Tangens des Winkels α mal 100.

Für die **tatsächliche Länge der Strecke s** gilt: $s = \dfrac{h}{\sin\alpha}$.

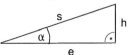

Bei **Vermessungsaufgaben** sind folgende Winkel von Bedeutung:

Sehwinkel = Winkel zwischen den Visierlinien = Winkel unter dem ein Objekt dem Beobachter erscheint.

Höhenwinkel und **Tiefenwinkel** sind Vertikalwinkel. Sie werden von einer gedachten *horizontalen* Linie aus *nach oben* bzw. *nach unten* gemessen.

Horizontalwinkel werden in einer horizontalen Ebene *nach links* bzw. *nach rechts* gemessen.

Aufgabe 21: Zwei Punkte eines geradlinigen Straßenstücks haben 150 m Höhenunterschied, ihre Horizontalentfernung beträgt 3150 m. Berechne **a)** den mittleren Steigungswinkel, **b)** die mittlere Steigung in % und **c)** die tatsächliche Länge des Straßenstücks.

a) $\alpha = \tan^{-1}\dfrac{h}{e} = \tan^{-1}\dfrac{150}{3150} \approx 2{,}7363°$

b) $100 \cdot \tan\alpha = 100 \cdot \tan 2{,}7363° \approx 4{,}78\%$

c) $s = \dfrac{h}{\sin\alpha} = \dfrac{150}{\sin 2{,}7263°} \approx 3154\,m$

Aufgabe 22: Die mittlere Steigung einer 8km langen Eisenbahnstrecke beträgt 2,2%. Berechne den Höhenunterschied ihrer Endpunkte.

$100 \cdot \tan\alpha = 2{,}2 \Rightarrow \tan\alpha = 0{,}022 \Rightarrow \alpha = \tan^{-1}0{,}022 \approx 1{,}26°$

$\sin\alpha = \dfrac{h}{s} \Rightarrow h = s \cdot \sin\alpha = 8000 \cdot \sin 1{,}26° \approx 176\,m$

Aufgabe 23: Von der Plattform eines Aussichtsturms erscheint eine Wegkreuzung unter dem Tiefenwinkel $\alpha = 4{,}3°$. Ihre Entfernung beträgt s = 852,5 m.

Wie lang ist der geradlinige Weg, der von der Wegkreuzung zum Turm führt, wenn das Gelände zum Turm hin unter $\varepsilon = 3{,}1°$ ansteigt? Berechne auch die Höhe des Turms.

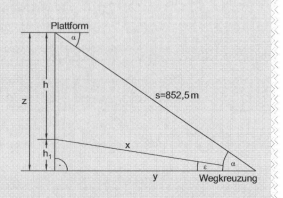

$\cos\alpha = \dfrac{y}{s}$

$y = s \cdot \cos\alpha = 852{,}5 \cdot \cos 4{,}3° = 850{,}10\,m$

$\cos\varepsilon = \dfrac{y}{x} \Rightarrow x = \dfrac{y}{\cos\varepsilon} = \dfrac{850{,}10}{\cos 3{,}1°} = 851{,}35\,m$

$\tan\varepsilon = \dfrac{h_1}{y}$

$h_1 = y \cdot \tan\varepsilon = 850{,}10 \cdot \tan 3{,}1° = 46{,}04\,m$

$\tan\alpha = \dfrac{z}{y}$

$z = y \cdot \tan\alpha = 850{,}10 \cdot \tan 4{,}3° = 63{,}92\,m$

$h = z - h_1 = 63{,}92 - 46{,}04 = 17{,}88\,m$

Aufgabe 24: Ein Heißluftballon, der mit seiner Gondel h = 22 m hoch ist, erscheint einem Beobachter unter dem Sehwinkel $\varphi = 2{,}6°$. Der Höhenwinkel zur Unterkante der Gondel beträgt $\alpha = 44{,}8°$. Wie hoch schwebt die Gondel über der Erde und wie weit ist ihre Unterkante vom Beobachter entfernt?

$$\beta = \alpha + \varphi = 47{,}4°$$

$$\tan\beta = \frac{h+x}{y} \Rightarrow y = \frac{h+x}{\tan\beta}$$

$$\tan\alpha = \frac{x}{y} \Rightarrow y = \frac{x}{\tan\alpha}$$

$$\frac{h+x}{\tan\beta} = \frac{x}{\tan\alpha}$$

$$(h+x)\cdot\tan\alpha = x\cdot\tan\beta$$

$$h\cdot\tan\alpha + x\cdot\tan\alpha = x\cdot\tan\beta$$

$$x\cdot(\tan\beta - \tan\alpha) = h\cdot\tan\alpha$$

$$x = \frac{h\cdot\tan\alpha}{\tan\beta - \tan\alpha} = \frac{22\cdot\tan 44{,}8°}{(\tan 47{,}4° - \tan 44{,}8°)} = 231{,}31\text{ m}$$

$$y = \frac{x}{\tan\alpha} = \frac{231{,}31}{\tan 44{,}8°} = 232{,}93\text{ m}$$

$$\sin\alpha = \frac{x}{z} \Rightarrow z = \frac{x}{\sin\alpha} = \frac{231{,}31}{\sin 44{,}8°} = 328{,}27\text{ m}$$

Aufgabe 25: Ein kegelförmiges Turmdach besitzt eine Höhe von 9,4 m. Die Mantellinie s ist unter $\varphi = 52°$ gegen die Grundfläche geneigt. Wie viel m² Blech benötigt man zum Eindecken, wenn wegen der Überlappung der Blechplatten um 20% mehr gerechnet werden muss? Berechne auch das Volumen des Dachraumes.

$$\tan\varphi = \frac{h}{r}$$

$$r = \frac{h}{\tan\varphi} = \frac{9{,}4}{\tan 52°} = 7{,}34\text{ m}$$

$$\sin\varphi = \frac{h}{s}$$

$$s = \frac{h}{\sin\varphi} = \frac{9{,}4}{\sin 52°} = 11{,}93\text{ m}$$

$$M = r\cdot\pi\cdot s = 275{,}07\text{ m}^2$$

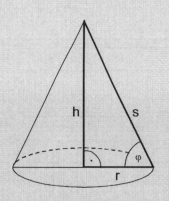

Zum Eindecken benötigt man

$$275{,}07\text{ m}^2 \cdot 1{,}2 = 330{,}08\text{ m}^2 \approx 330\text{ m}^2$$

$$V = \frac{r^2\pi\, h}{3} = \frac{7{,}34^2\cdot\pi\cdot 9{,}4}{3} = 530{,}33\text{ m}^3$$

FUNKTIONALE ABHÄNGIGKEITEN

FA 1 Funktionsbegriff, reelle Funktionen, Darstellungsformen und Eigenschaften

Funktionsbegriff, reelle Funktionen

Wird jedem Element x einer Menge X *genau ein* Element y der Menge Y zugeordnet, so nennt man diese Zuordnung f eine **Abbildung** oder **Funktion**.

Schreibweisen: **(1)** $f: X \to Y, x \mapsto y$ oder $x \mapsto f(x)$ **(2)** $f: X \to Y, y = f(x)$

Funktionen werden mit Kleinbuchstaben bezeichnet, zB: f, g, h, ..., f_1, f_2, ...

Menge X: Quelle, Urmenge, Urbild, X enthält die Definitionsmenge D_f. Es gilt $D_f \subseteq X$

Menge Y: Ziel, Zielmenge, Bildmenge, Y enthält die Wertemenge W_f. Es gilt $W_f \subseteq Y$

Element x: Urelement, Argument, Stelle, unabhängig veränderliche Größe

(Wird ein spezieller x-Wert betrachtet, so schreibt man zB x_0 oder a)

Element y: Bildelement, Bild, Funktionswert, abhängig veränderliche Größe

Das Element y ist dem Element x eindeutig zugeordnet.

Anstelle von y wird auch oft f(x) geschrieben. f(x) heißt Funktionswert von f an der Stelle x.

Sind Definitionsmenge und Zielmenge Teilmengen von $\mathbb{R}$ oder $\mathbb{R}$ selbst, so nennt man diese Funktionen **reelle Funktionen**.

Ergibt die Umkehrung einer Funktion f wieder eine Funktion f^*, so nennt man f eine **umkehrbare Funktion**. f^* heißt **Umkehrfunktion** oder inverse Funktion von f (statt f^* ist auch f^{-1} gebräuchlich).

Aufgabe 01: Überprüfe, ob die in den Pfeildiagrammen dargestellten Zuordnungen Funktionen sein können und gib eine Begründung.

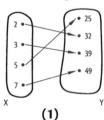 (1)   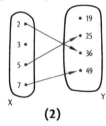 (2)   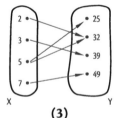 (3)   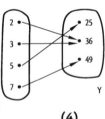 (4)

(1) und (4) sind Funktionen, weil von jedem Element von X genau ein Pfeil ausgeht, weil also jedem Element von X genau ein Element von Y zugeordnet wird. Nur die Funktion (1) ist umkehrbar.

(2) ist keine Funktion, weil von der Zahl 3 kein Pfeil ausgeht, dem Element x = 3 wird also kein Element von Y zugeordnet.

(3) ist keine Funktion, weil von der Zahl 5 zwei Pfeile ausgehen, dem Element x = 5 werden also zwei Elemente von Y zugeordnet. Die Zuordnung ist also nicht eindeutig.

Aufgabe 02: Funktionen lassen sich durch Kurven beschreiben. Überprüfe, ob durch folgenden Kurven Funktionen dargestellt werden.

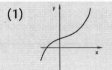 (1)   (2)   (3)

(1) und (3) stellen Funktionen dar, weil jedem x-Wert genau ein y-Wert zugeordnet wird.
(2) stellt *keine* Funktion dar, weil es (mindestens) einen x-Wert gibt, dem zwei y-Werte zugeordnet werden.

FA 1 Funktionsbegriff, reelle Funktionen, Darstellungsformen und Eigenschaften

Darstellung von Funktionen

Mittels Pfeildiagramm
Definitions- und Wertemenge werden einander gegenübergestellt. Die Funktion f wird durch Pfeile, die einander zugeordnete Elemente verbinden, festgelegt (siehe Aufgabe 01).

Mittels geordneter Zahlenpaare oder einer Wertetabelle
Einander zugeordnete Elemente werden durch Zahlenpaare angegeben, in denen die erste Komponente aus D_f und die zweite aus W_f stammt. Alle Zahlenpaare können auch in Form einer zweispaltigen oder zweizeiligen Tabelle dargestellt werden, wobei die 1. Spalte (Zeile) D_f und die 2. Spalte (Zeile) W_f enthält.

Beispiel: f: {(2, 32), (3, 39), (5, 25), (7, 49)}   (dies entspricht Aufgabe 01/(1))

f:
x	y
2	32
3	39
5	25
7	49

oder

f:
x	2	3	5	7
y	32	39	25	49

Mittels eines Graphen
Jedes Zahlenpaar (x, f(x)) kann als *Punkt* in einem *Koordinatensystem* dargestellt werden. Der Graph der Funktion f entspricht dann einer **Punktmenge** in diesem Koordinatensystem.
Ein **Punktgraph** besteht aus voneinander getrennten Punkten, eine **Kurve** aus einer lückenlosen Aneinanderreihung von Punkten.

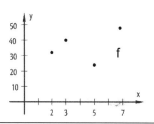

Aufgabe 03: Gegeben ist die grafische Darstellung einer Funktion. Fülle die Lücken in der nebenstehenden Wertetabelle aus und korrigiere falsche Werte.

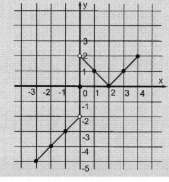

x	y
-2	
-2	2
-1	-3
0	0
1	-1
2	
3	2
4	

Ergebnis:

x	y
-2	-5
-2	-4 statt 2
-1	-3
0	0
1	1 statt -1
2	0
3	1 statt 2
4	2

Aufgabe 04: Der Zusammenhang zwischen dem Luftdruck und der Höhe (gemessen über dem Meeresniveau) wird unter der Annahme konstanter Lufttemperatur in der Grafik veranschaulicht. Für die folgenden Aufgaben sind die Hilfslinien selbst einzuzeichnen.
a) ca in welcher Höhe ist der Luftdruck auf die Hälfte des Maximalwertes gesunken?
b) ca auf welchen Bruchteil ist der Luftdruck in 9 km Höhe gesunken?

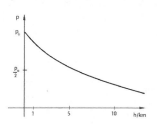
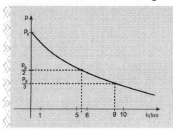

Ergebnis mit Hilfslinien
a) in ca 5,5 km
b) auf ca ein Drittel

Termdarstellung von Funktionen

Explizite Darstellungen:
Es werden Definitions- und Bildmenge sowie der dem Urelement x zugeordnete Term f(x) angegeben:

Termzuordnung	Funktionsgleichung
$f: X \to Y, x \mapsto f(x)$	$f: X \to Y, y = f(x)$

Implizite Darstellung: $f: X \to Y, g(x, y) = 0$

Beispiele:	explizite Darstellungen		implizite Darstellung
$f_1:\quad \mathbb{R} \to \mathbb{R}, x \mapsto 5x + 7$	$f_1:\quad \mathbb{R} \to \mathbb{R}, y = 5x + 7$		$f_1:\quad \mathbb{R} \to \mathbb{R}, 5x - y + 7 = 0$
$f_2:\quad \mathbb{Z} \to \mathbb{Q}, x \mapsto \frac{2}{3}x - 3$	$f_2:\quad \mathbb{Z} \to \mathbb{Q}, y = \frac{2}{3}x - 3$		$f_2:\quad \mathbb{Z} \to \mathbb{Q}, 2x - 3y - 9 = 0$
$f_3: [-3;+3] \to \mathbb{R}_0^+, x \mapsto \sqrt{9 - x^2}$	$f_3: [-3;+3] \to \mathbb{R}_0^+, y = \sqrt{9 - x^2}$		$f_3: [-3;+3] \to \mathbb{R}_0^+, x^2 + y^2 - 9 = 0$

Anmerkungen: (1) Nicht jede Funktion kann durch einen Term dargestellt werden.
(2) Die explizite Darstellung $y = f(x)$ lässt sich stets auch in der impliziten Darstellung $y - f(x) = 0$ angeben; umgekehrt lässt sich eine implizite Darstellung nicht immer explizit ausdrücken.

Aufgabe 05: Berechne für die ganzzahligen Argumente die zugehörigen Funktionswerte und zeichne den Graphen. Erstelle eine Wertetabelle und gib die Wertemenge der Funktion an.

a) $[-2;3] \to \mathbb{R}, y = -\frac{x}{2} + 2$
b) $\{x \in \mathbb{N} \mid x \leq 4\} \to \mathbb{Z}, y = 2x - 3$

a) Wertetabelle:

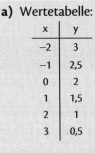

Graph:

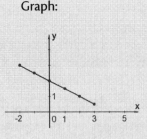

b) Wertetabelle:

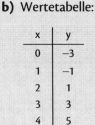

Graph:

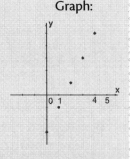

Wertemenge: $W_f = \{y \in \mathbb{R} \mid 0{,}5 \leq y \leq 3\} = [0{,}5; 3]$

Wertemenge: $W_f = \{-3, -1, 1, 3, 5\}$

Aufgabe 06: Begründe, warum die Zuordnungsgleichung $y = \dfrac{2x}{3 - 2x}$ keine Funktion $\mathbb{R} \to \mathbb{R}$ darstellt. Ermittle sodann die größtmögliche Definitionsmenge in $\mathbb{R}$.

Der Nenner des Terms darf nicht Null sein, da die Division durch Null nicht ausführbar ist.

$3 - 2x = 0 \Leftrightarrow x = \dfrac{3}{2}$. Für $x = \dfrac{3}{2}$ ist der Term nicht definiert.

Der reellen Zahl $\dfrac{3}{2}$ kann durch die Zuordnungsgleichung kein Wert zugewiesen werden. Daher liegt keine Funktion $\mathbb{R} \to \mathbb{R}$ vor.

$D_f = \mathbb{R} \setminus \left\{ \dfrac{3}{2} \right\}$

Aufgabe 07: Veranschauliche die Formel $V(r) = \dfrac{r^2 \pi h}{3}$ mittels eines Funktionsgraphen.
Wozu dient diese Formel? Wähle eine geeignete Definitions- und Wertemenge.

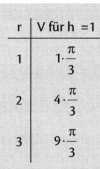
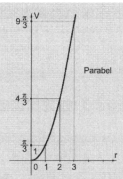

r	V für h = 1
1	$1 \cdot \dfrac{\pi}{3}$
2	$4 \cdot \dfrac{\pi}{3}$
3	$9 \cdot \dfrac{\pi}{3}$

$D_f = \mathbb{R}^+, W_f = \mathbb{R}^+$. Die Funktion ist also vom Typ $\mathbb{R}^+ \to \mathbb{R}^+$.
Die Formel dient zur Berechnung des Kegelvolumens.

Aufgabe 08: Beantworte folgende Fragen über zwei reelle Funktionen unter Zuhilfenahme ihrer Graphen.

a) Welche Funktionswerte nimmt f im Intervall $[-2; 4]$ an?

b) An wie vielen Stellen des Intervalls $[-3; 5]$ nimmt f den Wert 3 an.

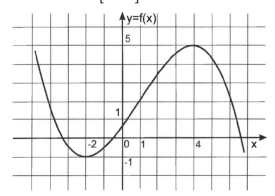
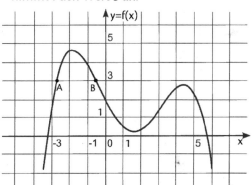

a) Die Funktionswerte liegen im Intervall $[-1; 5]$.   b) An den zwei mit A und B bezeichneten Stellen.

Aufgabe 09: a) Wie lautet die explizite Darstellung der Funktion $f: \mathbb{R} \to \mathbb{R}$, $ax - 5y + c = 0$?
b) Setze für $a = 10$ und für $c = -15$, ermittle die Funktionswerte $f(-1), f(0)$ und $f(4)$ und stelle die Funktion graphisch dar.

a) $ax - 5y + c = 0$
$\quad 5y = ax + c \mid :5$
$\quad y = \dfrac{a}{5}x + \dfrac{c}{5}$
$f: \mathbb{R} \to \mathbb{R}, y = f(x) = \dfrac{a}{5}x + \dfrac{c}{5}$

b) $f: \mathbb{R} \to \mathbb{R}, y = f(x) = \dfrac{10}{5}x - \dfrac{15}{5} = 2x - 3$
$f(-1) = 2 \cdot (-1) - 3 = -5$
$f(0) = 2 \cdot 0 - 3 = -3$
$f(4) = 2 \cdot 4 - 3 = 5$

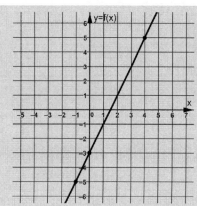

Eigenschaften reeller Funktionen

Monotone Funktionen

Eine reelle **Funktion** f heißt

streng monoton wachsend, wenn gilt:
$\forall x_1, x_2 \in D_f$ mit $x_1 < x_2 \Rightarrow f(x_1) < f(x_2)$
(*"größeren* Argumenten sind *größere* Funktionswerte zugeordnet")
monoton wachsend, wenn gilt:
$\forall x_1, x_2 \in D_f$ mit $x_1 < x_2 \Rightarrow f(x_1) \leq f(x_2)$

streng monoton fallend, wenn gilt:
$\forall x_1, x_2 \in D_f$ mit $x_1 < x_2 \Rightarrow f(x_1) > f(x_2)$
(*"größeren* Argumenten sind *kleinere* Funktionswerte zugeordnet")
monoton fallend, wenn gilt:
$\forall x_1, x_2 \in D_f$ mit $x_1 < x_2 \Rightarrow f(x_1) \geq f(x_2)$

(streng) monoton, wenn sie entweder (streng) monoton wachsend oder (streng) monoton fallend ist.

Beispiele: (1) $f_1: \mathbb{R}_0^- \to \mathbb{R}, y = x^2$:
streng monoton fallend
(2) $f_2: \mathbb{R}_0^+ \to \mathbb{R}, y = x^2$:
streng monoton wachsend
(3) $f_3: \mathbb{R} \to \mathbb{R}, y = x^3$:
streng monoton wachsend

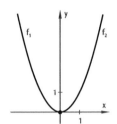
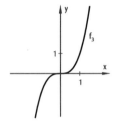

Beschränkte Funktionen

Eine reelle **Funktion** f heißt

nach oben beschränkt, wenn ihre Wertemenge W_f nach oben beschränkt ist:
$\forall x \in D_f: f(x) \leq s; s \in \mathbb{R}$.
s heißt *obere Schranke* von f.
sup W_f ist die *kleinste* und heißt **Supremum** von f.

nach unten beschränkt, wenn ihre Wertemenge W_f nach unten beschränkt ist:
$\forall x \in D_f: f(x) \geq t; t \in \mathbb{R}$.
t heißt *untere Schranke* von f.
inf W_f ist die *größte* und heißt **Infimum** von f.

beschränkt,
wenn f nach oben und nach unten beschränkt ist:
$\forall x \in D_f: t \leq f(x) \leq s; t, s \in \mathbb{R}$.
t und s sind die *Schranken* von f.

Beispiele:

$f: y = -x^2$

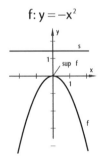

Der Graph von f verläuft unterhalb einer Parallelen zur x-Achse.

$f: y = x^2$

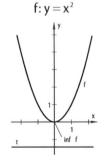

Der Graph von f verläuft oberhalb einer Parallelen zur x-Achse.

$f: y = \sin x$

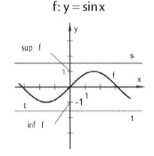

Der Graph von f verläuft in einem Streifen parallel zur x-Achse.

Minimum und Maximum einer Funktion

Der *größte* bzw. *kleinste* Wert der Wertemenge W_f einer über einer abgeschlossenen Definitionsmenge D_f definierten Funktion heißt **Maximum** bzw. **Minimum** von f.
Diese Werte können innerhalb (relatives oder lokales Maximum bzw. Minimum) oder am Rand (Randmaximum bzw. Randminimum) der Definitionsmenge liegen.
Lokale Extremstellen: Hochpunkte oder Tiefpunkte. Dort ändert sich die Art der Monotonie.

FA 1 Funktionsbegriff, reelle Funktionen, Darstellungsformen und Eigenschaften

Krümmungsverhalten, Wendepunkt

Die Krümmung beschreibt den Verlauf einer Kurve. Es gibt zwei Arten der Krümmung, je nachdem ob die Kurve beim Durchfahren von links nach rechts eine Linkskurve oder eine Rechtskurve darstellt.

Im Wendepunkt ändert sich der Krümmungssinn.

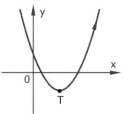
Linkskurve, positiv gekrümmt (konkav)

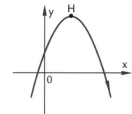
Rechtskurve, negativ gekrümmt (konvex)

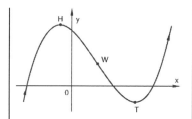
Im Wendepunkt W wechselt die Krümmung das Vorzeichen

Aufgabe 10: Das folgende Diagramm stellt eine Polynomfunktion dar. Beantworte folgende Fragen.

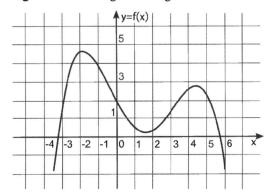

a) Gib Intervalle an, in denen die Funktion sicher monoton steigend/fallend ist.
b) Gibt es Schranken der Funktion?
c) In welche Intervalle fallen Hochpunkte bzw. Tiefpunkte?
d) In welchen Intervallen gibt es sicher eine positive/negative Krümmung?
e) Gibt es Wendepunkte? Wenn ja, gib Intervalle an, in denen sie sicher liegen.

a) sicher (streng) monoton steigend in den Intervallen $[-4;-2]$ und $[2;4]$,
sicher (streng) monoton fallend in den Intervallen $[-1;+1]$ und $[5;6]$.
b) s = 5 ist eine obere Schranke, eine untere Schranke existiert nicht.
c) Es gibt zwei Hochpunkte, der eine liegt im Intervall $[-2,5;-1,5]$, der andere im Intervall $[4;5]$.
Es gibt einen Tiefpunkt im Intervall $[1;2]$.
d) sicher positiv gekrümmt im Intervall $[0;2,5]$,
sicher negativ gekrümmt in den Intervallen $[-4;-1]$ und $[3,5;6]$
e) Es gibt zwei Wendepunkte, der eine liegt im Intervall $[-1;1]$, der andere im Intervall $[2,5;4]$.

Aufgabe 11: Eine Polynomfunktion dritten Grades besitzt im Punkt H(−2|3) einen Hochpunkt, im Punkt T(4|−1) einen Tiefpunkt und im Punkt W(1|1) einen Wendepunkt.
a) In welchem Intervall ist die Funktion positiv (links) gekrümmt?
b) In welchem Intervall ist die Funktion negativ (rechts) gekrümmt?
c) In welchem Intervall ist die Funktion (streng) monoton fallend?
d) In welchen Intervallen ist die Funktion (streng) monoton steigend?

a) Im Intervall $]1;\infty[$
b) Im Intervall $]-\infty;1[$
c) Im Intervall $]-2;4[$
d) In den Intervallen $]-\infty;-2[$ und $]4;\infty[$

Achsensymmetrie

Eine Funktion ist **symmetrisch zur y-Achse**, wenn gilt: $\boxed{f(-x)=f(x)}$

Entgegengesetzte Argumente haben also gleiche Funktionswerte.

Beispiel: Potenzfunktionen geraden Grades $f(x)=x^2, f(x)=x^4,\ldots$ sind symmetrisch zur y-Achse.

Eine Funktion ist **symmetrisch bezüglich einer Geraden g : x = a**, wenn gilt: $\boxed{f(a-x)=f(a+x)}$

Aufgabe 12: Zeige, dass die Funktion $f(x)=x^2-4x+3$ symmetrisch bezüglich der Geraden g: x=2 ist.

Zu zeigen ist, dass $f(2-x)=f(2+x)$ eine wahre Aussage ist.

$$(2-x)^2-4(2-x)+3=(2+x)^2-4(2+x)+3$$
$$4-4x+x^2-8+4x+3=4+4x+x^2-8-4x+3$$
$$x^2-5=x^2-5 \quad \text{wahre Aussage!}$$

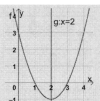

Periodizität

Eine Funktion f heißt **periodisch mit der Periode p**, wenn für alle $x \in D_f$ gilt: $\boxed{f(x+p)=f(x)}$, d.h. die y-Werte wiederholen sich jeweils nach p Einheiten.

Beispiel: Die Winkelfunktionen sind periodische Funktionen. Sinus- und Cosinusfunktion haben die (kleinste) Periode $p=2\pi$, die Tangensfunktion hat die (kleinste) Periode $p=\pi$.

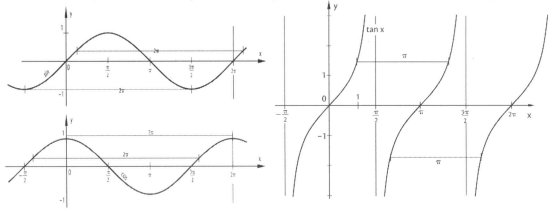

Aufgabe 13: Ermittle die (kleinste) Periode folgender Funktionen:

a) $f(x)=\sin(2x)$ **b)** $f(x)=\cos\left(\dfrac{x}{2}\right)$ **c)** $f(x)=\tan(3x)$

a) Es gilt: $\sin 2x = \sin(2x+2\pi)$, da der Sinus die Periode 2π hat.

Setzt man links statt x den Ausdruck (x+p) ein, lässt sich p berechnen.

$2(x+p)=2x+2\pi \Leftrightarrow 2x+2p=2x+2\pi \Rightarrow p=\pi$

b) Es gilt: $\cos\left(\dfrac{x}{2}\right)=\cos\left(\dfrac{x}{2}+2\pi\right)$, da der Cosinus die Periode 2π hat.

Setzt man links statt x den Ausdruck (x+p) ein, lässt sich p berechnen.

$\dfrac{x+p}{2}=\dfrac{x}{2}+2\pi \Leftrightarrow \dfrac{x}{2}+\dfrac{p}{2}=\dfrac{x}{2}+2\pi \Rightarrow p=4\pi$

c) Es gilt: $\tan 3x = \tan(3x+\pi)$, da der Tangens die Periode π hat.

Setzt man links statt x den Ausdruck (x+p) ein, lässt sich p berechnen.

$3(x+p)=3x+\pi \Leftrightarrow 3x+3p=3x+\pi \Rightarrow p=\dfrac{\pi}{3}$

Aufgabe 14: Gegeben ist die Funktion $f(x) = \sin(x+c)$. Der Summand c bewirkt eine Verschiebung der Sinusfunktion entlang der x-Achse um c. Zeige, dass sich das nicht auf die Periodizität auswirkt.

Es gilt: $\sin(x+c) = \sin(x+c+2\pi)$, da der Sinus die Periode 2π hat.
Setzt man links statt x den Ausdruck (x+p) ein, lässt sich p berechnen.
$x + p + c = x + c + 2\pi \Leftrightarrow p = 2\pi$, die Periode bleibt also gleich!

Asymptotisches Verhalten

Wenn sich der Graph einer Funktion einer Geraden immer mehr annähert, ohne sie zu schneiden, dann nennt man diese Gerade eine **Asymptote**. Je nach ihrer Lage unterscheidet man zwischen waagrechten, senkrechten und schiefen Asymptoten. In diesem Zusammenhang wird der Verlauf von Funktionen für große oder kleine Werte von x untersucht, oder man interessiert sich für Unendlichkeitsstellen (= Stellen, an denen der Funktionswert unendlich groß wird).

Beispiele:

(1) 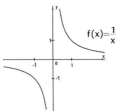 $f(x) = \frac{1}{x}$

(2) 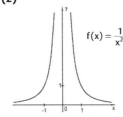 $f(x) = \frac{1}{x^2}$

Die x-Achse ist eine waagrechte Asymptote, weil für größer/kleiner werdende Argumente der Funktionswert nach Null strebt.

In Symbolen: $\lim\limits_{x \to \pm\infty} f(x) = 0$

Die y-Achse ist eine senkrechte Asymptote, weil die Funktionswerte immer größer werden, wenn sich x der Zahl Null nähert.

In Symbolen: $\lim\limits_{x \to 0} f(x) = \infty$

(3) 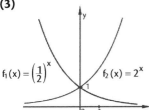 $f_1(x) = \left(\frac{1}{2}\right)^x$, $f_2(x) = 2^x$

Die x-Achse ist eine waagrechte Asymptote.

(4) 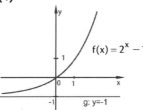 $f(x) = 2^x - 1$, $g: y = -1$

Die Gerade $g: y = -1$ ist eine waagrechte Asymptote.

(5) 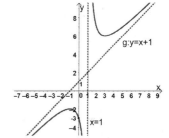 $g: y = x+1$, $x = 1$

Die Gerade $x = 1$ ist eine senkrechte Asymptote.
Die Gerade $g: y = x+1$ ist eine schiefe Asymptote.

Aufgabe 15: Untersuche das asymptotische Verhalten folgender Funktionen:

a) $f(x) = \dfrac{6}{x-2}$ b) $f(x) = \dfrac{2}{x^2} - 4$ c) $f(x) = \dfrac{1}{0,5^x}$

a) $f(x) = \dfrac{6}{x-2} \to 0$ für $x \to \infty$, daher ist die x-Achse eine waagrechte Asymptote.

$f(x) = \dfrac{6}{x-2} \to \infty$ für $x \to 2$, daher ist die Gerade $g: x = 2$ eine senkrechte Asymptote.

b) $f(x) = \dfrac{2}{x^2} - 4 \to -4$ für $x \to \infty$, daher ist die Gerade $g: y = -4$ eine waagrechte Asymptote.

$f(x) = \dfrac{2}{x^2} - 4 \to \infty$ für $x \to 0$, daher ist die y-Achse eine senkrechte Asymptote.

c) $f(x) = \dfrac{1}{0,5^x} = \left(\dfrac{1}{0,5}\right)^x = 2^x$ hat gemäß Skizze (3) die x-Achse als waagrechte Asymptote.

Schnittpunkte von Funktionsgraphen mit den Koordinatenachsen

Der nebenstehende Funktionsgraph schneidet die x-Achse in den Punkten N_1 und N_2 und die y-Achse im Punkt P.

Die **Schnittpunkte mit der x-Achse** heißen **Nullstellen**, weil an diesen Stellen der Funktionswert $f(x) = 0$ ist.

Ihre Koordinatendarstellung lautet $N(a|0), a \in \mathbb{R}$.

Zur **Berechnung der Nullstellen** wird die Gleichung $f(x) = 0$ nach x aufgelöst.

Der **Schnittpunkt mit der y-Achse** hat keinen besonderen Namen.

Es gilt: $P(0|d), d \in \mathbb{R}$. Man nennt **d** den **Abschnitt auf der y-Achse**.

Zur **Berechnung von d** wird wegen $d = f(0)$ der Funktionswert an der Stelle 0 ermittelt.

Anmerkungen: (1) Nicht jede Funktion muss eine Nullstelle haben.
(2) Funktionen können mehrere Nullstellen haben.
(3) Nicht jeder Funktionsgraph muss die y-Achse schneiden.
(4) Wenn ein Schnittpunkt P mit der y-Achse existiert, dann ist er eindeutig.

Aufgabe 16: Untersuche die auf Seite 65 dargestellten Funktionen auf ihre Schnittpunkte mit den Koordinatenachsen.

(1) und (2) haben keine Schnittpunkte mit den Koordinatenachsen.

(3) schneiden die y-Achse im Punkt $P(0|1)$. Nullstellen gibt es keine.

(4) schneidet beide Koordinatenachsen im Punkt $P(0|0)$.

(5) schneidet die y-Achse im Punkt $P(0|-3)$. Nullstellen gibt es keine.

Aufgabe 17: Von folgenden Funktionen sind die Schnittpunkte mit den Koordinatenachsen rechnerisch zu ermitteln. **a)** $f(x) = x^2 - 7x + 10$ **b)** $f(x) = 2x^2 - 6x + 5$ **c)** $f(x) = \dfrac{1}{x^2} - 4$

a) $f(x) = x^2 - 7x + 10$

Nullstellenberechnung:

$x^2 - 7x + 10 = 0$

$x_{1,2} = \dfrac{7}{2} \pm \sqrt{\dfrac{49}{4} - 10}$

$x_{1,2} = \dfrac{7}{2} \pm \sqrt{\dfrac{9}{4}} = \dfrac{7}{2} \pm \dfrac{3}{2}$

$x_1 = 5, N_1(5|0)$

$x_2 = 2, N_2(2|0)$

Schnittpunkt mit der y-Achse:

Setzt man $x = 0$, ergibt sich $y = 10$, $P(0|10)$

b) $f(x) = 2x^2 - 6x + 5$

Nullstellenberechnung:

$2x^2 - 6x + 5 = 0$

$x_{1,2} = \dfrac{6 \pm \sqrt{36 - 40}}{4}$

$x_{1,2} = \dfrac{6 \pm \sqrt{-4}}{4} \notin \mathbb{R}$

Es gibt keine Nullstellen.

Schnittpunkt mit der y-Achse:

Setzt man $x = 0$, ergibt sich $y = 5$, $P(0|5)$

c) $f(x) = \dfrac{1}{x^2} - 4$

Nullstellenberechnung:

$\dfrac{1}{x^2} - 4 = 0$

$\dfrac{1}{x^2} = 4$

$x^2 = \dfrac{1}{4} \Rightarrow x_{1,2} = \pm \dfrac{1}{2}$

$x_1 = \dfrac{1}{2}, N_1\left(\dfrac{1}{2}\bigg|0\right)$

$x_2 = -\dfrac{1}{2}, N_2\left(-\dfrac{1}{2}\bigg|0\right)$

Schnittpunkt mit der y-Achse:

Für $x = 0$ ist die Funktion nicht definiert. Es gibt keinen Schnittpunkt mit der y-Achse. Die y-Achse ist eine senkrechte Asymptote. S 65, Fig (2).

Schnittpunkte von Funktionsgraphen mit Geraden

In der nebenstehenden Skizze sind verschiedene **Lagen zwischen einem Funktionsgraphen und verschiedenen Geraden** dargestellt.

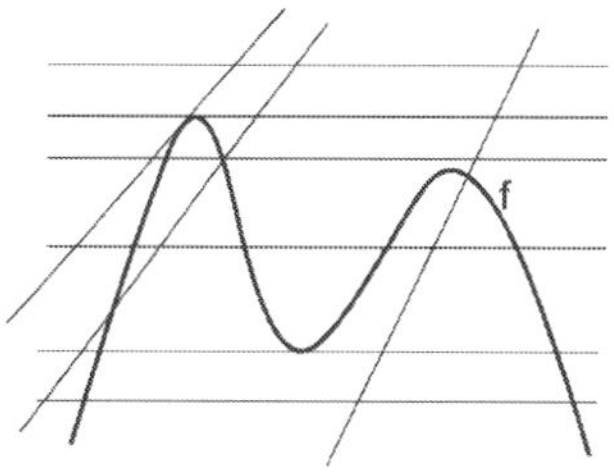

Eine Gerade kann den Funktionsgraphen in einem oder mehreren Punkten **schneiden**, sie kann ihn auch in einem oder mehreren Punkten **berühren**. Schließlich kann die Gerade so liegen, dass sie mit dem Funktionsgraphen **keinen Punkt gemeinsam** hat.

Da die **Schnittpunkte** bzw. **Berührpunkte** auf beiden Funktionen liegen erhält man diese Punkte durch **Gleichsetzen ihrer Funktionsgleichungen**. Man erhält die Gleichung $f(x) = g(x)$, deren Lösungen die x-Koordinaten der Schnittpunkte bzw. Berührpunkte sind. Wenn es keine reellen Lösungen gibt, dann haben die Funktionen keinen Punkt gemeinsam.

Die y-Werte eventueller Schnittpunkte bzw. Berührpunkte bekommt man, indem man in einer der Funktionsgleichungen den errechneten Wert für x einsetzt.

Anmerkung: Die y-Achse und alle dazu parallelen Geraden sind keine Funktionen, ihre Gleichung lautet
$x = a, a \in \mathbb{R}$. Schnittpunkte mit Funktionsgraphen kann es trotzdem geben. Diese sind von der Gestalt $P(a|d)$.
Es gilt: $d = f(a)$; den Wert von d erhält man also, wenn man in der Funktionsgleichung statt x der Wert a einsetzt.

Aufgabe 18: Untersuche die gegenseitige Lage folgender Funktionen:

a) $f(x) = 2x^2 - 6x + 7$, $g(x) = 3$ (Gerade || x-Achse)

$$f(x) = g(x)$$
$$2x^2 - 6x + 7 = 3$$
$$2x^2 - 6x + 4 = 0$$
$$x^2 - 3x + 2 = 0$$
$$x_{1,2} = \frac{3}{2} \pm \sqrt{\frac{9}{4} - 2} = \frac{3}{2} \pm \sqrt{\frac{1}{4}} = \frac{3}{2} \pm \frac{1}{2}$$
$$x_1 = 2, y_1 = 3; S_1(2|3)$$
$$x_2 = 1, y_2 = 3; S_2(1|3)$$

Die Gerade g schneidet den Funktionsgraphen in den beiden Punkten $S_1(2|3)$ und $S_2(1|3)$.

b) $f(x) = x^2 - 7x + 7$, $g(x) = x$ (1. Mediane)

$$f(x) = g(x)$$
$$x^2 - 7x + 7 = x$$
$$x^2 - 8x + 7 = 0$$
$$x_{1,2} = 4 \pm \sqrt{16 - 7} = 4 \pm \sqrt{9} = 4 \pm 3$$
$$x_1 = 7, y_1 = x_1 = 7; S_1(7|7)$$
$$x_2 = 1, y_2 = x_2 = 1; S_2(1|1)$$

Die Gerade g schneidet den Funktionsgraphen in den beiden Punkten $S_1(7|7)$ und $S_2(1|1)$.

Die Schnittpunkte eines Funktionsgraphen mit der 1. Mediane werden als **Fixpunkte** bezeichnet.

c) $f(x) = x^3 - 3x^2 + x + 2$, $g(x) = x + 2$

$$f(x) = g(x)$$
$$x^3 - 3x^2 + x + 2 = x + 2$$
$$x^3 - 3x^2 = 0$$
$$x^2(x - 3) = 0$$
$$\underbrace{x_{1,2} = 0}_{\text{Doppellösung}}, y_{1,2} = x_{1,2} + 2 = 2; S_{1,2}(0|2)$$
$$x - 3 = 0$$
$$x_3 = 3, y_3 = x_3 + 2 = 5; S_3(3|5)$$

Die Gerade g berührt den Funktionsgraphen im Punkt $S_{1,2}(0|2)$ und schneidet ihn im Punkt $S_3(3|5)$.

d) $f(x) = 4x^2 - 9x + 12$, $g(x) = 2x - 3$

$$f(x) = g(x)$$
$$4x^2 - 9x + 12 = 2x - 3$$
$$4x^2 - 11x + 15 = 0$$
$$x_{1,2} = \frac{11 \pm \sqrt{121 - 240}}{8} = \frac{11 \pm \sqrt{-119}}{8} \notin \mathbb{R}$$

Die Gerade g hat mit dem Funktionsgraphen keinen Punkt gemeinsam.

Funktionen und mathematische Modelle

Viele **reale Gegebenheiten** lassen sich unter Zuhilfenahme von Funktionen **modellieren**. Mathematische Modelle finden in fast allen Wissensgebieten Anwendung. Mit ihrer Hilfe kann man **Vorgänge und Sachverhalte** - wie sie etwa in den Naturwissenschaften, der Technik, der Medizin oder in der Wirtschaft ablaufen - **graphisch und rechnerisch behandeln**. Man gewinnt einen systematischen Überblick und kann daraus wichtige Schlüsse ziehen. Ein **mathematisches Modell** beschreibt die „reale Welt" im Allgemeinen in **idealisierter Form**, sodass das Modell übersichtlich und handhabbar bleibt.

Aufgabe 19: Ein Personenzug fährt um 08:00 Uhr vom Bahnhof A ab und erreicht den Bahnhof B planmäßig um 08:50 Uhr. Um 08:10 Uhr fährt ein Schnellzug vom Bahnhof B ab, der planmäßig um 08:40 Uhr im Bahnhof A einfährt.
  a) Modelliere die Zugfahrten in einem Weg-Zeit-Diagramm und berechne, wann beide Züge aneinander vorbeifahren und in welcher Entfernung vom Bahnhof A dies geschieht.
  b) Zeichne im Weg-Zeit-Diagramm die Veränderungen ein, wenn der Personenzug nach 10 Minuten Fahrt aufgrund eines technischen Gebrechens 10 Minuten halten muss.

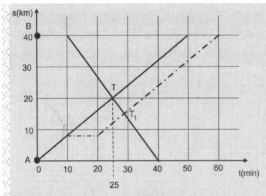

Es wird gleichförmige Bewegung angenommen.

$$v_P = \frac{40\,\text{km}}{50\,\text{min}} = 0{,}8\,\text{km/min} \ldots \text{Personenzug}$$

$$v_S = \frac{40\,\text{km}}{30\,\text{min}} = \frac{4}{3}\,\text{km/min} \ldots \text{Schnellzug}$$

Bis zum Treffpunkt T haben beide Züge die gleiche Strecke zurückgelegt. P benötigt t min und S benötigt $(t-10)$ min. Es gilt daher:

$$0{,}8 \cdot t = \frac{4}{3}(t-10)$$
$$2{,}4t = 4t - 40 \Leftrightarrow 1{,}6t = 40 \Rightarrow t = 25$$

Ergebnis: a) Die beiden Züge fahren um 08:25 Uhr aneinander vorbei, und zwar 20 km von beiden Bahnhöfen entfernt.
  b) Im obigen Diagramm zeigen die strich-punktierten Linien die veränderte Situation an.

Aufgabe 20: Bei der Produktion von E-Scoutern fallen in jeder Woche 3000 € Fixkosten an. Die variablen Kosten betragen pro Scouter 200 €. Das Unternehmen erzielt auf dem Markt einen Preis je Scouter von 350 €. Der Betrieb kann höchstens 40 Scouter pro Woche herstellen.
  a) Ermittle die **Kosten-** und **Erlösfunktion**   b) Stelle die Kosten- und Erlösfunktion grafisch dar.
  c) Wie lautet die **Gewinnfunktion** G?   d) Berechne die **Gewinnschwelle (Break-even-point)**

a) $K(x) = \underbrace{3000}_{\text{Fixkosten}} + \underbrace{200x}_{\text{variable Kosten}}$

$E(x) = \underbrace{350}_{\text{Marktpreis}} \cdot \underbrace{x}_{\text{Stückzahl}}$

c) $G(x) = E(x) - K(x) \ldots$ Differenz von $E(x)$ und $K(x)$ bilden!
$= 350x - (3000 + 200x)$
$= 150x - 3000$

d) $E(x) = K(x) \ldots E(x)$ und $K(x)$ gleichsetzen!
$350x = 3000 + 200x$
$150x = 3000$
$x = 20 \ldots$ Gewinnschwelle

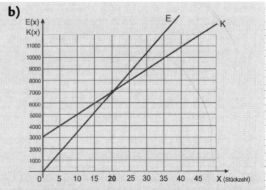

Die Graphen von Kosten- und Erlösfunktion schneiden einander in einem Punkt. Dieser Schnittpunkt entspricht der Gewinnschwelle (Break-even-point). Werden weniger als 20 Stück erzeugt, macht der Betrieb Verlust, bei mehr als 20 Stück macht er Gewinn.

Aufgabe 21: Beschreibe und interpretiere das von einer Produktionsfirma erstellte Diagramm.

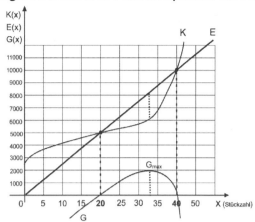

Im Diagramm sind die Kostenfunktion K(x), die Erlösfunktion E(x) und die Gewinnfunktion G(x) = E(x) − K(x) dargestellt.

Die Erlösfunktion schneidet die Kostenfunktion in zwei Punkten. Diese legen die Gewinngrenzen fest. Die untere Grenze heißt Break-even-point, ab hier wird Gewinn erzielt. Innerhalb des Intervalls $[20;40]$ wird Gewinn gemacht, außerhalb treten Verluste auf. Die Gewinn-grenzen sind die Nullstellen der Gewinnfunktion. Der Hochpunkt der Gewinnfunktion markiert den maximalen Gewinn.

Aufgabe 22: Beim Kugelstoßen kann der Weg der Kugel durch eine Parabel mit der Gleichung $f(x) = a(x-3)^2 + 5$ modelliert werden. x ist die Entfernung der Kugel vom Abstoßpunkt an gemessen. y = f(x) ist die Höhe der Kugel, vom Boden an gemessen. Welche Wurfweite erzielt der Kugelstoßer, wenn die Kugel aus einer Höhe von 1,85m abgestoßen wird?

Berechnung von a: Am Anfang ist x = 0 und f(x) = 1,85, daher gilt:

$$1,85 = a(0-3)^2 + 5$$
$$1,85 = 9a + 5$$
$$9a = -3,15$$
$$a = -0,35$$

Damit: $f(x) = -0,35(x-3)^2 + 5$

Berechnung der Wurfweite: Beim Auftreffen der Kugel am Boden ist die Wurfhöhe = 0. Man erhält also die Wurfweite, indem man f(x) = 0 setzt und die Gleichung nach x auflöst.

$$0 = -0,35(x-3)^2 + 5$$
$$0,35(x-3)^2 = 5$$
$$(x-3)^2 = \frac{5}{0,35}$$
$$x - 3 = \sqrt{\frac{5}{0,35}} \Rightarrow x = 3 + \sqrt{\frac{5}{0,35}} \approx 6,78\,m$$

Aufgabe 23: Die Unterkante eines Fensters liegt 3m über dem Erdboden. Kann man das Fenster mit einer 3,8m langen Leiter erreichen, wenn der Fuß der Leiter 2m von der Hauswand entfernt sein muss?

Die Situation lässt sich durch ein rechtwinkeliges Dreieck modellieren.

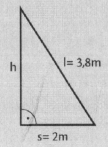

Lehrsatz von PYTHAGORAS anwenden:
$$h^2 = l^2 - s^2$$
$$h = \sqrt{l^2 - s^2}$$
$$h = \sqrt{3,8^2 - 2^2} \approx 3,23\,m$$

Das Fenster kann also mit der Leiter erreicht werden.

Funktionen und Formeln

Formeln beschreiben einen **Zusammenhang zwischen verschiedenen** (mathematischen, geometrischen, physikalischen, technischen, ökonomischen ...) **Größen**. Sie werden in **Gleichungsform** angeschrieben. Die vorkommenden Größen (Variable und Konstanten) werden durch Formelzeichen dargestellt. Formeln können auch als **in Gleichungsform festgelegte Funktionen** aufgefasst werden.

Aufgabe 24: Der Preis einer Ware wurde um 20% gesenkt und dann um 10% erhöht. Schließlich wurde die Ware um den halben Preis abverkauft. Ermittle den ursprünglichen Preis der Ware, wenn der Abverkaufspreis 52,8 € betrug.

x ... ursprünglicher Preis der Ware

$x - 0{,}2x = 0{,}8x$ ... 1. Zwischenpreis nach der Preissenkung

$0{,}8x + 0{,}8x \cdot 0{,}1 = 0{,}8x + 0{,}08x = 0{,}88x$ ... 2. Zwischenpreis nach der Preiserhöhung

$\dfrac{0{,}88x}{2} = 0{,}44x$ ... Abverkaufspreis

$0{,}44x = 52{,}8 \Rightarrow x = 120$ Der ursprüngliche Preis der Ware betrug 120 €.

Aufgabe 25: Gegeben ist die Formel $s = \dfrac{a}{2}t^2$. Sie stellt den Zusammenhang zwischen dem Weg s, der Beschleunigung a und der Zeit t bei einer gleichmäßig beschleunigten Bewegung her.
Wenn a konstant ist, dann kann der Weg s als Funktion in Abhängigkeit von t aufgefasst werden. Beschreibe diese Abhängigkeit in Worten und zeichne einen dazu passenden Graphen.

Der Weg ist direkt proportional zum Quadrat der Zeit. Das heißt:
In der 1, 2, 3, 4- fachen Zeit wird der 1, 4, 9, 16- fache Weg zurückgelegt.

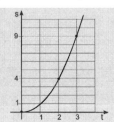

Aufgabe 26: Wie ändern sich Umfang und Flächeninhalt eines Kreises, wenn man
a) den Radius verdoppelt? **b)** den Radius drittelt.

Gegebener Kreis: Radius r, $u = 2r\pi$, $A = r^2\pi$
Gesuchte Kreise:

a) Radius $r_1 = 2r$

$u_1 = 2r_1\pi = 2 \cdot (2r)\pi = 2 \cdot (2r\pi) = 2u$

Der Umfang wird verdoppelt.

$A_1 = r_1^2\pi = (2r)^2\pi = 4r^2\pi = 4 \cdot (r^2\pi) = 4A$

Der Flächeninhalt wird vervierfacht.

b) Radius $r_2 = \dfrac{r}{3}$

$u_1 = 2r_1\pi = 2 \cdot \left(\dfrac{r}{3}\right)\pi = \dfrac{1}{3} \cdot (2r\pi) = \dfrac{1}{3}u$

Der Umfang wird gedrittelt.

$A_1 = r_1^2\pi = \left(\dfrac{r}{3}\right)^2\pi = \dfrac{r^2}{9}\pi = \dfrac{1}{9} \cdot (r^2\pi) = \dfrac{1}{9}A$

Der Flächeninhalt sinkt auf ein Neuntel.

Aufgabe 27: Die Masse eines zylindrischen Rohres in Abhängigkeit von seinen Abmessungen R, r und l und seiner Dichte ρ kann durch die Funktion m mit $m = \pi \cdot (R^2 - r^2) \cdot l \cdot \rho$ beschrieben werden.
Ein Eisenrohr hat den Außendurchmesser D = 3 cm, den Innendurchmesser d = 2,2 cm und die Länge l = 2 m. Die Dichte von Eisen beträgt ca. 7,9 g/cm³. Berechne die Masse des Eisenrohres in kg.

$m = \pi \cdot (1{,}5^2 - 1{,}1^2) \cdot 200 \cdot 7{,}9 \text{ g} \approx 5162 \text{ g} \approx 5{,}16 \text{ kg}$

FA 1   Funktionsbegriff, reelle Funktionen, Darstellungsformen und Eigenschaften

Direkte Proportionalität

Zwei Größen x und y ($x \neq 0$, $y \neq 0$) heißen **direkt proportional** (symbolisch y ~ x), wenn eine t-fache Veränderung der einen Größe eine t-fache Veränderung der anderen Größe nach sich zieht.
Im gleichen Verhältnis wie die eine Größe zunimmt (abnimmt), nimmt die andere zu (ab).

Wegen $\frac{y}{x} = \frac{y \cdot t}{x \cdot t}$ ist das **Verhältnis** zweier Größen, die direkt proportional sind, **konstant**.

Es gilt: Wenn y ~ x, dann $\frac{y}{x} = k$ oder $y = k \cdot x$ ... k heißt **Proportionalitätsfaktor**.

Praktische Anwendung bei Schlussrechnungen: Beim so genannten **direkten Verhältnis** gilt:
„Je mehr ..., desto mehr ..." bzw. „Je weniger ..., desto weniger ..."

Beispiel: Eine bestimmte Ware in kg und und ihr Preis in € stehen in einem direkten Verhältnis, d.h.: Je mehr (weniger) Ware gekauft wird, desto höher (niedriger) ist der zu bezahlende Preis.

Indirekte Proportionalität

Zwei Größen x und y heißen **indirekt proportional** (symbolisch $y \sim \frac{1}{x}$), wenn eine t-fache Veränderung der einen Größe die $\frac{1}{t}$-fache Veränderung der anderen Größe nach sich zieht.
Im gleichen Verhältnis wie die eine Größe zunimmt (abnimmt), nimmt die andere ab (zu).

Wegen $y \cdot x = \left(\frac{1}{t}y\right) \cdot (tx)$ ist das **Produkt** zweier Größen, die indirekt proportional sind, **konstant**.

Es gilt: Wenn $y \sim \frac{1}{x}$, dann $y \cdot x = k$ oder $y = \frac{k}{x}$ ... k heißt **Proportionalitätsfaktor**.

Praktische Anwendung bei Schlussrechnungen: Beim so genannten **indirekten Verhältnis** gilt:
„Je mehr ..., desto weniger ..." bzw. „Je weniger ..., desto mehr..."

Beispiel: Geschwindigkeit in km/h und Fahrzeit in h stehen in einem indirekten Verhältnis, d.h.: Je höher (niedriger) die Geschwindigkeit, desto kürzer (länger) ist die Fahrzeit.

Im Folgenden werden bekannte **Formeln als Funktionen** dargestellt. Aus dem Funktionstyp ist die direkte bzw. indirekte Proportionalität – allenfalls höherer Ordnung – erkennbar.			
Fläche des Kreises	$A = r^2\pi$	A als Funktion von r	$f: y = x^2\pi$
Volumen der Kugel	$V = \frac{4\pi}{3}r^3$	V als Funktion von r	$f: y = \frac{4\pi}{3}x^3$
Volumen des Zylinders	$V = r^2\pi h$	h als Funktion von r (bei konstantem Volumen)	$h = \frac{V}{\pi r^2} \Rightarrow f: y = \frac{V}{\pi x^2}$
gleichförmige Bewegung	$s = v \cdot t$	Weg als Funktion der Zeit (bei konstanter Geschwindigkeit) Geschwindigkeit als Funktion der Zeit (bei konstantem Weg)	$f: y = v \cdot x$ $v = \frac{s}{t} \Rightarrow f: y = \frac{s}{x}$

Einstellige Funktionen sind von der Gestalt: $y = f(x)$. Treten in einer Formel – bis auf Konstante – nur 2 veränderliche Größen auf, so kann die eine als Funktion der anderen dargestellt werden.
Bei 3 veränderlichen Größen muss eine als konstant festgelegt werden, um eine einstellige Funktion zu erhalten (siehe obige Beispiele).

Zweistellige Funktionen sind von der Gestalt $z = f(x,y)$. Treten in einer Formel 3 veränderliche Größen auf, so lässt sich jede Größe als zweistellige Funktion darstellen.

Beispiel: $V = r^2\pi h \Rightarrow f: z = x^2\pi y$, $V = r^2\pi h \Leftrightarrow h = \frac{1}{\pi} \cdot \frac{V}{r^2} \Rightarrow f: z = \frac{1}{\pi} \cdot \frac{y}{x^2}$

FA 2 Lineare und quadratische Funktionen

Begriff der linearen Funktion

Die Funktion $f: \mathbb{R} \to \mathbb{R}, y = kx + d$ mit $k, d \in \mathbb{R}$ heißt **lineare Funktion**. Ihr Graph ist eine **Gerade**.

Man nennt: **k** ... Steigung, Anstieg, Koeffizient des linearen Glieds
            d ... Abschnitt auf der y-Achse, konstantes Glied

Bedeutungen von k:

(1) Ändert sich irgendein Argument um den Wert 1,
    dann ändert sich der Funktionswert um k: $f(x+1) = f(x) + k$
    Ist k positiv, dann ist der Graph streng monoton steigend,
    ist k negativ, dann ist der Graph streng monoton fallend,
    ist k = 0, dann ist der Graph parallel zur x-Achse.

(2) $k = \tan\alpha$, α heißt Steigungswinkel
    (Winkel zwischen x^+-Achse und Graph).

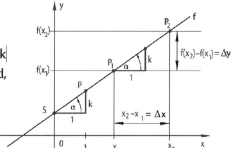

(3) $k = \dfrac{f(x_2) - f(x_1)}{x_2 - x_1} = \dfrac{y_2 - y_1}{x_2 - x_1} = \dfrac{\Delta y}{\Delta x}$ **Differenzenquotient = (mittlere) Änderungsrate**

Aus der **Beziehung** $k = \dfrac{\Delta y}{\Delta x}$ folgt $\Delta y = k \cdot \Delta x$, das heißt: Bei jeder linearen Funktion ist die Differenz zweier Funktionswerte **direkt proportional** zur Differenz ihrer Argumente.

Weitere Eigenschaften der linearen Funktion:

Jede lineare Funktion mit $k \in \mathbb{R} \setminus \{0\}$ besitzt genau eine **Nullstelle**. (Schnittpunkt mit der x-Achse)

Jede lineare Funktion mit $k \in \mathbb{R} \setminus \{1\}$ besitzt genau einen **Fixpunkt.** (Schnittpunkt mit der 1. Mediane)

Jede lineare Funktion mit $k \in \mathbb{R} \setminus \{0\}$ besitzt eine **Umkehrfunktion** f^*.

Es gilt: $f: \mathbb{R} \to \mathbb{R}, y = kx + d, k \in \mathbb{R} \setminus \{0\}$ $f^*: \mathbb{R} \to \mathbb{R}, y = \dfrac{1}{k}x - \dfrac{d}{k}, k \in \mathbb{R} \setminus \{0\}$

Der Graph von f^* entsteht aus dem Graphen von f durch Spiegelung an der 1. Mediane.

Parallele Geraden besitzen denselben Wert k, aber verschiedene Werte von d.

Normale Geraden besitzen die Steigungen k und $-\dfrac{1}{k}$ (negativ reziprok), ihre d-Werte sind beliebig.

Zwei **direkt proportionale Größen** lassen sich durch eine **homogene lineare Funktion** beschreiben, es gilt: $y = kx$ mit $k \neq 0$.

Lineare Zusammenhänge können mittels linearer Funktionen modelliert werden (zB $s = v \cdot t$).

Aufgabe 01: Stelle die lineare Gleichung $2x + 3y - 12 = 0$ in der Form $y = kx + d$ dar. **a)** Zeichne den Graphen der zugehörigen linearen Funktion. **b)** berechne die Nullstelle.

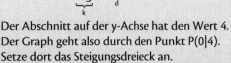

Der Abschnitt auf der y-Achse hat den Wert 4.
Der Graph geht also durch den Punkt P(0|4).
Setze dort das Steigungsdreieck an.

$k = \dfrac{2}{-3} = \dfrac{2 \text{ nach oben}}{3 \text{ nach links}}$

b) $0 = -\dfrac{2}{3}x + 4 \Leftrightarrow \dfrac{2}{3}x = 4 \Rightarrow x = 6$, also N(6|0).

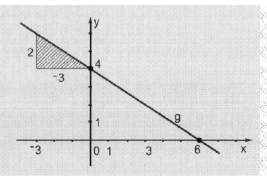

Aufgabe 02: Von einer Geraden kennt man zwei Punkte A(−2/−3) und B(4/0). Ermittle die Funktionsgleichung **a)** durch Ablesen von k und d aus der Zeichnung, **b)** durch Berechnen mit Hilfe des unbestimmten Ansatzes.

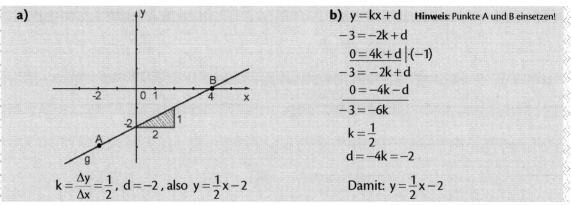

a)
$k = \dfrac{\Delta y}{\Delta x} = \dfrac{1}{2}$, $d = -2$, also $y = \dfrac{1}{2}x - 2$

b) $y = kx + d$ **Hinweis:** Punkte A und B einsetzen!

$-3 = -2k + d$
$0 = 4k + d \mid \cdot(-1)$

$-3 = -2k + d$
$0 = -4k - d$
$\overline{-3 = -6k}$

$k = \dfrac{1}{2}$

$d = -4k = -2$

Damit: $y = \dfrac{1}{2}x - 2$

Aufgabe 03: Der Graph der Kostenfunktion $K(x) = 120x + 3000$ ist im linken Diagramm dargestellt.

a) Zeichne in dieses Diagramm die lineare Erlösfunktion ein, wenn man weiß, dass der Break-even-Point bei (25|6000) liegt. (Lösung siehe rechtes Diagramm).

b) Schätze ab und berechne dann den Verlust bei 10 und den Gewinn bei 45 verkauften Einheiten.

Diagramm der Angabe: a) Diagramm der Lösung

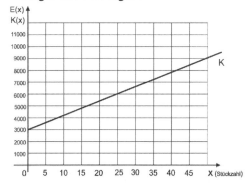 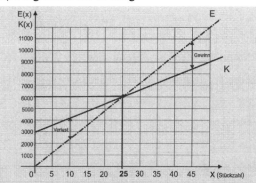

b) $E(x) = 240x\ldots$ Erlösfunktion

Verlust $= K(10) - E(10) = (120 \cdot 10 + 3000) - 240 \cdot 10 = 4200 - 2400 = 1800$ Geldeinheiten

Gewinn $= E(45) - K(45) = 240 \cdot 45 - (120 \cdot 45 + 3000) = 10800 - 8400 = 2400$ Geldeinheiten

Aufgabe 04: Überprüfe **a)** graphisch **b)** rechnerisch, ob die Paare (x / y) die Annahme eines linearen Zusammenhangs zwischen den Größen x und y stützen oder widerlegen. A(−2/7), B(0/5), C(3/−3).

c) Jeweils zwei Punkte legen eine Gerade fest. Ermittle ihre Funktionsgleichungen.

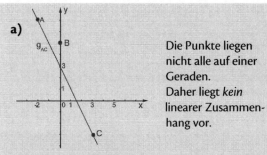

a) Die Punkte liegen nicht alle auf einer Geraden. Daher liegt *kein* linearer Zusammenhang vor.

b) $k_{AB} = \dfrac{y_B - y_A}{x_B - x_A} = \dfrac{5-7}{0+2} = \dfrac{-2}{2} = -1$

$k_{AC} = \dfrac{y_C - y_A}{x_C - x_A} = \dfrac{-3-7}{3-(-2)} = \dfrac{-10}{5} = -2$

$k_{BC} = \dfrac{y_C - y_B}{x_C - x_B} = \dfrac{-3-5}{3-0} = \dfrac{-8}{3}$

Da die k-Werte verschieden sind, liegt *kein* linearer Zusammenhang vor.

c) Die k-Werte wurden unter b) berechnet, die d-Werte kann man aus der Skizze ablesen. Diese Werte werden jeweils in $y = kx + d$ eingesetzt. $g_{AB}: y = -x + 5$, $g_{AC}: y = -2x + 3$, $g_{BC}: y = -\dfrac{8}{3}x + 5$

Spezielle lineare Funktionen

Die **Integerfunktion** ordnet jedem $x \in \mathbb{R}$ seinen ganzzahligen Anteil zu.
Man schreibt: $f: \mathbb{R} \to \mathbb{Z}$, $y = \text{int } x$ und spricht: „y ist integer von x".

Der Graph besteht aus stückweise konstanten Funktionen und besitzt an jeder ganzzahligen Stelle $x \neq 0$ eine Sprungstelle.
Die Integerfunktion ist das einfachste Beispiel für eine *Treppenfunktion*.

Beachte: In der graphischen Darstellung (Intervall]–3;3 [ ) bedeutet:
„•" ... gehört zum Graphen, „∘" ... gehört *nicht* zum Graphen.

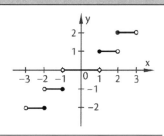

Die **Betragsfunktion** ordnet jedem $x \in \mathbb{R}$ seinen Betrag zu.
Man schreibt: $f: \mathbb{R} \to \mathbb{R}_0^+$, $y = |x|$ oder $y = \text{abs } x$
und spricht: „y ist der Betrag von x".
Die Betragsfunktion kann in zwei **Teilfunktionen** zerlegt werden:
$f^+: \mathbb{R}_0^+ \to \mathbb{R}$, $y = x$ und $f^-: \mathbb{R}^- \to \mathbb{R}$, $y = -x$.
Der Graph besitzt im Ursprung eine „Spitze".

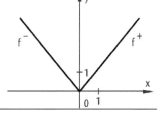

Die **Signumfunktion** ordnet jedem $x \in \mathbb{R}$ sein Vorzeichen zu.
Man schreibt: $f: \mathbb{R} \to \{-1, 0, 1\}$, $y = \text{sgn } x$
und spricht: „y ist signum von x".

Die Signumfunktion kann in drei **Teilfunktionen** zerlegt werden:
$f^-: \mathbb{R}^- \to \{-1\}$, $y = -1$, $f^\circ: \{0\} \to \{0\}$, $y = 0$ und $f^+: \mathbb{R}^+ \to \{+1\}$, $y = 1$

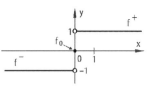

Aufgabe 05: Zeichne den Graphen der Funktion $f: \mathbb{R} \to \mathbb{R}$, $y = |2x - 3|$ im Bereich $D = [-1; 5]$.

Die gegebene Funktion ist eine Verkettung der Betragsfunktion mit der linearen Funktion $y = 2x - 3$.

Die „Spitze" liegt auf der x-Achse an der Stelle $x = \frac{3}{2}$ (ergibt sich aus $2x - 3 = 0$).

Links und rechts davon sind lineare Funktionen mit den Anstiegen $k = -2$ bzw. $k = 2$.

Teilfunktionen: $f^-: \left[-1, \frac{3}{2}\right[\to \mathbb{R}^+$, $y = -2x + 3$ und
$f^+: \left[\frac{3}{2}, 5\right] \to \mathbb{R}_0^+$, $y = 2x - 3$

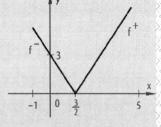

Anmerkung: Den Graphen von $y = |f(x)|$ erhält man aus dem Graphen von $y = f(x)$, indem man den/die unter der x-Achse liegenden Teil/Teile an der x-Achse spiegelt.

Aufgabe 06: Zeichne den Graphen der Funktion $f: \mathbb{R} \to \mathbb{R}$, $y = (x-1) \cdot \text{sgn}(2x - 3)$ in $D = [-1; 5]$.

Die gegebene Funktion ist eine Verkettung der Signumfunktion mit der linearen Funktion $y = 2x - 3$ und einer Multiplikation mit der linearen Funktion $y = x - 1$.

Die Sprungstelle liegt an der Stelle $x = \frac{3}{2}$ (ergibt sich aus $2x - 3 = 0$).

Links und rechts davon sind lineare Funktionen $y = -x + 1$ bzw. $y = x - 1$.

Teilfunktionen: $f^-: \left[-1, \frac{3}{2}\right[\to \mathbb{R}$, $y = -x + 1$,

$f^\circ: \left\{\frac{3}{2}\right\} \to \mathbb{R}$, $y = 0$ und

$f^+: \left]\frac{3}{2}, 5\right] \to \mathbb{R}$, $y = x - 1$.

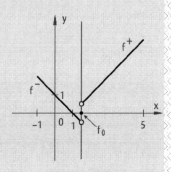

Begriff der quadratischen Funktion

Die rein quadratische Funktion

Die Funktion $\mathbb{R} \to \mathbb{R}, y = x^2$

Diese Funktion ist der einfachste Vertreter der Potenzfunktionen.
Der Graph der Funktion $f: \mathbb{R} \to \mathbb{R}, y = x^2$ heißt Grundparabel.

Die Funktion $\mathbb{R} \to \mathbb{R}, y = ax^2$, mit $a \neq 0$

(1) Der Graph dieser Funktion geht aus der Grundparabel hervor:
für $a > 1$ durch eine axiale Streckung in y-Richtung,
für $0 < a < 1$ durch eine axiale Stauchung in y-Richtung.
Für negatives a erfolgt zusätzlich eine Spiegelung an der x-Achse.
(2) Für $a > 0$ ist der Graph nach oben, für $a < 0$ nach unten offen.
(3) Es liegt eine gerade Funktion vor; die y-Achse ist Symmetrieachse des Graphen.
(4) O(0|0) heißt Scheitel.

Die allgemeine quadratische Funktion

Die Funktion $f: \mathbb{R} \to \mathbb{R}, y = ax^2 + bx + c$ mit $a \neq 0$ heißt **allgemeine quadratische Funktion**.

(1) Der Graph dieser Funktion geht aus dem Graphen von $y = ax^2$ hervor
durch eine Schiebung in x-Richtung und eine Schiebung in y-Richtung.
(2) Der Graph ist für $a > 0$ nach oben, für $a < 0$ nach unten offen.
(3) Der **Scheitel** hat die Koordinaten $S(s_1|s_2)$.
(4) Der Graph ist symmetrisch bezüglich der durch den Scheitel
verlaufenden Parallelen zur y-Achse.
Im Scheitel ändert sich die Art der Monotonie.
(5) **Scheitelform** der quadratischen Funktion: $f: \mathbb{R} \to \mathbb{R}, y = a(x - s_1)^2 + s_2$
(6) Besitzt der Graph zwei Nullstellen $N_1(x_1|0)$ und $N_2(x_2|0)$, dann lässt sich der Funktionsterm in
Linearfaktoren zerlegen: $ax^2 + bx + c = a \cdot (x - x_1) \cdot (x - x_2)$

Aufgabe 07: Ermittle die Nullstellen und den Scheitel der im Kasten dargestellten Funktion $y = x^2 - 2x - 3$.

Nullstellenberechnung: $y = 0$ setzen.

$x^2 - 2x - 3 = 0$
$x_{1,2} = 1 \pm \sqrt{1+3} = 1 \pm 2$
$x_1 = 3, N_1(3|0)$
$x_2 = -1, N_2(-1|0)$

Scheitelberechnung erfolgt in zwei Schritten:

(1) $s_1 = \dfrac{x_1 + x_2}{2} = \dfrac{3-1}{2} = 1$ auf Grund der Symmetrie

(2) Anwendung der Scheitelgleichung:
$1 \cdot (x-1)^2 + s_2 = x^2 - 2x - 3$
$x^2 - 2x + 1 + s_2 = x^2 - 2x - 3$
$s_2 = -3 - 1 = -4, \ S(1|-4)$

Aufgabe 08: Gegeben ist der Graph einer allgemeinen quadratischen Funktion $y = ax^2 + bx + c$.
 a) Ermittle die Koeffizienten a, b, c. b) Zerlege den Funktionsterm in Linearfaktoren.

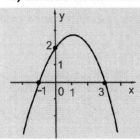

a) $c = 2$ ... Abschnitt auf der y-Achse
$y = ax^2 + bx + 2$ ... Nullstellen einsetzen
$0 = a - b + 2 \ | \cdot 3$
$0 = 9a + 3b + 2$
$0 = 12a + 8 \Rightarrow a = -\dfrac{2}{3}$
$b = a + 2 = -\dfrac{2}{3} + 2 = \dfrac{4}{3}$

b) $ax^2 + bx + c =$
$= -\dfrac{2}{3}x^2 + \dfrac{4}{3}x + 2 =$
$= a \cdot (x - x_1) \cdot (x - x_2) =$
$= -\dfrac{2}{3}(x+1)(x-3)$

FA 3 Potenzfunktionen

Elementare Potenzfunktionen

Potenzfunktionen mit geraden positiven Exponenten

$p_z : \mathbb{R} \to \mathbb{R}_0^+$, $y = x^z$, z gerade und positiv

(1) Alle Funktionswerte sind größer oder gleich null.
(2) Alle Graphen enthalten: (−1|1), (0|0), (1|1); Fixpunkte (0|0), (1|1).
(3) (0|0) heißt Scheitel und ist (die einzige) Nullstelle mit waagrechter Tangente.
(4) p_z ist eine gerade Funktion. Die y-Achse ist Symmetrieachse.
(5) Streng monoton fallend für $\mathbb{R}_0^-$. Streng monoton wachsend für $\mathbb{R}_0^+$.

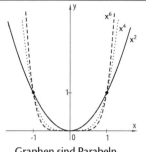

Graphen sind Parabeln

Potenzfunktionen mit ungeraden positiven Exponenten

$p_z : \mathbb{R} \to \mathbb{R}$, $y = x^z$, z ungerade und positiv

(1) Zu positiven (negativen) Argumenten gehören positive (negative) Funktionswerte.
(2) Alle Graphen enthalten die Fixpunkte (−1|−1), (0|0), (1|1).
(3) (0|0) heißt Scheitel und ist (die einzige) Nullstelle mit waagrechter Tangente.
(4) p_z ist eine ungerade Funktion. Der Ursprung ist Symmetriezentrum.
(5) Streng monoton wachsend für $\mathbb{R}$.

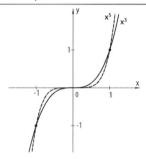

Graphen sind Parabeln

Potenzfunktionen mit geraden negativen Exponenten

$p_z : \mathbb{R} \setminus \{0\} \to \mathbb{R}^+$, $y = x^{-z} = \frac{1}{x^z}$, z gerade (und positiv)

(1) Alle Funktionswerte sind positiv.
(2) Alle Graphen enthalten: (−1|1), (1|1); Fixpunkt (1|1).
(3) Es gibt *keine* Nullstelle. Für $x = 0$ ist die Funktion nicht definiert, der Graph besteht aus zwei Teilen („zwei Ästen"). $x = 0$ nennt man Unendlichkeitsstelle; genauer „Pol *ohne* Vorzeichenwechsel".
(4) p_z ist eine gerade Funktion. Die y-Achse ist Symmetrieachse.
(5) Streng monoton wachsend für $\mathbb{R}^-$. Streng monoton fallend für $\mathbb{R}^+$.
(6) Die Koordinatenachsen sind Asymptoten des Graphen.
(7) Die Funktionsgleichungen legen eine indirekte Proportionalität fest.

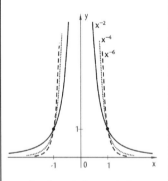

Graphen sind Hyperbeln

Potenzfunktionen mit ungeraden negativen Exponenten

$p_z : \mathbb{R} \setminus \{0\} \to \mathbb{R} \setminus \{0\}$, $y = x^{-z} = \frac{1}{x^z}$, z ungerade (und positiv)

(1) Zu positiven (negativen) Argumenten gehören positive (negative) Funktionswerte.
(2) Alle Graphen enthalten die Fixpunkte (−1|−1), (1|1).
(3) Es gibt *keine* Nullstelle. Für $x = 0$ ist die Funktion nicht definiert, der Graph besteht aus zwei Teilen („zwei Ästen"). $x = 0$ nennt man Unendlichkeitsstelle; genauer „Pol *mit* Vorzeichenwechsel".
(4) p_z ist eine ungerade Funktion. Der Ursprung ist Symmetriezentrum.
(5) Streng monoton fallend für $\mathbb{R}^-$. Streng monoton fallend für $\mathbb{R}^+$.
(6) Die Koordinatenachsen sind Asymptoten des Graphen.
(7) Die Funktionsgleichungen legen eine indirekte Proportionalität fest.

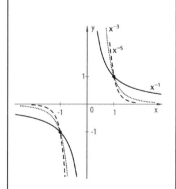

Graphen sind Hyperbeln

FA 3 Potenzfunktionen

Die Funktion $w_n : \mathbb{R}_0^+ \to \mathbb{R}_0^+$, $y = \sqrt[n]{x} = x^{\frac{1}{n}}$, $n \in \mathbb{N}^*$ heißt **Wurzelfunktion**.
Sie ist die auf $D_f = \mathbb{R}_0^+$ eingeschränkte Umkehrfunktion der Potenzfunktion p_n
(1) Alle Funktionswerte sind größer oder gleich null.
(2) Alle Graphen enthalten die Fixpunkte (0|0), (1|1).
(3) (0|0) ist die einzige Nullstelle.
(4) Streng monoton wachsend für $\mathbb{R}_0^+$.

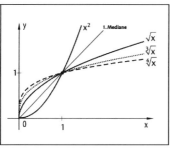

Aufgabe 01: Gegeben sind die Funktionen $f_1(x) = x^{-2}$, $f_2(x) = x^4$, $f_3(x) = \dfrac{1}{x^3}$, $f_4(x) = x^5$, $f_5(x) = x^{\frac{1}{3}}$.

Ergebnisse:

a) Welche der Funktionen enthalten das Wertepaar $(0|0)$? **a)** f_2, f_4, f_5

b) Welche der Funktionen enthalten das Wertepaar $(1|-1)$? **b)** keine

c) Welche der Funktionen enthalten das Wertepaar $(-1|1)$? **c)** f_1, f_2

d) Welche der Funktionen enthalten das Wertepaar $(-1|-1)$? **d)** f_3, f_4

e) Welche der Funktionen enthalten die Wertepaare $(-1|1)$ und $(0|0)$? **e)** f_2

f) Welche der Funktionen enthalten die Wertepaare $(1|1)$ und $(-1|-1)$? **f)** f_3, f_4

Aufgabe 02: Bei der gleichförmigen Bewegung berechnet sich der Weg nach der Formel $s = v \cdot t$.
Durch Umformung erhält man die Formeln $v = \dfrac{s}{t}$ bzw. $t = \dfrac{s}{v}$.

a) Drücke den Sachverhalt in Worten aus.
b) Durch welche Potenzfunktion kann der Sachverhalt modelliert werden, wenn s = konstant ist?
c) Zeichne ein dazu passendes Diagramm.

a) Die Geschwindigkeit ist *indirekt* proportional zur Zeit.
   Die Zeit ist *indirekt* proportional zur Geschwindigkeit.

b) $y = \dfrac{s}{x} = s \cdot x^{-1}$

Steht x für die Zeit, dann steht y für die Geschwindigkeit,
steht x für die Geschwindigkeit, dann steht y für die Zeit.

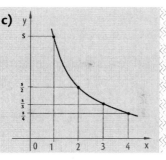

Aufgabe 03: Gegeben sind drei Funktionsgraphen f(x), g(x) und h(x). Welche der Funktionsgleichungen **(1)** $y = \dfrac{2}{x^2}$, **(2)** $y = \dfrac{1}{2}x^2$, **(3)** $y = \dfrac{x^2}{8}$, **(4)** $y = \dfrac{8}{x^2}$, **(5)** $y = \dfrac{x^3}{4}$, **(6)** $y = 8x^{-3}$ passen zu den Graphen?

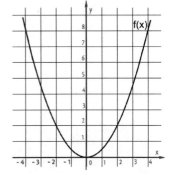
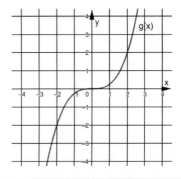
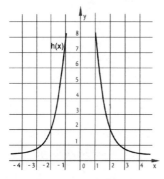

Funktionsgleichung **(2)**   Funktionsgleichung **(5)**   Funktionsgleichung **(4)**

Streckung (Stauchung) und Verschiebung von Funktionen

$y = a \cdot f(x)$	$y = f\left(\dfrac{x}{a}\right)$	$y = f(x) + b$		$y = f(x - b)$	
Streckung für $\|a\| > 1$, **Stauchung** für $0 < \|a\| < 1$ in **y-Richtung**	**Streckung** für $\|a\| > 1$, **Stauchung** für $0 < \|a\| < 1$ in **x-Richtung**	**Verschiebung** um b Einheiten in **y-Richtung**		**Verschiebung** um b Einheiten in **x-Richtung**	
für $a < 0$ zusätzliche Spiegelung an der x-Achse	für $a < 0$ zusätzliche Spiegelung an der y-Achse	$b > 0$ Schiebung nach oben	$b < 0$ Schiebung nach unten	$b > 0$ Schiebung nach rechts	$b < 0$ Schiebung nach links

Obige Überlegungen gelten für alle Funktionen.

Folgende Beispiele erläutern den Sachverhalt anhand von Potenzfunktionen.

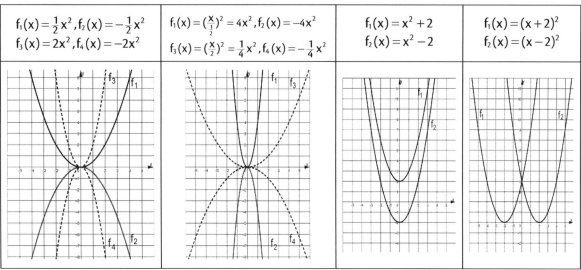

$f_1(x) = \frac{1}{2}x^2, f_2(x) = -\frac{1}{2}x^2$
$f_3(x) = 2x^2, f_4(x) = -2x^2$

$f_1(x) = \left(\frac{x}{\frac{1}{2}}\right)^2 = 4x^2, f_2(x) = -4x^2$
$f_3(x) = \left(\frac{x}{2}\right)^2 = \frac{1}{4}x^2, f_4(x) = -\frac{1}{4}x^2$

$f_1(x) = x^2 + 2$
$f_2(x) = x^2 - 2$

$f_1(x) = (x+2)^2$
$f_2(x) = (x-2)^2$

Aufgabe 04: Gegeben sind vier Funktionsgraphen $f_1(x), f_2(x), f_3(x)$ und $f_4(x)$. Welche der Funktionsgleichungen **(1)** $y = \frac{1}{3}x^2 + 2$, **(2)** $y = 3x^2 - 6$, **(3)** $y = \frac{x^3}{8} - 5$, **(4)** $y = \frac{1}{2}x^3 - 3$, **(5)** $y = \frac{4}{x^3} + 2$, **(6)** $y = 2x^{-3} - 2$ passen zu den Graphen?

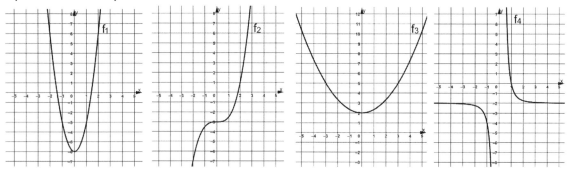

Funktionsgleichung **(2)**   Funktionsgleichung **(4)**   Funktionsgleichung **(1)**   Funktionsgleichung **(6)**

Aufgabe 05: Welcher Zusammenhang besteht zwischen den beiden Graphen mit den Funktionsgleichungen $f(x) = x^3$ und $g(x) = ax^3 + b$, wenn $a = -\frac{1}{8}$ und $b = 3$ ist?

Der Graph von g(x) ist gegenüber dem Graphen von f(x) um den Faktor 8 gestaucht, an der x-Achse gespiegelt und um 3 Einheiten nach oben verschoben.

Aufgabe 06: Gegeben sind die Funktionen $f: y = \frac{1}{4}x^2$ und $g: y = 2\sqrt{x}$.

a) Zeichne die Graphen in einem Koordinatensystem.
b) Lies aus der Zeichnung die x–Werte ab, die zum y–Wert 5 gehören.
c) Gib die Definitionsmenge und die Wertemenge beider Funktionen an.
d) Welche Punkte gehören beiden Funktionen an?
e) Beschreibe das Symmetrie- und Monotonieverhalten beider Funktionen.

a) Wertetabelle

x	f	g
-6	9	-
-5	6,25	-
-4	4	-
-3	2,25	-
-2	1	-
-1	0,25	-
0	0	0
1	0,25	2
2	1	2,8
3	2,25	3,5
4	4	4
5	6,25	4,5
6	9	4,9

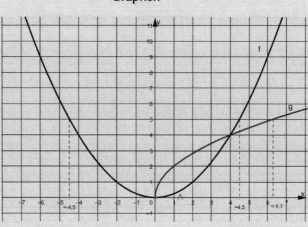

Graphen

b) $f: x \approx \pm 4{,}5$; $g: x \approx 6{,}3$ (Exakter Wert: 6,25).

c) $D_f = \mathbb{R}, D_g = \mathbb{R}_0^+$; $W_f = W_g = \mathbb{R}_0^+$

d) $P_1(0/0), P_2(4/4)$

e) f: Symmetrisch zur y-Achse; streng monoton fallend in $\mathbb{R}_0^-$, wachsend in $\mathbb{R}_0^+$.

g: Keine Symmetrie; streng monoton wachsend in $\mathbb{R}_0^+$.

Aufgabe 07: Gegeben sind $f_1: y = -x^2$, $f_2: y = -x^3$, $f_3: y = -x^{-2}$, $f_4: y = -x^{-3}$, $f_5: y = \frac{1}{x^2}$, $f_6: y = \frac{1}{x^3}$

Wähle jene aus, welche durch folgende Graphen repräsentiert werden. Begründe deine Antwort.

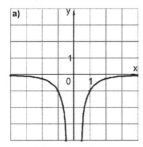
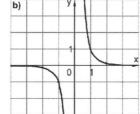
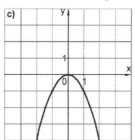

a) Funktion f_3:
   x- und y-Achse sind Asymptoten, symmetrisch zur y-Achse, nur negative Funktionswerte.

b) Funktion f_6:
   x- und y-Achse sind Asymptoten, positive Funktionswerte in $\mathbb{R}^+$, negative Funktionswerte in $\mathbb{R}^-$, punktsymmetrisch zu O(0/0).

c) Funktion f_1:
   Keine Asymptoten, symmetrisch zur y-Achse, Alle Funktionswerte sind aus $\mathbb{R}_0^-$.

FA 4 Polynomfunktionen

Begriff der Polynomfunktion

Die Funktion $f: \mathbb{R} \to \mathbb{R}, y = f(x) = a_n x^n + a_{n-1} x^{n-1} + \ldots + a_2 x^2 + a_1 x + a_0 = \sum_{i=0}^{n} a_i x^i$ mit $a_i \in \mathbb{R}, a_n \neq 0, n \in \mathbb{N}$

heißt **Polynomfunktion vom Grad n**.

Man nennt: a_i **Koeffizient**; der Index bezieht sich auf die entsprechende Potenz von x.

$a_2 x^2$ heißt **quadratisches Glied**, $a_1 x$ **lineares Glied** und a_0 **konstantes Glied**.

Anmerkungen: (1) Polynomfunktionen werden auch **ganzrationale Funktionen** genannt.
(2) Der Graph einer Polynomfunktion vom Grad n heißt **Parabel n-ter Ordnung**.
(3) Die Polynomfunktionen sind in ganz $\mathbb{R}$ definiert und stetig.

Beispiele:
Polynomfunktion

0. Grads: $f: \mathbb{R} \to \mathbb{R}, y = a_0$ konstante Funktion (Gerade parallel zur y-Achse)
1. Grads: $f: \mathbb{R} \to \mathbb{R}, y = a_1 x + a_0$ lineare Funktion (siehe Seite 72)
2. Grads: $f: \mathbb{R} \to \mathbb{R}, y = a_2 x^2 + a_1 x + a_0$ quadratische Funktion (siehe Seite 75)
3. Grads: $f: \mathbb{R} \to \mathbb{R}, y = a_3 x^3 + a_2 x^2 + a_1 x + a_0$ kubische Funktion, der Graph verläuft s-förmig
4. Grads: $f: \mathbb{R} \to \mathbb{R}, y = a_4 x^4 + a_3 x^3 + a_2 x^2 + a_1 x + a_0$ Der Graph beschreibt ein M oder ein W.

(Ist $a_3 = 0$ und $a_1 = 0$, dann ist der Graph symmetrisch zur y-Achse).

Graphen der wichtigsten Polynomfunktionen
Polynomfunktionen 2. Grads: $f: y = ax^2 + bx + c$

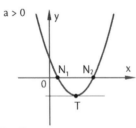

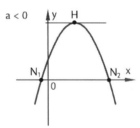

2 Nullstellen,
1 Extremstelle(Scheitel = Tiefpunkt T),
kein Wendepunkt.

2 Nullstellen,
1 Extremstelle(Scheitel = Hochpunkt H),
kein Wendepunkt.

Spezielle Lagen   Spezielle Lagen

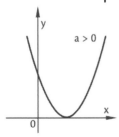 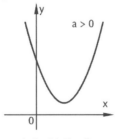 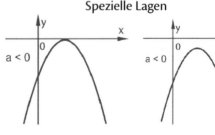

1 Nullstelle,   *keine* Nullstelle,   1 Nullstelle,   *keine* Nullstelle,
1 Extremstelle   1 Extremstelle   1 Extremstelle   1 Extremstelle
(Tiefpunkt),   (Tiefpunkt),   (Hochpunkt),   (Hochpunkt),
kein Wendepunkt.   *kein* Wendepunkt.   *kein* Wendepunkt.   *kein* Wendepunkt.

Polynomfunktionen 3. Grads: f: $y = ax^3 + bx^2 + cx + d$

Grundtypen (jeweils 3 Nullstellen, 2 Extremstellen, 1 Wendepunkt):

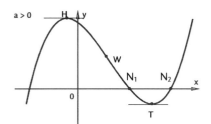
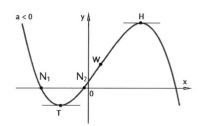

Spezielle Lagen: Spezielle Lagen

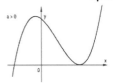 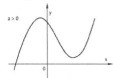   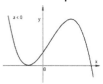 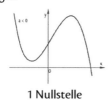

2 Nullstellen, davon   1 Nullstelle   2 Nullstellen, davon   1 Nullstelle
eine doppelt zu zählen.   eine doppelt zu zählen.
   2 Extremstellen, 1 Wendepunkt.   2 Extremstellen, 1 Wendepunkt.

Sonderformen (jeweils 1 Nullstelle, *keine* Extrempunkte, 1 Wendepunkt):

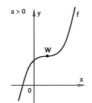 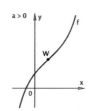 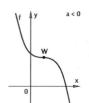 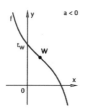

Polynomfunktionen 4. Grads: f: $y = ax^4 + bx^3 + cx^2 + dx + e$

Grundtypen (jeweils 2 Nullstellen, 3 Extrempunkte, 2 Wendepunkte):

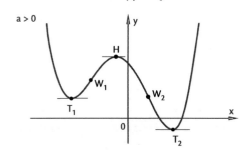
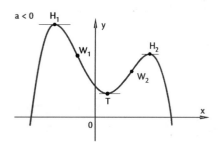

Sonderformen

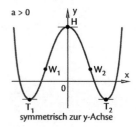

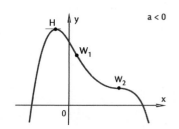

4 Nullstellen, 3 Extremstellen, 2 Wendepunkte.   2 Nullstellen, 1 Extremstelle, 2 Wendepunkte.

Nullstellen, Extremwerte und Wendepunkte von Polynomfunktionen

Die Stelle x_0 heißt **Nullstelle** einer Funktion f, wenn $f(x_0) = 0$ ist. Es gilt: $N(x_0|0)$.

An den Nullstellen durchsetzt oder berührt der Funktionsgraph die x-Achse.
Eine Polynomfunktion vom Grad n hat **höchstens n Nullstellen**.
Eine Polynomfunktion 2. Grads hat 0, 1 oder 2 Nullstellen.
Eine Polynomfunktion 3. Grads hat 1, 2 oder 3 Nullstellen.
Eine Polynomfunktion 4. Grads hat 0, 1, 2, 3 oder 4 Nullstellen.

Es gibt 2 Arten von (relativen) **Extremstellen**:

An der Stelle x_0 ist ein **Hochpunkt** $H(x_0|f(x_0))$, wenn die Funktionswerte in einer gewissen Umgebung von x_0 *kleiner* als $f(x_0)$ sind.

An der Stelle x_0 ist ein **Tiefpunkt** $T(x_0|f(x_0))$, wenn die Funktionswerte in einer gewissen Umgebung von x_0 *größer* als $f(x_0)$ sind.

An den Extremstellen hat der Funktionsgraph eine waagrechte Tangente.
Eine Polynomfunktion vom Grad n kann **höchstens (n – 1) Extremstellen** haben.
Eine Polynomfunktion 2. Grads hat 1 Extremstelle.
Eine Polynomfunktion 3. Grads hat 0 oder 2 Extremstellen.
Eine Polynomfunktion 4. Grads hat 1 oder 3 Extremstellen.

Die Stelle x_0 heißt **Wendestelle** einer Funktion f, wenn sich der Krümmungssinn ändert.

An der Wendestelle selbst ist die Krümmung = 0. Der Punkt $W(x_0|f(x_0))$ heißt **Wendepunkt**.

Eine Polynomfunktion vom Grad n kann **höchstens (n – 2) Wendepunkte** haben.
Eine Polynomfunktion 2. Grads hat *keinen* Wendepunkt.
Eine Polynomfunktion 3. Grads hat 1 Wendepunkt.
Eine Polynomfunktion 4. Grads hat 0 oder 2 Wendepunkte.

Aufgabe 01: Welche der Aussagen ist wahr, welche falsch?
a) Eine Polynomfunktion 2. Grads hat mindestens 1 Nullstelle.
b) Eine Polynomfunktion 3. Grads hat höchstens 2 Extremstellen.
c) Eine Polynomfunktion 3. Grads hat höchstens 3 Nullstellen und mindestens eine Extremstelle.
d) Eine Polynomfunktion 4. Grads hat mindestens 2 Nullstellen.
e) Eine Polynomfunktion 4. Grads hat mindestens 1 Extremstelle und höchstens 2 Wendepunkte.

a) falsch, b) wahr, c) falsch, d) falsch, e) wahr.

Aufgabe 02: Gegeben ist der Graph einer Polynomfunktion 4. Grades.
a) Beschreibe ihren Verlauf. b) Lies die Koordinaten der Punkte A, B, C und D aus der Zeichnung ab.

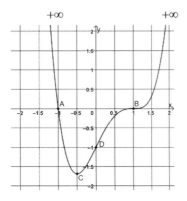

a) Die Funktion verläuft von $+\infty$ nach $+\infty$.
Im Punkt A schneidet sie die x-Achse, sie hat dort eine einfache Nullstelle.
Im Punkt B berührt sie die x-Achse, sie hat dort eine 3-fach zu zählende Nullstelle.
Im Punkt C besitzt sie einen Tiefpunkt.
Im Punkt D schneidet sie die y-Achse.
Sie besitzt 2 Wendepunkte. (D und B).

b) $A(-1|0)$, $B(1|0)$, $C(-0,5|\approx -1,7)$, $D(0|-1)$.

Aufgabe 03: Gegeben sind die Graphen von drei Polynomfunktionen.

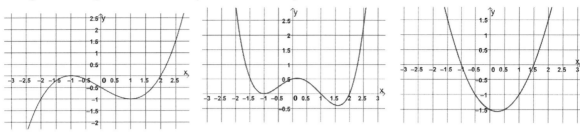

a) Welchen Punkt haben alle drei Graphen gemeinsam?
b) Welche der folgenden Ausagen sind *falsch*?
   (1) Jeder Graph hat einen Hochpunkt.
   (2) Jeder Graph schneidet die x – Achse mindestens einmal.
   (3) Es gibt einen Graphen, der keinen Tiefpunkt hat.
   (4) Alle drei Graphen haben eine gemeinsame Nullstelle.
   (5) Alle drei Graphen schneiden die y – Achse.
   (6) Es gibt nur einen Graphen, der die x – Achse berührt.

a) Alle drei Graphen haben den Punkt $P(-1|0)$ gemeinsam.
b) Die Aussagen **(1)**, **(3)** und **(6)** sind falsch.

Aufgabe 04: Betrachte das mittlere Diagramm von Aufgabe 03 und beantworte folgende Fragen.
 a) Wie viele verschiedene Nullstellen besitzt die zugehörige Funktion?
 b) Wie oft berührt der Graph die x - Achse?
 c) Wie oft schneidet der Graph die x - Achse?
 d) In welchen Intervallen sind die Funktionswerte positiv, in welchen negativ?
 e) An welchen Stellen ist der Funktionswert gleich Null?
 f) Gibt es Stellen, an denen der Funktionswert kleiner als –1 ist?
 g) Wieviele Wendepunkte gibt es und in welchen Intervallen liegen sie?

a) Die zugehörige Funktion besitzt 3 verschiedene Nullstellen.
   An der Stelle –1 berührt der Graph die x-Achse. Diese Stelle ist eine doppelt zu zählende Nullstelle.
   An den Stellen 1 und 2 schneidet der Graph die x-Achse. Diese Stellen sind einfache Nullstellen.
b) Der Graph berührt die x-Achse einmal an der Stelle –1.
c) Der Graph schneidet die x-Achse zweimal, und zwar an den Stellen 1 und 2.
d) In den offenen Intervallen $]-\infty;-1[$, $]-1;1[$ und $]2;+\infty[$ sind die Funktionswerte positiv.
   Im offenen Intervall $]1;2[$ sind die Funktionswerte negativ.
e) An den Stellen –1, 1 und 2 sind die Funktionswerte gleich Null. Es gilt: $N_1(-1|0), N_2(1|0), N_3(2|0)$.
f) Es gibt *keine* Stellen, an denen der Funktionswert kleiner als –1 ist.
g) Es gibt 2 Wendepunkte, der erste liegt im offenen Intervall $]-1;0[$, der andere liegt im offenen Intervall $]0,5;1,5[$.

Aufgabe 05: Gegeben ist die Funktion $y = f(x) = x^2 + x - 6$.
 Berechne a) die Nullstellen
 b) die Funktionswerte an den Stellen –2, 0 und 3.
 c) Zeichne den Graphen.

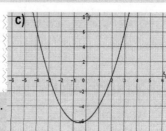

a) $x^2 + x - 6 = 0 \Rightarrow x_{1,2} = -0,5 \pm \sqrt{0,25+6} = -0,5 \pm 2,25 \Rightarrow x_1 = 2, x_2 = -3$.
b) $f(-2) = (-2)^2 - 2 - 6 = -4$, $f(0) = 0 + 0 - 6 = -6$, $f(3) = 3^2 + 3 - 6 = 6$

FA 5 Exponentialfunktion

Begriff der Exponentialfunktion

Die Funktion f: $\mathbb{R} \to \mathbb{R}$, **y = b^x** mit der Basis $b \in \mathbb{R}^+ \setminus \{1\}$ heißt **Exponentialfunktion**.

Die Funktion **y = e^x** mit der Basis $e \approx 2{,}71828$ (EULER'sche Zahl) heißt **natürliche** Exponentialfunktion. Exponentialfunktionen finden zB Anwendung bei der Modellierung von Wachstums-, Zerfalls- und Abklingvorgängen, bei Sättigungsprozessen, bei gedämpften Schwingungen und in der Statistik.

Funktionsgraphen für $b > 1, b \in \mathbb{R}^+$	Funktionsgraphen für $0 < b < 1, b \in \mathbb{R}^+$
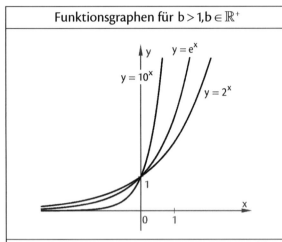	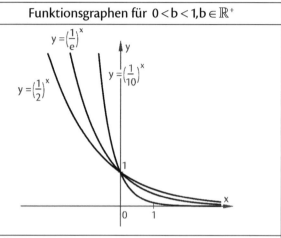

Eigenschaften

Sämtliche Funktionswerte sind positiv, die Graphen liegen oberhalb der x-Achse und sind positiv gekrümmt, es gibt *keine* Nullstellen und *keine* Extremwerte, alle Graphen gehen durch den Punkt $(0|1)$, die x-Achse ist Asymptote, der Graph mit der Basis $\frac{1}{b}$ entsteht aus dem Graphen mit der Basis b durch Spiegelung an der y-Achse.

streng monoton wachsend	streng monoton fallend

Aufgabe 01: a) Zeichne die Graphen der Funktionen $y = 3^x$ und $y = \left(\frac{1}{3}\right)^x$ für $D = [-3; 3]$ in ein Koordinatensystem. **b)** Überprüfe folgende Aussagen auf ihren Wahrheitsgehalt:
(1) Beide Graphen schneiden einander im Punkt $(0|1)$. **(2)** Die Funktionswerte an der Stelle 1 sind gleich groß. **(3)** Die y-Achse ist Symmetrieachse beider Graphen. **(4)** Es gibt keine Asymptote.

Wertetabellen			a) Funktionsgraphen	b) Wahrheitsgehalt der Aussagen
x	3^x	$\left(\frac{1}{3}\right)^x$		**(1)** wahr, siehe Zeichnung
−3	0,04	27		**(2)** falsch, siehe Wertetabellen
−2,5	0,06	15,59		
−2	0,11	9		**(3)** wahr, siehe Zeichnung
−1,5	0,19	5,20		
−1	0,33	3		**(4)** falsch, weil die x-Achse
−0,5	0,58	1,73		Asymptote ist.
0	1	1		
0,5	1,73	0,58		
1	3,00	0,33		
1,5	5,20	0,19		
2	9,00	0,11		
2,5	15,59	0,06		
3	27	0,04		

FA 5 Exponentialfunktion

Die Exponentialfunktionen $y = f(x) = a \cdot b^x$ und $y = f(x) = a \cdot e^{\lambda x}$

Die Funktion f: $y = a \cdot b^x$ mit a, $b \in \mathbb{R}^+ \setminus \{1\}$ geht aus der Funktion $y = b^x$ durch eine Formänderung hervor, und zwar gilt: Für $a > 1$ kommt es zu einer Streckung, für $0 < a < 1$ zu einer Stauchung.
Die Funktion f: $y = a \cdot b^x$ kann auch in der Form $y = a \cdot e^{\lambda x}$ dargestellt werden. Der Parameter λ bestimmt, ob die Funktion steigt oder fällt, und zwar gilt: Für $\lambda > 0$ ist der Graph monoton steigend und für $\lambda < 0$ ist der Graph monoton fallend. Der Wert von a bestimmt, ob der Graph gegenüber der Funktion $y = e^x$ gestreckt oder gestaucht wird.

Funktionsgraphen von $y = a \cdot 5^x$ für $a = 4; 1; 0,25$	Eigenschaften
	- Sämtliche Funktionswerte sind positiv, die Graphen liegen oberhalb der x-Achse und sind positiv gekrümmt. - Es gibt keine Nullstellen und keine Extremwerte. - Die Graphen gehen durch den Punkt $(0\|a)$. - Die x-Achse ist Asymptote und die Graphen sind streng monoton wachsend.

Aufgabe 02: Gegeben sind zwei Graphen von Exponentialfunktionen. Welche der folgenden Funktionsterme beschreiben die Graphen? Begründe die Auswahl!

(1) $f_1(x) = 2 \cdot 1,2^x$, **(2)** $f_2(x) = 4 \cdot 0,6^x$, **(3)** $f_3(x) = 5 \cdot 0,8^x$, **(4)** $f_4(x) = 4 \cdot 1,5^x$, **(5)** $f_5(x) = 3 \cdot 1,4^x$

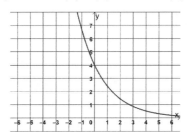
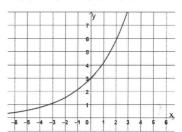

Der Graph ist streng monoton fallend, daher kommen nur die Basen 0,6 oder 0,8 in Frage. Da der Graph die y-Achse im Punkt $(0|4)$ schneidet, ist **(2)** $f_2(x) = 4 \cdot 0,6^x$ der gesuchte Funktionsterm.

Der Graph ist streng monoton wachsend, daher kommen nur die Basen 1,2; 1,4 oder 1,5 in Frage. Da der Graph die y-Achse im Punkt $(0|3)$ schneidet, ist **(5)** $f_5(x) = 3 \cdot 1,4^x$ der gesuchte Funktionsterm.

Aufgabe 03: Die unten stehende Zeichnung enthält zwei Exponentialfunktionen mit den Funktionsgleichungen $f_1(x) = a_1 \cdot b_1^x$ und $f_2(x) = a_2 \cdot b_2^x$. Welche der folgenden Aussagen ist wahr? Begründe die Auswahl!

(1) $a_1 < a_2$ und $b_1 = b_2$, **(2)** $a_1 < a_2$ und $b_1 < b_2$, **(3)** $a_1 < a_2$ und $b_1 > b_2$, **(4)** $a_1 > a_2$ und $b_1 < b_2$.

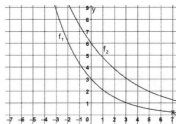

Es gilt **(3)** $a_1 < a_2$ und $b_1 > b_2$
Begründung:
$a_1 < a_2$, weil $f_1(0) = 3 < f_2(0) = 6$ ist.
$b_1 > b_2$, weil f_1 steiler verläuft als f_2.

Aufgabe 04: Lies die zu den Punkten A und B gehörigen Wertepaare aus dem unten dargestellten Funktionsgraphen ab und ermittle die Funktionsgleichung der dargestellten Exponentialfunktion.

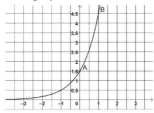

A(0|1,5), B(1|4,5) in die allgemeine Funktionsgleichung
$y = a \cdot b^x$ eingesetzt ergibt:

$1{,}5 = a \cdot \underbrace{b^0}_{1} \Rightarrow a = 1{,}5$

$4{,}5 = 1{,}5 \cdot b^1 = 1{,}5 \cdot b \Rightarrow b = \frac{4{,}5}{1{,}5} = 3$ Damit: $y = 1{,}5 \cdot 3^x$

Aufgabe 05: Wie lauten die Funktionsgleichungen der natürlichen e-Funktionen mit $|\lambda| = 0{,}5$?

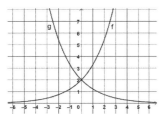

Allgemein gilt: $y = a \cdot e^{\lambda x}$

Zur Berechnung von a wird der Punkt P(0|2) eingesetzt (der Punkt liegt auf beiden Kurven).

$2 = a \cdot e^{\lambda \cdot 0} = a \cdot \underbrace{e^0}_{=1} = a$

Damit: $f(x) = 2 \cdot e^{0{,}5x}$ und $g(x) = 2 \cdot e^{-0{,}5x}$

Eine charakteristische Eigenschaft der Exponentialfunktion

$f(x+1) = b \cdot f(x)$ bzw. $\frac{f(x+1)}{f(x)} = b$. Allgemein gilt: $f(x+h) = b^h \cdot f(x)$ bzw. $\frac{f(x+h)}{f(x)} = b^h$.

Die Exponentialfunktion hat also die besondere Eigenschaft, dass sie sich in bestimmten gleichen „Abständen" immer um denselben Faktor vermehrt (wenn b>1) oder vermindert (wenn 0<b<1). Das ist der Grund, warum sich die Exponentialfunktion zur Modellierung von Wachstums- und Zerfallsprozessen eignet.

Aufgabe 06: Gegeben sei die Exponentialfunktion $f(x) = a \cdot b^x$. Leite obige Beziehungen her.

$f(x+1) = a \cdot b^{x+1} = a \cdot b^x \cdot b^1 = b \cdot \underbrace{a \cdot b^x}_{f(x)} = b \cdot f(x); f(x+h) = a \cdot b^{x+h} = a \cdot b^x \cdot b^h = b^h \cdot \underbrace{a \cdot b^x}_{f(x)} = b^h \cdot f(x)$

Aufgabe 07: Welche der beschriebenen Zusammenhänge können durch eine Exponentialfunktion modelliert werden?
  a) Veranlagung eines Kapitals: Es werden die Zinsen am Ende eines Jahres zum Kapital geschlagen und im nächsten Jahr mitverzinst.
  b) Freier Fall: In der 1, 2, 3,...- fachen Zeit wird der 1, 4, 9,...-fache Weg zurückgelegt.
  c) Reparaturrücklage: Pro Monat werden 5% des konstanten Hauhaltseinkommens für eventuelle Reparaturen weggelegt.
  d) Roulette: Ein Spieler setzt auf rouge (=rot) und verdoppelt den anfänglichen Spieleinsatz E(0) solange, bis noir (=schwarz) kommt. Gib eine Formel für E(9) an, das ist jener Betrag, den der Spieler beim zehnten Spiel einzusetzen hat. Ist das Spiel attraktiv?

  a) Exponentielles Wachstum, weil das Kapital jährlich um denselben Faktor (=Prozentsatz) steigt.
  b) Der Weg steigt mit dem Quadrat der Zeit, dies kann mit einer quadratischen Funktion modelliert werden.
  c) Es wird pro Monat immer derselbe konstante Betrag weggelegt, dies kann durch eine lineare Funktion modelliert werden.
  d) Der Einsatz wächst exponentiell, weil er bei jedem Spiel mit demselben Faktor 2 multipliziert wird.
  $E(9) = E(0) \cdot 2^9 = 512 \cdot E(0)$. Das Spiel ist *nicht* attraktiv, weil man höchstens den 1. Einsatz E(0) gewinnen kann. Außerdem braucht man viel Spielkapital, um ausreichend oft verdoppeln zu können und der von vielen Casinos festgesetzte Höchsteinsatz darf nicht überschritten werden.

Anwendungen der Exponentialfunktion

Aufgabe 08: Bei einem **organischen Wachstumsprozess** nimmt die Masse eines beliebigen Organismus pro Tag um 35 % zu.

a) Stelle das Wachstum durch die Formeln (1) $m_t = m_0 \cdot a^t$ und (2) $m_t = m_0 \cdot e^{\lambda t}$ dar.
b) Berechne die **Verdopplungszeit**, das ist jene Zeit, in der eine vorhandene Menge auf das Doppelte anwächst.
c) Wann ist die 50-fache Anfangsmasse erreicht?
d) Zeichne ein Schaubild. Wähle als Zeiteinheit die Verdopplungszeit.

Die folgenden Gleichungen sind nach dem Exponenten aufzulösen. Dazu müssen die Gleichungen logarithmiert werden. Folgende **logarithmische Rechenregeln** finden dabei Anwendung:

$$\boxed{\ln(u \cdot v) = \ln u + \ln v} \quad \boxed{\ln\left(\frac{u}{v}\right) = \ln u - \ln v} \quad \boxed{\ln(u^n) = n \cdot \ln u} \quad \boxed{\ln(e^n) = n, \text{ weil } \ln e = 1 \text{ ist.}}$$

a) (1) $m_t = m_0 \cdot 1{,}35^t$

(2) $1{,}35^t = e^{\lambda t}$

$1{,}35 = e^\lambda$

$\ln 1{,}35 = \lambda \cdot \underbrace{\ln e}_{=1}$

$\lambda \approx 0{,}300 \Rightarrow m_t = m_0 \cdot e^{0{,}300 t}$

c) $50 \cdot m_0 = m_0 \cdot e^{0{,}300 t}$

$50 = e^{0{,}300 t}$

$\ln 50 = 0{,}300 t$

$t = \dfrac{\ln 50}{0{,}300} \approx 13$ Tage

b) $2 m_0 = m_0 \cdot e^{0{,}300 \tau}$

$2 = e^{0{,}300 \tau}$

$\ln 2 = 0{,}300 \tau$

$\tau = \dfrac{\ln 2}{0{,}300} \approx 2{,}31$ Tage

d) *(Schaubild: m gegen t, mit Markierungen bei m_0, $2m_0$, $4m_0$, $8m_0$ bei $0, \tau, 2\tau, 3\tau$)*

Aufgabe 09: Beim **radioaktiven Zerfall** von Wismut beträgt die **Halbwertszeit** 5,0 Tage, das ist jene Zeit, in der von einer vorhandenen Menge die Hälfte zerfällt.

a) Ermittle die Zerfallskonstante λ. Wie lautet das Zerfallsgesetz?
b) Berechne aus dem Zerfallsgesetz die Wismutmengen nach 2, 4, 6, 8, 10, 12 Tagen, wenn ursprünglich 60 g vorhanden waren.
c) Zeichne ein Schaubild und lies daraus die Halbwertszeit ab.
d) Nach wie viel Tagen sind nur mehr 2 g Wismut vorhanden?

a) $\dfrac{n_0}{2} = n_0 \cdot e^{-\lambda \cdot 5}$

$\dfrac{1}{2} = e^{-5\lambda}$

$\underbrace{\ln 1}_{=0} - \ln 2 = -5\lambda \cdot \underbrace{\ln e}_{=1}$

$\lambda = \dfrac{\ln 2}{5} = 0{,}13863$ Zerfallskonstante

$n_t = n_0 \cdot e^{-0{,}13863 \cdot t}$ Zerfallsgesetz

d) $2 = 60 \cdot e^{-0{,}13863 \cdot t}$

$\dfrac{1}{30} = e^{-0{,}13863 \cdot t}$

$-\ln 30 = -0{,}13863 \cdot t$

$t = \dfrac{\ln 30}{0{,}13863} \approx 24{,}5$ Tage

b)

t	n
2	45,5
4	34,5
6	26,1
8	19,8
10	15,0
12	11,4

c)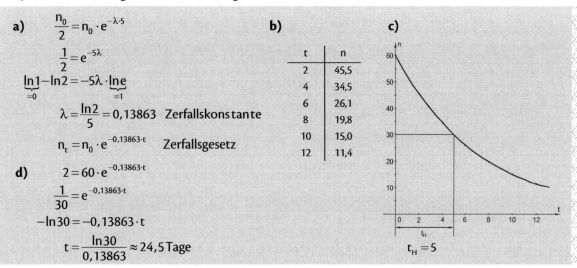

$t_H = 5$

FA 6 Sinusfunktion, Cosinusfunktion

Sinusfunktion

Die Funktion f: $\mathbb{R} \to [-1; 1]$, **y = f(x) = sin x** heißt **Sinusfunktion**. Sie gehört zu den Winkelfunktionen.

x ist der Winkel im **Bogenmaß** (1 rad ≈ 57,3°). $0° \triangleq 0$, $90° \triangleq \frac{\pi}{2}$, $180° \triangleq \pi$, $270° \triangleq \frac{3\pi}{2}$, $360° \triangleq 2\pi$.

Funktionsgraph der Sinusfunktion

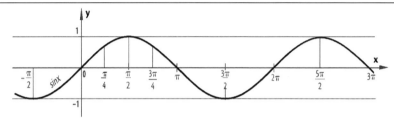

Eigenschaften der Sinusfunktion

Die Sinusfunktion ist eine periodische Funktion. Die primitive **Periodenlänge** beträgt 2π.
  Es gilt daher: $\sin x = \sin(x + k \cdot 2\pi)$ für alle $k \in \mathbb{Z}$.

Die **Nullstellen** sind bei $x = 0, \pi, 2\pi, \ldots$ allgemein bei $x = k \cdot \pi, k \in \mathbb{Z}$. An diesen Stellen liegen auch die Wendepunkte.

Die **Extremstellen** sind bei $x = \frac{\pi}{2}, \frac{3\pi}{2}, \frac{5\pi}{2} \ldots$ allgemein bei $x = (2k+1) \cdot \frac{\pi}{2}, k \in \mathbb{Z}$.

Die Funktionswerte der Sinusfunktion liegen im Intervall $[-1; 1]$, es gilt also $-1 \leq \sin x \leq 1$.

Der Sinus ist eine *ungerade* Funktion, d.h.: $\sin(-x) = -\sin x$.

Die Funktion $y = f(x) = a \cdot \sin(b \cdot x)$

Die Funktion **y = f(x) = a · sin(b · x)** ist ein Sonderfall der allgemeinen Sinusfunktion $y = a \cdot \sin(b \cdot x + c)$.

Der **Graph** der Funktion $y = a \cdot \sin(b \cdot x)$ entsteht aus dem Graphen der Sinusfunktion f(x)=sin x

 (1) durch Strecken (oder Stauchen) der Sinuskurve in y-Richtung mit dem Faktor |a| und
 (2) durch Strecken (oder Stauchen) der Sinuskurve in x-Richtung mit dem Faktor |b|.

 |a| ist der größte Funktionswert und heißt **Amplitude**. $p = \frac{2\pi}{b}$ ist die primitive **Periodenlänge**.

Anmerkung: Negative Werte von a oder b verursachen zusätzlich Spiegelungen an der x – Achse.

Beispiel: $y = 3 \cdot \sin(2 \cdot x)$

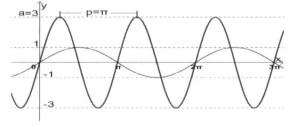

Die Funktion ist in y-Richtung um den Faktor 3 gestreckt und in x-Richtung um den Faktor 2 gestaucht.
M.a.W.: Die Funktion hat die dreifache Amplitude und die halbe Periodenlänge (= doppelte Frequenz).
Allgemein gilt: |a| > 1 … Streckung in y – Richtung, 0 < |a| < 1 … Stauchung in y – Richtung.
   |b| > 1 … Stauchung in x – Richtung, 0 < |b| < 1 … Streckung in x – Richtung.

Aufgabe 01: Gegeben sind drei Funktionsgraphen. **a)** Welche der folgenden Funktionsgleichungen $f_1(x) = \sin x$, $f_2(x) = 2 \cdot \sin x$, $f_3(x) = 3 \cdot \sin\left(\dfrac{x}{3}\right)$ entsprechen diesen Graphen? Wie groß sind die jeweiligen Amplituden und die Periodenlängen?

b) Welche der folgenden Aussagen sind wahr, welche falsch?
  (1) Innerhalb der primitiven Periodenlänge hat jede Sinusfunktion mindestens zwei Nullstellen.
  (2) Innerhalb der primitiven Periodenlänge gibt es genau zwei Hochpunkte.
  (3) Innerhalb der primitiven Periodenlänge wechseln die Funktionswerte höchstens einmal das Vorzeichen.
  (4) Die primitiven Periodenlänge von f_2 und f_3 stehen im Verhältnis 1 : 3.

a)

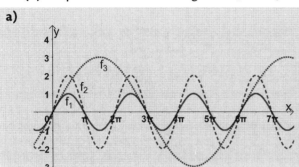

$f_1(x)$ wird von der *durchgezogenen* Sinuslinie dargestellt. Es gilt $a = 1$ und $p = 2\pi$.

$f_2(x)$ wird von der *gestrichelten* Sinuslinie dargestellt. Es gilt $a = 2$ und $p = 2\pi$.

$f_3(x)$ wird von der *punktierten* Sinuslinie dargestellt. Es gilt $a = 3$ und $p = 6\pi$.

b) (1) wahr, es kann zwei oder drei Nullstellen geben.
  (2) falsch, es kann nur einen Hochpunkt geben.
  (3) falsch, das Vorzeichen kann auch zweimal gewechselt werden.
  (4) wahr, $\dfrac{2\pi}{6\pi} = \dfrac{2}{6} = \dfrac{1}{3}$.

Aufgabe 02: Schreib die Funktionsgleichung einer Sinusfunktion der Gestalt $y = a \cdot \sin(b \cdot x)$ auf, bei der im Vergleich zur elementaren Sinusfunktion $y = \sin x$ die Amplitude auf die Hälfte sinkt und die primitive Periodenlänge verdreifacht wird.

$a = \dfrac{1}{2}$; $3 \cdot 2\pi = 6\pi$, aus $6\pi = \dfrac{2\pi}{b}$ folgt $b = \dfrac{1}{3}$. Damit: $y = a \cdot \sin(b \cdot x) \Leftrightarrow y = \dfrac{1}{2} \cdot \sin\left(\dfrac{1}{3} \cdot x\right)$.

Aufgabe 03: Gegeben ist der Graph einer Sinusfunktion der Gestalt $y = a \cdot \sin(b \cdot x)$.

a) Ermittle den Parameter a. **b)** Berechne die primitive Periodenlänge p und den Parameter b.

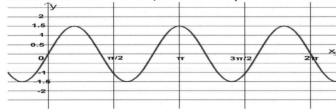

a) $a = 1{,}5$ ist unmittelbar aus dem Graphen ersichtlich.

b) Im Intervall von 0 bis 2π haben 2,5 Perioden der dargestellten Funktion Platz, d.h.:

$2{,}5p = 2\pi \Rightarrow p = \dfrac{2\pi}{2{,}5} = 0{,}8\pi$. Andererseits gilt $p = \dfrac{2\pi}{b}$. Setzt man beide Terme gleich, bekommt man den Wert von b: $0{,}8\pi = \dfrac{2\pi}{b} \Rightarrow b = \dfrac{2}{0{,}8} = 2{,}5$. Damit gilt: $y = 1{,}5 \cdot \sin(2{,}5 \cdot x)$

Aufgabe 04: Wie beeinflussen folgende Parameter das Aussehen des Graphen von $f(x) = a \cdot \sin(b \cdot x)$. im Vergleich zum Graphen von $g(x) = \sin x$?

a) $a = 4$ b) $a = \frac{1}{4}$ c) $b = 4$ d) $b = \frac{1}{4}$

a) $a = 4$ verursacht eine Streckung in y – Richtung. Die Amplitude steigt auf das Vierfache.

b) $a = \frac{1}{4}$ verursacht eine Stauchung in y – Richtung. Die Amplitude sinkt auf ein Viertel.

c) $b = 4$ verursacht eine Stauchung in x – Richtung. Die Periodenlänge sinkt auf ein Viertel und die Frequenz vervierfacht sich.

d) $b = \frac{1}{4}$ verursacht eine Streckung in x – Richtung. Die Periodenlänge steigt auf das Vierfache und die Frequenz sinkt auf ein Viertel.

Aufgabe 05: Durch welchen einfachen Vorgang erhält man aus dem Graphen von $f(x) = 2 \cdot \sin(x)$ den Graphen von $g(x) = -2 \cdot \sin(x)$?

Durch Spiegelung an der x – Achse.

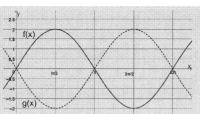

Cosinusfunktion

Die Funktion f: $\mathbb{R} \to [-1;1]$, **y = f(x) = cos x** heißt **Cosinusfunktion**.

Es gilt die wichtige Beziehung $\cos x = \sin\left(x + \frac{\pi}{2}\right)$.

Der Graph der Cosinusfunktion ist gegenüber dem Graphen der Sinusfunktion um $\frac{\pi}{2}$ nach links verschoben.

M.a.W.: Zwischen der Sinusfunktion und der Cosinusfunktion besteht eine **Phasenverschiebung** um $\frac{\pi}{2}$.

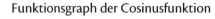
Funktionsgraph der Cosinusfunktion

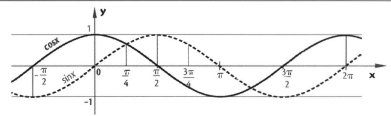

Eigenschaften der Cosinusfunktion

Die Cosinusfunktion ist eine periodische Funktion. Die primitive **Periodenlänge** beträgt 2π.
Es gilt daher: $\cos x = \cos(x + k \cdot 2\pi)$ für alle $k \in \mathbb{Z}$.

Die **Nullstellen** sind bei $x = \frac{\pi}{2}, \frac{3\pi}{2}, \frac{5\pi}{2} \ldots$ allgemein bei $x = (2k+1) \cdot \frac{\pi}{2}, k \in \mathbb{Z}$. An diesen Stellen liegen auch die Wendepunkte.

Die **Extremstellen** sind bei $x = 0, \pi, 2\pi, \ldots$ allgemein bei $x = k \cdot \pi, k \in \mathbb{Z}$.

Die Funktionswerte der Cosinusfunktion liegen im Intervall $[-1;1]$, es gilt also $-1 \leq \cos x \leq 1$.

Der Cosinus ist eine *gerade* Funktion, d.h.: $\cos(-x) = \cos x$.

Aufgabe 06: Gegeben sind die Funktionsgraphen folgender Funktionen:

$f(x) = \cos x$, $g(x) = 2 \cdot \sin\left(\frac{x}{2}\right)$, $h(x) = 3\cos 2x$

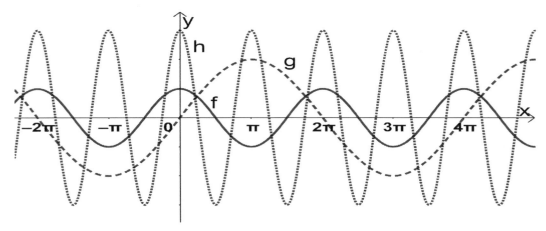

a) Ermittle die primitive Periodenlänge jeder Funktion.

b) Wie viele Extremstellen hat jede Funktion im offenen Intervall $\,]-2\pi;2\pi[\,$?

a) $f(x)$ hat die Periodenlänge 2π, $g(x)$ hat die Periodenlänge 4π, $h(x)$ hat die Periodenlänge π.

b) $f(x)$ hat im Intervall $\,]-2\pi;2\pi[\,$ drei Extremwerte, $g(x)$ hat im Intervall $\,]-2\pi;2\pi[\,$ zwei Extremwerte, $h(x)$ hat im Intervall $\,]-2\pi;2\pi[\,$ sieben Extremwerte.

Aufgabe 07: Rechne folgende Cosinusfunktionen in Sinusfunktionen um:

a) $f(x) = \cos\left(x + \frac{3\pi}{2}\right)$ b) $f(x) = \cos(x - \pi)$

Durch Anwendung der Formel $\cos x = \sin\left(x + \frac{\pi}{2}\right)$ ergibt sich:

a) $f(x) = \cos\left(x + \frac{3\pi}{2}\right) = \sin\left(x + \frac{3\pi}{2} + \frac{\pi}{2}\right) = \sin(x + 2\pi) = \sin x$ (auf Grund der Periodizität der Sinusfunktion).

b) $f(x) = \cos(x - \pi) = \sin\left(x - \pi + \frac{\pi}{2}\right) = \sin\left(x - \frac{\pi}{2}\right)$

Aufgabe 08: Begründe, warum folgende Funktionen denselben Graphen wie die Cosinusfunktion haben.   a) $f(x) = \sin\left(x - \frac{3\pi}{2}\right)$ b) $f(x) = \sin\left(\frac{\pi}{2} - x\right)$

Der Graph der Cosinusfunktion ist gegenüber dem Graphen der Sinusfunktion um $\frac{\pi}{2}$ nach links verschoben. Dem entsprechend ist die Sinusfunktion gegenüber dem Graphen der Cosinusfunktion um $\frac{\pi}{2}$ nach rechts verschoben. Es gilt also $\sin x = \cos\left(x - \frac{\pi}{2}\right)$. Die Anwendung dieser Formel ergibt:

a) $f(x) = \sin\left(x - \frac{3\pi}{2}\right) = \cos\left(x - \frac{3\pi}{2} - \frac{\pi}{2}\right) = \cos(x - 2\pi) = \cos x$ (auf Grund der Periodizität der Cosinusfunktion).

b) $f(x) = \sin\left(\frac{\pi}{2} - x\right) = \cos\left(\frac{\pi}{2} - x - \frac{\pi}{2}\right) = \cos(-x) = \cos x$ (da der Cosinus eine gerade Funktion ist).

ANALYSIS

AN 1 Änderungsmaße

Absolute und relative Änderung, mittlere Änderungsrate

Eine reelle Funktion $f:[a;b] \to \mathbb{R}$ besitzt im Intervall $[a;b]$
folgende Änderungsmaße: (siehe nebenstehende Skizze).

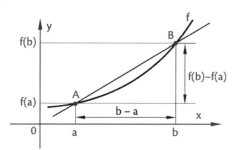

Die **absolute Änderung** beträgt $f(b) - f(a)$

Das ist die Differenz der Funktionswerte.

Die **relative Änderung** beträgt $\dfrac{f(b) - f(a)}{f(a)}$

Das ist das Verhältnis zwischen der absoluten Änderung und dem Anfangswert.

Die **prozentuelle Änderung** beträgt $\dfrac{f(b) - f(a)}{f(a)} \cdot 100\%$

Die **mittlere Änderungsrate** (= **Differenzenquotient**) beträgt $\dfrac{f(b) - f(a)}{b - a}$

Das ist das Verhältnis zwischen der Änderung der Funktionswerte und der Änderung der Argumente.
Sie entspricht jenem Faktor, mit dem man die Änderung der Argumente multiplizieren muss, um die Änderung der Funktionswerte zu erhalten.
Sie ist ein Maß dafür, wie „stark" eine Funktion im Mittel (im betrachteten Intervall) wächst oder fällt.

Aufgabe 01: Der Preis eines Lebensmittels erhöht sich von $p_1 = 2,99€$ auf $p_2 = 3,22€$
Berechne **a)** die absolute **b)** die relative und **c)** die prozentuelle Preiserhöhung.

a) Absolute Preiserhöhung $= p_2 - p_1 = 3,22€ - 2,99€ = 0,23€$

b) Relative Preiserhöhung $= \dfrac{p_2 - p_1}{p_1} = \dfrac{3,22 - 2,99}{2,99} \approx 0,0769$

c) Prozentuelle Preiserhöhung $= \dfrac{p_2 - p_1}{p_1} \cdot 100\% = \dfrac{3,22 - 2,99}{2,99} \cdot 100\% \approx 0,0769 \cdot 100\% = 7,69\%$

Aufgabe 02: Ein ungeübter Schütze trifft die Zielscheibe bei einer Schussserie 17-mal.
Nach dem Training trifft er 22-mal. Berechne die prozentuelle Erhöhung der Trefferzahl.

$\dfrac{T_2 - T_1}{T_1} = \dfrac{22 - 17}{17} \cdot 100\% \approx 29,4\%$

Aufgabe 03: Der Luftwiderstand eines bestimmten Fahrzeugs ist abhängig von der
Fahrtgeschwindigkeit v. Dies lässt sich durch die Funktionsgleichung $F_L(v) = 0,35 \cdot v^2$ beschreiben:
Der Luftwiderstand wird in Newton (N) und die Geschwindigkeit in Meter pro Sekunde (m/s) gemessen.
Berechne, wie sehr der Luftwiderstand im Mittel wächst, wenn die Fahrtgeschwindigkeit von 72 km/h auf 100 km/h erhöht wird.

Die Geschwindigkeit muss in m/s umgerechnet werden.

$72 \text{ km/h} = \dfrac{72000 \text{ m}}{3600 \text{ s}} = 20 \text{ m/s} \; ; \; 100 \text{ km/h} = \dfrac{100000 \text{ m}}{3600 \text{ s}} \approx 27,78 \text{ m/s}$

$\dfrac{F_L(27,78) - F_L(20)}{27,78 - 20} = \dfrac{0,35 \cdot 27,78^2 - 0,35 \cdot 20^2}{7,78} \approx 16,72 \dfrac{\text{N}}{\text{m/s}} \approx 16,72 \dfrac{\text{N}}{3,6 \text{ km/h}} \approx 4,65 \dfrac{\text{N}}{\text{km/h}}$

AN 1 Änderungsmaße

Differenzen- und Differentialquotient

Der **Differenzenquotient** $\dfrac{f(b)-f(a)}{b-a} = \dfrac{\Delta y}{\Delta x}$ entspricht der Steigung der Sekante im betrachteten Intervall.

Nähert sich der Punkt B auf dem Graphen von f beliebig dem Punkt A, dann werden die Abstände Δy und Δx beliebig klein, und die Sekante wird zur Tangente mit der Steigung

$$k = \tan\alpha = \lim_{b \to a} \frac{f(b)-f(a)}{b-a} = \lim_{\Delta x \to 0} \frac{\Delta y}{\Delta x}$$

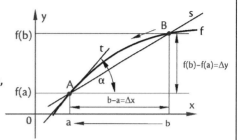

Dieser Grenzwert heißt **Differentialquotient** von f an der Stelle a.

$\dfrac{dy}{dx}$, y' und $f'(a)$ sind Symbole für den Differentialquotienten.

Falls $f'(a)$ existiert, heißt f **differenzierbar** an der Stelle a.
Der Differentialquotient ist ein Maß für die momentane Änderung der Funktion f an der Stelle a.
Er wird auch **momentane Änderungsrate** oder **1. Ableitung** genannt.

Der Differentialquotient ⎫ ist der Grenzwert ⎧ des Differenzenquotienten.
Die momentane Änderungsrate ⎭   ⎩ der mittleren Änderungsrate.

Die Gerade t durch den Punkt $A(a|f(a))$ mit der Steigung $k = f'(a)$ heißt **Tangente** an den Graphen von f im Punkt A. **Tangentengleichung**: $t: y = f(a) + f'(a) \cdot (x-a)$.

Ist $f'(a)$ $\begin{cases} > 0, \text{dann ist die Tangente steigend.} \\ = 0, \text{dann ist die Tangente waagrecht.} \\ < 0, \text{dann ist die Tangente fallend.} \end{cases}$

Aufgabe 04: Gegeben ist der Graph einer Polynomfunktion 3. Grades.
  a) Berechne die mittlere Änderungsrate in den Intervallen $[0;2]$ und $[2;5]$.
  b) Welchen Wert hat der Differentialquotient an der Stelle x = 2?
  c) In welchem Verhältnis stehen die Differenzenquotienten in den Intervallen $[0;5]$ und $[0;2]$?
  d) Welche Vorzeichen haben die Differentialquotienten an den Stellen 0 und 5 und was bedeutet das für den Verlauf der dort errichteten Tangente?

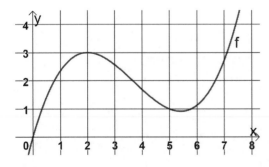

a) $\dfrac{f(2)-f(0)}{2-0} = \dfrac{3-0}{2-0} = \dfrac{3}{2}$, $\dfrac{f(5)-f(2)}{5-2} = \dfrac{1-3}{5-2} = -\dfrac{2}{3}$

b) An der Stelle x = 2 ist ein Hochpunkt. Der Differentialquotient hat dort den Wert 0.

c) $\dfrac{f(5)-f(0)}{5-0} = \dfrac{1-0}{5} = \dfrac{1}{5}$, $\dfrac{1}{5} : \dfrac{3}{2} = \dfrac{1}{5} \cdot \dfrac{2}{3} = \dfrac{2}{15}$

d) $f'(0) > 0$ (positiv), die Tangente ist steigend
$f'(5) < 0$ (negativ), die Tangente ist fallend.

Aufgabe 05: Wie lautet der Ausdruck für den Differentialquotienten, wenn man für $a = x_0$ und für $b - a = h$ einsetzt?

$a = x_0, b - a = b - x_0 = h \Rightarrow b = x_0 + h$; wenn $b \to a$ strebt, dann strebt $h \to 0$.

Damit: $\displaystyle\lim_{b \to a}\dfrac{f(b)-f(a)}{b-a} = \lim_{h \to 0}\dfrac{f(x_0+h)-f(x_0)}{h}$

Aufgabe 06: Gegeben ist die reelle Funktion $f: y = 3x^2$.

   a) Berechne den Differenzen- und Differentialquotienten an einer beliebigen Stelle $a \in D_f$.

   b) Ermittle auf zwei Arten die Gleichung der Tangente im Punkt $A(5 \mid f(5))$.

a)
$$f(a) = 3a^2, \ f(b) = 3b^2$$
$$\frac{f(b)-f(a)}{b-a} = \frac{3b^2 - 3a^2}{b-a} = 3 \cdot \frac{b^2 - a^2}{b-a} = 3 \cdot \frac{(b+a)(b-a)}{(b-a)} = 3(b+a)$$
$$f'(a) = \lim_{b \to a} \frac{f(b)-f(a)}{b-a} = \lim_{b \to a} 3 \cdot (b+a) = 3 \cdot \lim_{b \to a}(b+a) = 3 \cdot 2a = 6a$$

b) (1) Von der Gleichung der Tangente in Hauptform $t: y = kx + d$ ist k und d gesucht.

   Berechnen von k:
$$k = f'(a) = 6a = 6 \cdot 5 = 30 \text{ (siehe a))}$$
   Berechnen von d:
$$f(5) = 3 \cdot 5^2 = 75 \Rightarrow A(5 \mid 75).$$
   $t: y = kx + d$, $A(5 \mid 75)$ und $k = 30$ einsetzen:
$$75 = 30 \cdot 5 + d \Rightarrow d = -75, \ t: y = 30x - 75$$

(2) Mit der Formel für die Tangentengleichung (siehe Seite 93).

$f(5) = 3 \cdot 5^2 = 75$ in die Tangenten-
$f'(5) = 6 \cdot 5 = 30$ gleichung einsetzen

$$t: y = f(a) + f'(a) \cdot (x-a)$$
$$y = f(5) + f'(5) \cdot (x-5)$$
$$y = 75 + 30 \cdot (x-5)$$
$$t: y = 30x - 75$$

Physikalische Deutung des Differenzen- und Differentialquotienten

Beschreibt die Funktion $s: \mathbb{R} \to \mathbb{R}, \ s = s(t)$ die Abhängigkeit des Wegs s von der Zeit t, dann bedeutet

$\dfrac{s(t_2) - s(t_1)}{t_2 - t_1} = \dfrac{\Delta s}{\Delta t}$ die **mittlere Geschwindigkeit** $\overline{v}$ im Zeitintervall $\Delta t = [t_1; t_2]$ und

$\lim\limits_{t_2 \to t_1} \dfrac{s(t_2) - s(t_1)}{t_2 - t_1} = \lim\limits_{\Delta t \to 0} \dfrac{\Delta s}{\Delta t} = \dfrac{ds}{dt}$ die **Momentangeschwindigkeit** v zu einem bestimmten Zeitpunkt t.

Aufgabe 07: Die Zeit-Weg-Funktion eines frei fallenden Körpers lautet $s(t) = \dfrac{g}{2} \cdot t^2$; $g \approx 10 \, m/s^2$

Berechne **a)** die mittlere Geschwindigkeit in m/s im Zeitintervall [1; 3] Sekunden,

   b) die Momentangeschwindigkeit im Zeitpunkt $t = 3s$.

a) $s(t) \approx 5t^2 \Rightarrow s(3) = 5 \cdot 3^2 = 45$ und $s(1) = 5 \cdot 1^2 = 5$. $\overline{v} = \dfrac{s(3)-s(1)}{3-1} = \dfrac{45-5}{3-1} = \dfrac{40}{2} = 20 \, m/s$

b) $v(3) = \lim\limits_{\Delta t \to 0} \dfrac{5(3+\Delta t)^2 - 5 \cdot 3^2}{\Delta t} = \lim\limits_{\Delta t \to 0} \dfrac{45 + 30 \cdot \Delta t + 5 \cdot \Delta t^2 - 45}{\Delta t} = \lim\limits_{\Delta t \to 0} \dfrac{30 \cdot \Delta t + 5 \cdot \Delta t^2}{\Delta t} = \lim\limits_{\Delta t \to 0}(30 + 5\Delta t) = 30 \, m/s$

Aufgabe 08: Die Beschleunigung ist der Geschwindigkeitszuwachs pro Zeiteinheit.

Welche Bedeutung haben die Ausdrücke: $\dfrac{v(t_2)-v(t_1)}{t_2 - t_1} = \dfrac{\Delta v}{\Delta t}$ und $\lim\limits_{t_2 \to t_1} \dfrac{v(t_2)-v(t_1)}{t_2 - t_1} = \lim\limits_{\Delta t \to 0} \dfrac{\Delta v}{\Delta t} = \dfrac{dv}{dt}$?

$\dfrac{\Delta v}{\Delta t}$ ist die mittlere Beschleunigung im Zeitintervall $\Delta t = [t_1; t_2]$.

$\dfrac{dv}{dt}$ ist die momentane Beschleunigung zu einem bestimmten Zeitpunkt t.

Aufgabe 09: Die Leistung P ist die Arbeit W pro Zeiteinheit. Welcher Ausdruck beschreibt

   a) die mittlere Leistung im Zeitintervall Δt **b)** die momentane Leistung zu einem bestimmten Zeitpunkt t?

a) $\dfrac{W(t_2)-W(t_1)}{t_2 - t_1} = \dfrac{\Delta W}{\Delta t}$ **b)** $\lim\limits_{t_2 \to t_1} \dfrac{W(t_2)-W(t_1)}{t_2 - t_1} = \lim\limits_{\Delta t \to 0} \dfrac{\Delta W}{\Delta t} = \dfrac{dW}{dt}$

Differenzengleichungen

Differenzengleichungen dienen dazu, ein dynamisches System modellmäßig zu simulieren. Es wird versucht, den Zustand des Systems zu einem bestimmten Zeitpunkt zu berechnen oder Aussagen über das Langzeitverhalten des Systems zu ermöglichen.

Eine **Differenzengleichung 1. Ordnung** ist eine Rekursionsgleichung der Gestalt $x_{n+1} = a \cdot x_n + b;\ x_0$.

x_0... Startwert = Anfangsbedingung, x_n, x_{n+1}... Bestandsgrößen zum Zeitpunkt n bzw. n+1, a,b... Koeffizienten.

Aufgabe 10: Ein dynamischer Prozess wird durch die Differenzengleichung $x_{n+1} = 2 \cdot x_n + 3;\ x_0 = 1$ beschrieben. **a)** Berechne $x_1, x_2 \ldots x_5$ **b)** Stelle den Verlauf des Prozesses graphisch dar.

a) $x_1 = 2 \cdot x_0 + 3 = 2 \cdot 1 + 3 = 5$
$x_2 = 2 \cdot x_1 + 3 = 2 \cdot 5 + 3 = 13$
$x_3 = 2 \cdot x_2 + 3 = 2 \cdot 13 + 3 = 29$
$x_4 = 2 \cdot x_3 + 3 = 2 \cdot 29 + 3 = 61$
$x_5 = 2 \cdot x_4 + 3 = 2 \cdot 61 + 3 = 125$

b)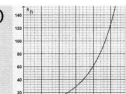

Unbegrenztes (exponentielles) Wachstum.

Aufgabe 11: Ein dynamischer Prozess wird durch die Differenzengleichung $x_{n+1} = 0,4 \cdot x_n + 2;\ x_0 = 0,5$ beschrieben. **a)** Berechne $x_1, x_2 \ldots x_5$ **b)** Stelle den Verlauf des Prozesses graphisch dar.

a) $x_1 = 0,4 \cdot x_0 + 2 = 0,4 \cdot 0,5 + 2 = 2,2$
$x_2 = 0,4 \cdot x_1 + 2 = 0,4 \cdot 2,2 + 2 \approx 2,9$
$x_3 = 0,4 \cdot x_2 + 2 = 0,4 \cdot 2,9 + 2 \approx 3,2$
$x_4 = 0,4 \cdot x_3 + 2 = 0,4 \cdot 3,2 + 2 \approx 3,3$
$x_5 = 0,4 \cdot x_4 + 2 = 0,4 \cdot 3,3 + 2 \approx 3,3$

b)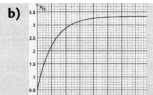

Begrenztes (exponentielles) Wachstum.

Aufgabe 12: Zur Regulierung des Blutdrucks muss jemand einmal täglich ein bestimmtes Medikament einnehmen. Dabei werden jeweils 9 mg eines bestimmten Wirkstoffs zugeführt. Bis zur nächsten Einnahme werden 45 % dieses Wirkstoffs wieder abgebaut. Zu Beginn der Behandlung hatte der Patient 0 mg dieses Wirkstoffs im Blut.
a) Stelle eine Differenzengleichung auf, welche die Menge des im Blut vorhandenen Wirkstoffs nach n Tagen modelliert?
b) Begründe, warum die im Blut aufgenommene Wirkstoffmenge beschränkt wachsen wird.

a) $x_{n+1} = 0,55 \cdot x_n + 9,\ x_0 = 0$
b) Bei gleichem Prozentsatz wird bei steigendem Wirkstoffgehalt absolut immer mehr davon abgebaut, sodass es zu einer Sättigung kommt. (Begrenztes Wachstum, siehe Aufgabe 11).

Aufgabe 13: Die Population einer bestimmten Vogelart von derzeit 1800 wächst jährlich um 20 % Auf Grund einer Seuche sterben jährlich 500 Vögel. Wann wird die Population aussterben?

Die zugehörige Differenzengleichung lautet: $x_{n+1} = 1,2 \cdot x_n - 500,\ x_0 = 1800$.

$x_1 = 1,2 \cdot 1800 - 500 = 1660$ $x_4 = 1,2 \cdot 1290 - 500 \approx 1048$ $x_7 = 1,2 \cdot 409 - 500 \approx -9,2$
$x_2 = 1,2 \cdot 1660 - 500 = 1492$ $x_5 = 1,2 \cdot 1048 - 500 \approx 758$ Nach 7 Jahren ist die
$x_3 = 1,2 \cdot 1492 - 500 \approx 1290$ $x_6 = 1,2 \cdot 758 - 500 \approx 409$ Population ausgestorben.

Aufgabe 14: Ein Kredit von K = 50000 € soll in Jahresraten von 8000 € jeweils am Ende des Jahres abgezahlt(=getilgt) werden. Die Zinsen betragen 6%. Der Tilgungsplan weist die jeweilige Restschuld R aus. **a)** Durch welche Differenzengleichung kann er modelliert werden? **b)** Berechne R_8.

a) $R_{n+1} = R_n \cdot 1,06 - 8000,\ R_0 = 50000$ **b)** $R_8 = 512,66$ € (Berechnung erfolgt analog zur Aufgabe 13).

AN 2   Regeln für das Differenzieren

Das Bilden der Ableitung nennt man **ableiten** oder **differenzieren**.

Ableitung elementarer Funktionen

	Funktion f(x)	1. Ableitung f'(x)
Konstante Funktion	c = const.	0
Potenzfunktion	$x^n, n \in \mathbb{R}$	$n \cdot x^{n-1}$ „Potenzregel"
(Quadrat-) Wurzelfunktion	$\sqrt{x} = x^{\frac{1}{2}}$	$\frac{1}{2}x^{-\frac{1}{2}} = \frac{1}{2\sqrt{x}}$
(Kubik-) Wurzelfunktion	$\sqrt[3]{x} = x^{\frac{1}{3}}$	$\frac{1}{3}x^{-\frac{2}{3}} = \frac{1}{3\sqrt[3]{x^2}}$
(Allgemeine) Wurzelfunktion	$\sqrt[n]{x} = x^{\frac{1}{n}}$	$\frac{1}{n}x^{\frac{1}{n}-1} = \frac{1}{n}x^{\frac{1-n}{n}} = \frac{1}{n}x^{-\frac{n-1}{n}} = \frac{1}{n\sqrt[n]{x^{n-1}}}$
Sinusfunktion	sin x	cos x
Cosinusfunktion	cos x	−sin x
Natürliche Exponentialfunktion	e^x	e^x
Allgemeine Exponentialfunktion	a^x	$a^x \cdot \ln a$
Natürliche Logarithmusfunktion	ln x	$\frac{1}{x}$
Allgemeine Logarithmusfunktion	$^a\log x$	$\frac{1}{x \cdot \ln a}$

Aufgabe 01: Bilde die 1. Ableitung folgender Funktionen:

Funktion	Umformen auf $f(x) = x^n$	Potenzregel anwenden	Umformen
a) $f(x) = x^2$		$f'(x) = 2 \cdot x^{2-1}$	$f'(x) = 2x$
b) $f(x) = x^3$		$f'(x) = 3 \cdot x^{3-1}$	$f'(x) = 3x^2$
c) $f(x) = \frac{1}{x}$	$f(x) = x^{-1}$	$f'(x) = (-1) \cdot x^{-1-1}$	$f'(x) = (-1) \cdot x^{-2} = -\frac{1}{x^2}$
d) $f(x) = \frac{1}{x^2}$	$f(x) = x^{-2}$	$f'(x) = (-2) \cdot x^{-2-1}$	$f'(x) = (-2) \cdot x^{-3} = -\frac{2}{x^3}$
e) $f(x) = \frac{1}{x^3}$	$f(x) = x^{-3}$	$f'(x) = (-3) \cdot x^{-3-1}$	$f'(x) = (-3) \cdot x^{-4} = -\frac{3}{x^4}$
f) $f(x) = \sqrt{x^3}$	$f(x) = x^{\frac{3}{2}}$	$f'(x) = \frac{3}{2} \cdot x^{\frac{3}{2}-1}$	$f'(x) = \frac{3}{2} \cdot x^{\frac{1}{2}} = \frac{3}{2} \cdot \sqrt{x}$
g) $f(x) = \sqrt[3]{x^2}$	$f(x) = x^{\frac{2}{3}}$	$f'(x) = \frac{2}{3} \cdot x^{\frac{2}{3}-1}$	$f'(x) = \frac{2}{3} \cdot x^{-\frac{1}{3}} = \frac{2}{3 \cdot \sqrt[3]{x}}$
h) $f(x) = \frac{1}{\sqrt{x}}$	$f(x) = \frac{1}{x^{\frac{1}{2}}} = x^{-\frac{1}{2}}$	$f'(x) = -\frac{1}{2}x^{-\frac{1}{2}-1}$	$f'(x) = -\frac{1}{2}x^{-\frac{3}{2}} = -\frac{1}{2\sqrt{x^3}}$

AN 2 Regeln für das Differenzieren

Konstantenregel

Ein konstanter **Faktor bleibt** beim Differenzieren **erhalten**: $f(x) = c \cdot u(x) \Rightarrow f'(x) = c \cdot u'(x)$

Ein konstanter **Summand fällt** beim Differenzieren **weg**: $f(x) = u(x) + c \Rightarrow f'(x) = u'(x)$

Aufgabe 02: Bilde die 1. Ableitung folgender Funktionen:

a) $f(x) = 3 \cdot x$ b) $f(x) = 4 \cdot x^3 + 5$ c) $f(x) = 5 \cdot \sin x$ d) $f(x) = \dfrac{\cos x}{2} - 4$ e) $f(x) = -2 \cdot e^x$

a) $f(x) = 3 \cdot x = 3 \cdot x^1 \Rightarrow f'(x) = 3 \cdot x^{1-1} = 3 \cdot x^0 = 3 \cdot 1 = 3$

b) $f(x) = 4 \cdot x^3 + 5 \Rightarrow f'(x) = 4 \cdot 3x^2 + 0 = 12x^2$

c) $f(x) = 5 \cdot \sin x \Rightarrow f'(x) = 5 \cdot (\sin x)' = 5 \cdot \cos x$

d) $f(x) = \dfrac{\cos x}{2} - 4 = \dfrac{1}{2} \cdot \cos x - 4 \Rightarrow f'(x) = \dfrac{1}{2} \cdot (\cos x)' - 0 = \dfrac{1}{2} \cdot (-\sin x) = -\dfrac{1}{2} \cdot \sin x$

e) $f(x) = -2 \cdot e^x \Rightarrow f'(x) = -2 \cdot (e^x)' = -2 \cdot e^x$

Summen – und Differenzenregel

Summen oder **Differenzen** werden **gliedweise** differenziert:
$f(x) = u(x) \pm v(x) \Rightarrow f'(x) = u'(x) \pm v'(x)$

Aufgabe 03: Bilde die 1. Ableitung folgender Funktionen:

a) $f(x) = 2 \cdot x^3 - 5x^2 + 3x - 9$ b) $f(x) = 5 \cdot x^7 + 3 \cdot \cos x - 0.5 \cdot \sin x + 7x - 12$ c) $f(x) = -12 \cdot x^2 + 7 \cdot e^x - 5x$

a) $f(x) = 2 \cdot x^3 - 5x^2 + 3x - 9 \Rightarrow f'(x) = 2 \cdot 3x^2 - 5 \cdot 2x + 3 \cdot 1 - 0 = 6x^2 - 10x + 3$

b) $f(x) = 5 \cdot x^7 + 3 \cdot \cos x - 0.5 \cdot \sin x + 7x - 12$

$f'(x) = 5 \cdot 7x^6 + 3 \cdot (-\sin x) - 0.5 \cdot \cos x + 7 \cdot 1 - 0 = 35 \cdot x^6 - 3 \cdot \sin x - 0.5 \cdot \cos x + 7$

c) $f(x) = -12 \cdot x^2 + 7 \cdot e^x - 5x \Rightarrow f'(x) = -12 \cdot 2x + 7 \cdot e^x - 5 \cdot 1 = -24x + 7e^x - 5$

Aufgabe 04: Bilde die 1. Ableitung folgender Funktionen:

a) $f(x) = 2a \cdot x^3 - \dfrac{5 \cdot x^2}{b} + a \cdot b - 6a \cdot x$ wobei $a, b \in \mathbb{R}$ b) $f(y) = 3c \cdot y^2 - \dfrac{3 \cdot e^y}{2d} + \cos d + \sin y$ wobei $c, d \in \mathbb{R}$

a) $f(x) = 2a \cdot x^3 - \dfrac{5 \cdot x^2}{b} + a \cdot b - 6a \cdot x \Rightarrow f'(x) = 2a \cdot 3x^2 - \dfrac{5 \cdot 2x}{b} + 0 - 6a \cdot 1 = 6a \cdot x^2 - \dfrac{10x}{b} - 6a$

b) $f(y) = 3c \cdot y^2 - \dfrac{3 \cdot e^y}{2d} + \cos d + \sin y \Rightarrow f'(y) = 3c \cdot 2y - \dfrac{3 \cdot e^y}{2d} + 0 + \cos y = 6c \cdot y - \dfrac{3}{2d} \cdot e^y + \cos y$

Produktregel

Für eine Funktion der Gestalt $f(x) = u(x) \cdot v(x)$ gilt die Produktregel $f'(x) = u'(x) \cdot v(x) + u(x) \cdot v'(x)$

Aufgabe 05: Bilde die 1. Ableitung folgender Funktionen:

a) $f(x) = (2x^2 - 5x) \cdot (x^2 + 3x + 7)$ b) $f(x) = 5x^3 \cdot \sin x$

a) $f(x) = \underbrace{(2x^2 - 5x)}_{u(x)} \cdot \underbrace{(x^2 + 3x + 7)}_{v(x)}, u'(x) = 4x - 5, v'(x) = 2x + 3$

$f'(x) = u' \cdot v + u \cdot v' = (4x - 5) \cdot (x^2 + 3x + 7) + (2x^2 - 5x) \cdot (2x + 3) =$

$= 4x^3 + 12x^2 + 28x - 5x^2 - 15x - 35 + 4x^3 + 6x^2 - 10x^2 - 15x =$

$= 8x^3 + 3x^2 - 2x - 35$

b) $f(x) = 5x^3 \cdot \sin x, u(x) = 5x^3, v(x) = \sin x, u'(x) = 15x^2, v'(x) = \cos x$

$f'(x) = u' \cdot v + u \cdot v' = 15x^2 \cdot \sin x + 5x^3 \cdot \cos x = 5x^2 (3 \cdot \sin x + x \cdot \cos x)$

Aufgabe 06: Gegeben sind die differenzierbaren Funktionen u(x) und v(x) und $c \in \mathbb{R}$.
Überprüfe, welche der angeführten Ableitungsregeln richtig sind. Stelle die falschen Regeln richtig.

a) $[u(x) - c \cdot v(x)]' = u'(x) - c \cdot v'(x)$
b) $[c \cdot u(x) + v(x) - c]' = u'(x) + v'(x)$
c) $c \cdot [u(x) \cdot v(x) + c]' = c \cdot u'(x) + c \cdot v'(x)$
d) $[u(x) + c]' \cdot [v(x) - c]' = u'(x) \cdot v'(x)$

a) richtig, es wird gliedweise differenziert, der Faktor c bei v(x) bleibt erhalten.

b) falsch, weil der *Faktor* c bei u(x) nicht verschwinden darf,
richtig ist: $[c \cdot u(x) + v(x) - c]' = c \cdot u'(x) + v'(x)$.

c) falsch, weil die Produktregel nicht angewendet wurde,
richtig ist: $c \cdot [u(x) \cdot v(x) + c]' = c \cdot [u'(x) \cdot v(x) + u(x) \cdot v'(x)]$.

d) richtig, weil der konstante Summand c wegfällt und daher nur die zwei Ableitungen multipliziert werden.

Quotientenregel

Für eine Funktion der Gestalt $f(x) = \dfrac{u(x)}{v(x)}$ gilt die Quotientenregel $f'(x) = \dfrac{u'(x) \cdot v(x) - u(x) \cdot v'(x)}{v^2(x)}$

Aufgabe 07: Bilde die 1. Ableitung folgender Funktionen:

a) $f(x) = \dfrac{x^2}{3x+1}$ b) $f(x) = \dfrac{\cos x}{x}$ c) $f(x) = \dfrac{x^3}{e^x}$

a) $f(x) = \dfrac{x^2}{3x+1}, u(x) = x^2, v(x) = 3x+1, u'(x) = 2x, v'(x) = 3$

$f'(x) = \dfrac{u' \cdot v - u \cdot v'}{v^2} = \dfrac{2x \cdot (3x+1) - x^2 \cdot 3}{(3x+1)^2} = \dfrac{6x^2 + 2x - 3x^2}{(3x+1)^2} = \dfrac{3x^2 + 2x}{(3x+1)^2}$

b) $f(x) = \dfrac{\cos x}{x}, u(x) = \cos x, v(x) = x, u'(x) = -\sin x, v'(x) = 1$

$f'(x) = \dfrac{u' \cdot v - u \cdot v'}{v^2} = \dfrac{(-\sin x) \cdot x - (\cos x) \cdot 1}{x^2} = \dfrac{-x \cdot \sin x - \cos x}{x^2} =$

c) $f(x) = \dfrac{x^3}{e^x}, u(x) = x^3, v(x) = e^x, u'(x) = 3x^2, v'(x) = e^x$

$f'(x) = \dfrac{u' \cdot v - u \cdot v'}{v^2} = \dfrac{3x^2 \cdot e^x - x^3 \cdot e^x}{e^x \cdot e^x} = \dfrac{(3x^2 - x^3) \cdot e^x}{e^x \cdot e^x} = \dfrac{3x^2 - x^3}{e^x}$

Kettenregel

Für eine zusammengesetzte (verkettete) Funktion der Gestalt $f(x) = u(v(x))$ gilt die Kettenregel

$f'(x) = \underbrace{u'(v(x))}_{\text{Äußere Ableitung}} \cdot \underbrace{v'(x)}_{\text{Innere Ableitung}}$

Aufgabe 08: Bilde die 1. Ableitung folgender Funktionen: a) $f(x) = (x^2 - 5x)^2$ b) $f(x) = \sqrt{4x^2 - 5}$

a) $f(x) = (x^2 - 5x)^2, v(x) = x^2 - 5x, v'(x) = 2x - 5, u(v(x)) = [v(x)]^2, u'(v(x)) = 2 \cdot v(x) = 2 \cdot (x^2 - 5x)$

$f'(x) = u'(v(x)) \cdot v'(x) = \underbrace{2 \cdot (x^2 - 5x)}_{\text{Äußere Ableitung}} \cdot \underbrace{(2x - 5)}_{\text{Innere Ableitung}} = (2x^2 - 10x) \cdot (2x - 5) = 4x^3 - 30x^2 + 50x$

b) $f(x) = \sqrt{4x^2 - 5}, v(x) = 4x^2 - 5, v'(x) = 8x, u(v(x)) = \sqrt{v(x)}, u'(v(x)) = \dfrac{1}{2 \cdot \sqrt{v(x)}} = \dfrac{1}{2 \cdot \sqrt{4x^2 - 5}}$

$f'(x) = u'(v(x)) \cdot v'(x) = \underbrace{\dfrac{1}{2 \cdot \sqrt{4x^2 - 5}}}_{\text{Äußere Ableitung}} \cdot \underbrace{(8x)}_{\text{Innere Ableitung}} = \dfrac{4x}{\sqrt{4x^2 - 5}}$

Aufgabe 09: Bilde die 1. Ableitung folgender Funktionen:
a) $f(x) = \sin(7x^2)$ **b)** $f(x) = e^{-5x^2}$ **c)** $f(x) = \sqrt{e^x}$ **d)** $f(x) = (\ln x)^2$ **e)** $f(x) = e^{7x} \cdot \cos(3x+8)$

a) $f(x) = \sin(7x^2), v(x) = 7x^2, v'(x) = 14x, u(v(x)) = \sin v(x), u'(v(x)) = \cos v(x) = \cos(7x^2)$

$f'(x) = u'(v(x)) \cdot v'(x) = \underbrace{\cos(7x^2)}_{\text{Äußere Ableitung}} \cdot \underbrace{14x}_{\text{Innere Ableitung}} = 14x \cdot \cos(7x^2)$

b) $f(x) = e^{-5x^2}, v(x) = -5x^2, v'(x) = -10x, u(v(x)) = e^{v(x)}, u'(v(x)) = e^{v(x)} = e^{-5x^2}$

$f'(x) = u'(v(x)) \cdot v'(x) = \underbrace{e^{-5x^2}}_{\text{Äußere Ableitung}} \cdot \underbrace{-10x}_{\text{Innere Ableitung}} = -10x \cdot e^{-5x^2}$

c) $f(x) = \sqrt{e^x}, v(x) = e^x, v'(x) = e^x, u(v(x)) = \sqrt{v(x)}, u'(v(x)) = \dfrac{1}{2\sqrt{v(x)}} = \dfrac{1}{2\sqrt{e^x}}$

$f'(x) = u'(v(x)) \cdot v'(x) = \underbrace{\dfrac{1}{2\sqrt{e^x}}}_{\text{Äußere Ableitung}} \cdot \underbrace{e^x}_{\text{Innere Ableitung}} = \dfrac{\sqrt{e^x}}{2}$

d) $f(x) = (\ln x)^2, v(x) = \ln x, v'(x) = \dfrac{1}{x}, u(v(x)) = (v(x))^2, u'(v(x)) = 2 \cdot v(x) = 2 \cdot \ln x$

$f'(x) = u'(v(x)) \cdot v'(x) = \underbrace{2 \cdot \ln x}_{\text{Äußere Ableitung}} \cdot \underbrace{\dfrac{1}{x}}_{\text{Innere Ableitung}} = \dfrac{2 \cdot \ln x}{x}$

e) $f(x) = \underbrace{e^{7x}}_{u(x)} \cdot \underbrace{\cos(3x+8)}_{v(x)}, \ u'(x) = \underbrace{e^{7x}}_{\text{Äußere Abl.}} \cdot \underbrace{7}_{\text{Innere Abl.}} = 7 \cdot e^{7x}, \ v'(x) = \underbrace{-\sin(3x+8)}_{\text{Äußere Abl.}} \cdot \underbrace{3}_{\text{Innere Abl.}} = -3 \cdot \sin(3x+8)$

$f'(x) = \underbrace{u' \cdot v + u \cdot v'}_{\text{Produktregel}} = 7 \cdot e^{7x} \cdot \cos(3x+8) + e^{7x} \cdot (-3 \cdot \sin(3x+8)) = e^{7x} \cdot [7 \cdot \cos(3x+8) - 3 \cdot \sin(3x+8)]$

Höhere Ableitungen

Ist f' differenzierbar, so wird die Ableitung von f' mit **f''** bezeichnet und **2. Ableitung von f** genannt.
Ist f'' differenzierbar, so wird die Ableitung von f'' mit **f'''** bezeichnet und **3. Ableitung von f** genannt.

Unter der Voraussetzung der Differenzierbarkeit gilt für die „**n-te Ableitung**": $f^{(n)} = \left(f^{(n-1)}\right)'$

Aufgabe 10: Bilde die ersten 4 Ableitungen folgender Funktionen:
a) $f(x) = 4x^3 - x^2 + x + 5$ **b)** $f(x) = \sin x$

	a) $f(x) = 4x^3 - x^2 + x + 5$	**b)** $f(x) = \sin x$
	$f'(x) = 12x^2 - 2x + 1$	$f'(x) = \cos x$
$f'' = (f')'$:	$f''(x) = 24x - 2$	$f''(x) = -\sin x$
$f''' = (f'')'$:	$f'''(x) = 24$	$f'''(x) = -\cos x$
$f^{(4)} = (f''')'$:	$f^{(4)}(x) = 0$ ($f^{(n)}(x) = 0$ für $n \geq 4$)	$f^{(4)} = \sin x = f(x)$ gegebene Funktion

Aufgabe 11: Bilde die ersten 4 Ableitungen der Funktion $f(x) = e^{2x}$ und stelle eine Vermutung für die n-te Ableitung auf.

$f'(x) = 2 \cdot e^{2x}, f''(x) = 2^2 \cdot e^{2x}, f'''(x) = 2^3 \cdot e^{2x}, f^{(4)}(x) = 2^4 \cdot e^{2x}$
Vermutung: $f^{(n)}(x) = 2^n \cdot e^{2x}$

AN 3 Ableitungsfunktion/Stammfunktion

Ableitungsfunktion

Die **1. Ableitung** einer Funktion y = f(x) *an der Stelle* x = a ist der Differentialquotient von f an der Stelle x = a. Die 1. Ableitung entspricht der *Steigung* der Funktion an der Stelle x = a.
Ordnet man *jeder Stelle* x einer Funktion y = f(x) die *Steigung* der Funktion an dieser Stelle zu, erhält man die **Ableitungsfunktion** $y' = f'(x)$. M.a.W.: Die Ableitungsfunktion ist selbst eine Funktion. Ihre Funktionswerte entsprechen den Steigungen der Funktion y = f(x).

Aufgabe 01: Ermittle die Ableitungsfunktion von $y = f(x) = x^2 - 3$. Zeichne den Graphen der Funktion und der Ableitungsfunktion in ein Diagramm und beschreibe den Zusammenhang beider Funktionen.

$y = f(x) = x^2 - 3 \Rightarrow y' = f'(x) = 2x$

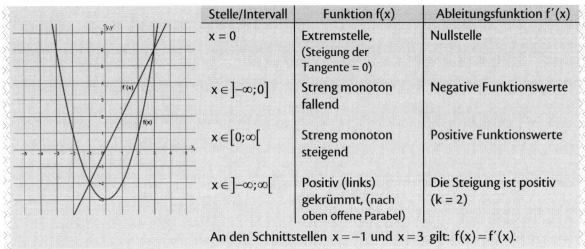

Stelle/Intervall	Funktion f(x)	Ableitungsfunktion f'(x)
x = 0	Extremstelle, (Steigung der Tangente = 0)	Nullstelle
$x \in\,]-\infty; 0]$	Streng monoton fallend	Negative Funktionswerte
$x \in [0; \infty[$	Streng monoton steigend	Positive Funktionswerte
$x \in\,]-\infty; \infty[$	Positiv (links) gekrümmt, (nach oben offene Parabel)	Die Steigung ist positiv (k = 2)

An den Schnittstellen $x = -1$ und $x = 3$ gilt: $f(x) = f'(x)$.

Aufgabe 02: Gegeben ist der Graph F einer Funktion. Welcher der vier Graphen A, B, C, D einer Ableitungsfunktion passt zur gegebenen Funktion F?

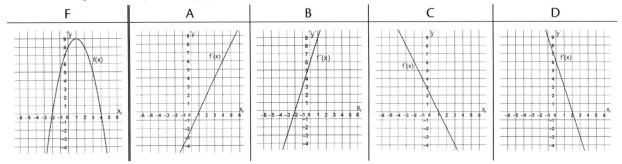

F und C passen zusammen.

Begründungen:

(1) F hat an der Stelle $x = 1$ einen Hochpunkt, die Steigung ist dort = 0. Die Ableitungsfunktion C hat daher an der Stelle $x = 1$ eine Nullstelle.

(2) F ist im Intervall $]-\infty; 1[$ streng monoton steigend und im Intervall $]1; \infty[$ streng monoton fallend. Die Ableitungsfunktion C hat dort positive bzw. negative Funktionswerte.

(3) F bildet eine Rechtskurve (nach unten offene Parabel), ihre Krümmung ist negativ. Die Ableitungsfunktion C hat eine negative Steigung.

Stammfunktion

Die zur Ableitungsfunktion $y' = f'(x)$ zugehörige Funktion $y = f(x)$ ist eine **Stammfunktion**.
Zu einer Ableitungsfunktion gibt es *unendlich viele Stammfunktionen* der Gestalt $y = f(x) + c$.
Sie unterscheiden sich nur durch eine additive Konstante, was grafisch einer Verschiebung entlang der y – Achse entspricht.

Beispiel: Die in der Aufgabe 02 dargestellte Funktion F ist eine Stammfunktion der im Diagramm C dargestellten Ableitungsfunktion. Jede Funktion, die durch Verschieben des Funktionsgraphen von F entlang der y – Achse entsteht, ist ebenso eine Stammfunktion der im Diagramm C dargestellten Ableitungsfunktion.

Aufgabe 03: Beweise, dass die Funktion $f(x) = 3x^2 - 5x + 7$ eine Stammfunktion von $g(x) = 6x - 5$ ist.

Bilde die 1. Ableitung von f(x) und überprüfe, ob sie mit g(x) übereinstimmt.
$f'(x) = 2 \cdot (3x) - 5 \cdot 1 + 0 = 6x - 5 = g(x)$; es ist also $f'(x) = g(x)$, was zu beweisen war.

Aufgabe 04: Gegeben sind die Funktionen u(x) und v(x) sowie die Konstante $c \in \mathbb{R}$.
Es soll gelten $v(x) = u'(x)$. Welche der folgenden Beziehungen besteht zwischen den beiden Funktionen?

a) u ist eine Stammfunktion von v
b) v ist eine Stammfunktion von u
c) v ist eine Stammfunktion von u + c
d) u – c ist eine Stammfunktion von v
e) v ist eine Stammfunktion von u´
f) u´ ist eine Stammfunktion von v

Nur die Beziehungen a) und d) sind richtig.

Aufgabe 05: Die Funktion $F(x) = x \cdot \sin x + 7$ ist eine Stammfunktion einer Funktion $f(x)$.
Aufgrund welcher Beziehung kann man die Funktion f(x) berechnen? Führe die Berechnung durch.

Es gilt: $f(x) = F'(x)$, es ist also $F'(x)$ – das ist die 1. Ableitung von F(x) – zu berechnen.
$F'(x) = 1 \cdot \sin x + x \cdot \cos x + 0 = \sin x + x \cdot \cos x \Rightarrow f(x) = \sin x + x \cdot \cos x$

Aufgabe 06: Eine Stammfunktion F(x) der Funktion f(x) sei eine Polynomfunktion 3. Grades mit folgenden vier Eigenschaften:

(1) F(x) ist streng monoton steigend im Intervall $]-\infty; -2[$,
(2) an den Stellen $x = -2$ und $x = 3$ sind Extremstellen,
(3) sie ist streng monoton fallend im Intervall $]-2; 3[$ und
(4) streng monoton steigend im Intervall $]3; \infty[$.

Wie wirken sich diese vier Eigenschaften auf die Funktion f(x) aus?

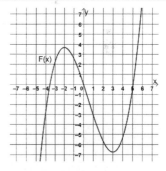

(1) f(x) besitzt im Intervall $]-\infty; -2[$ positive Funktionswerte,
(2) die Stellen $x = -2$ und $x = 3$ sind Nullstellen,
(3) im Intervall $]-2; 3[$ besitzt sie negative Funktionswerte und
(4) im Intervall $]3; \infty[$ besitzt sie positive Funktionswerte.

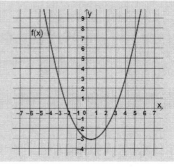

Eigenschaften von Funktionen und ihrer Graphen

Wichtige Eigenschaften einer differenzierbaren Funktion f und ihres Graphen können mithilfe der Ableitungsfunktionen beschrieben werden.
Als Beispiel dient eine Polynomfunktion 3. Grades, die in der nebenstehenden Skizze zusammen mit ihren Ableitungsfunktionen f′, f″ und f‴ dargestellt ist.

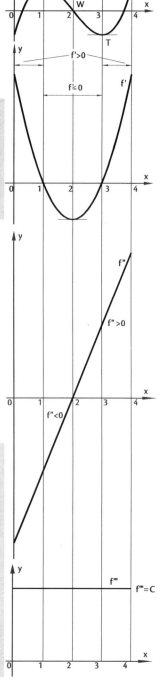

Monotonie

In den Intervallen $[0;1[$ und $]3;4]$ ist die Funktion f streng monoton wachsend, die Funktionswerte der 1. Ableitungsfunktion f′ sind dort positiv.
Im Intervall $]1;3[$ ist die Funktion f streng monoton fallend, die Funktionswerte der 1. Ableitungsfunktion f′ sind dort negativ.

Allgemein gilt:

Ist f im Intervall $]a;b[$ differenzierbar und gilt für alle $x \in]a;b[$

$f'(x) > 0,$ $\qquad\qquad$ $f'(x) < 0,$

dann ist f im Intervall $]a;b[$

streng monoton wachsend(steigend). $\qquad$ **streng monoton fallend.**[1]

Dh.: Aus der 1. Ableitung ist die *Art der Monotonie* ersichtlich.

Krümmung

Wird der Graph einer mehrfach differenzierbaren Funktion f als Weg aufgefasst, der mit einem Fahrzeug in Richtung wachsender x – Werte zu durchfahren ist, so muss der Lenker das Lenkrad nach *rechts/links* einschlagen, wenn f *rechts/links gekrümmt* ist. Gleichzeitig *nimmt* die Tangentensteigung laufend *ab/zu*, dh.: f′ ist streng monoton fallend/wachsend.

Im Intervall $]2;4[$ ist die Funktion f links gekrümmt, die Funktionswerte der 2. Ableitungsfunktion f″ sind dort positiv.
Im Intervall $[0;2[$ ist die Funktion f rechts gekrümmt, die Funktionswerte der 2. Ableitungsfunktion f″ sind dort negativ.

Allgemein gilt:

Ist f im Intervall $]a;b[$ zweimal differenzierbar und gilt für alle $x \in]a;b[$

$f''(x) > 0,$ $\qquad\qquad$ $f''(x) < 0$

dann ist f im Intervall $]a;b[$

links (positiv) gekrümmt $\qquad$ **rechts (negativ) gekrümmt**

Dh.: Aus der 2. Ableitung ist die *Art der Krümmung* ersichtlich.

Wegen $f'' = (f')'$ ist dies gleichbedeutend mit: Ist f′ in $]a;b[$

streng monoton wachsend, $\qquad\qquad$ streng monoton fallend,
dann ist f in $]a;b[$ links gekrümmt. $\qquad$ dann ist f in $]a;b[$ rechts gekrümmt.

---

[1] Im Falle $f'(x) \geq 0$ ist die Funktion monoton wachsend(steigend), im Falle $f'(x) \leq 0$ ist sie monoton fallend.

Lokale (relative) Extremstelle

Die Stelle x_0 heißt **lokale Maximumstelle**, und der Funktionswert $f(x_0)$ **lokales Maximum** von f, wenn für alle x aus einer gewissen Umgebung von x_0 stets $f(x) < f(x_0)$ ist.	Die Stelle x_0 heißt **lokale Minimumstelle**, und der Funktionswert $f(x_0)$ **lokales Minimum** von f, wenn für alle x aus einer gewissen Umgebung von x_0 stets $f(x) > f(x_0)$ ist.
Der Punkt $H(x_0 \vert f(x_0))$ heißt **Hochpunkt**.	Der Punkt $T(x_0 \vert f(x_0))$ heißt **Tiefpunkt**.

Aus der nebenstehendes Skizze ergibt sich Folgendes:

Für x = 1 gilt: f(x) < f(1) für alle x aus einer gewissen Umgebung der Stelle 1 ⇒ lokale Maximumstelle.

An der Stelle x = 1 hat die Funktion eine waagrechte Tangente. Die zugehörige Funktion f' hat dort eine Nullstelle, es gilt also $f'(1) = 0$. Diese Bedingung ist *notwendig* für eine Extremstelle.

An der Stelle x = 1 ist die Funktion rechts gekrümmt. Der Funktionswert der zugehörigen Funktion f" ist dort negativ, es gilt also $f''(1) < 0$. Diese Bedingung ist *hinreichend* für eine Maximumstelle.

Für x = 3 ergeben analoge Überlegungen eine lokale Minimumstelle.

Allgemein gilt für eine (mindestens) zweimal differenzierbare Funktion f:

Ist $f'(x_0) = 0$ und $f''(x_0) \neq 0$, dann hat f an der Stelle x_0 eine **lokale Extremstelle**.

Für eine lokale Extremstelle ist $f'(x_0) = 0$ eine *notwendige* Bedingung.

Hinreichende Bedingungen für eine **lokale** $\begin{cases} \textbf{Maximumstelle sind: } f'(x_0) = 0 \text{ und } f''(x_0) < 0 \\ \textbf{Minimumstelle sind: } f'(x_0) = 0 \text{ und } f''(x_0) > 0 \end{cases}$

Wendestelle

Die Stelle x_0 heißt **Wendestelle** von f, wenn sich dort der Krümmungssinn ändert. An der Stelle selbst ist die Krümmung = 0. Der Punkt $W(x_0 \vert f(x_0))$ heißt **Wendepunkt**.

Aus der nebenstehendes Skizze ergibt sich Folgendes:

An der Stelle x = 2 ändert die Funktion f ihren Krümmungssinn. Die zugehörige Funktion f' hat dort eine Extremstelle, und die Funktion f" eine Nullstelle, es gilt also $f''(2) = 0$. Diese Bedingung ist *notwendig* für eine Wendestelle. An der Stelle x = 2 ändert sich das Vorzeichen von f". Dies ist genau dann der Fall, wenn die Ableitung von f", also die 3. Ableitung $f''' \neq 0$ ist. Diese Bedingung ist *hinreichend* für eine Wendestelle.

Allgemein gilt für eine (mindestens) dreimal differenzierbare Funktion f:

Ist $f''(x_0) = 0$ und $f'''(x_0) \neq 0$, dann hat f an der Stelle x_0 einen **Wendepunkt**.

Die Tangente in einem Wendepunkt heißt **Wendetangente**.

Ein **Sattel-** oder **Terrassenpunkt** ist ein Wendepunkt mit *waagrechter* Tangente.

Dort gilt also: $f'(x_0) = 0$, $f''(x_0) = 0$ und $f'''(x_0) \neq 0$.

Verallgemeinerung für Extrem – bzw. Wendestellen

Ist eine reelle Funktion f an der Stelle x_0 n-mal differenzierbar (n ⩾ 2) und gilt:

$f'(x_0) = f''(x_0) = \ldots = f^{(n-1)}(x_0) = 0$ und $f^{(n)}(x_0) \neq 0$, dann ist

x_0 eine **lokale Extremstelle**, wenn n eine *gerade* Zahl ist; wenn also die erste *nicht* verschwindende Ableitung von *gerader* Ordnung ist (Maximumstelle für $f^{(n)}(x_0) < 0$, Minimumstelle für $f^{(n)}(x_0) > 0$).

x_0 eine **Wendestelle**, wenn n eine *ungerade* Zahl ist; wenn also die erste *nicht* verschwindende Ableitung von *ungerader* Ordnung ist.

Aufgabe 07: Welche der folgenden Aussagen sind wahr, welche falsch?
 a) Hat eine Funktion einen Tiefpunkt, dann ist der Funktionswert an dieser Stelle negativ.
 b) Ist f′(x) in einem Intervall streng monoton fallend, dann ist die zugehörige Funktion f(x) in diesem Intervall rechts gekrümmt.
 c) Ist in einem Intervall die 2. Ableitung f′′(x) < 0, dann ist die zugehörige 1. Ableitung f′(x) in diesem Intervall streng monoton wachsend.
 d) Ist die Funktion f(x) in einem Intervall streng monoton fallend, dann ist die 1. Ableitung f′(x) = 0.
 e) Hat die Funktion f(x) einen Wendepunkt, dann ist an dieser Stelle die 2. Ableitung f′′(x) = 0.
 f) Gilt für eine Stelle, dass f′(x) = 0 und f′′(x) > 0 ist, dann hat die zugehörige Funktion f(x) dort einen relatives Maximum.

a) falsch b) wahr c) falsch d) falsch e) wahr f) falsch

Aufgabe 08: Von einer Polynomfunktion 3. Grades sind der Hochpunkt H(−3 / 5) und der Wendepunkt W(0 / 1) bekannt. Welche von den angeführten Bedingungen müssen erfüllt sein?
 a) f(−3) = 5 b) f′(−3) > 0 c) f′′(−3) < 0 d) f′′(0) = 0 e) f′(0) = 1 f) f′(−3) = 0 g) f(0) = 1

Die Bedingungen a), c), d), f) und g) müssen erfüllt sein.

Aufgabe 09: Gegeben ist die Funktion f mit der Funktionsgleichung $f(x) = 3x^2 - bx + c$.
Der Graph von f verläuft durch den Ursprung O(0|0) und besitzt dort die Steigung k = 1.
Ermittle die Parameter b und c und gib die Funktionsgleichung von f an.

$f'(x) = 6x - b$
$f(0) = 0 \Leftrightarrow c = 0$
$f'(0) = 1 \Leftrightarrow -b = 1 \Rightarrow b = -1$ $\Rightarrow f(x) = 3x^2 + x$

Aufgabe 10: Gegeben ist die Funktion $y = f(x) = \frac{1}{3}x^3 - \frac{2}{3}x^2 - 8x + 7$.
Ermittle die Steigung der Funktion an der Stelle x = 3.

$y' = f'(x) = x^2 - \frac{4}{3}x - 8 \Rightarrow f'(3) = 9 - 4 - 8 = -3$

Aufgabe 11: Die Stelle x = 3 einer Polynomfunktion erfüllt folgende Bedingungen:
$f(3) = -2$, $f'(3) = 0$ und $f''(3) = -1$. Was kann man daraus folgern?

Der Graph der Polynomfunktion enthält wegen $f(3) = -2$ den Punkt H(3|−2).
Wegen $f'(3) = 0$ und $f''(3) = -1 < 0$ besitzt der Graph dort einen Hochpunkt.

Aufgabe 12: Welche Eigenschaften einer Funktion f lassen sich aus dem Graphen ihrer 1. Ableitungsfunktion ablesen?

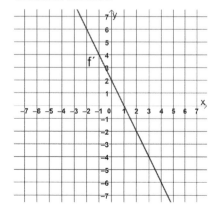

(1) f′ hat im Intervall]−∞; 1[positive Funktionswerte, dort ist die ursprüngliche Funktion streng monoton wachsend.
(2) f′ hat im Intervall]1; ∞[negative Funktionswerte, dort ist die ursprüngliche Funktion streng monoton fallend
(3) f′ besitzt an der Stelle x = 1 eine Nullstelle, dort hat die ursprüngliche Funktion eine lokale Extremstelle. Eine weitere lokale Extremstelle existiert nicht.
(4) f′ ist im Intervall]−∞; ∞[streng monoton fallend, daher ist die ursprüngliche Funktion rechts (negativ) gekrümmt und die im Punkt (3) angesprochene Extremstelle ist ein lokale Maximumstelle (Hochpunkt).

Aufgabe 13: Gegeben ist die Polynomfunktion 3. Grades $y = f(x) = -x^3 + 6x^2 - 9x + 4$.
Ermittle rechnerisch die Extremstellen und die Wendestelle.

Bilde die Ableitungen: $y' = f'(x) = -3x^2 + 12x - 9$; $y'' = f''(x) = -6x + 12$; $y''' = f'''(x) = -6$
Extremstellen: (1) $y' = f'(x) = 0$ setzen.
$$-3x^2 + 12x - 9 = 0 \mid : (-3)$$
$$x^2 - 4x + 3 = 0 \Rightarrow x_{1,2} = 2 \pm \sqrt{4-3} = 2 \pm 1$$
$$x_1 = 3, x_2 = 1$$
(2) $f''(3) = -6 \cdot 3 + 12 = -6 < 0 \Rightarrow$ an der Stelle x = 3 liegt ein Hochpunkt.
$$y = f(3) = -3^3 + 6 \cdot 3^2 - 9 \cdot 3 + 4 = -27 + 54 - 27 + 4 = 4 \Rightarrow H(3|4)$$
$f''(1) = -6 \cdot 1 + 12 = 6 > 0 \Rightarrow$ an der Stelle x = 1 liegt ein Tiefpunkt.
$$y = f(1) = -1^3 + 6 \cdot 1^2 - 9 \cdot 1 + 4 = -1 + 6 - 9 + 4 = 0 \Rightarrow T(1|0)$$
Wendestelle: (1) $y'' = f''(x) = 0$ setzen.
$$-6x + 12 = 0 \Rightarrow x = 2$$
(2) wegen $f'''(x) = -6 \neq 0$ ist an der Stelle x = 2 ein Wendepunkt.
$$y = f(2) = -2^3 + 6 \cdot 2^2 - 9 \cdot 2 + 4 = -8 + 24 - 18 + 4 = 2 \Rightarrow W(2|2)$$

Aufgabe 14: Der Graph der Funktion $y = f(x) = ax^3 + bx^2 + cx + d$ hat den Extrempunkt E(1|4) und den Wendepunkt W(0|2). Ermittle die Koeffizienten a, b, c und d und stelle die Funktionsgleichung auf.

Funktion und Ableitungen:

$f(x) = ax^3 + bx^2 + cx + d$ Punkt E liegt auf dem Graphen: $f(1) = 4 \Leftrightarrow a + b + c + d = 4$
$f'(x) = 3ax^2 + 2bx + c$ E ist Extrempunkt: $f'(1) = 0 \Leftrightarrow 3a + 2b + c = 0$
$f''(x) = 6ax + 2b$ Punkt W liegt auf dem Graphen: $f(0) = 2 \Leftrightarrow d = 2$
W ist Wendepunkt: $f''(0) = 0 \Leftrightarrow 2b = 0 \Rightarrow b = 0$

Übrig bleibt ein lineares Gleichungssystem mit 2 Gleichungen und den zwei Unbekannten a und c:
$$\begin{cases} a + c = 2 \mid \cdot (-1) \\ 3a + c = 0 \end{cases} \Leftrightarrow \begin{cases} -a - c = -2 \\ 3a + c = 0 \end{cases}$$
Addieren beider Gleichungen ergibt: $2a = -2 \Rightarrow a = -1$

Aus $3a + c = 0$ folgt $c = -3a = -3 \cdot (-1) = 3$ Damit: Funktionsgleichung: $y = f(x) = -x^3 + 3x + 2$

Aufgabe 15: Gegeben ist der Graph einer Funktion f. Welche Eigenschaften kann man den Punkten A, B, C, D, E, F zuordnen?

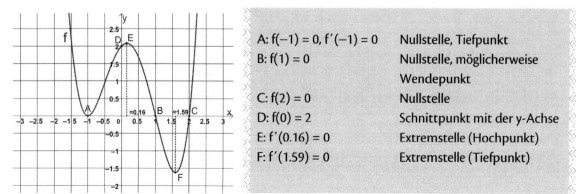

A: $f(-1) = 0$, $f'(-1) = 0$ Nullstelle, Tiefpunkt
B: $f(1) = 0$ Nullstelle, möglicherweise Wendepunkt
C: $f(2) = 0$ Nullstelle
D: $f(0) = 2$ Schnittpunkt mit der y-Achse
E: $f'(0.16) = 0$ Extremstelle (Hochpunkt)
F: $f'(1.59) = 0$ Extremstelle (Tiefpunkt)

AN 4 Summation und Integral

Das bestimmte Integral als Grenzwert von Summen

Eine wichtige Anwendung der Integralrechnung besteht in der Berechnung von Flächeninhalten. Unter dem **bestimmten Integral** versteht man den **Flächeninhalt** einer Flächenstückes, das eine Funktion f(x) in einem Intervall $[a;b]$ mit der x – Achse einschließt.

Im folgenden Beispiel wird der Flächeninhalt des Flächenstückes, das die Funktion f(x) im Intervall $[a;b]$ mit der x – Achse einschließt, durch eine Summe von n Rechteckflächen der Breite $\Delta x = \frac{b-a}{n}$ approximiert. Die eingeschriebenen Rechteckflächen bilden die **Untersummen**, die umgeschriebenen Rechteckflächen bilden die **Obersummen**. Bei den Untersummen entspricht die Höhe der eingeschriebenen Rechtecke dem kleinsten Funktionswert $f(x_{min,i})$ im i-ten Teilintervall. Bei den Obersummen entspricht die Höhe der eingeschriebenen Rechtecke dem größten Funktionswert $f(x_{max,i})$ im i-ten Teilintervall.

Für die Untersummen gilt $U_n = \Delta x \cdot \sum_{i=1}^{n} f(x_{min,i})$ und für die Obersummen gilt: $O_n = \Delta x \cdot \sum_{i=1}^{n} f(x_{max,i})$. ❶

Offensichtlich ist $U_n < A < O_n$. Streben für $n \to \infty$ die Untersummen U_n und die Obersummen O_n gegen ein und denselben Grenzwert, dann heißt die Funktion f in [a; b] **integrierbar** und der gemeinsame Grenzwert das bestimmte Integral von f zwischen den Grenzen a und b. Man schreibt:

$$\int_a^b f(x)\,dx = \lim_{n \to \infty} U_n = \lim_{n \to \infty} O_n.$$

Dieser Grenzwert entspricht dem „*orientierten*" Flächeninhalt des Flächenstückes, das vom Graphen der Funktion f im Intervall $[a;b]$ mit der x – Achse eingeschlossen wird.

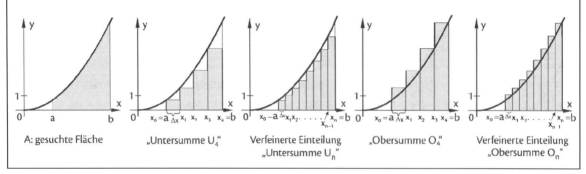

A: gesuchte Fläche „Untersumme U_4" Verfeinerte Einteilung „Untersumme U_n" „Obersumme O_4" Verfeinerte Einteilung „Obersumme O_n"

Aufgabe 01: Gib Formeln für die Untersummen U_4 und U_n bzw. für die Obersummen O_4 und O_n aus obiger Skizze an.

$$U_4 = \Delta x \cdot f(x_0) + \Delta x \cdot f(x_1) + \Delta x \cdot f(x_2) + \Delta x \cdot f(x_3) = \Delta x \cdot \sum_{i=1}^{4} f(x_{i-1})$$

$$U_n = \Delta x \cdot f(x_0) + \Delta x \cdot f(x_1) + \Delta x \cdot f(x_2) + \ldots + \Delta x \cdot f(x_{n-1}) = \Delta x \cdot \sum_{i=1}^{n} f(x_{i-1})$$

$$O_4 = \Delta x \cdot f(x_1) + \Delta x \cdot f(x_2) + \Delta x \cdot f(x_3) + \Delta x \cdot f(x_4) = \Delta x \cdot \sum_{i=1}^{4} f(x_i)$$

$$O_n = \Delta x \cdot f(x_1) + \Delta x \cdot f(x_2) + \Delta x \cdot f(x_3) + \ldots + \Delta x \cdot f(x_n) = \Delta x \cdot \sum_{i=1}^{n} f(x_i)$$

---

❶ Die fundamentale Idee dieser Summenbildung stammt von Bernhard RIEMANN. Man spricht daher von **RIEMANN-Summen**.

AN 4 Summation und Integral

Aufgabe 02: Approximiere den Flächeninhalt A des Flächenstückes, das die Grundparabel $y = f(x) = x^2$ im Intervall $[2;3]$ mit der x – Achse einschließt. Berechne zu diesem Zweck die Untersummen und Obersummen für 10 Rechteckstreifen gleicher Breite. Interpretiere die Ergebnisse.

$\Delta x = \frac{3-2}{10} = \frac{1}{10} = 0{,}1$; $f(x_0) = f(2) = 2^2, f(x_1) = f(2{,}1) = 2{,}1^2, \ldots, f(x_9) = f(2{,}9) = 2{,}9^2, f(x_{10}) = f(3) = 3^2$

$U_{10} = 0{,}1 \cdot 2^2 + 0{,}1 \cdot 2{,}1^2 + 0{,}1 \cdot 2{,}2^2 + \ldots + 0{,}1 \cdot 2{,}9^2 = 6{,}085$

$O_{10} = 0{,}1 \cdot 2{,}1^2 + 0{,}1 \cdot 2{,}2^2 + \ldots + 0{,}1 \cdot 2{,}9^2 + 0{,}1 \cdot 3^2 = 6{,}585$

Für den tatsächlichen Flächeninhalt A gilt: $U_{10} < A < O_{10}$. Die Abweichung $O_{10} - U_{10}$ beträgt 0,5 Flächeneinheiten. Bei weiterer Verfeinerung der Einteilung wird die Abweichung immer geringer werden, was einer Verbesserung der Approximation entspricht.

Aufgabe 03: Der Graph der Funktion f schließt mit den Koordinatenachsen ein Flächenstück ein, dessen Flächeninhalt durch eine Summe von 10 Rechteckflächen approximiert wird.

a) Um welche Art von Summen handelt es sich und welche der beiden Formeln gibt den Flächeninhalt richtig wieder?

(1) $\Delta x \cdot \sum_{i=1}^{10} f(x_{i-1})$ (2) $\Delta x \cdot \sum_{i=1}^{10} f(x_i)$.

b) Welche Bedeutung hat Δx?

c) Wodurch kann die Genauigkeit der Approximation verbessert werden?

a) Es handelt sich um eine Approximation mit Obersummen. Die Formel **(1)** ist richtig:

$O_{10} = \Delta x \cdot \sum_{i=1}^{10} f(x_{i-1}) = \Delta x \cdot \left(f(x_0) + f(x_1) + f(x_2) + f(x_3) + \ldots + f(x_9) \right)$

b) Δx ist die Breite der dargestellten Rechteckflächen.

c) Wenn man die Anzahl der Teilintervalle vergrößert, und damit die Breite Δx der Rechteckflächen verringert, verbessert sich die Approximation.

Aufgabe 04: Gegeben ist der Graph der Funktion $f(x) = 3x - x^2$ mit 4 unterschiedlich schraffierten Flächenstücken. Wie lauten die Integrale, die den jeweiligen Flächeninhalt korrekt wiedergeben?

a)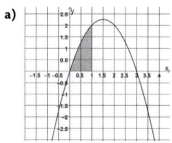

b)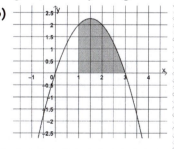

c)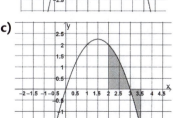

d)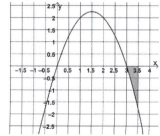

a) $\int_0^1 (3x - x^2) \, dx$

b) $\int_1^3 (3x - x^2) \, dx$

c) $\int_2^3 (3x - x^2) \, dx + \left| \int_3^{3{,}5} (3x - x^2) \, dx \right|$

d) $\left| \int_3^{3{,}5} (3x - x^2) \, dx \right|$

Aufsuchen von Stammfunktionen

Eine Funktion F(x) heißt Stammfunktion einer reellen Funktion f(x), wenn für alle $x \in D_f$ gilt:
$F'(x) = f(x)$.

Das **Aufsuchen einer Stammfunktion** von f(x) heißt **Integrieren** und kann als Umkehroperation zum Differenzieren gedeutet werden.

Unbestimmtes Integral von f = **Menge aller Stammfunktionen** von f: $\int f(x)dx = F(x) + C$

f(x)…Integrand, F(x)…Stammfunktion von f(x), $C \in \mathbb{R}$…Integrationskonstante

Funktion f(x) → Integrieren → ← Differenzieren ←	Stammfunktion F(x)	F(x) in Integralschreibweise
$f(x) = k$	$F(x) = k \cdot x + C$	$\int k\, dx = k \cdot x + C,\ k \in \mathbb{R}$
$f(x) = x^n$	$F(x) = \frac{1}{n+1} x^{n+1} + C$	$\int x^n\, dx = \frac{1}{n+1} x^{n+1} + C,\ n \in \mathbb{R} \setminus \{-1\}$
$f(x) = \frac{1}{x}$	$F(x) = \ln x + C$	$\int \frac{1}{x}\, dx = \ln x + C$
$f(x) = \sin x$	$F(x) = -\cos x + C$	$\int \sin x\, dx = -\cos x + C$
$f(x) = \cos x$	$F(x) = \sin x + C$	$\int \cos x\, dx = \sin x + C$
$f(x) = e^x$	$F(x) = e^x + C$	$\int e^x\, dx = e^x + C$
$f(x) = a^x$	$F(x) = \frac{1}{\ln a} \cdot a^x + C$	$\int a^x\, dx = \frac{1}{\ln a} \cdot a^x + C,\ a \in \mathbb{R}^+ \setminus \{1\}$

Summen-und Differenzenregel: $\int (f(x) \pm g(x))dx = \int f(x)dx \pm \int g(x)dx$ Es kann gliedweise integriert werden.

Konstantenregel: $\int k \cdot f(x)dx = k \cdot \int f(x)dx$ Einen konstanten Faktor kann man vor das Integrationszeichen setzen.

Aufgabe 05: Ermittle die Stammfunktionen folgender Funktionen:

a) $f(x) = 4$ $\quad F(x) = \int 4\, dx = 4 \int x^0 dx = 4 \cdot \frac{1}{1} \cdot x^1 + C = 4x + C$

b) $f(x) = 6x^2$ $\quad F(x) = \int 6x^2\, dx = 6\int x^2 dx = 6 \cdot \frac{1}{3} \cdot x^3 + C = 2x^3 + C$

c) $f(x) = \frac{3}{x^3}$ $\quad F(x) = \int \left(-\frac{3}{x^3}\right) dx = (-3)\int x^{-3} dx = (-3) \cdot \frac{1}{-2} x^{-2} + C = \frac{3}{2} \cdot \frac{1}{x^2} + C = \frac{3}{2x^2} + C$

d) $f(x) = \sqrt[3]{5x^2}$ $\quad F(x) = \int \sqrt[3]{5x^2}\, dx = \sqrt[3]{5} \int x^{\frac{2}{3}} dx = \sqrt[3]{5} \cdot \frac{1}{\frac{5}{3}} x^{\frac{5}{3}} + C = \sqrt[3]{5} \cdot \frac{3}{5} \cdot \sqrt[3]{x^5} + C = \frac{3 \cdot \sqrt[3]{5}}{5} x\sqrt[3]{x^2} + C$

e) $f(x) = \frac{3x^4 - 5x}{2x^2}$ $\quad F(x) = \int \left(\frac{3x^4}{2x^2} - \frac{5x}{2x^2}\right) dx = \frac{3}{2} \int x^2\, dx - \frac{5}{2} \int \frac{1}{x} dx = \frac{3}{2} \cdot \frac{1}{3} x^3 - \frac{5}{2} \ln x + C = \frac{1}{2} x^3 - \frac{5}{2} \ln x + C$

Aufgabe 06: Berechne das Integral $\int (a^2 + 3by^2) dy$

$\int (a^2 + 3by^2) dy = \int a^2 dy + 3b \int y^2 dy = a^2 y + 3b \frac{y^3}{3} + C = a^2 y + by^3 + C$

Aufgabe 07: Wende die obigen Integrationsregeln auf folgende Funktionen an.

a) $\int \frac{f(x)}{a} dx$ $\quad$ b) $\int (a \cdot u(x) + b \cdot v(x)) dx$

a) $\int \frac{f(x)}{a} dx = \frac{1}{a} \int f(x) dx$ $\quad$ b) $\int (a \cdot u(x) + b \cdot v(x)) dx = a \int u(x) dx + b \int v(x) dx$

Berechnung bestimmter Integrale mittels Stammfunktionen

Die Berechnung eines bestimmten Integrales kann mit einer beliebigen Stammfunktion F(x) des Integranden f(x) erfolgen. Und zwar gilt: $\int_a^b f(x)\,dx = F(x)\big|_a^b = F(b) - F(a)$.

Das bestimmte Integral der Funktion f(x) zwischen den **Integrationsgrenzen** a und b ist eine reelle Zahl. Man erhält sie, indem man die Differenz der Funktionswerte der Stammfunktion F an der oberen und unteren Integrationsgrenze bildet.

Die **Berechnung** des bestimmten Integrals erfolgt also **in drei Schritten**:

(1) Aufsuchen einer Stammfunktion F(x).
(2) Ermitteln der Werte F(b) und F(a) durch Einsetzen der Integrationsgrenzen b bzw. a.
(3) Bildung der Differenz F(b) − F(a).

Aufgabe 08: Berechne folgende bestimmten Integrale:

a) $\int_{-1}^{3} x^2\,dx$ b) $\int_{0,4}^{0,8} \frac{1}{x^3}\,dx$ c) $\int_{3}^{5} (2x - 3\sqrt{x} + 5)\,dx$ d) $\int_{0}^{\frac{\pi}{2}} \cos x\,dx$ e) $\int_{1}^{2} \frac{e^x}{e}\,dx$

a) $\int_{-1}^{3} x^2\,dx = \underbrace{\frac{x^3}{3}}_{\text{Stammfunktion } F(x)}\bigg|_{-1}^{3} = \underbrace{\frac{3^3}{3}}_{F(3)} - \underbrace{\frac{(-1)^3}{3}}_{F(1)} = \frac{27}{3} - \frac{-1}{3} = \frac{27}{3} + \frac{1}{3} = \frac{28}{3} = 9\frac{1}{3} \approx 9,\dot{3}$

b) $\int_{0,4}^{0,8} \frac{1}{x^3}\,dx = \int_{0,4}^{0,8} x^{-3}\,dx = \underbrace{\frac{x^{-2}}{-2}}_{\text{Stammfunktion } F(x)}\bigg|_{0,4}^{0,8} = -\frac{1}{2x^2}\bigg|_{0,4}^{0,8} = \underbrace{-\frac{1}{2\cdot 0,8^2}}_{F(0,8)} - \underbrace{\left(-\frac{1}{2\cdot 0,4^2}\right)}_{F(0,4)} = -\frac{1}{1,28} + \frac{1}{0,32} = 2,34375$

c) $\int_{3}^{5} (2x - \sqrt{x} + 5)\,dx = \int_{3}^{5} (2x - x^{\frac{1}{2}} + 5)\,dx = \underbrace{\left(x^2 - \frac{x^{\frac{3}{2}}}{\frac{3}{2}} + 5x\right)\bigg|_3^5}_{\text{Stammfunktion } F(x)} = \underbrace{\left(x^2 - \frac{2x\cdot\sqrt{x}}{3} + 5x\right)\bigg|_3^5}_{\text{Stammfunktion } F(x)} =$

$= \underbrace{\left(5^2 - \frac{2\cdot 5\cdot\sqrt{5}}{3} + 5\cdot 5\right)}_{F(5)} - \underbrace{\left(3^2 - \frac{2\cdot 3\cdot\sqrt{3}}{3} + 5\cdot 3\right)}_{F(3)} \approx 42,546 - 20,535 \approx 22,011$

d) $\int_{0}^{\frac{\pi}{2}} \cos x\,dx = \underbrace{\sin x}_{\text{Stammfunktion } F(x)}\bigg|_0^{\frac{\pi}{2}} = \underbrace{\sin\frac{\pi}{2}}_{F(\frac{\pi}{2})} - \underbrace{\sin 0}_{F(0)} = 1 - 0 = 1$

e) $\int_{1}^{2} \frac{e^x}{e}\,dx = \frac{1}{e}\int_{1}^{2} e^x = \underbrace{\frac{1}{e}e^x}_{\text{Stammfunktion } F(x)}\bigg|_1^2 = \underbrace{\frac{1}{e}e^2}_{F(2)} - \underbrace{\frac{1}{e}e^1}_{F(1)} = e - 1 \approx 1,718$

Aufgabe 09: Das bestimmten Integral $\int_a^3 x^3\,dx$ hat den Wert 16,25. Berechne a.

$\int_a^3 x^3\,dx = \frac{x^4}{4}\bigg|_a^3 = \frac{3^4}{4} - \frac{a^4}{4} = 16,25 \Leftrightarrow \frac{a^4}{4} = \frac{81}{4} - 16,25 = 4 \Leftrightarrow a^4 = 16 \Rightarrow a = \sqrt[4]{16} = 2$

Flächenberechnungen

Flächeninhalt eines von einem Funktionsgraphen und der x-Achse begrenzten Flächenstücks

a) $f(x) \geq 0$ in $[a; b]$	b) $f(x) \leq 0$ in $[a; b]$	c) $f(x)$ beliebig in $[a; b]$
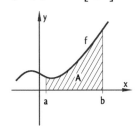	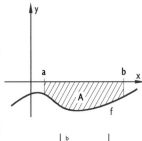	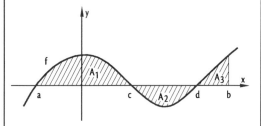
$A = \int_a^b f(x)\,dx = F(b) - F(a)$	$A = \left|\int_a^b f(x)\,dx\right|$	$A = A_1 + A_2 + A_3 = \int_a^c f(x)\,dx + \left|\int_c^d f(x)\,dx\right| + \int_d^b f(x)\,dx$

Anmerkung: Schneidet der Graph von f im vorgegebenen Intervall die x-Achse, so wird das ursprüngliche Integrationsintervall durch die Nullstellen von f in Teilintervalle aufgespaltet. Das Ermitteln möglicher Nullstellen von f im vorgegebenen Intervall ist daher stets vor der Flächenberechnung durchzuführen.

Aufgabe 10: Drücke die Flächeninhalte der Flächenstücke A_1, A_2, A_3 und A_4 durch bestimmte Integrale aus.

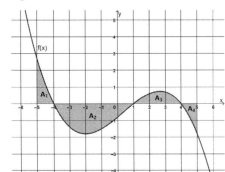

$$A_1 = \int_{-5}^{-4} f(x)\,dx = F(-4) - F(-5)$$

$$A_2 = \left|\int_{-4}^{1} f(x)\,dx\right| = |F(1) - F(-4)|$$

$$A_3 = \int_{1}^{4} f(x)\,dx = F(4) - F(1)$$

$$A_4 = \left|\int_{4}^{5} f(x)\,dx\right| = |F(5) - F(4)|$$

Aufgabe 11: Berechne den Flächeninhalt des Flächenstückes, welches von der x-Achse und der Kurve mit der Gleichung $y = f(x) = x^3 + x^2 - 2x$ begrenzt wird.

Ermittle die Integrationsgrenzen, das sind die Nullstellen der gegebenen Funktion.

(1) Nullstellenberechnung:

$x^3 + x^2 - 2x = 0 \Leftrightarrow x \cdot (x^2 + x - 2) = 0$

$x_1 = 0$,

$x^2 + x - 2 = 0 \Rightarrow x_{2,3} = -\frac{1}{2} \pm \sqrt{\frac{1}{4} + 2} \quad \}\frac{3}{2}$

$x_2 = 1,\ x_3 = -2$

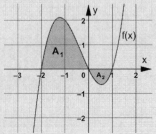

(2) Flächenberechnung, Integration:

$$A_1 = \int_{-2}^{0} (x^3 + x^2 - 2x)\,dx = \left(\frac{x^4}{4} + \frac{x^3}{3} - x^2\right)\Big|_{-2}^{0} = 0 - \left(\frac{16}{4} - \frac{8}{3} - 4\right) = \frac{32}{12}$$

$$A_2 = \int_{0}^{1} (x^3 + x^2 - 2x)\,dx = \left(\frac{x^4}{4} + \frac{x^3}{3} - x^2\right)\Big|_{0}^{1} = \left(\frac{1}{4} + \frac{1}{3} - 1\right) - 0 = -\frac{5}{12}$$

$$A = A_1 + |A_2| = \frac{32}{12} + \frac{5}{12} = \frac{37}{12} = 3{,}08\dot{3}$$

Flächenberechnungen

Flächeninhalt eines von zwei Funktionsgraphen begrenzten Flächenstücks

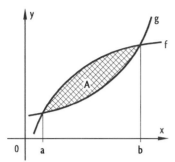 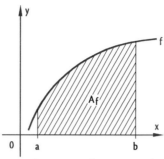 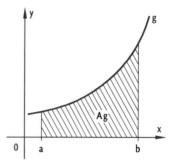

Aus den Figuren ergibt sich: $A = A_f - A_g = \int_a^b f(x)\,dx - \int_a^b g(x)\,dx = \int_a^b [f(x) - g(x)]\,dx$, wobei a und b die x-Koordinaten von zwei aufeinander folgenden Schnittpunkten der Funktionsgraphen f und g sind. (dh.: zwei aufeinander folgende Lösungen der Gleichung $f(x) = g(x)$ bzw. $f(x) - g(x) = 0$).

Anmerkung: Es ist unerheblich, ob Flächenteile teilweise unterhalb oder oberhalb der x – Achse liegen. Es wird immer zwischen zwei benachbarten Schnittpunkten integriert.

Aufgabe 12: Stelle den Flächeninhalt der von f und g eingeschlossenen Flächenstücke durch bestimmte Integrale dar.

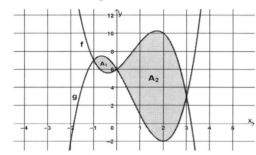

Im Intervall $[-1; 0]$ ist $g(x) - f(x) \geq 0$

$$A_1 = \int_{-1}^{0} [g(x) - f(x)]\,dx$$

Im Intervall $[0; 3]$ ist $f(x) - g(x) \geq 0$

$$A_2 = \int_{0}^{3} [f(x) - g(x)]\,dx$$

$$A = A_1 + A_2$$

Aufgabe 13: Berechne den Flächeninhalt des Flächestückes, das die Gerade f: $y = -\frac{1}{2}x + 5$ von der Parabel g: $y = \frac{1}{8}x^2 + 1$ abschneidet.

(1) Integrationsgrenzen: x-Koordinaten der Schnittpunkte von f und g.

$f(x) = g(x) \Leftrightarrow f(x) - g(x) = 0$

$f(x) = -\frac{1}{2}x + 5$

$g(x) = \frac{1}{8}x^2 + 1$

$f(x) - g(x) = -\frac{1}{8}x^2 - \frac{1}{2}x + 4$

$-\frac{1}{8}x^2 - \frac{1}{2}x + 4 = 0 \quad |\cdot(-8)$

$x^2 + 4x - 32 = 0$

$x_1 = +4,\ x_2 = -8$

$[a; b] = [-8; 4]$

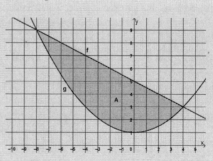

(2) Flächenberechnung:

$$A = \int_a^b [f(x) - g(x)]\,dx = \int_{-8}^{4}\left(-\frac{1}{8}x^2 - \frac{1}{2}x + 4\right)dx =$$

$$= \left(-\frac{1}{24}x^3 - \frac{1}{4}x^2 + 4x\right)\bigg|_{-8}^{4} = \left[-\frac{64}{24} - \frac{16}{4} + 16\right] - \left[\frac{512}{24} - \frac{64}{4} - 32\right] = \left[-\frac{8}{3} + 12\right] - \left[\frac{64}{3} - 48\right] = 36$$

Aufgabe 14: Berechne den Flächeninhalt des von den beiden Kurven f: $y = 2x^2 + 3x - 4$ und g: $y = x^2 + x - 1$ begrenzten Flächestücks.

(1) Schnittpunkte von f und g:

$2x^2 + 3x - 4 = x^2 + x - 1$
$x^2 + 2x - 3 = 0$
$x_{1,2} = -1 \pm \sqrt{1+3} \rbrace 2$
$x_1 = 1, x_2 = -3 \ldots$ Integrationsgrenzen.

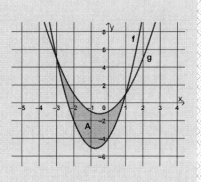

(2) Flächenberechnung, Integration:

Differenzfunktion: $g(x) - f(x) = -x^2 - 2x + 3 \geq 0$ im Int. $[-3; 1]$

$$A = \int_{-3}^{1} (-x^2 - 2x + 3)\, dx = \left(-\frac{x^3}{3} - x^2 + 3x \right) \Big|_{-3}^{1} =$$

$$= \left(-\frac{1}{3} - 1 + 3 \right) - \left(-\frac{-27}{3} - 9 - 9 \right) = \frac{5}{3} + 9 = \frac{32}{3} = 10\frac{2}{3} = 10,\dot{6}$$

Physikalische Anwendungen der Integralrechnung

Mechanische Arbeit:

Lässt sich die nicht konstant wirkende Kraft durch eine vom Weg abhängige Funktion $F = F(s)$ beschreiben, so gilt für die im Wegintervall $[s_1; s_2]$ verrichtete Arbeit:

$$W[s_1; s_2] = \int_{s_1}^{s_2} F(s)\, ds$$

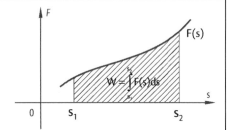

Weg:

Lässt sich die nicht konstante Geschwindigkeit durch eine von der Zeit abhängige Funktion $v = v(t)$ beschreiben, so gilt für die im Zeitintervall $[t_1; t_2]$ zurückgelegte Wegstrecke: $s[t_1; t_2] = \int_{t_1}^{t_2} v(t)\, dt$.

Geschwindigkeit:

Lässt sich die nicht konstante Beschleunigung durch eine von der Zeit abhängige Funktion $a = a(t)$ beschreiben, so gilt für die im Zeitintervall $[t_1; t_2]$ zugenommene Geschwindigkeit: $v[t_1; t_2] = \int_{t_1}^{t_2} a(t)\, dt$.

Aufgabe 15: Eine Lokomotive muss auf einer 2km langen unterschiedlich ansteigenden Strecke eine vom Weg abhängige Kraft F(s) überwinden. Was bedeutet das Integral $\int_{0}^{2} F(s)\, ds$ in diesem Kontext?

Antwort: Das Integral stellt die mechanische Arbeit dar, welche die Lokomotive zum Zurücklegen der 2km langen Strecke verrichten muss.

Aufgabe 16: Ein Auto mit einer von der Zeit abhängigen Beschleunigung a(t) erreicht nach 5 Sekunden eine bestimmte Geschwindigkeit. Wie kann die Endgeschwindigkeit berechnet werden?

Die Endgeschwindigkeit lässt sich mit dem bestimmten Integral $v[0; 5] = \int_{0}^{5} a(t)\, dt$ berechnen.

AN 4 Summation und Integral

Aufgabe 17: Die Funktion v(t) = 5t beschreibt die Geschwindigkeit (in m/s) eines auf einer schiefen Ebene abrollenden Körpers. Stelle den in 4 Sekunden zurückgelegten Weg als bestimmtes Integral dar und berechne ihn.

$$s[0;4] = \int_0^4 v(t)dt = \int_0^4 5t\,dt = 5 \cdot \frac{t^2}{2}\Big|_0^4 = 5 \cdot \frac{16}{2} - 0 = 40\,m.$$

Aufgabe 18: Die Funktion a(t) beschreibt die Beschleunigung (in m/s^2) eines auf einer schiefen Ebene abrollenden Körpers. Was bedeutet das Integral $\int_2^4 a(t)dt = 3$ in diesem Kontext?

Antwort: Die Geschwindigkeit des Körpers hat im Zeitintervall $[2;4]$ um 3 m/s zugenommen.

Aufgabe 19: Eine elastische Feder ($k = 120\,Nm^{-1}$) ist gegenüber dem unbelasteten Zustand um 25 cm gespannt. Berechne die Arbeit, die beim Entspannen der Feder auf 10 cm verrichtet wird.

Die Federkraft ist direkt proportional zur Dehnung. Es gilt das HOOKE'sches Gesetz $F(x) = k \cdot x$

$$W = \int_{x_1}^{x_2} F(x)dx = \int_{0,1}^{0,25} k \cdot x\,dx = k \cdot \frac{x^2}{2}\Big|_{0,1}^{0,25} = \frac{120}{2} \cdot (0,25^2 - 0,1^2) = 3,15\,\text{Joule}$$

Aufgabe 20: Mit Hilfe einer Pumpe sollen pro Minute 80 l (= 80 kg) Wasser aus einer Tiefe von 7 m an die Erdoberfläche befördert werden. Berechne die Mindestleistung der Pumpe. (Leistung = Arbeit/Zeit).

F = mg ... Gewicht, g = 9,81 m/s^2 (Erdbeschleunigung)

$$W = \int_{h_1}^{h_2} F\,dh = \int_0^7 mg\,dh = mg \cdot h\Big|_0^7 = 80 \cdot 9,81 \cdot 7 = 5493,60\,\text{Joule}$$

$$P = \frac{W}{t} = \frac{5493,60}{60} = 91,56 \approx 92\,\text{Watt} \approx 0,092\,kW$$

Aufgabe 21: Welche Arbeit ist nötig, um einen geostationären Satelliten von der Masse m = 1,5 t in seine Umlaufbahn, das sind 36000 km von der Erdoberfläche, zu bringen.

Erdradius r = 6370 km, Erdmasse = $6 \cdot 10^{24}\,kg$, Gravitationskonstante $G = 6,67 \cdot 10^{-11} m^3 kg^{-1} s^{-2}$.

Die zu überwindende Schwerkraft befolgt das Gravitationsgesetz: $F = G\dfrac{Mm}{r^2}$

$$W = \int_{r_1}^{r_2} F\,dr, \qquad r_1 = 6370\,km,\, r_2 = 6370\,km + 36000\,km = 42370\,km$$

$$W = \int_{r_1}^{r_2} G\frac{Mm}{r^2}\,dr = -GMm \cdot \frac{1}{r}\Big|_{r_1}^{r_2} = -GMm \cdot \left(\frac{1}{r_2} - \frac{1}{r_1}\right) =$$

$$= -6,67 \cdot 10^{-11} \cdot 6 \cdot 10^{24} \cdot 1500 \cdot \left(\frac{1}{42370 \cdot 10^3} - \frac{1}{6370 \cdot 10^3}\right) \approx 8 \cdot 10^{10}\,\text{Joule}$$

WAHRSCHEINLICHKEIT und STATISTIK

WS 1 Beschreibende Statistik

Daten erheben, darstellen und interpretieren

Aufgabe der beschreibenden Statistik ist es, Daten zu erheben, diese zu ordnen, darzustellen, auszuwerten und zu interpretieren.

Die nach bestimmten *Merkmalen* erhobenen Daten können von *quantitativer* Art (zB Körpergewicht, Schulnote, Schuhgröße) oder *qualitativer* Art (zB Geschlecht, Haarfarbe, Schulabschluss) sein.

Im Allgemeinen werden die Daten zunächst als **Urliste** vorliegen. Durch systematische Anordnung entsteht daraus eine **geordnete Liste**, sodass eine Auswertung der Daten ermöglicht wird.

Die **absolute Häufigkeit** $H(x_i)$ gibt an, wie oft ein bestimmtes Merkmal x_i auftritt.

Ist n die Anzahl der Daten und m die Anzahl der Merkmale, dann gilt: $0 \leq H(x_i) \leq n, \sum_{i=1}^{m} H(x_i) = n$.

Die **relative Häufigkeit** $h(x_i)$ gibt den prozentuellen Anteil eines bestimmtes Merkmals x_i an.
Sie kann als Bruch, Dezimalzahl oder in Prozenten angegeben werden.

Es gilt: $h(x_i) = \dfrac{H(x_i)}{n} = \dfrac{\text{Absolute Häufigkeit}}{\text{Anzahl n der Daten}}$, $0 \leq h(x_i) \leq 1, \sum_{i=1}^{m} h(x_i) = 1$, wobei m = Anzahl der Merkmale.

Für die **grafische Darstellung** der Daten gibt es mehrere Möglichkeiten:
Das **Stängel-Blatt-Diagramm** eignet sich für eine rasche und übersichtliche Darstellung der Urliste.
Im **Säulendiagramm (Histogramm)** und **Balkendiagramm** werden die absoluten Häufigkeiten dargestellt.
Kreisdiagramm und **Prozentstreifen** dienen zur Darstellung der relativen Häufigkeiten.
Das **Liniendiagramm**, das **Piktogramm** und das **Punktwolkendiagramm** sind weitere Darstellungsmöglichkeiten.

Aufgabe 01: Stelle folgende Datenreihe in einem Stängel-Blatt-Diagramm dar:
3, 17, 22, 9, 14, 26, 40, 35, 11, 43, 39, 28

Stängel (Zehnerziffer)	Blätter (Einerziffer)
0	3, 9
1	1, 4, 7
2	2, 6, 8
3	5, 9
4	0, 3

Aufgabe 02: Von 50 Personen wurde die Haarfarbe festgestellt: Schwarz (12), braun (21), blond (9), rot (3), grau (5). Stelle die absoluten Häufigkeiten in einem Säulendiagramm und die relativen Häufigkeiten in einem Kreisdiagramm und einem Prozentstreifen dar.

Haarfarbe	absolute Häufigkeit	relative Häufigkeit
schwarz	12	$\frac{12}{50} = 0{,}24 = 24\%$
braun	21	$\frac{21}{50} = 0{,}42 = 42\%$
blond	9	$\frac{9}{50} = 0{,}18 = 18\%$
rot	3	$\frac{3}{50} = 0{,}06 = 6\%$
grau	5	$\frac{5}{50} = 0{,}10 = 10\%$

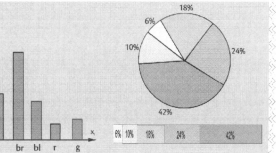

Statistische Kennzahlen

Mit Hilfe statistischer Kennzahlen können die gesammelten Daten beschrieben werden.

Der **durchschnittliche Wert = Mittelwert (mean)** $\bar{x}$ von n Merkmalswerten $x_1, x_2, ..., x_n$ ist das *arithmetische Mittel* der Merkmalswerte: $\bar{x} = \dfrac{x_1 + x_2 + \cdots + x_n}{n} = \dfrac{1}{n}\sum_{i=1}^{n} x_i$

Treten die Merkmalswerte x_i mit den *absoluten Häufigkeiten* $H(x_i)$ auf, kann man $\bar{x}$ so berechnen:

Gewichtetes Mittel: $\bar{x} = \dfrac{x_1 \cdot H(x_1) + x_2 \cdot H(x_2) + \cdots + x_m \cdot H(x_m)}{n} = \dfrac{1}{n}\sum_{i=1}^{m} x_i \cdot H(x_i)$

Der **Modalwert (modus) m** ist der *häufigste* Wert in der Urliste. Er ist nicht immer eindeutig bestimmt, da es mehrere häufigste Werte geben kann.

Der **Zentralwert (median) z** ist in der *geordneten* Liste von n Werten der *in der Mitte stehende Wert*, falls n *ungerade*, bzw. das arithmetische Mittel aus den beiden mittleren Werten, falls n *gerade* ist. Der Median teilt die geordnete Liste in zwei Hälften.

Die **Quartile** *vierteln* die geordnete Liste: Das **1. Quartil q_1** ist der Median der *unteren* Hälfte, das **2. Quartil q_2** ist der Median z selbst und das **3. Quartil q_3** ist der Median der *oberen* Hälfte.

Die **Spannweite (range) R** ist die Differenz zwischen dem Minimum xmin (kleinsten Wert) und dem Maximum xmax (größten Wert) der geordneten Liste.

Zur **grafischen Darstellung** dient das **Kastenschaubild (Box-Plot)**. Siehe Aufgabe 05.

Aufgabe 03: Gegeben ist die Datenreihe: 12, 17, 14, 12, 14, 12
Welche der folgenden Berechnungsmöglichkeiten für den Mittelwert (Mean) sind richtig?

a) $\bar{x} = \dfrac{12 + 17 + 14}{6} + \dfrac{2 \cdot 12 + 14}{3}$

b) $\bar{x} = \dfrac{3 \cdot 12 + 17 + 2 \cdot 14}{6}$

c) $\bar{x} = \dfrac{3 \cdot 12 + 2 \cdot 14 + 17}{3}$

d) $\bar{x} = \dfrac{2 \cdot 12 + 17}{6} + \dfrac{2 \cdot 14 + 12}{6}$

Der Mittelwert beträgt $\bar{x} = \dfrac{12 + 17 + 14 + 12 + 14 + 12}{6} = 13{,}5$

Die Berechnungen **b)** und **d)** führen auf das gleiche Ergebnis, sind also richtig.

Aufgabe 04: Bestimme den Modus, den Median und den Mittelwert folgender geordneten Liste:

1, 1, 2, 2, 2, 3, 3, 3, 3, 4, 4, 4, 4, 4, 5, 5, 5

| 1 | 1 | 2 | 2 | 2 | 3 | 3 | 3 | 3 | 4 | 4 | 4 | 4 | 4 | 5 | 5 | 5 |

Modus = 4 (häufigster Wert)
Median = 3 (Bei einer ungeraden Anzahl von Daten, der in der Mitte stehende Wert)
Mittelwert $\bar{x} = \dfrac{2 \cdot 1 + 3 \cdot 2 + 4 \cdot 3 + 5 \cdot 4 + 3 \cdot 5}{17} \approx 3{,}24$

Aufgabe 05: Bei einem bestimmten Produkt wurden die monatlichen Verkaufszahlen ermittelt und in der Urliste festgehalten: 24, 21, 25, 27, 22, 28, 25, 20, 28, 29, 24, 30

a) Ermittle Mean, Modus, Minimum, Maximum, Spannweite, Median und die Quartile.

b) Erstelle ein Kastenschaubild (Box-Plot).

Geordnete Liste:

1	2	3	4	5	6	7	8	9	10	11	12
20	21	22	24	24	25	25	27	28	28	29	30

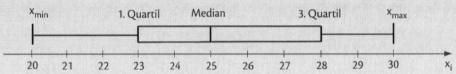

a) $\bar{x} = \dfrac{x_1 + x_2 + \cdots + x_{12}}{12} = \dfrac{20+21+22+2\cdot 24+2\cdot 25+27+2\cdot 28+29+30}{12} = \dfrac{303}{12} = 25{,}25$

$m = 24, 25, 28$ (nicht eindeutig), $x_{min} = 20$, $x_{max} = 30$, $R = x_{max} - x_{min} = 30 - 20 = 10$

Median $z = \dfrac{25+25}{2} = 25$, 1. Quartil: $\dfrac{22+24}{2} = 23$, 3. Quartil: $\dfrac{28+28}{2} = 28$

b) Kastenschaubild:

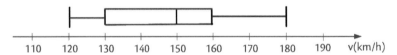

Aufgabe 06: Beim Training eines Profi-Tennisspielers wird die Geschwindigkeit des Balles in km/h beim Aufschlag gemessen und die Daten in einem Kastenschaubild dokumentiert.
Was kann man daraus ablesen?

Die kleinste Aufschlaggeschwindigkeit beträgt 120 km/h, die größte 180 km/h.
Bei 25% der Aufschläge ist die Geschwindigkeit zwischen 120km/h und 130km/h, bzw. zwischen 130 km/h und 150 km/h bzw. zwischen 150 km/h und 160 km/h bzw. zwischen 160 km/h und 180 km/h.
50% der Aufschläge haben eine Geschwindigkeit zwischen 130 km/h und 160 km/h bzw. zwischen 120 km/h und 150 km/h bzw. zwischen 150 km/h und 180 km/h.
Bei 75% der Aufschläge ist die Geschwindigkeit zwischen 120 km/h und 160 km/h bzw. zwischen 130 km/h und 180 km/h.

Aufgabe 07: Gegeben sind drei Datenreihen:

10, 11, 12, 13, 16, 18, 50, 70, 75, 79, 80, 80, 100
10, 11, 15, 20, 29, 33, 50, 52, 56, 70, 75, 80, 100
10, 19, 37, 45, 47, 50, 50, 72, 76, 79, 83, 85, 100

Welche passt zu folgendem Box-Plot?

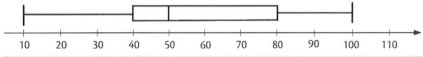

Die letzte Datenreihe passt zum Box-Plot, weil das 1. Quartil im Intervall $]37;45[$ liegt, der Median 50 beträgt und das 3. Quartil im Intervall $]79;83[$ liegt.

Streuungsmaße

Streuungsmaße geben an, wie stark die Daten im Durchschnitt vom Mittelwert abweichen.
Die empirische Varianz und die empirische Standardabweichung sind *Kennzahlen für die Streuung* (Abweichung) der Merkmalswerte x_i vom Mittelwert $\bar{x}$.

Unter der **empirischen Varianz s^2** versteht man den *Mittelwert der Abweichungsquadrate*:

$$s^2 = \frac{(x_1 - \bar{x})^2 + (x_2 - \bar{x})^2 + \ldots + (x_n - \bar{x})^2}{n} = \frac{1}{n}\sum_{i=1}^{n}(x_i - \bar{x})^2$$

Wenn ein Merkmal x_i *mehrmals* auftritt, gilt die allgemeine Formel:

$$s^2 = \frac{1}{n}\sum_{i=1}^{m}(x_i - \bar{x})^2 \cdot H(x_i) = \sum_{i=1}^{m}(x_i - \bar{x})^2 \cdot h(x_i)$$

Unter der **empirischen Standardabweichung s** versteht man den Ausdruck:

$$s = \sqrt{\frac{1}{n}\sum_{i=1}^{n}(x_i - \bar{x})^2}$$

Wenn ein Merkmal x_i *mehrmals* auftritt, gilt die allgemeine Formel:

$$s = \sqrt{\frac{1}{n}\sum_{i=1}^{m}(x_i - \bar{x})^2 \cdot H(x_i)} = \sqrt{\sum_{i=1}^{m}(x_i - \bar{x})^2 \cdot h(x_i)}$$

Aufgabe 08: Unter Jugendlichen wurde die Anzahl der benützten Social Media – Plattformen erhoben. Berechne $\bar{x}, s^2$ und s.

Anzahl der benützen Plattformen x_i	2	3	4	5	6	7	8	9
Anzahl der User	3	5	8	13	18	12	7	1

i	x_i	$H(x_i)$	$x_i \cdot H(x_i)$	$x_i - \bar{x}$	$(x_i - \bar{x})^2$	$(x_i - \bar{x})^2 \cdot H(x_i)$
1	2	3	6	–3,60	12,96	38,88
2	3	5	15	–2,60	6,76	33,80
3	4	8	32	–1,60	2,56	20,48
4	5	13	65	–0,60	0,36	4,68
5	6	18	108	0,40	0,16	2,88
6	7	12	84	1,40	1,96	23,52
7	8	7	56	2,40	5,76	40,32
8	9	1	9	3,40	11,56	11,56
		67 = n	375 = $\sum_{i=1}^{8} x_i \cdot H(x_i)$			176,12 = $\sum_{i=1}^{8}(x_i - \bar{x})^2 \cdot H(x_i)$

$$\bar{x} = \frac{1}{n}\sum_{i=1}^{8} x_i \cdot H(x_i) = \frac{375}{67} \approx 5{,}60$$

$$s^2 = \frac{1}{n}\sum_{i=1}^{8}(x_i - \bar{x})^2 \cdot H(x_i) = \frac{176{,}12}{67} = 2{,}63; \quad s = \sqrt{2{,}63} = 1{,}62$$

WS 2 Wahrscheinlichkeitsrechnung

Grundbegriffe		
Begriff	**Erläuterung**	**Beispiele**
Zufallsexperiment (Zufallsversuch)	Vorgang, der unter wohldefinierten Anfangsbedingungen beliebig oft wiederholbar und dessen Ausgang zufällig ist.	Werfen einer Münze, Werfen eines Würfels, Ziehen einer Karte aus einem Kartenspiel, Ziehen einer Kugel aus einer Urne, Drehen eines Glücksrades, zufällige Auswahl einer Person aus einer Personengruppe.
Ergebnis ω (Versuchsausfall)	Jeder Ausgang eines Zufallsexperiments.	Beim Werfen einer Münze kann Zahl oder Wappen erscheinen. Beim Werfen eines Würfels können die Augenzahlen 1, 2, 3, 4, 5 oder 6 erscheinen.
Ergebnismenge Ω (Ereignisraum = Grundraum)	Gesamtheit aller möglichen interessierenden Ergebnisse eines Zufallsexperiments.	Werfen eines Würfels: $\Omega = \{1, 2, 3, 4, 5, 6\}$ Werfen zweier Münzen: $\Omega = \{(Z, Z), (Z, W),(W, Z), (W, W)\}$
Ereignis E	Jede Teilmenge der Ergebnismenge: $E \subseteq \Omega$	Beim Werfen zweier Münzen werden verschiedene Seiten der Münzen geworfen: $E = \{(Z, W), (W, Z)\}$
Elementarereignis	Jede einelementige Teilmenge der Ergebnismenge; die Vereinigung aller Elementarereignisse ergibt die Ergebnismenge.	Beim Werfen eines Würfels sind $E_1 = \{1\}$, $E_2 = \{2\}$, $E_3 = \{3\}$, $E_4 = \{4\}$, $E_5 = \{5\}$, $E_6 = \{6\}$ die Elementarereignisse. Beim Werfen zweier Münzen sind (Z, Z), (Z, W),(W, Z) und (W, W) die Elementarereignisse.
Sicheres Ereignis	Es tritt immer ein: $E = \Omega$	Beim Werfen eines Würfels wird sicher eine der Augenzahlen 1, 2, 3, 4, 5, 6 erscheinen.
Unmögliches Ereignis	Es tritt nie ein: $E = \{\}$	Beim Werfen eines Würfels die Augenzahl 8 zu werfen, ist unmöglich.
Gegenereignis E'	Ereignisse, die in Bezug auf die Ergebnismenge Ω komplementär sind, heißen Gegenereignisse. $E' = \Omega \backslash E$, $E \cup E' = \Omega$, $E \cap E' = \{\}$	Beim Werfen zweier Münzen zwei gleiche Seiten zu werfen ist das Gegenereignis dazu, dass verschiedene Seiten geworfen werden: $E = \{(Z, Z), (W, W)\}$, $E' = \{(Z, W), (W, Z)\}$

Aufgabe 01: Ermittle die Ergebnismenge Ω beim Werfen von 2 Würfeln.

$\Omega = \begin{Bmatrix} (1,1),(1,2),\ldots,(1,6),(2,1),(2,2),\ldots,(2,6),(3,1),(3,2),\ldots,(3,6), \\ (4,1),(4,2),\ldots,(4,6),(5,1),(5,2),\ldots,(5,6),(6,1),(6,2),\ldots,(6,6), \end{Bmatrix}$ das sind 36 Elementarereignisse.

Aufgabe 02: Drei Münzen werden geworfen.

   a) Welches Ereignis beschreibt $E_1 = \{(Z,Z,Z),(Z,Z,W),(Z,W,Z),(W,Z,Z)\}$?

   b) Beschreibe das Ereignis E_2, dass höchstens zweimal Wappen erscheint.

   a) E_1 ist das Ereignis, dass mindestens zweimal Zahl erscheint.

   b) $E_2 = \{(Z,Z,Z),(Z,Z,W),(Z,W,Z),(W,Z,Z),(Z,W,W),(W,Z,W),(W,W,Z)\}$

Begriff der Wahrscheinlichkeit

Wir suchen nach einer Maßzahl für die Erwartung, dass ein bestimmtes Ereignis E eintritt. Diese Maßzahl heißt Wahrscheinlichkeit P(E) und es gilt: $0 \leq P(E) \leq 1$.

Statistische Wahrscheinlichkeit: Die relative Häufigkeit h(E) eines Ereignisses E ist ein Näherungswert für die Wahrscheinlichkeit P(E). Dieser Näherungswert ist umso zuverlässiger, je größer der Umfang der Stichprobe ist.

$$\boxed{h(E) \approx P(E)}$$ ... Wahrscheinlichkeit als *relative Häufigkeit*

Beispiel: Beim Werfen eines Würfels erscheint die Augenzahl 6 in etwa einem Sechstel der Fälle.

$$h(E) \approx \frac{1}{6} = P(E)$$

Anmerkung: Die relative Häufigkeit lässt sich aus einer tatsächlich durchgeführten Stichprobe ermitteln, während die Wahrscheinlichkeit eine Voraussage auf eine noch durchzuführende Stichprobe macht.

Wahrscheinlichkeit nach LAPLACE: Lässt sich die Ergebnismenge (der Ereignisraum) in m Elementarereignisse zerlegen, die alle gleichwahrscheinlich sind, so ist die Wahrscheinlichkeit P(E) für das Eintreten des Ereignisses E gegeben durch:

$$\boxed{P(E) = \frac{g}{m}} = \frac{\text{Anzahl der für E günstigen Ergebnisse (Fälle)}}{\text{Anzahl aller möglichen Ergebnisse (Fälle)}}$$ ... Wahrscheinlichkeit als *relativer Anteil*

Aufgabe 03: Unter den SchülerInnen der Unterstufe und der Oberstufe wird eine Umfrage bezüglich der Einnahme eines Frühstücks gemacht und in folgender Tabelle festgehalten.

	Mit Frühstück	Ohne Frühstück	Summen
UnterstufenschülerInnen	425	88	513
OberstufenschülerInnen	212	105	317
Summen	637	193	830

Es wird eine Schülerin bzw. ein Schüler zufällig ausgewählt. Wie groß ist die Wahrscheinlichkeit, dass

a) sie/er ein Frühstück eingenommen hat,

b) sie/er aus der Oberstufe stammt und kein Frühstück eingenommen hat,

c) sie/er ein Frühstück eingenommen hat und aus der Unterstufe stammt,

d) sie/er aus der Unterstufe stammt und kein Frühstück eingenommen hat.

a) $P(E) = \dfrac{637}{830} \approx 0{,}7675 \approx 76{,}75\%$

b) $P(E) = \dfrac{105}{317} \approx 0{,}3312 \approx 33{,}12\%$

c) $P(E) = \dfrac{425}{637} \approx 0{,}6672 \approx 66{,}72\%$

d) $P(E) = \dfrac{88}{513} \approx 0{,}1715 \approx 17{,}15\%$

Aufgabe 04: Berechne die Wahrscheinlichkeit dafür, dass beim Werfen eines „idealen" Würfels die Augenzahl ungerade ist.

$\Omega = \{1, 2, 3, 4, 5, 6\}; m = 6$
$E = \{1, 3, 5\}; g = 3$
$P(E) = \dfrac{g}{m} = \dfrac{3}{6} = \dfrac{1}{2}$

Aufgabe 05: Ein Glücksrad besteht aus 12 gleichen Sektoren und enthält 3 Geldpreise und 9 Trostpreise. Wie groß ist die Wahrscheinlichkeit, dass man einen Geldpreis gewinnt?

$m = 12, g = 3; P(\text{Geldpreis}) = \dfrac{g}{m} = \dfrac{3}{12} = \dfrac{1}{4} = 0,25 = 25\%$

Aufgabe 06: Berechne die Wahrscheinlichkeit, beim Werfen von zwei „idealen" Würfeln mindestens die Augensumme 10 zu würfeln.

$\Omega = \left\{\begin{array}{l}(1,1),(1,2),\ldots,(1,6),(2,1),(2,2),\ldots,(2,6),(3,1),(3,2),\ldots,(3,6),\\(4,1),(4,2),\ldots,(4,6),(5,1),(5,2),\ldots,(5,6),(6,1),(6,2),\ldots,(6,6),\end{array}\right\}; m = 36$

$E = \{(4,6),(5,5),(5,6),(6,4),(6,5),(6,6)\}; g = 6$

$P(E) = \dfrac{g}{m} = \dfrac{6}{36} = \dfrac{1}{6} \approx 0,1667 \approx 16,67\%$

Aufgabe 07: Aus einem Kartenspiel mit 32 Karten wird zufällig eine Karte gezogen.
  a) Gib die Ereignismenge folgender Ereignisse an und berechne deren Wahrscheinlichkeit:
   (1) Die Karte ist ein Ass, (2) die Karte ist von roter Farbe,
   (3) die Karte ist ohne Bild, (4) die Karte gehört zu den Treffkarten.
  b) Nenne jeweils ein passendes Ereignis und gib seine Wahrscheinlichkeit an:
   (1) A = {HK,KK,PK,TK}, (2) B = {HB,HD,HK,KB,KD,KK,PB,PD,PK,TB,TD,TK}
   (3) C = {P7,P8,P9,P10,PB,PD,PK,PA}
   (4) D = {H7,H8,H9,H10,HA,K7,K8,K9,K10,KA,P7,P8,P9,P10,PA,T7,T8,T9,T10,TA}
   Beachte die Abkürzungen: 1. Buchstabe: H = Herz, K = Karo, P = Pik, T = Treff.
   2. Buchstabe: B = Bub, D = Dame, K = König, A = Ass.

a) (1) $E_1 = \{HA, KA, PA, TA\}; g_1 = 4, m = 32; P(E_1) = \dfrac{4}{32} = \dfrac{1}{8} = 0,125 = 12,5\%$

(2) $E_2 = \{H7, H8, \cdots, HA; K7, K8, \cdots, KA\}; g_2 = 16, m = 32; P(E_2) = \dfrac{16}{32} = \dfrac{1}{2} = 0,5 = 50\%$

(3) $E_3 = \{H7,H8,H9,H10,HA;K7,K8,K9,K10,KA;P7,P8,P9,P10,PA;T7,T8,T9,T10,TA\}$
   $g_3 = 20, m = 32; P(E_3) = \dfrac{20}{32} = \dfrac{5}{8} = 0,625 = 62,5\%$

(4) $E_4 = \{T7,T8,T9,T10,TB,TD,TK,TA\}; g_4 = 8, m = 32; P(E_4) = \dfrac{8}{32} = \dfrac{1}{4} = 0,25 = 25\%$

b) (1) Die Karte ist ein König. $P(A) = \dfrac{4}{32} = \dfrac{1}{8} = 0,125 = 12,5\%$

(2) Die Karte hat ein Bild. $P(B) = \dfrac{12}{32} = \dfrac{3}{8} = 0,375 = 37,5\%$

(3) Die Karte ist eine Pikkarte. $P(C) = \dfrac{8}{32} = \dfrac{1}{4} = 0,25 = 25\%$

(4) Die Karte hat kein Bild. $P(D) = \dfrac{20}{32} = \dfrac{5}{8} = 0,625 = 62,5\%$

Aufgabe 08: In einer Urne befinden sich zwei blaue, drei rote und vier schwarze Kugeln.

a) Wie groß ist die Wahrscheinlichkeit, beim zufälligen Ziehen einer Kugel

   (1) eine blaue,

   (2) eine rote,

   (3) eine schwarze Kugel,

   (4) *keine* rote Kugel zu erhalten.

b) Wie groß ist die Wahrscheinlichkeit, beim zufälligen Ziehen von zwei Kugeln mit einem Griff[1]

   (1) eine blaue und eine schwarze,

   (2) zwei rote,

   (3) eine rote und eine schwarze,

   (4) *mindestens eine* blaue zu erhalten.

Hinweis: Schreib die Ergebnismengen und die zu den Ereignissen gehörigen Ereignismengen auf und berechne dann die zugehörigen Wahrscheinlichkeiten.

a) $\Omega = \{b_1, b_2, r_1, r_2, r_3, s_1, s_2, s_3, s_4\}; m = 9$

(1) $E_1 = \{b_1, b_2\}; g_1 = 2, m = 9; P(E_1) = \frac{2}{9} \approx 0{,}222 \approx 22{,}2\%$

(2) $E_2 = \{r_1, r_2, r_3\}; g_2 = 3, m = 9; P(E_2) = \frac{3}{9} \approx 0{,}333 \approx 33{,}3\%$

(3) $E_3 = \{s_1, s_2, s_3, s_4\}; g_3 = 4, m = 9; P(E_3) = \frac{4}{9} \approx 0{,}444 \approx 44{,}4\%$

(4) $E_4 = \{b_1, b_2, s_1, s_2, s_3, s_4\}; g_4 = 6, m = 9; P(E_4) = \frac{6}{9} = \frac{2}{3} \approx 0{,}667 \approx 66{,}7\%$

b) $\Omega = \left\{ \underbrace{(b_1,b_2)}_{1\,\text{Paar}}; \underbrace{(b_1,r_1);\cdots;(b_2,r_3)}_{6\,\text{Paare}}; \underbrace{(b_1,s_1);\cdots;(b_2,s_4)}_{8\,\text{Paare}}; \underbrace{(r_1,r_2);(r_1,r_3);(r_2,r_3)}_{3\,\text{Paare}}; \underbrace{(r_1,s_1)\cdots(r_3,s_4)}_{12\,\text{Paare}}; \underbrace{(s_1,s_2);(s_1,s_3);(s_1,s_4);(s_2,s_3);(s_2,s_4)(s_3,s_4)}_{6\,\text{Paare}} \right\}$

$m = 1 + 6 + 8 + 3 + 12 + 6 = 36$

(1) $E_1 = \underbrace{\{(b_1,s_1);\cdots;(b_2,s_4)\}}_{8\,\text{Paare}}; g_1 = 8, P(E_1) = \frac{8}{36} = \frac{2}{9} \approx 0{,}222 \approx 22{,}2\%$

(2) $E_2 = \underbrace{\{(r_1,r_2);(r_1,r_3);(r_2,r_3)\}}_{3\,\text{Paare}}; g_2 = 3, P(E_2) = \frac{3}{36} = \frac{1}{12} \approx 0{,}083 \approx 8{,}3\%$

(3) $E_3 = \underbrace{\{(r_1,s_1)\cdots(r_3,s_4)\}}_{12\,\text{Paare}}; g_3 = 12, P(E_3) = \frac{12}{36} = \frac{1}{3} \approx 0{,}333 \approx 33{,}3\%$

(4) $E_4 = \{\underbrace{(b_1,b_2)}_{1\,\text{Paar}}; \underbrace{(b_1,r_1);\cdots;(b_2,r_3)}_{6\,\text{Paare}}; \underbrace{(b_1,s_1);\cdots;(b_2,s_4)}_{8\,\text{Paare}}\}$

$g_4 = 1 + 6 + 8 = 15, m = 36; P(E_4) = \frac{15}{36} = \frac{5}{12} \approx 0{,}417 \approx 41{,}7\%$

---

[1] Ziehen mit einem Griff = Ziehen ohne Zurücklegen

Rechnen mit Wahrscheinlichkeiten

Besondere Ereignisse

a) Das **unmögliche Ereignis** hat die Wahrscheinlichkeit 0. $P(\{\ \}) = 0$

b) Das **sichere Ereignis** hat die Wahrscheinlichkeit 1. $P(\Omega) = 1$

c) Wahrscheinlichkeit für das **Gegenereignis** E' von E: $P(E') = 1 - P(E)$

Addtionssatz (Summensatz) für Wahrscheinlichkeiten: „Oder"-Wahrscheinlichkeit

Für **einander ausschließende** (= unvereinbare) **Ereignisse** gilt:

$$P(E_1 \cup E_2) = P(E_1) + P(E_2), \; E_1 \cap E_2 = \{\ \}$$

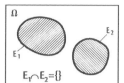

Verallgemeinerung für n Ereignisse:

$$P(E_1 \cup E_2 \cup ... \cup E_n) = P(E_1) + P(E_2) + ... + P(E_n), \; E_i \cap E_k = \{\ \} \; \forall i, k \text{ mit } i \neq k$$

Multiplikationssatz für Wahrscheinlichkeiten: „Und"-Wahrscheinlichkeit

Für **unabhängige Ereignisse** gilt: $P(E_1 \cap E_2) = P(E_1) \cdot P(E_2)$

Verallgemeinerung: $P(E_1 \cap E_2 \cap ... \cap E_n) = P(E_1) \cdot P(E_2) \cdot ... \cdot P(E_n)$

Aufgabe 09: In einer Urne befinden sich 3 blaue und 4 rote Kugeln. Wie groß ist die Wahrscheinlichkeit entweder 2 blaue Kugeln oder 2 rote Kugeln zu ziehen, wenn 2 Kugeln gleichzeitig (also mit einem Griff) gezogen werden?

E_1 ... 2 blaue $g_1 = 3$
E_2 ... 2 rote $g_2 = 6$

$m = 3 + 6 + 3 \cdot 4 = 21$

$$P(E_1) = \frac{g_1}{m} = \frac{3}{21}; \; P(E_2) = \frac{g_2}{m} = \frac{6}{21}; \; P(E_1 \cup E_2) = P(E_1) + P(E_2) = \frac{3}{21} + \frac{6}{21} = \frac{9}{21} = \frac{3}{7} \approx 0{,}429 \approx 42{,}9\%$$

Aufgabe 10: Berechne die Wahrscheinlichkeit aus einem Preference-Kartenspiel *keinen* König zu ziehen.

Ω...Alle Karten des Kartenspiels: m = 32

E...Karten ohne Könige = übrige Karten: g = 28

E'...König-Karten g' = 4

Direkte Lösung:

$$P(E) = \frac{g}{m} = \frac{28}{32} = \frac{7}{8} = 0{,}875 = 87{,}5\%$$

Lösung mittels Gegenereignis:

$$P(E) = 1 - P(E') = 1 - \frac{g'}{m} = 1 - \frac{4}{32} = \frac{28}{32} = \frac{7}{8} = 87{,}5\%$$

Aufgabe 11: In einer Urne befinden sich 5 weiße und 8 rote Kugeln. In einer zweiten Urne befinden sich 2 rote und 6 schwarze Kugeln. Aus jeder Urne wird eine Kugel gezogen. Wie groß ist die Wahrscheinlichkeit, dass beide Kugeln rot sind?

E_1 ... Aus der ersten Urne wird eine rote Kugel gezogen: $P(E_1) = \dfrac{8}{13}$

E_2 ... Aus der zweiten Urne wird eine rote Kugel gezogen: $P(E_2) = \dfrac{2}{8} = \dfrac{1}{4}$

$$P(E_1 \cap E_2) = P(E_1) \cdot P(E_2) = \frac{8}{13} \cdot \frac{2}{8} = \frac{2}{13} \approx 0{,}154 \approx 15{,}4\%$$

Mehrstufige Zufallsexperimente

Mehrstufige Zufallsexperimente bestehen aus zwei oder mehreren Teilvorgängen. Sie können durch **Baumdiagramme** dargestellt werden. Jedem Ereignis entspricht ein Pfad in diesem Baum.

Multiplikationsregel: Die Wahrscheinlichkeit eines Pfades ergibt sich durch Multiplikation sämtlicher Wahrscheinlichkeiten längs des Pfades.

Additionsregel: Bei Ereignissen, die aus mehreren Pfaden bestehen, werden die einzelnen Pfadwahrscheinlichkeiten addiert.

Aufgabe 12: Eine Urne enthält 4 rote und 5 blaue Kugeln. Es werden nacheinander 2 Kugeln ohne Zurücklegen gezogen. Berechne die Wahrscheinlichkeit, dass **A)** zwei rote Kugeln **B)** mindestens eine rote Kugel **C)** höchstens eine rote Kugel **D)** keine rote Kugel gezogen wurde.

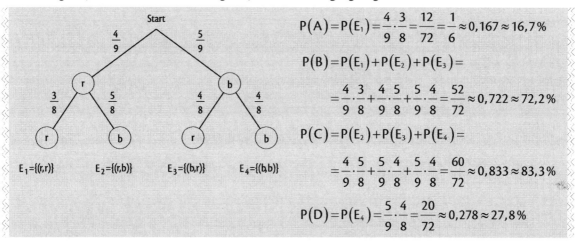

$$P(A) = P(E_1) = \frac{4}{9} \cdot \frac{3}{8} = \frac{12}{72} = \frac{1}{6} \approx 0{,}167 \approx 16{,}7\%$$

$$P(B) = P(E_1) + P(E_2) + P(E_3) =$$
$$= \frac{4}{9} \cdot \frac{3}{8} + \frac{4}{9} \cdot \frac{5}{8} + \frac{5}{9} \cdot \frac{4}{8} = \frac{52}{72} \approx 0{,}722 \approx 72{,}2\%$$

$$P(C) = P(E_2) + P(E_3) + P(E_4) =$$
$$= \frac{4}{9} \cdot \frac{5}{8} + \frac{5}{9} \cdot \frac{4}{8} + \frac{5}{9} \cdot \frac{4}{8} = \frac{60}{72} \approx 0{,}833 \approx 83{,}3\%$$

$$P(D) = P(E_4) = \frac{5}{9} \cdot \frac{4}{8} = \frac{20}{72} \approx 0{,}278 \approx 27{,}8\%$$

Aufgabe 13: Bei einer kleinen Lotterie gibt es 50 Lose. Darunter sind 3 Gewinnlose, der Rest sind Nieten. Jemand kauft 3 Lose. Wie groß ist die Wahrscheinlichkeit, dass genau eines dieser drei Lose gewinnt?

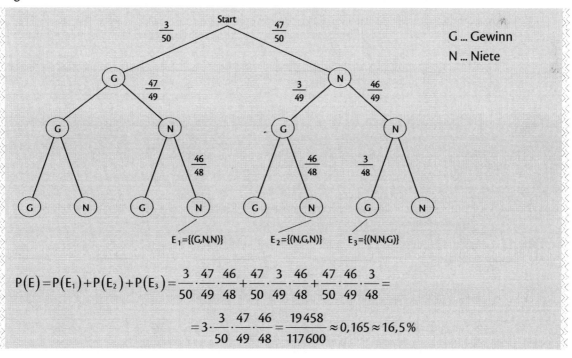

G ... Gewinn
N ... Niete

$$P(E) = P(E_1) + P(E_2) + P(E_3) = \frac{3}{50} \cdot \frac{47}{49} \cdot \frac{46}{48} + \frac{47}{50} \cdot \frac{3}{49} \cdot \frac{46}{48} + \frac{47}{50} \cdot \frac{46}{49} \cdot \frac{3}{48} =$$
$$= 3 \cdot \frac{3}{50} \cdot \frac{47}{49} \cdot \frac{46}{48} = \frac{19\,458}{117\,600} \approx 0{,}165 \approx 16{,}5\%$$

Bedingte Wahrscheinlichkeit

Es seien E_1 und E_2 zwei Ereignisse aus einer Ergebnismenge Ω.

Unter der **bedingten Wahrscheinlichkeit $P(E_1/E_2)$** versteht man die Wahrscheinlichkeit für das Eintreffen von E_1 unter der *Voraussetzung* (unter der *Bedingung*), [wenn man weiß], dass das Ereignis E_2 eingetroffen ist. Wenn Gleichwahrscheinlichkeit vorliegt, gilt für die Berechnung von $P(E_1/E_2)$:

$$P(E_1/E_2) = \frac{\text{Anzahl der für } E_1 \cap E_2 \text{ günstigen Fälle}}{\text{Anzahl der für } E_2 \text{ günstigen Fälle}}$$

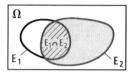

Aufgabe 14: Bei der Untersuchung von 1000 Schülern auf Fehlsichtigkeit erhält man folgende in einer Vierfeldertafel zusammengefasste Ergebnisse:

4-Felder-Tafel

	männlich M		weiblich W		Summe
fehlsichtig F	85	F∩M	36	F∩W	121
normalsichtig N	612	N∩M	267	N∩W	879
Summe	697		303		1000

Berechne die Wahrscheinlichkeit, dass ein zufällig ausgewählter Schüler

a) fehlsichtig ist: $P(F) = \dfrac{121}{1000} = 0{,}121 = 12{,}1\%$

c) männlich ist: $P(M) = \dfrac{697}{1000} = 0{,}697 = 69{,}7\%$

b) normalsichtig ist: $P(N) = \dfrac{879}{1000} = 0{,}879 = 87{,}9\%$

d) weiblich ist: $P(W) = \dfrac{303}{1000} = 0{,}303 = 30{,}3\%$

e) fehlsichtig ist, wenn man weiß, dass er männlich ist: $P(F/M) = \dfrac{85}{697} \approx 0{,}122 \approx 12{,}2\%$

f) männlich ist, wenn man weiß, dass er fehlsichtig ist: $P(M/F) = \dfrac{85}{121} \approx 0{,}702 \approx 70{,}2\%$

g) normalsichtig ist, wenn man weiß, dass er männlich ist: $P(N/M) = \dfrac{612}{697} \approx 0{,}878 \approx 87{,}8\%$

h) männlich ist, wenn man weiß, dass er normalsichtig ist: $P(M/N) = \dfrac{612}{879} \approx 0{,}696 \approx 69{,}6\%$

Die **Bedingte Wahrscheinlichkeit**, dargestellt als *Quotient zweier Wahrscheinlichkeiten*:

$$P(E_1/E_2) = \frac{P(E_1 \cap E_2)}{P(E_2)}, \quad P(E_2) > 0 \qquad \text{Gilt auch, wenn Gleichwahrscheinlichkeit } \textit{nicht} \text{ vorliegt.}$$

Anmerkung: Bei der Berechnung von $P(E_1/E_2)$ und $P(E_1 \cap E_2)$ wird dieselbe Menge $E_1 \cap E_2$ betrachtet. Der Unterschied besteht darin, dass sich $P(E_1/E_2)$ auf die „reduzierte" Ergebnismenge E_2 bezieht, während bei $P(E_1 \cap E_2)$ die gesamte Ergebnismenge Ω ins Auge gefasst wird.

Aufgabe 15: Angabe wie Aufgabe 14. Berechne P(F/W), P(W/F), P(N/W), und P(W/N) mittels Wahrscheinlichkeiten.

Wir benötigen: $P(F \cap W) = \dfrac{36}{1000} = 0{,}036 = 3{,}6\%$ fehlsichtig und weiblich

und $P(N \cap W) = \dfrac{267}{1000} = 0{,}267 = 26{,}7\%$ normalsichtig und weiblich

$$P(F/W) = \frac{P(F \cap W)}{P(W)} = \frac{0,036}{0,303} \approx 0,119 \approx 11,9\% \qquad P(W/F) = \frac{P(W \cap F)}{P(F)} = \frac{0,036}{0,121} \approx 0,298 \approx 29,8\%$$

$$P(N/W) = \frac{P(N \cap W)}{P(W)} = \frac{0,267}{0,303} \approx 0,881 \approx 88,1\% \qquad P(W/N) = \frac{P(W \cap N)}{P(N)} = \frac{0,267}{0,879} \approx 0,304 \approx 30,4\%$$

Aufgabe 16: Drei Produktionsstraßen A, B und C stellen LED-Lampen mit den Zuverlässigkeiten 90 %, 93 % bzw. 95 % her. Die Anteile an der Gesamtproduktion der drei Produktionsstraßen A, B und C betragen 40 %, 35 % bzw. 25 %. Vor dem Verkauf werden die Lampen gründlich gemischt.

Berechne die Wahrscheinlichkeit, dass

a) eine gekaufte Lampe gut ist,

b) eine gekaufte Lampe schlecht ist,

c) eine gekaufte Lampe von der Produktionsstraße A stammt, wenn man weiß, dass sie gut ist,

d) eine gekaufte Lampe von der Produktionsstraße C stammt, wenn man eine schlechte erwischt hat.

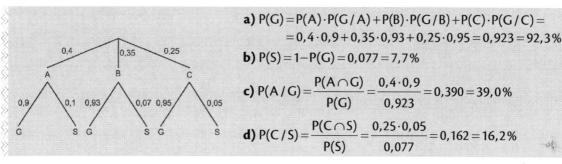

a) $P(G) = P(A) \cdot P(G/A) + P(B) \cdot P(G/B) + P(C) \cdot P(G/C) =$
$= 0,4 \cdot 0,9 + 0,35 \cdot 0,93 + 0,25 \cdot 0,95 = 0,923 = 92,3\%$

b) $P(S) = 1 - P(G) = 0,077 = 7,7\%$

c) $P(A/G) = \frac{P(A \cap G)}{P(G)} = \frac{0,4 \cdot 0,9}{0,923} = 0,390 = 39,0\%$

d) $P(C/S) = \frac{P(C \cap S)}{P(S)} = \frac{0,25 \cdot 0,05}{0,077} = 0,162 = 16,2\%$

Aufgabe 17: Drei Virusarten A, B und C treten bei einer bestimmten Krankheit mit den Wahrscheinlichkeiten $\frac{1}{2}, \frac{1}{6}$ bzw. $\frac{1}{3}$ auf. Alle drei können durch einen bestimmten biochemischen Test nachgewiesen werden, und zwar:

Virus A liefert einen positiven Test mit der Wahrscheinlichkeit 0,6; Virus B mit der Wahrscheinlichkeit 0,3 und Virus C mit der Wahrscheinlichkeit 0,8.

a) Bei einem Erkrankten ist der Test positiv. Mit welcher Wahrscheinlichkeit leidet der Patient an
(1) Virus A, (2) Virus B, (3) Virus C?

b) Nun sei der Test negativ. Mit welcher Wahrscheinlichkeit leidet der Patient trotzdem an Virus C?

a) $P(P) = P(A) \cdot P(P/A) + P(B) \cdot P(P/B) + P(C) \cdot P(P/C)$
$= \frac{1}{2} \cdot 0,6 + \frac{1}{6} \cdot 0,3 + \frac{1}{3} \cdot 0,8 = 0,617 = 61,7\%$

(1) $P(A/P) = \frac{P(A \cap P)}{P(P)} = \frac{\frac{1}{2} \cdot 0,6}{0,617} = 0,486 = 48,6\%$

(2) $P(B/P) = \frac{P(B \cap P)}{P(P)} = \frac{\frac{1}{6} \cdot 0,3}{0,617} = 0,081 = 8,1\%$

(3) $P(C/P) = \frac{P(C \cap P)}{P(P)} = \frac{\frac{1}{3} \cdot 0,8}{0,617} = 0,432 = 43,2\%$

b) $P(N) = 1 - P(P) = 0,383$

$$P(C/N) = \frac{P(C \cap N)}{P(N)} = \frac{\frac{1}{3} \cdot 0,2}{0,383} = 0,174 = 17,4\%$$

Additionssatz für nicht ausschließende (vereinbare) Ereignisse

Es seien E_1 und E_2 zwei Ereignisse, die einander nicht ausschließen. Dann gilt:

$$P(E_1 \cup E_2) = \begin{cases} P(E_1)+P(E_2)-P(E_1 \cap E_2) & \text{oder} \\ P(E_1)+P(E_2)-P(E_1)\cdot P(E_2/E_1) & \text{oder} \\ P(E_1)+P(E_2)-P(E_2)\cdot P(E_1/E_2) \end{cases}$$

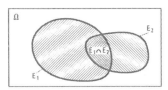

Aufgabe 18: Wie groß ist die Wahrscheinlichkeit mit zwei Würfeln entweder einen Pasch (= gleiche Augenzahl) oder die Augensumme 10 zu werfen?

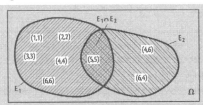

E_1 ... Pasch .... $g_1 = 6$
E_2 ... Augensumme 10 ... $g_2 = 3$
$m = 6 \cdot 6 = 36$

Verwende zur Lösung die obigen Formeln:

$$P(E_1 \cup E_2) = P(E_1)+P(E_2)-P(E_1 \cap E_2) \qquad = \frac{6}{36}+\frac{3}{36}-\frac{1}{36} \qquad = \frac{8}{36} = \frac{2}{9} \approx 0{,}222 \approx 22{,}2\%$$

$$P(E_1 \cup E_2) = P(E_1)+P(E_2)-P(E_1)\cdot P(E_2/E_1) = \frac{6}{36}+\frac{3}{36}-\frac{6}{36}\cdot\frac{1}{6} = \frac{8}{36} = \frac{2}{9} \approx 0{,}222 \approx 22{,}2\%$$

reduzierte Ergebnismenge ↵

$$P(E_1 \cup E_2) = P(E_1)+P(E_2)-P(E_2)\cdot P(E_1/E_2) = \frac{6}{36}+\frac{3}{36}-\frac{3}{36}\cdot\frac{1}{3} = \frac{8}{36} = \frac{2}{9} \approx 0{,}222 \approx 22{,}2\%$$

reduzierte Ergebnismenge ↵

Unabhängigkeit und Abhängigkeit von Ereignissen

Es seien E_1 und E_2 zwei Ereignisse eines Zufallsversuchs. Dann sagt man:

E_1 ist von E_2 **unabhängig**, wenn gilt: $P(E_1|E_2) = P(E_1)$.

E_1 ist von E_2 **abhängig**, wenn gilt: $P(E_1|E_2) \neq P(E_1)$.

Im Falle $P(E_1|E_2) > P(E_1)$ **begünstigt** das Ereignis E_2 das Ereignis E_1.

Im Falle $P(E_1|E_2) < P(E_1)$ **benachteiligt** das Ereignis E_2 das Ereignis E_1.

Aufgabe 19: Überprüfe, in welcher Beziehung die beim Werfen eines Würfels auftretenden Ereignisse zueinander stehen.

a) E_1: Eine Primzahl kommt. E_2: Eine gerade Zahl kommt.
b) E_1: X ist eine Primzahl. E_2: $X \leq 4$.

a) $P(E_1) = \frac{3}{6} = \frac{1}{2}$; $P(E_2) = \frac{3}{6} = \frac{1}{2}$; $P(E_1 \cap E_2) = \frac{1}{6}$; $P(E_1|E_2) = \frac{P(E_1 \cap E_2)}{P(E_2)} = \frac{\frac{1}{6}}{\frac{1}{2}} = \frac{1}{3} \neq P(E_1)$

E_1 ist von E_2 **abhängig**, und zwar benachteiligt das Ereignis E_2 das Ereignis E_1.

b) $P(E_1) = \frac{3}{6} = \frac{1}{2}$; $P(E_2) = \frac{4}{6} = \frac{2}{3}$; $P(E_1 \cap E_2) = \frac{2}{6} = \frac{1}{3}$; $P(E_1|E_2) = \frac{P(E_1 \cap E_2)}{P(E_2)} = \frac{\frac{1}{3}}{\frac{2}{3}} = \frac{1}{2} = P(E_1)$

E_1 ist von E_2 **unabhängig**.

WS 2 Wahrscheinlichkeitsrechnung

Aufgabe 20: Bei 5000 Personen, die eine der Hauptblutgruppen 0 oder A besitzen, ergibt sich folgende Aufteilung. Untersuche, ob die zwei Hauptblutgruppen 0 und A vom Geschlecht abhängen.

4-Felder-Tafel

	männlich M	weiblich W	Summe
Blutgruppe 0	1408	1264	2672
Blutgruppe A	1237	1091	2328
Summe	2645	2355	5000

$P(0) = \dfrac{2672}{5000} \approx 0{,}534$ $\qquad\qquad$ $P(A) = \dfrac{2328}{5000} \approx 0{,}466$

$P(0/M) = \dfrac{1408}{2645} \approx 0{,}532 \approx P(0)$ $\qquad$ $P(A/M) = \dfrac{1237}{2645} \approx 0{,}468 \approx P(A)$

$P(0/W) = \dfrac{1264}{2355} \approx 0{,}537 \approx P(0)$ $\qquad$ $P(A/W) = \dfrac{1091}{2355} \approx 0{,}463 \approx P(A)$

Ergebnis: Das Auftreten der zwei Hauptblutgruppen ist vom Geschlecht der betreffenden Person unabhängig.

Aufgabe 21: Zwei Münzen werden gleichzeitig geworfen. E_1 sei das Ereignis „höchstens einmal Zahl", E_2 sei das Ereignis „jede Seite der Münze mindestens einmal". Überprüfe, ob E_1 von E_2 unabhängig sind.

$\Omega = \{(Z,Z), (Z,W), (W,Z), (W,W)\}$

$E_1 = \{(Z,W), (W,Z), (W,W)\} \quad P(E_1) = \dfrac{3}{4}$ $\qquad$ $E_2 = \{(Z,W), (W,Z)\} \quad P(E_2) = \dfrac{1}{2}$

$E_1 \cap E_2 = \{(Z,W), (W,Z)\} \quad P(E_1 \cap E_2) = \dfrac{1}{2}$

$P(E_1/E_2) = \dfrac{P(E_1 \cap E_2)}{P(E_2)} = \dfrac{\frac{1}{2}}{\frac{1}{2}} = 1$

Ergebnis: $P(E_1/E_2) \neq P(E_1) \Rightarrow E_1$ ist von E_2 **abhängig**.

Aufgabe 22: Löse die in Aufgabe 21 gestellte Aufgabe für drei Münzen.

$\Omega = \{(Z,Z,Z), (Z,Z,W), (Z,W,Z), (W,Z,Z), (Z,W,W), (W,Z,W), (W,W,Z), (W,W,W)\}$

$E_1 = \{(Z,W,W), (W,Z,W), (W,W,Z), (W,W,W)\}$ $\qquad\qquad P(E_1) = \dfrac{1}{2}$

$E_2 = \{(Z,Z,W), (Z,W,Z), (W,Z,Z), (Z,W,W), (W,Z,W), (W,W,Z)\}$ $\qquad P(E_2) = \dfrac{3}{4}$

$E_1 \cap E_2 = \{(Z,W,W), (W,Z,W), (W,W,Z)\}$ $\qquad\qquad\qquad\qquad P(E_1 \cap E_2) = \dfrac{3}{8}$

$P(E_1/E_2) = \dfrac{P(E_1 \cap E_2)}{P(E_2)} = \dfrac{\frac{3}{8}}{\frac{3}{4}} = \dfrac{1}{2}$

Ergebnis: $P(E_1/E_2) = P(E_1) = \dfrac{1}{2} \Rightarrow E_1$ ist von E_2 **unabhängig**.

Anmerkung: Bei den Aufgaben 21 und 22 zeigt sich, dass die Unabhängigkeit zwischen E_1 und E_2 von der Anzahl der Münzen abhängt.

Multiplikationssatz für abhängige Ereignisse

Die Wahrscheinlichkeit für das gleichzeitige Eintreten zweier abhängiger Ereignisse E_1 und E_2 ist

$$P(E_1 \cap E_2) = P(E_1) \cdot P(E_2/E_1) \text{ oder } P(E_1 \cap E_2) = P(E_2) \cdot P(E_1/E_2).$$

Aufgabe 23: In einer Urne befinden sich 7 blaue und 8 rote Kugeln. Es wird eine Kugel gezogen und diese *nicht* zurückgelegt. Dann wird eine zweite Kugel gezogen. Berechne die Wahrscheinlichkeit, dass beide Kugeln blau sind.

Beim ersten Mal wird eine blaue Kugel gezogen: $P(E_1) = \dfrac{7}{15}$

Beim zweiten Mal wird wieder eine blaue Kugel gezogen: $P(E_2/E_1) = \dfrac{6}{14}$

Beide Kugeln sind blau: $P(E_1 \cap E_2) = P(E_1) \cdot P(E_2/E_1) = \dfrac{7}{15} \cdot \dfrac{6}{14} = \dfrac{1}{5} = 0{,}2 = 20\%$

Aufgabe 24: Ein Händler bezieht aus zwei Werken 1000 Stück eines bestimmten Artikels. Aus Werk A stammen 700 Stück, davon sind 83 % normgerecht. Aus Werk B stammen 300 Stück, davon sind 63 % normgerecht.

Wie groß ist die Wahrscheinlichkeit, dass ein zufällig herausgegriffener Artikel

a) aus Werk A stammt und **(1)** normgerecht, **(2)** *nicht* normgerecht ist?
b) aus Werk B stammt und **(1)** normgerecht, **(2)** *nicht* normgerecht ist?
c) aus einem der Werke stammt und **(1)** normgerecht, **(2)** *nicht* normgerecht ist?

Sei A (bzw. B) das Ereignis, dass der Artikel aus Werk A (bzw. B) stammt, und N (bzw. N') das Ereignis, dass der Artikel normgerecht (bzw. nicht normgerecht) ist.

a)(1) $P(A \cap N) = P(A) \cdot P(N/A)$

$= \dfrac{700}{1000} \cdot 0{,}830 = 0{,}581 = 58{,}1\%$

(2) $P(A \cap N') = P(A) \cdot P(N'/A)$

$= \dfrac{700}{1000} \cdot (1 - 0{,}83) = \dfrac{700}{1000} \cdot 0{,}17 = 0{,}119 = 11{,}9\%$

b)(1) $P(B \cap N) = P(B) \cdot P(N/B)$

$= \dfrac{300}{1000} \cdot 0{,}63 = 0{,}189 = 18{,}9\%$

(2) $P(B \cap N') = P(B) \cdot P(N'/B)$

$= \dfrac{300}{1000} \cdot (1 - 0{,}63) = \dfrac{300}{1000} \cdot 0{,}37 = 0{,}111 = 11{,}1\%$

c) (1) $P(N) = 0{,}581 + 0{,}189 = 0{,}77 = 77\%$

(2) $P(N') = 0{,}119 + 0{,}111 = 0{,}23 = 23\%$

Anmerkungen: Die Summe der unter a) und b) berechneten Wahrscheinlichkeiten ist 1 (Sicheres Ereignis).
Die Summe der unter c) berechneten Wahrscheinlichkeiten ist 1 (Sicheres Ereignis).

Totale Wahrscheinlichkeit

Tritt ein Ereignis E in Verbindung mit den einander ausschließenden Ereignissen E_1 und E_2 auf, dann berechnet sich seine Wahrscheinlichkeit mit der Formel für die **totale Wahrscheinlichkeit**:

$$P(E) = P(E_1) \cdot P(E/E_1) + P(E_2) \cdot P(E/E_2)$$

Verallgemeinerung: $P(E) = P(E_1) \cdot P(E/E_1) + P(E_2) \cdot P(E/E_2) + \ldots + P(E_n) \cdot P(E/E_n) = \sum_{i=1}^{n} P(E_i) \cdot P(E/E_i)$

Mit dieser Formel kann man die **Wahrscheinlichkeit für ein zweistufiges Zufallsexperiment** aus den *bedingten* Wahrscheinlichkeiten berechnen. Aus einem geeigneten Baumdiagramm erhält man sie, indem man die Wahrscheinlichkeiten aller nach E führenden Pfade addiert.

Satz von BAYES

$$P(E_1/E) = \frac{P(E_1) \cdot P(E/E_1)}{P(E)} \; ; \; P(E_2/E) = \frac{P(E_2) \cdot P(E/E_2)}{P(E)}$$

Verallgemeinerung: $P(E_i/E) = \dfrac{P(E_i) \cdot P(E/E_i)}{P(E)} = \dfrac{P(E_i) \cdot P(E/E_i)}{\sum_{j=1}^{n} P(E_j) \cdot P(E/E_j)}$

Diese Formel kann also zur **Berechnung der bedingten Wahrscheinlichkeit** $P(E_i/E)$ verwendet werden, wenn $P(E_i)$, $P(E/E_i)$ und die totale Wahrscheinlichkeit $P(E)$ bekannt sind.

Aufgabe 25: Eine Fabrik erzeugt Qualitätsprodukte, die zu 87 % normgerecht sind. Wenn das Produkt nicht normgerecht ist, wird es zu 95 % von der Qualitätskontrolle als solches erkannt. Normgerechte Produkte werden bei der Qualitätskontrolle zu 0,3 % fälschlicherweise als nicht normgerecht ausgewiesen.

a) Die Qualitätskontrolle sei positiv, sie weist also das Produkt als nicht normgerecht aus. Wie groß ist die Wahrscheinlichkeit, dass es tatsächlich nicht normgerecht ist?

b) Die Qualitätskontrolle sei negativ, sie weist also das Produkt als normgerecht aus. Wie groß ist die Wahrscheinlichkeit, dass es trotzdem nicht normgerecht ist?

c) Berechne die Wahrscheinlichkeiten **(1)** P(N/Q), **(2)** P(N/Q′) und deute sie.

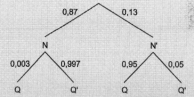

N … normgerecht   N′ … nicht normgrecht
Q … positive   Q′ … negative Kontrolle

a) $P(Q) = P(N) \cdot P(Q/N) + P(N') \cdot P(Q/N') =$
$= 0{,}87 \cdot 0{,}003 + 0{,}13 \cdot 0{,}95 = 0{,}126 = 12{,}6\,\%$

$P(N'/Q) = \dfrac{P(N') \cdot P(Q/N')}{P(Q)} = \dfrac{0{,}13 \cdot 0{,}95}{0{,}126} = 0{,}979 = 97{,}9\,\%$

b) $P(Q') = P(N) \cdot P(Q'/N) + P(N') \cdot P(Q'/N') =$
$= 0{,}87 \cdot 0{,}997 + 0{,}13 \cdot 0{,}05 = 0{,}874 = 87{,}4\,\%$

$P(N'/Q') = \dfrac{P(N') \cdot P(Q'/N')}{P(Q')} = \dfrac{0{,}13 \cdot 0{,}05}{0{,}874} = 0{,}007 = 0{,}7\,\%$

c) (1) $P(N/Q) = \dfrac{P(N) \cdot P(Q/N)}{P(Q)} = \dfrac{0{,}87 \cdot 0{,}003}{0{,}126} = 0{,}021 = 2{,}1\,\%$

Wahrscheinlichkeit, dass das Produkt normgerecht ist, obwohl die Qualitätskontrolle positiv ist, also das Produkt als nicht normgerecht ausgewiesen wird.

(2) $P(N/Q') = \dfrac{P(N) \cdot P(Q'/N)}{P(Q')} = \dfrac{0{,}87 \cdot 0{,}997}{0{,}874} = 0{,}992 = 99{,}2\,\%$

Wahrscheinlichkeit, dass das Produkt tatsächlich normgerecht ist, wenn die Qualitätskontrolle negativ ist, also das Produkt als normgerecht ausgewiesen wird.

Kombinatorik

Für die Berechnung von Wahrscheinlichkeiten nach LAPLACE benötigt man die Anzahl g der günstigen und die Anzahl m der möglichen Fälle. Wenn diese Werte groß sind, kann man sie nicht durch einfache Überlegungen ermitteln und auch die Baumdiagramme eignen sich nicht mehr, weil sie wegen der vielen Pfade unübersichtlich werden. Aus diesem Grund werden **Zählformeln** aus der Kombinatorik zu ihrer Berechnung verwendet.

Im Folgenden werden die Permutationen, die Kombinationen und die Variationen behandelt.

Permutationen

Ist M eine Menge von n *verschiedenen* Elementen, so heißt jede *Anordnung* dieser n Elemente eine
Permutation ohne Wiederholung.

Anzahl der möglichen Anordnungen: $\boxed{P_n = n \cdot (n-1) \cdot (n-2) \cdot \ldots \cdot 3 \cdot 2 \cdot 1 = n!}$ Sprich: "n Faktorielle" oder "n Fakultät"

Ist M eine Menge von n Elementen, bei denen r *gleiche* oder Gruppen von r, s, t, ... *gleichen* Elementen vorkommen, so heißt jede *Anordnung* dieser n Elemente eine
Permutation mit Wiederholung.

Anzahl der möglichen Anordnungen: $\boxed{{}^r P_n = \dfrac{n!}{r!}}$ Allgemein: ${}^{r,s,t,\ldots}P_n = \dfrac{n!}{r! \cdot s! \cdot t! \cdot \ldots}$, $r+s+t+\ldots = n$

Aufgabe 26: Wie viele Sitzordnungen können in einem PKW von 5 Personen eingenommen werden, wenn **a)** jede Person den PKW lenken darf, **b)** wenn nur eine Person den PKW lenken darf.

a) $P_5 = 5! = 5 \cdot 4 \cdot 3 \cdot 2 \cdot 1 = 120$ Sitzordnungen

b) 1 Platz ist fix, daher $P_4 = 4! = 4 \cdot 3 \cdot 2 \cdot 1 = 24$ Sitzordnungen

Aufgabe 27: Wie viele sechsziffrige Zahlen lassen sich aus den Ziffern 1, 2, 2, 4, 4, 4 bilden?

$${}^{2,3}P_6 = \dfrac{6!}{2! \cdot 3!} = \dfrac{6 \cdot 5 \cdot 4 \cdot 3 \cdot 2 \cdot 1}{2 \cdot 1 \cdot 3 \cdot 2 \cdot 1} = 60$$

Variationen

Ist M eine Menge von n Elementen, so heißt jede *Anordnung* von k *verschiedenen* Elementen aus M eine **Variation ohne Wiederholung** (geordnete Stichprobe ohne Zurücklegen) von n Elementen zur Klasse k ($k \leq n$).

Anzahl der möglichen Anordnungen: $\boxed{{}^k V_n = n \cdot (n-1) \cdot (n-2) \cdot \ldots \cdot (n-k+1) = \dfrac{n!}{(n-k)!}}$

Ist M eine Menge von n Elementen, so heißt jede *Anordnung* von k *nicht notwendig verschiedenen* Elementen aus M eine **Variation mit Wiederholung** (geordnete Stichprobe mit Zurücklegen) von n Elementen zur Klasse k.

Anzahl der möglichen Anordnungen: $\boxed{{}^k \overline{V}_n = n^k}$

Aufgabe 28: Eine Urne enthält 5 Kugeln verschiedener Farbe. Zieht man nacheinander 3 Kugeln
  a) ohne Zurücklegen, so erhält man eine geordnete Stichprobe ohne Zurücklegen vom Umfang 3.
  b) mit Zurücklegen, so erhält man eine geordnete Stichprobe mit Zurücklegen vom Umfang 3.
     Wie viele Möglichkeiten gibt es?

a) ${}^3 V_5 = \dfrac{5!}{(5-3)!} = \dfrac{5!}{2!} = \dfrac{5 \cdot 4 \cdot 3 \cdot 2 \cdot 1}{2 \cdot 1} = 5 \cdot 4 \cdot 3 = 60$ (Kontrolle mit der Taste $\boxed{\text{nPr}}$ am Taschenrechner).

b) ${}^3 \overline{V}_5 = 5^3 = 125$

Kombinationen

Ist M eine Menge von n Elementen, so heißt jede *Teilmenge* von k (k ≤ n) *verschiedenen* Elementen aus M eine **Kombination ohne Wiederholung** (ungeordnete Stichprobe ohne Zurücklegen) von n Elementen zur Klasse k.

Anzahl der möglichen Anordnungen: $${}^kK_n = \frac{n \cdot (n-1) \cdot \ldots \cdot (n-k+1)}{k!} = \frac{n!}{k! \cdot (n-k)!} = \binom{n}{k}$$

$\binom{n}{k}$, sprich „n über k", heißt **Binomialkoeffizient.**

Ist M eine Menge von n Elementen, so heißt jede *Teilmenge* von k (k ≤ n) *nicht notwendig verschiedenen* Elementen aus M eine **Kombination mit Wiederholung** (ungeordnete Stichprobe mit Zurücklegen) von n Elementen zur Klasse k.

Anzahl der möglichen Anordnungen: $${}^k\overline{K}_n = \frac{(n+k-1) \cdot (n+k-2) \cdot \ldots \cdot n}{n \cdot (n-1) \cdot \ldots \cdot 1} = \frac{(n+k-1)!}{k! \cdot (n-1)!} = \binom{n+k-1}{k}$$

Aufgabe 29: Acht Spieler bestreiten ein Tennisturnier. Wie viele Spielerpaarungen sind möglich?

$${}^2K_8 = \binom{8}{2} = \frac{8 \cdot 7}{2!} = \frac{56}{2} = 28 \text{ (Kontrolle mit der Taste } \boxed{nCr} \text{ am Taschenrechner).}$$

Aufgabe 30: Wie viele verschiedene Würfe kann man mit zwei Würfeln machen, wenn zwischen den Würfen 1, 2 und 2, 1 etc. nicht unterschieden wird?

$${}^2\overline{K}_6 = \binom{6+2-1}{2} = \binom{7}{2} = \frac{7 \cdot 6}{2!} = \frac{42}{2} = 21$$

Aufgabe 31: Zur Kontrolle einer Warenlieferung von 24 LED-Lampen wird eine Stichprobe von 3 Lampen entnommen. Wieviele Stichproben sind möglich?

$${}^3K_{24} = \binom{24}{3} = \frac{24 \cdot 23 \cdot 22}{3!} = \frac{12144}{6} = 2024 \text{ (Kontrolle mit der Taste } \boxed{nCr} \text{ am Taschenrechner).}$$

Aufgabe 32: Für Binomialkoeffizienten gilt die Formel $\binom{n}{k} = \binom{n}{n-k}$. Überprüfe deren Richtigkeit für n = 40 und k = 4.

$$\binom{40}{4} = \binom{40}{36} = 91390 \text{ (Berechnung mit der Taste } \boxed{nCr} \text{ am Taschenrechner).}$$

Aufgabe 33: Von den 12 besten Schifahrern einer Schule sollen 5 zu einem regionalen Bewerb entsendet werden. Deute den Ausdruck $\binom{12}{5}$ im gegebenen Kontext und berechne seinen Wert.

Der Ausdruck gibt die Anzahl der Möglichkeiten an, aus 12 Schifahrern 5 auszuwählen.

$$\binom{12}{5} = 792 \quad \text{(Berechnung mit der Taste } \boxed{nCr} \text{ am Taschenrechner).}$$

Aufgabe 34: Die Berechnung des Wertes $\binom{90}{85}$ führt am Taschenrechner auf einen Error. Wie kann man den Wert trotzdem berechnen?

$$\text{Wegen } \binom{n}{k} = \binom{n}{n-k} \text{ gilt: } \binom{90}{85} = \binom{90}{5} = 43949268$$

Berechnung von Wahrscheinlichkeiten mittels kombinatorischer Zählformeln

Aufgabe 35: In einer Urne befinden sich 7 blaue und 11 rote Kugeln.
Berechne die Wahrscheinlichkeit, dass unter drei gleichzeitig[2] gezogenen Kugeln

a) genau zwei blaue sind:

$$\Omega = \{(b,b,b), ..., (r,r,r)\} \quad m = {}^3K_{18} = \binom{18}{3} = \frac{18 \cdot 17 \cdot 16}{3 \cdot 2 \cdot 1} = 816$$

$$E_1 = \{(b,b,r), ..., (r,b,b)\} \quad g_1 = {}^2K_7 \cdot {}^1K_{11} = \binom{7}{2} \cdot \binom{11}{1} = \frac{7 \cdot 6}{2 \cdot 1} \cdot 11 = 231$$

$$P(E_1) = \frac{g_1}{m} = \frac{231}{816} \approx 0{,}283 \approx 28{,}3\,\%$$

b) drei blaue sind:

$$\Omega = \{(b,b,b), ..., (r,r,r)\} \quad m = {}^3K_{18} = \binom{18}{3} = 816$$

$$E_2 = \{(b,b,b), ..., (b,b,b)\} \quad g_2 = {}^3K_7 = \binom{7}{3} = \frac{7 \cdot 6 \cdot 5}{3 \cdot 2 \cdot 1} = 35$$

$$P(E_2) = \frac{g_2}{m} = \frac{35}{816} \approx 0{,}043 \approx 4{,}3\,\%$$

c) mindestens zwei blaue sind (das sind genau zwei blaue oder drei blaue):

$E = E_1 \cup E_2$ mit $E_1 \cap E_2 = \{\ \}$; aufgrund des Summensatzes gilt:

$$P(E) = P(E_1 \cup E_2) = P(E_1) + P(E_2) = \frac{231}{816} + \frac{35}{816} = \frac{266}{816} \approx 0{,}326 \approx 32{,}6\,\%$$

d) höchstens zwei blaue sind (das sind keine blaue oder genau eine blaue oder genau zwei blaue; das Gegenereignis dazu sind genau drei blaue):

Direkte Lösung:

E_3: keine blaue = nur rote:

$$g_3 = {}^3K_{11} = \binom{11}{3} = \frac{11 \cdot 10 \cdot 9}{3 \cdot 2 \cdot 1} = 165$$

$$P(E_3) = \frac{g_3}{m} = \frac{165}{816} \approx 0{,}202 \approx 20{,}2\,\%$$

E_4: genau eine blaue:

$$g_4 = {}^1K_7 \cdot {}^2K_{11} = \binom{7}{1} \cdot \binom{11}{2} = \frac{7 \cdot 11 \cdot 10}{2 \cdot 1} = 385$$

$$P(E_4) = \frac{g_4}{m} = \frac{385}{816} \approx 0{,}472 \approx 47{,}2\,\%$$

E_1: genau zwei blaue (unter **a)** berechnet):

$$P(E_1) = \frac{231}{816} \approx 0{,}283 \approx 28{,}3\,\%$$

$E = E_1 \cup E_3 \cup E_4$; Durchschnitte sind paarweise leer, daher:

$$P(E) = P(E_1 \cup E_3 \cup E_4) = P(E_1) + P(E_3) + P(E_4) =$$

$$= \frac{231}{816} + \frac{165}{816} + \frac{385}{816} = \frac{781}{816} \approx 0{,}957 \approx 95{,}7\,\%$$

Lösung mittels Gegenereignis:

E': genau drei blaue Kugeln

$$g' = {}^3K_7 = \binom{7}{3} = \frac{7 \cdot 6 \cdot 5}{3 \cdot 2 \cdot 1} = 35$$

$$P(E') = \frac{g'}{m} = \frac{35}{816} \approx 0{,}043 \approx 4{,}3\,\%$$

$$P(E) = 1 - P(E')$$

$$P(E) \approx 1 - 0{,}043 \approx 0{,}957 \approx 95{,}7\,\%$$

Die Lösung mittels Gegenereignis führt hier rascher zum Ziel.

---

[2] Gleichzeitig ziehen = Ziehen mit einem Griff = Ziehen ohne Zurücklegen

Aufgabe 36: Der erweiterte Vereinsvorstand hat 16 Mitglieder, davon sind 7 Frauen und 9 Männer. Für einen Unterausschuss werden 4 Personen zufällig bestimmt. Wie groß ist die Wahrscheinlichkeit, dass zwei oder drei Frauen diesem Ausschuss angehören werden?

$$m = {}^4K_{16} = \binom{16}{4} = 1820$$

$$g_1 = {}^2K_7 \cdot {}^2K_9 = \binom{7}{2}\cdot\binom{9}{2} = 21\cdot 35 = 735, \quad g_2 = {}^3K_7 \cdot {}^1K_9 = \binom{7}{3}\cdot\binom{9}{1} = 35\cdot 9 = 315$$

$$P(E) = \frac{g_1}{m} + \frac{g_2}{m} = \frac{735}{1820} + \frac{315}{1820} = \frac{1050}{1820} \approx 0{,}577 \approx 57{,}7\%$$

Aufgabe 37: Von zehn Losen gewinnen zwei. Berechne die Wahrscheinlichkeit dafür, dass unter fünf willkürlich ausgewählten Losen mindestens ein Gewinnlos ist.

E' ... kein Gewinnlos (nur Nieten) ist das Gegenereignis

$$g' = {}^5K_8 = \binom{8}{5} = \frac{8\cdot 7\cdot 6\cdot 5\cdot 4}{5\cdot 4\cdot 3\cdot 2\cdot 1} = 56; \quad m = {}^5K_{10} = \binom{10}{5} = \frac{10\cdot 9\cdot 8\cdot 7\cdot 6}{5\cdot 4\cdot 3\cdot 2\cdot 1} = 252$$

$$P(E') = \frac{g'}{m} = \frac{56}{252} = \frac{2}{9}; \quad P(E) = 1 - P(E') = 1 - \frac{2}{9} = \frac{7}{9} = 0{,}\overline{7} \approx 0{,}778 \approx 77{,}8\%$$

Aufgabe 38: 16 Spieler einer Spielgemeinschaft werden in zwei Gruppen von je 8 Spielern gelost. Berechne die Wahrscheinlichkeit, dass die beiden ältesten Spieler
a) in verschiedene Gruppen gelost werden,
b) in dieselbe Gruppe gelost werden.

a) $m = \binom{16}{8}, \; g = \binom{14}{7}\cdot 2 \; ; \; P(E) = \dfrac{\binom{14}{7}\cdot 2}{\binom{16}{8}} \approx 0{,}533 \approx 53{,}3\%$

b) $m = \binom{16}{8}, \; g = \binom{14}{6}\cdot 2 \; ; \; P(E) = \dfrac{\binom{14}{6}\cdot 2}{\binom{16}{8}} \approx 0{,}467 \approx 46{,}7\%$

Aufgabe 39: Eine Lieferung von 100 Stück eines Elektroartikels enthält 5 defekte Artikel. Wie groß ist die Wahrscheinlichkeit, dass unter 50 verkauften Artikeln
a) keiner defekt ist b) einer defekt ist c) alle 5 defekten dabei sind.

a) $m = \binom{100}{50}, \; g = \binom{5}{0}\binom{95}{50} = \binom{95}{50}; \; P(E) = \dfrac{\binom{95}{50}}{\binom{100}{50}} \approx 0{,}028 \approx 2{,}8\%$

b) $m = \binom{100}{50}, \; g = \binom{5}{1}\cdot\binom{95}{49}; \; P(E) = \dfrac{\binom{5}{1}\binom{95}{49}}{\binom{100}{50}} \approx 0{,}153 \approx 15{,}3\%$

c) $m = \binom{100}{50}, \; g = \binom{5}{5}\binom{95}{45} = \binom{95}{45}; \; P(E) = \dfrac{\binom{95}{45}}{\binom{100}{50}} \approx 0{,}028 \approx 2{,}8\%$

WS 3 Wahrscheinlichkeitsverteilungen

Zufallsvariable (Zufallsgröße)

Eine Funktion X, die jedem Ergebnis ω eines Zufallsexperiments mit der Ergebnismenge Ω genau eine reelle Zahl zuordnet, heißt **Zufallsvariable:** $X : \omega \mapsto X(\omega); D_X = \Omega, W_X \subseteq \mathbb{R}$

Eine Zufallsvariable heißt *diskret*, wenn sie endlich viele oder abzählbar unendlich viele Werte annehmen kann. Ist dies *nicht* der Fall, liegt eine *stetige* oder *kontinuierliche* Zufallsvariable vor. Mithilfe von Zufallsvariablen können Ereignisse beschrieben werden.

Für das Ereignis $E_i = \{\omega \in \Omega \mid X(\omega) = x_i\}$ schreibt man kurz $\{X = x_i\}$.

In einer Ergebnismenge können verschiedene Zufallsvariablen definiert werden.

Beispiele:
- Beim Werfen eines idealen Würfels können die Augenzahlen 1, 2, 3, 4, 5, 6 auftreten. Es handelt sich hier um eine Zufallsvariable, die die diskreten Werte 1, 2, 3, 4, 5, 6 annehmen kann.
- Die Geschwindigkeit eines Körpers kann in einem gegebenen Intervall jeden beliebigen Wert annehmen. Es liegt eine stetige Zufallsvariable vor.

Aufgabe 01: Zwei Würfeln werden gleichzeitig geworfen. Die Zufallsvariable X sei die geworfene Augensumme. Welche Zufallsvariable liegt vor und welche Werte kann sie annehmen?

Es liegt eine diskrete Zufallsvariable vor. X kann die Werte 2, 3, 4, 5, 6, 7, 8, 9, 10, 11, 12 annehmen.

Aufgabe 02: Aus einem Kartenspiel mit 8 Königen werden 3 Karten gezogen. Die Zufallsvariable X sei die Anzahl der gezogenen Könige. Welche Zufallsvariable liegt vor und welche Werte kann sie annehmen?

Es liegt eine diskrete Zufallsvariable vor. X kann die Werte 0, 1, 2, 3 annehmen.

Aufgabe 03: Eine Münze wird dreimal hintereinander geworfen. Es erscheint entweder Zahl Z oder Wappen W. Zufallsvariable X sei die Anzahl der geworfenen Zahlen Z.
In wie viele Ereignisse wird Ω durch die Zufallsvariable zerlegt?

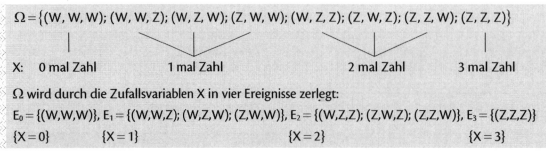

Ω wird durch die Zufallsvariablen X in vier Ereignisse zerlegt:
$E_0 = \{(W,W,W)\}$, $E_1 = \{(W,W,Z); (W,Z,W); (Z,W,W)\}$, $E_2 = \{(W,Z,Z); (Z,W,Z); (Z,Z,W)\}$, $E_3 = \{(Z,Z,Z)\}$
$\{X=0\}$ $\{X=1\}$ $\{X=2\}$ $\{X=3\}$

Aufgabe 04: Welche Ereignisse werden in Aufgabe 03 durch
a) $\{X=2\}$ b) $\{X \leq 1\}$ c) $\{X \geq 2\}$ d) $\{0 < X < 3\}$ beschrieben?

a) $\{X=2\} = \{(W, Z, Z); (Z, W, Z); (Z, Z, W)\}$
b) $\{X \leq 1\} = \{X=0\} \cup \{X=1\} = \{(W, W, W); (W, W, Z); (W, Z, W); (Z, W, W)\}$
c) $\{X \geq 2\} = \{X=2\} \cup \{X=3\} = \{(W, Z, Z); (Z, W, Z); (Z, Z, W); (Z, Z, Z)\}$
d) $\{0 < X < 3\} = \{X=1\} \cup \{X=2\} = \{(W, W, Z); (W, Z, W); (Z, W, W); (W, Z, Z); (Z, W, Z); (Z, Z, W)\}$

Wahrscheinlichkeitsverteilung einer diskreten Zufallsvariablen

Die Wahrscheinlichkeitsverteilung einer diskreten Zufallsvariablen X lässt sich durch die Wahrscheinlichkeitsfunktion oder durch die zugehörige Verteilungsfunktion beschreiben.

Sei X eine diskrete Zufallsvariable mit der Wertemenge $W_x = \{x_1, x_2, \ldots, x_n\}$.

Jene Funktion f(x), die jedem $x \in W_x$ die zugehörige Wahrscheinlichkeit $P(X=x) = f(x)$ zuordnet, heißt **Wahrscheinlichkeitsfunktion** der Zufallsvariablen X.

$f: W_x \to [0;1]$, $x \mapsto f(x)$, mit $f(x) = P(X=x)$, wobei $f(x_i) \geq 0$ für $i = 1, 2, \ldots, n$.

Jene Funktion F(x), die jeder reellen Zahl x die Wahrscheinlichkeit $P(X \leq x) = F(x)$ zuordnet, heißt **Verteilungsfunktion** der Zufallsvariablen X.

$F: \mathbb{R} \to [0;1]$, $x \mapsto F(x)$, mit $F(x) = P(X \leq x) = \sum_{x_i \leq x} f(x_i)$, wobei $\sum_{i=1}^{n} f(x_i) = 1$.

Mithilfe der Verteilungsfunktion kann man zB die Wahrscheinlichkeit berechnen, dass die Zufallsvariable einen Wert zwischen a (ausschließlich) und b (einschließlich) annimmt.

Es gilt: $P(a < X \leq b) = F(b) - F(a)$. Ferner gilt für jeden Wert x der Zufallsvariablen: $P(X > x) = 1 - P(X \leq x)$.

Aufgabe 05: Auf eine Zielscheibe werden unabhängig voneinander drei Schüsse abgegeben. Die Trefferwahrscheinlichkeit betrage für jeden Schuss $\frac{1}{2}$. Die Zufallsvariable X sei die Anzahl der Treffer. Stelle die Wahrscheinlichkeitsfunktion graphisch dar.

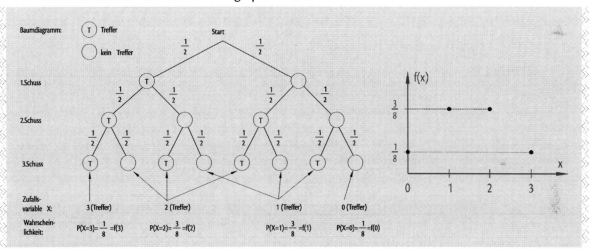

Aufgabe 06: a) Ermittle die Verteilungsfunktion von Aufgabe 05 und zeichne ihren Graphen.
b) Berechne $P(1 < X \leq 2)$. **c)** $P(X > 1)$

a) $F(0) = P(X \leq 0) = \sum_{x_i \leq 0} f(x_i) = f(0) = \frac{1}{8}$

$F(1) = P(X \leq 1) = \sum_{x_i \leq 1} f(x_i) = f(0) + f(1) = \frac{4}{8}$

$F(2) = P(X \leq 2) = \sum_{x_i \leq 2} f(x_i) = f(0) + f(1) + f(2) = \frac{7}{8}$

$F(3) = P(X \leq 3) = \sum_{x_i \leq 3} f(x_i) = f(0) + f(1) + f(2) + f(3) = 1$

b) $P(1 < X \leq 2) = F(2) - F(1) = \frac{7}{8} - \frac{4}{8} = \frac{3}{8}$ **c)** $P(X > 1) = 1 - P(X \leq 1) = 1 - \frac{4}{8} = \frac{4}{8}$

Kennzahlen einer diskreten Wahrscheinlichkeitsverteilung

Sei X eine diskrete Zufallsvariable mit der Wertemenge $W_x = \{x_1, x_2, ..., x_n\}$ und den Wahrscheinlichkeiten $f(x_1), f(x_2), ..., f(x_n)$, dann heißen:

$$E(X) = \mu = \sum_{i=1}^{n} x_i \cdot f(x_i) \qquad \textbf{Erwartungswert}$$

$$V(X) = \sigma^2 = \sum_{i=1}^{n} (x_i - \mu)^2 \cdot f(x_i) \qquad \textbf{Varianz}$$

$$\sqrt{V(X)} = \sigma \qquad \textbf{Standardabweichung}$$

der Zufallsvariablen X

Anmerkungen: a) Der Erwartungswert ist ein Mittelwert, um den die Zufallsvariable schwankt. Er muss von der Zufallsvariablen selbst nicht angenommen werden.

b) Varianz und Standardabweichung sind Maße für die mittlere Abweichung der Zufallsvariablen vom Erwartungswert.

Aufgabe 07: Berechne μ, σ^2 und σ von Aufgabe 05.

$$\mu = \sum_{i=1}^{4} x_i \cdot f(x_i) = x_1 \cdot f(x_1) + x_2 \cdot f(x_2) + x_3 \cdot f(x_3) + x_4 \cdot f(x_4) =$$

$$= 0 \cdot \frac{1}{8} + 1 \cdot \frac{3}{8} + 2 \cdot \frac{3}{8} + 3 \cdot \frac{1}{8} = \frac{12}{8} = \frac{3}{2} = 1{,}5$$

$$\sigma^2 = \sum_{i=1}^{4} (x_i - \mu)^2 \cdot f(x_i) = (x_1 - \mu)^2 \cdot f(x_1) + (x_2 - \mu)^2 \cdot f(x_2) + (x_3 - \mu)^2 \cdot f(x_3) + (x_4 - \mu)^2 \cdot f(x_4) =$$

$$= (-1{,}5)^2 \cdot \frac{1}{8} + (-0{,}5)^2 \cdot \frac{3}{8} + (0{,}5)^2 \cdot \frac{3}{8} + (1{,}5)^2 \cdot \frac{1}{8} =$$

$$= \frac{2{,}25}{8} + \frac{0{,}75}{8} + \frac{0{,}75}{8} + \frac{2{,}25}{8} = \frac{6}{8} = 0{,}75$$

$$\sigma = \sqrt{0{,}75} \approx 0{,}87$$

Zur einfacheren Berechnung der **Varianz** σ^2 dient die Formel: $\sigma^2 = \sum_{i=1}^{n} x_i^2 \cdot f(x_i) - \mu^2$

σ^2 aus Aufgabe 07 mit obiger Formel:

$$\sigma^2 = \sum_{i=1}^{4} x_i^2 \cdot f(x_i) - \mu^2 = x_1^2 \cdot f(x_1) + x_2^2 \cdot f(x_2) + x_3^2 \cdot f(x_3) + x_4^2 \cdot f(x_4) - \mu^2 =$$

$$= 0^2 \cdot \frac{1}{8} + 1^2 \cdot \frac{3}{8} + 2^2 \cdot \frac{3}{8} + 3^2 \cdot \frac{1}{8} - 1{,}5^2 =$$

$$= 0 + \frac{3}{8} + \frac{12}{8} + \frac{9}{8} - 2{,}25 = 3 - 2{,}25 = 0{,}75$$

Anmerkung: Der empirische Mittelwert $\bar{x}$, die empirische Varianz s^2 und die empirische Standardabweichung s der beschreibenden Statistik sind Näherungswerte für die in der Wahrscheinlichkeitsrechnung gebräuchlichen Begriffe Erwartungswert μ, Varianz σ^2 und Standardabweichung σ.

WS 3 Wahrscheinlichkeitsverteilungen

Aufgabe 08: Aus einer Urne mit 3 schwarzen und 2 roten Kugeln werden nacheinander drei Kugeln mit Zurücklegen entnommen.
Zufallsvariable sei die Anzahl der entnommenen roten Kugeln bei drei Ziehungen mit Zurücklegen.
a) Berechne μ, σ^2 und σ dieser Verteilung.
b) Interpretiere den Wert von μ, wenn das Zufallsexperiment 1000-mal wiederholt wird.

a) Es liegt eine diskrete Zufallsvariable vor. X kann die Werte 0, 1, 2, 3 annehmen.

$P(X=0) = \frac{3}{5} \cdot \frac{3}{5} \cdot \frac{3}{5} = \frac{27}{125} = f(0)$

$P(X=1) = 3 \cdot \frac{2}{5} \cdot \frac{3}{5} \cdot \frac{3}{5} = \frac{54}{125} = f(1)$

$P(X=2) = 3 \cdot \frac{2}{5} \cdot \frac{2}{5} \cdot \frac{3}{5} = \frac{36}{125} = f(2)$

$P(X=3) = \frac{2}{5} \cdot \frac{2}{5} \cdot \frac{2}{5} = \frac{8}{125} = f(3)$

$\mu = \sum_{i=1}^{4} x_i \cdot f(x_i) = 0 \cdot \frac{27}{125} + 1 \cdot \frac{54}{125} + 2 \cdot \frac{36}{125} + 3 \cdot \frac{8}{125} = \frac{150}{125} = \frac{6}{5} = 1,2$

$\sigma^2 = \sum_{i=1}^{4} x_i^2 \cdot f(x_i) - \mu^2 =$

$= x_1^2 \cdot f(x_1) + x_2^2 \cdot f(x_2) + x_3^2 \cdot f(x_3) + x_4^2 \cdot f(x_4) - \mu^2 =$

$= 0^2 \cdot \frac{27}{125} + 1^2 \cdot \frac{54}{125} + 2^2 \cdot \frac{36}{125} + 3^2 \cdot \frac{8}{125} - 1,2^2 =$

$= 0 + \frac{54}{125} + \frac{144}{125} + \frac{72}{125} - 1,2^2 = \frac{270}{125} - 1,44 = 0,72$

$\sigma = \sqrt{0,72} \approx 0,85$

b) Bei 1000-maliger Wiederholung des Zufallsexperiments werden 3000 Kugeln gezogen.
Man darf erwarten, dass sich unter den 3000 gezogenen Kugeln 1200 rote Kugeln befinden.

Aufgabe 09: Eine Zufallsvariable X kann die Werte 5, 10, 15 und 20 annehmen. Die zugehörigen Wahrscheinlichkeiten sind $P(X=5) = a, P(X=10) = b, P(X=15) = b, P(X=20) = a$, mit $a > 0$ und $b > 0$.
Berechne **a)** den Erwartungswert, **b)** die Wahrscheinlichkeit $P(10 < X \leq 20)$
Überprüfe **c)** die Aussage $P(X \leq 10) = P(X \geq 10)$

a) $E(X) = 5 \cdot a + 10 \cdot b + 15 \cdot b + 20 \cdot a = 25a + 25b = 12,5 \cdot \underbrace{(2a + 2b)}_{=1} = 12,5$

b) $P(10 < X \leq 20) = P(X=15) + P(X=20) = b + a$

c) $P(X \leq 10) = a + b, P(X \geq 10) = 2b + a$

$a + b = 2b + a$ wäre nur für $b = 0$ möglich. Da aber $b > 0$ ist, liegt eine falsche Aussage vor.

Aufgabe 10: Eine Zufallsvariable X kann die Werte 1, 2, 3 und 4 annehmen. Die zugehörigen Wahrscheinlichkeiten sind. $P(X=1) = a, P(X=2) = \frac{5}{4}a, P(X=3) = \frac{7}{4}a, P(X=4) = a$.
Für welchen Wert von a liegt eine Wahrscheinlichkeitsverteilung vor und wie groß ist deren Erwartungswert?

Aus $a + \frac{5}{4}a + \frac{7}{4}a + a = 1$ folgt $a = \frac{1}{5} = 0,2$. $E(X) = a + \frac{10}{4}a + \frac{21}{4}a + 4a = \frac{51}{4}a = \frac{51}{4} \cdot 0,2 = 2,55$

Aufgabe 11: Bei einer Lotterie werden 500 Lose aufgelegt. Der Lospreis beträgt 5 €.
Für den 1. Preis (Haupttreffer) werden 500 €, für den 2. Preis 300 €, für den 3. Preis 100 €, für den 4. – 10. Preis 50 € und für den 11. – 20. Preis 20 € ausgezahlt.
Berechne den Erwartungswert des Gewinns aus der Sicht von einer Person, die ein Los gekauft hat.

Der Erwartungswert des Gewinns = Summe der Produkte aus Gewinnwahrscheinlichkeit mal Auszahlungsbeitrag minus Lospreis.

$E = \frac{1}{500} \cdot 500 + \frac{1}{500} \cdot 300 + \frac{1}{500} \cdot 100 + \frac{7}{500} \cdot 50 + \frac{10}{500} \cdot 20 - 5 = 2,9 - 5 = -2,1$

Es muss mit einem Verlust von 2,1€ gerechnet werden.

Binomialverteilung

Die Binomialverteilung ist bei jenen Zufallsexperimenten anwendbar, bei denen genau *zwei verschiedene, einander ausschließende* Ereignisse eintreten können. Bei diesen so genannten BERNOULLI-Experimenten kommt es also nur darauf an, ob ein Ereignis E oder das Gegenereignis E' eintritt.
Es gibt also nur zwei Versuchsausgänge mit den Wahrscheinlichkeiten:
P(E) = **p** ist die **„Erfolgswahrscheinlichkeit"** und
P(E') = **q = 1 – p** ist die **„Wahrscheinlichkeit für den Misserfolg"**.
Die *diskrete* Zufallsvariable X = Anzahl der Versuche (0, 1, ... , n), in denen das Ereignis E eintritt, heißt

n-p-binomialverteilt mit der Wahrscheinlichkeitsfunktion $\boxed{f(x) = P(X = k) = b_{n;p}(k) = \binom{n}{k} \cdot p^k \cdot q^{n-k}}$

Damit kann man die Wahrscheinlichkeit berechnen, dass das Ereignis E bei n Versuchen genau k-mal eintritt.

Für die Verteilungsfunktion gilt: $\boxed{F(x) = P(X \leq x) = \sum_{k \leq x} \binom{n}{k} \cdot p^k \cdot q^{n-k}}$, $(0 \leq k \leq n)$.

Formeln für die Kennwerte:

$E(X) = \mu = np$ **Erwartungswert**
$V(X) = \sigma^2 = npq = np(1-p)$ **Varianz**   } der Binomialverteilung
$\sqrt{V(X)} = \sigma = \sqrt{npq} = \sqrt{np(1-p)}$ **Standardabweichung**

Typische Aufgaben für Bernoulli-Experimente sind der Münzwurf, KO-Spiele, Zielschießen, Ziehen aus einer Urne mit Zurücklegen, Werfen eines Würfels, Qualitätskontrollen.

Aufgabe 12: Eine Münze wird 50-mal geworfen. Wie groß ist die Wahrscheinlichkeit, dass genau 27-mal „Zahl" erscheint. Ermittle den Erwartungswert und die Standardabweichung und deute sie im Kontext.

n = 50, p = 0,5 und q = 0,5.

Damit: $P(X=27) = b_{50;0,5}(27) = \binom{50}{27} \cdot 0,5^{27} \cdot 0,5^{23} \approx 0,096 \approx 9,6\%$

$E(X) = \mu = n \cdot p = 50 \cdot 0,5 = 25$, d.h. man kann bei 50 Würfen nahezu 25-mal „Zahl" erwarten.

$\sqrt{V(X)} = \sigma = \sqrt{npq} = \sqrt{50 \cdot 0,5 \cdot 0,5} \approx 3,5$, das ist ein Maß für die Streuung der Zufallsvariablen um den Erwartungswert 25. Zu einem hohen Prozentsatz gilt also $21,5 \leq X \leq 28,5$. M.a.W. Es besteht eine hohe Wahrscheinlichkeit, dass bei 50 Würfen die „Zahl" zwischen 22-mal und 28-mal erscheint.

Aufgabe 13: Bei einem KO-Spiel geht es nur um Gewinn oder Verlust. Lukas und Max spielen 7 Sätze Badminton. Max ist der bessere Spieler, er hat eine Gewinnwahrscheinlichkeit von 65% für jeden Satz. Berechne den Wert $\binom{7}{4} \cdot 0,35^4 \cdot 0,65^3$. Welche Bedeutung hat der Wert im obigen Zusammenhang?

$\binom{7}{4} \cdot 0,35^4 \cdot 0,65^3 \approx 0,144 \approx 14,4\%$, das ist die Wahrscheinlichkeit, dass Max 4 von 7 Sätzen verliert.

Aufgabe 14: Aus einer Urne mit 4 weißen und 8 blauen Kugeln werden 3 Kugeln mit Zurücklegen gezogen. Was bedeutet der Ausdruck $\binom{3}{1} \cdot \left(\frac{2}{3}\right) \cdot \left(\frac{1}{3}\right)^2$ in diesem Zusammenhang. Berechne den Wert.

P(weiße Kugel) = $\frac{4}{12} = \frac{1}{3}$, P(blaue Kugel) = $\frac{8}{12} = \frac{2}{3}$.

Mit dem Ausdruck kann man die Wahrscheinlichkeit berechnen, eine blaue und zwei weiße Kugeln zu ziehen. Sie beträgt 0,222 = 22,2%.

Aufgabe 15: Ein Gewehr hat die Trefferwahrscheinlichkeit von 35 %.
Wie groß ist die Wahrscheinlichkeit, bei 5 Schüssen **(1)** genau einen Treffer, **(2)** genau 2 Treffer, **(3)** mindestens einen Treffer zu erzielen?

(1) p = 0,35; q = 1 − p = 0,65; n = 5; k = 1

$$P(X=1) = \binom{5}{1} \cdot 0,35^1 \cdot 0,65^4 = 0,312 = 31,2\%$$

(2) p = 0,35; q = 1 − p = 0,65; n = 5; k = 2

$$P(X=2) = \binom{5}{2} \cdot 0,35^2 \cdot 0,65^3 = 0,336 = 33,6\%$$

(3) Gegenereignis: kein Treffer: p = 0,35; q = 1 − p = 0,65; n = 5; k = 0

$$P(X \geq 1) = 1 - P(X=0) = 1 - \binom{5}{0} \cdot 0,35^0 \cdot 0,65^5 = 0,884 = 88,4\%$$

Aufgabe 16: Bei der Produktion eines Massenartikels gibt es durchschnittlich 5 % Ausschuss.
a) Berechne die Wahrscheinlichkeit, dass bei einer Serie von 10 Stück **(1)** kein, **(2)** ein, **(3)** höchstens ein **(4)** mindestens ein Stück Ausschuss enthalten ist.
b) Wenn in einer Serie von 50 Stück höchstens 2 Stück Ausschuss enthalten sind, will ein Großmarkt den Massenartikel in sein Sortiment aufnehmen. **(1)** Wie groß ist dafür die Wahrscheinlichkeit? **(2)** Berechne auch den Erwartungswert und die Varianz dieser Verteilung.

a) (1) $p = \frac{5}{100} = 0,05$; q = 1 − p = 0,95; n = 10; k = 0

$$P(X=0) = \binom{10}{0} \cdot \underbrace{0,05^0}_{=1} \cdot 0,95^{10} = 0,599 = 0,59,9\%$$

(2) p = 0,05; q = 1 − p = 0,95; n = 10; k = 1

$$P(X=1) = \binom{10}{1} \cdot 0,05^1 \cdot 0,95^9 = 0,315 = 31,5\%$$

(3) p = 0,05; q = 1 − p = 0,95; n = 10; k = 0, 1

$$P(X \leq 1) = P(X=0) + P(X=1) = 0,599 + 0,315 = 0,914 = 91,4\%$$

(4) p = 0,05; q = 1 − p = 0,95; n = 10; k = 1, 2, ..., 10

$$P(X \geq 1) = 1 - P(X=0) = 1 - 0,599 = 0,401 = 40,1\%$$

b) (1) p = 0,05; q = 1 − p = 0,95; n = 50; k = 0, 1, 2

$$P(X \leq 2) = P(X=0) + P(X=1) + P(X=2)$$
$$= \binom{50}{0} \cdot \underbrace{0,05^0}_{=1} \cdot 0,95^{50} + \binom{50}{1} \cdot 0,05^1 \cdot 0,95^{49} +$$
$$+ \binom{50}{2} \cdot 0,05^2 \cdot 0,95^{48} = 0,077 + 0,202 + 0,261 =$$
$$= 0,540 = 54\%$$

(2) $\mu = n \cdot p = 50 \cdot 0,05 = 2,5$

$\sigma^2 = n \cdot p \cdot q = 50 \cdot 0,05 \cdot 0,95 = 2,375$

Wahrscheinlichkeitsverteilung einer stetigen Zufallsvariablen

Eine stetige Zufallsvariable besitzt als Wertemenge die Menge R oder ein Intervall von R.
Die Wahrscheinlichkeit für das Auftreten jedes einzelnen Werts der Zufallsvariablen ist null. Daher interessiert man sich für die Wahrscheinlichkeit, dass die Zufallsvariable Werte aus einem bestimmten Intervall aus R annimmt.
Die Wahrscheinlichkeitsverteilung einer stetigen Zufallsvariablen X lässt sich durch die Wahrscheinlichkeitsdichtefunktion = Dichtefunktion oder durch die zugehörige Verteilungsfunktion beschreiben.

Die **Dichtefunktion** f(x) besitzt folgende Eigenschaften:

$f(x) \geq 0$ für alle $x \in \mathbb{R}$;

$$\int_{-\infty}^{+\infty} f(t)dt = 1$$

$\lim_{x \to -\infty} f(x) = 0; \quad \lim_{x \to +\infty} f(x) = 0$

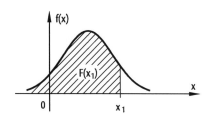

Die **Verteilungsfunktion** ist gegeben durch:

$$F(x) = P(X \leq x) = \int_{-\infty}^{x} f(t)dt$$

F(x) ist monoton wachsend und stetig.
Es gilt: $0 \leq F(x) \leq 1$

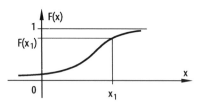

Die **Wahrscheinlichkeiten** stetiger Zufallsvariablen entsprechen den *Maßzahlen* von *Flächenstücken*. Wichtige Fälle sind:

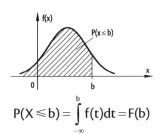

$$P(X \leq b) = \int_{-\infty}^{b} f(t)dt = F(b)$$

Wahrscheinlichkeit, dass die Zufallsvariable *höchstens* den Wert b annimmt.

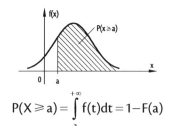

$$P(X \geq a) = \int_{a}^{+\infty} f(t)dt = 1 - F(a)$$

Wahrscheinlichkeit, dass die Zufallsvariable *mindestens* den Wert a annimmt.

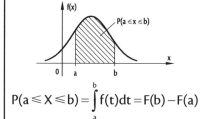

$$P(a \leq X \leq b) = \int_{a}^{b} f(t)dt = F(b) - F(a)$$

Wahrscheinlichkeit, dass die Zufallsvariable die Werte *im Intervall* [a, b] annimmt.

Erwartungswert, **Varianz** und **Standardabweichung** *stetiger* Zufallsvariablen sind durch folgende Integrale gegeben: $\mu = \int_{-\infty}^{+\infty} t \cdot f(t)dt; \quad \sigma^2 = \int_{-\infty}^{+\infty} (t-\mu)^2 \cdot f(t)dt; \quad \sigma = \sqrt{\sigma^2}$

Beispiele für das Auftreten von stetigen Zufallsvariablen:
a) Länge, Volumen, Gewicht von maschinell hergestellten Artikeln
b) Körperlängen, Körpergewichte einer größeren Menge von Personen
c) Geschwindigkeit eines Körpers
d) Physikalisch-technische Messgrößen
e) Fehler bei Messungen
f) Intelligenzquotient

Normalverteilung

Als **Gauß'sche Normalverteilung** bezeichnet man die Verteilung einer stetigen Zufallsvariablen mit der

Dichtefunktion $f(x) = \dfrac{1}{\sigma \cdot \sqrt{2\pi}} e^{-\frac{1}{2}\left(\frac{x-\mu}{\sigma}\right)^2}$ und der Verteilungsfunktion $F(x) = \dfrac{1}{\sigma \cdot \sqrt{2\pi}} \cdot \displaystyle\int_{-\infty}^{x} e^{-\frac{1}{2}\left(\frac{t-\mu}{\sigma}\right)^2} dt$.

Als **Standard-Normalverteilung** bezeichnet man die standardisierte Form der Gauß'schen Verteilung.
Dabei wird eine neue (= standardisierte) **Zufallsvariable** $Z = \dfrac{X - \mu}{\sigma}$ eingeführt.

Der **Erwartungswert** der Zufallsvariablen Z ist gleich 0, ihre Varianz ist gleich 1.

Dichtefunktion: $\varphi(z) = \dfrac{1}{\sqrt{2\pi}} e^{-\frac{z^2}{2}}$ **Verteilungsfunktion**: $\Phi(z) = \displaystyle\int_{-\infty}^{z} \varphi(t) dt$

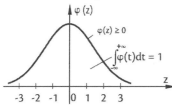

Gauß'sche Verteilungskurve =
Gauß'sche Glockenkurve

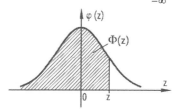

Die Werte von $\Phi(z)$, $(z \geq 0)$ werden durch die schraffierte Fläche dargestellt. Man entnimmt sie einer Tabelle für die Normalverteilung.

Für das **praktische Rechnen** ist von Bedeutung:

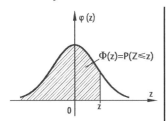

Wahrscheinlichkeit,
dass die normalverteilte
Zufallsvariable Z *höchstens*
den Wert z annimmt.

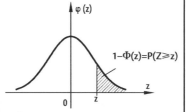

Wahrscheinlichkeit,
dass die normalverteilte
Zufallsvariable Z *mindestens*
den Wert z annimmt.

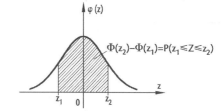

Wahrscheinlichkeit,
dass die normalverteilte
Zufallsvariable Z die Werte
zwischen z_1 und z_2 annimmt.

Es gilt: **(1)** $\Phi(-z) = 1 - \Phi(z)$ ... **Negativitätsregel**

(2) $\Phi(z) - \Phi(-z) = 2\Phi(z) - 1$ ... **Für symmetrische Intervalle um den Erwartungswert** μ

Eigenschaften der Normalverteilung, σ-Regeln

(1) Bei Normalverteilungen betragen die Wahrscheinlichkeiten dafür, dass die Werte der Zufallsvariablen im einfachen, doppelten bzw. dreifachen Streuungsbereich liegen 68,27 %, 95,45 % bzw. 99,73 %.

(2) Bei Normalverteilungen liegen 95 % aller Werte der Zufallsvariablen im Streuungsbereich zwischen $\mu - 1{,}96\sigma$ und $\mu + 1{,}96\sigma$ und 99 % aller Werte im Streuungsbereich zwischen $\mu - 2{,}58\sigma$ und $\mu + 2{,}58\sigma$.

(3) Abweichungen vom Erwartungswert heißen *signifikant*, wenn sie zwischen $1{,}96\sigma$ und $2{,}58\sigma$ liegen. Sie heißen *hochsignifikant*, wenn sie über $2{,}58\sigma$ liegen.

(4) Eine Hypothese gilt als „gesichert", wenn mindestens 99,73 % der betrachteten statistischen Masse innerhalb der 3σ-Abweichung liegt; sie gilt als „wahrscheinlich", wenn mindestens 95,45 % innerhalb der 2σ-Abweichung liegt.

Aufgabe 17: Die Zufallsvariable X sei normalverteilt mit $\mu = 2{,}5$ und $\sigma = 0{,}8$.
Rechne folgende Werte der Zufallsvariablen X in die standardisierte Zufallsvariable Z um und ermittle aus einer Tabelle für die Normalverteilung (Φ – Tabelle) folgende Wahrscheinlichkeiten:
a) $P(X \leq 3{,}4)$ **b)** $P(X \leq 1{,}8)$ **c)** $P(X \leq 0)$ **d)** $P(-1{,}5 \leq X \leq 6{,}5)$ **e)** $P(-3{,}2 \leq X \leq 3{,}2)$ **f)** $P(X > 3)$

a) $Z = \dfrac{X-\mu}{\sigma} = \dfrac{3{,}4-2{,}5}{0{,}8} = 1{,}13; P(X \leq 3{,}4) = P(Z \leq 1{,}13) = \Phi(1{,}13) = 0{,}8708$

b) $Z = \dfrac{X-\mu}{\sigma} = \dfrac{1{,}8-2{,}5}{0{,}8} = -0{,}88; P(X \leq 1{,}8) = P(Z \leq -0{,}88) = \Phi(-0{,}88) = 1 - \Phi(0{,}88) = 0{,}1894$

c) $Z = \dfrac{X-\mu}{\sigma} = \dfrac{0-2{,}5}{0{,}8} = -3{,}13; P(X \leq 0) = P(Z \leq -3{,}13) = \Phi(-3{,}13) = 1 - \Phi(3{,}13) = 1 - 0{,}9991 = 0{,}0009$

d) $z_1 = \dfrac{x_1-\mu}{\sigma} = \dfrac{-1{,}5-2{,}5}{0{,}8} = -5; z_2 = \dfrac{x_2-\mu}{\sigma} = \dfrac{6{,}5-2{,}5}{0{,}8} = 5;$

$P(-1{,}5 \leq X \leq 6{,}5) = P(-5 \leq Z \leq 5) = \Phi(5) - \Phi(-5) = 2\underbrace{\Phi(5)}_{\approx 1} - 1 = 2 - 1 = 1$

e) $z_1 = \dfrac{x_1-\mu}{\sigma} = \dfrac{-3{,}2-2{,}5}{0{,}8} = -7{,}13; z_2 = \dfrac{x_2-\mu}{\sigma} = \dfrac{3{,}2-2{,}5}{0{,}8} = 0{,}88;$

$P(-3{,}2 \leq X \leq 3{,}2) = P(-7{,}13 \leq Z \leq 0{,}88) = \Phi(0{,}88) - \Phi(-7{,}13) =$

$= \Phi(0{,}88) - \left[1 - \underbrace{\Phi(7{,}13)}_{\approx 1}\right] = \Phi(0{,}88) - 0 = \Phi(0{,}88) = 0{,}8106$

f) $Z = \dfrac{X-\mu}{\sigma} = \dfrac{3-2{,}5}{0{,}8} = 0{,}63; P(X > 3) = P(Z > 0{,}63) = 1 - P(Z \leq 0{,}63) = 1 - \Phi(0{,}63) = 0{,}2643$

Aufgabe 18: Eine Maschine stellt Platten aus Aluminium her. Die Dicke ist normalverteilt mit dem Erwartungswert $\mu = 8{,}00$ mm und der Standardabweichung $\sigma = 0{,}05$ mm.
a) Wie groß ist die Wahrscheinlichkeit, dass die Plattendicke zwischen 7,92 mm und 8,02 mm liegt?
b) Welche Abweichung vom Mittelwert ist noch erlaubt bei höchstens 7 % Ausschuss?
c) Wie groß ist die Wahrscheinlichkeit, dass die Plattendicke **(1)** mindestens 8,07 mm **(2)** höchstens 7,95 mm beträgt?

a) $z_1 = \dfrac{x_1-\mu}{\sigma} = \dfrac{7{,}92-8{,}00}{0{,}05} = -1{,}6$

$z_2 = \dfrac{x_2-\mu}{\sigma} = \dfrac{8{,}02-8{,}00}{0{,}05} = 0{,}4$

$P(7{,}92 \leq X \leq 8{,}02) = P(-1{,}6 \leq Z \leq 0{,}4) = \Phi(0{,}4) - \Phi(-1{,}6) =$

$= \Phi(0{,}4) - [1 - \Phi(1{,}6)] = \Phi(0{,}4) + \Phi(1{,}6) - 1 = 0{,}60062 \approx 60\%$

b) $P(|Z| \geq z) = P(Z \geq z) + P(Z \leq -z) = 2 \cdot (1 - \Phi(z)) = 0{,}07 \Rightarrow \Phi(z) = 0{,}965$

$z \approx 1{,}81$, laut Tabelle.

$z = \dfrac{x-\mu}{\sigma} \Rightarrow x - \mu = z \cdot \sigma = 1{,}81 \cdot 0{,}05 \approx 0{,}091 \text{ mm}$

c) (1) $z = \dfrac{x-\mu}{\sigma} = \dfrac{8{,}07-8{,}00}{0{,}05} = 1{,}4$

$P(X \geq 8{,}07) = P(Z \geq 1{,}4) = 1 - \Phi(1{,}4) = 1 - 0{,}91924 = 0{,}08076 \approx 8\%$

(2) $z = \dfrac{x-\mu}{\sigma} = \dfrac{7{,}95-8{,}00}{0{,}05} = -1$

$P(X \leq 7{,}95) = P(Z \leq -1) = 1 - \Phi(1) = 1 - 0{,}84134 = 0{,}15866 \approx 16\%$

WS 3   Wahrscheinlichkeitsverteilungen

Approximation der Binomialverteilung

Unter gewissen Voraussetzungen kann die Binomialverteilung durch die Normalverteilung approximiert werden. Die Wahrscheinlichkeitsberechnungen können dann mit der „bequemeren" Normalverteilung durchgeführt werden.

Ist X *binomialverteilt* mit dem Erwartungswert $\mu = np$ und der Standardabweichung $\sigma = \sqrt{np(1-p)}$ und ist $\boxed{\sigma^2 = np(1-p) > 9}$, dann ist X *annähernd normalverteilt* mit den Parametern μ, σ und es gilt:

$$\boxed{Z = \frac{X-\mu}{\sigma} = \frac{X-np}{\sqrt{np(1-p)}}} \text{ und } \boxed{P(X \leq x) \approx \Phi\left(\frac{x-np}{\sqrt{np(1-p)}}\right)} \text{ ohne Berücksichtigung der Stetigkeitskorrektur.[1]}$$

Dies ist im Bereich der *beurteilenden* Statistik von großer Bedeutung. Die absolute Häufigkeit ist eine μ, σ- binomialverteilte Zufallsvariable. Wenn $\sigma^2 > 9$ ist, dann kann man mit der Normalverteilung „rechnen". Aus Erfahrung weiß man, dass diese Approximation für praktische Zwecke hinreichend ist.

Aufgabe 19: Ein Geschütz besitzt die Trefferwahrscheinlichkeit von 40 %.
  a) Es werden fünf Schüsse abgegeben. Wie groß ist die Wahrscheinlichkeit, dass **(1)** genau zwei Treffer erzielt werden, **(2)** mindestens ein Treffer erzielt wird?
  b) Wie groß ist die Wahrscheinlichkeit, bei 1000 Schüssen zwischen 390 und 420 Treffer zu erzielen?

a) $n = 5; p = 0{,}4; q = 1-p = 0{,}6$

  (1) $k = 2; P(X = 2) = \binom{5}{2} \cdot 0{,}4^2 \cdot 0{,}6^3 \approx 0{,}346 = 34{,}6\%$

  (2) Gegenereignis von kein Treffer $(k = 0); 1 - P(X=0) = 1 - \binom{5}{0} \cdot 0{,}4^0 \cdot 0{,}6^5 \approx 0{,}922 = 92{,}2\%$

b) $n = 1000; p = 0{,}4; q = 1-p = 0{,}6; \mu = np = 400; \sigma^2 = npq = 240 > 9, \sigma = \sqrt{npq} = 15{,}49$

$z_1 = \frac{x_1 - \mu}{\sigma} = \frac{390 - 400}{15{,}49} = -0{,}65; \quad z_2 = \frac{x_2 - \mu}{\sigma} = \frac{420 - 400}{15{,}49} = 1{,}29$

$P(390 < X < 420) = P(-0{,}65 < Z < 1{,}29) = \Phi(1{,}29) - \Phi(-0{,}65) = \Phi(1{,}29) - [1 - \Phi(0{,}65)] =$
$\Phi(1{,}29) + \Phi(0{,}65) - 1 = 0{,}90147 + 0{,}74215 - 1 = 0{,}64362 \approx 64{,}4\%$

Aufgabe 20: Ein bestimmtes Medikament erzeugt bei 30 % der damit behandelten Patienten unangenehme Nebenwirkungen. Wie groß ist die Wahrscheinlichkeit, dass von 800 Patienten mindestens 580 Patienten keine Nebenwirkungen haben?

Es dürfen also höchstens 220 Patienten Nebenwirkungen haben.

$z = \frac{x - \mu}{\sigma} = \frac{X - n \cdot p}{\sigma} = \frac{220 - 800 \cdot 0{,}30}{\sqrt{800 \cdot 0{,}30 \cdot 0{,}70}} \approx -1{,}54, (\sigma^2 = 168 > 9)$

$P(X \leq 220) = P(Z \leq -1{,}54) = \Phi(-1{,}54) = 1 - \Phi(1{,}54) = 1 - 0{,}9382 = 0{,}0618 \approx 6{,}2\%$

Aufgabe 21: Die Organisatoren eines City-Marathons wissen aus Erfahrung, dass 12 % der vorangemeldeten Läufer nicht zum Start erscheinen. Wie groß ist die Wahrscheinlichkeit, dass von 800 Vorangemeldeten **(1)** höchstens 730, **(2)** mindestens 720 erscheinen?

$n = 800; p = 0{,}88; q = 1-p = 0{,}12; \mu = np = 704; \sigma^2 = npq = 84{,}48 > 9; \sigma = \sqrt{npq} = 9{,}19 > 3$

(1) $z = \frac{x - \mu}{\sigma} = \frac{730 - 704}{9{,}19} = 2{,}83; \quad P(X \leq 730) = P(Z \leq 2{,}83) = \Phi(2{,}83) = 0{,}9977 \approx 99{,}8\%$

(2) $z = \frac{x - \mu}{\sigma} = \frac{720 - 704}{9{,}19} = 1{,}74; \quad P(X \geq 720) = P(Z \geq 1{,}74) = 1 - \Phi(1{,}74) = 1 - 0{,}9591 = 0{,}0409 \approx 4{,}1\%$

---

[1] Die Verschiebung der Intervallgrenzen um 0,5 nach außen hin führt zu einer Verbesserung der Approximation.

WS 4 Schließende Statistik/Beurteilende Statistik

Die **beschreibende Statistik** beschäftigt sich zB mit der Erhebung, der Ordnung, den Eigenschaften und der Darstellung von Daten.

In der **Wahrscheinlichkeitsrechnung** werden aus einer gegebenen Verteilung die Wahrscheinlichkeiten berechnet, mit der zukünftige Daten bestimmte Werte annehmen. Man kennt zB den Inhalt einer Urne und will als Vorhersage für ein bestimmtes Zufallsexperiment gewisse Wahrscheinlichkeiten ausrechnen.

Die **schließende/beurteilende Statistik** befasst sich mit dem Rückschluss von einer Stichprobe (sample) auf die Grundgesamtheit (Kollektiv) mit Hilfe der Wahrscheinlichkeitsrechnung.

Parameterschätzungen und Konfidenzintervalle

Eine **typische Aufgabenstellung** der schließenden/beurteilenden Statistik ist folgende: Aus der relativen Häufigkeit für das Auftreten eines Merkmals in der Stichprobe soll auf den relativen Anteil (die Wahrscheinlichkeit) p dieses Merkmals in der Grundgesamtheit geschlossen werden. Die aus der Stichprobe gewonnene relative Häufigkeit ist dann ein **Schätzwert** $\hat{p}$ für den „wahren" Wert von p.

Dabei handelt es sich um eine **Punktschätzung**, die mehr oder weniger gut passen kann. Aussagekräftiger sind sogenannte **Intervallschätzungen** für den unbekannten Wert von p. Zentrale Aufgabe ist dabei die Ermittlung von **Konfidenzintervallen** (Vertrauensintervallen) $[p_1;p_2]$ um $\hat{p}$, in denen der „wahre" Wert eines Parameters mit einer bestimmten Wahrscheinlichkeit (Konfidenz-, Sicherheitsniveau,) γ liegt.

Es gelten folgende **Zusammenhänge**: Größere Sicherheit bedeutet ein breiteres Konfidenzintervall, die Schätzung ist dann nicht so aussagekräftig. Verlangt man dagegen eine aussagekräftige Schätzung und damit ein schmäleres Konfidenzintervall, dann wird die Schätzung unsicherer.

Aufgabe 01: Um den Anteil der Kunden zu schätzen, die ein bestimmtes Produkt kaufen, wird eine zufällig aus allen Kunden ausgewählte Personengruppe befragt. Dabei ergibt sich für diesen Anteil ein 90-%-Konfidenzintervall von $[12,2\%;15,8\%]$.

Überprüfe folgende Aussagen auf deren Richtigkeit:
a) Ein 95-%-Konfidenzintervall hätte ein größere Intervallbreite.
b) Die Wahrscheinlichkeit, dass weniger als 12,2 % der Kunden das Produkt kaufen beträgt 10 %.
c) Würde man mehr Kunden befragen, dann würde das zu einer Verkleinerung des 90 %-Konfidenzintervalls führen.

a) Die Aussage ist richtig, weil größere Sicherheit das Konfidenzintervall verbreitert.
b) Die Aussage ist falsch. Richtig ist, dass die Wahrscheinlichkeit, dass weniger als 12,2 % oder mehr als 15,8% das Produkt kaufen, 10 % beträgt.
c) Die Aussage ist richtig, weil die Vergrößerung der Stichprobe zu einer Verkleinerung der Intervallbreite bei gleichbleibendem Konfidenzniveau 90 % führt.

Aufgabe 02: Der aktuelle Stimmenanteil einer politischen Partei soll geschätzt werden. Dazu befragen zwei Meinungsforschungsinstitute unabhängig voneinader zwei verschiedene, aber gleich große Personengruppen. Das erste Institut errechnet das γ_1-Konfidenzintervall $[0,19;0,25]$, das zweite Institut gibt das γ_2-Konfidenzintervall $[0,18;0,22]$ an.

a) Welche Aussage kann man über die Sicherheiten (Konvergenzniveaus) γ_1 und γ_2 machen?
b) Welche Schätzung ist aussagekräftiger, welche ist sicherer?
c) Mit welcher Veränderung der Konfidenzintervalle können die Institute rechnen, wenn man den Stichprobenumfang erhöht?

a) Zum breiteren Konfidenzintervall gehört bei gleichem Stichprobenumfang die größere Sicherheit. Es gilt also: $\gamma_1 > \gamma_2$.
b) Die Schätzung des zweiten Instituts ist aussagekräftiger, aber dafür unsicherer.
Die Schätzung des ersten Instituts ist sicherer, aber dafür nicht so aussagekräftig.
c) Die Konfidenzintervalle würden schmäler werden.

Aufgabe 03: Es wird eine Stichprobe vom Umfang n = 700 gezogen und für ein bestimmtes Merkmal die relative Häufigkeit h = 0.4 bestimmt.
a) Welche der abgebildeten Konfidenzintervalle passen zu den Konfidenzniveaus $\gamma_1 = 0.95$ und $\gamma_2 = 0.70$?
b) Wie wirkt sich ein kleinerer Stichprobenumfang auf die Breite der Konfidenzintervalle aus?

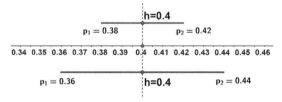

Antworten:
a) Das obere Intervall passt zu $\gamma_1 = 0.70$.
Das untere Intervall passt zu $\gamma_2 = 0.95$.
b) Die Konfidenzintervalle würden breiter werden.

Näherungsweise Berechnung von Konfidenzintervallen

Da die exakte Berechnung eines γ-Konfidenzintervalls für p sehr aufwendig ist, benützt man die

Näherungsformel: $\hat{p} - z \cdot \sqrt{\frac{\hat{p} \cdot (1-\hat{p})}{n}} \leq p \leq \hat{p} + z \cdot \sqrt{\frac{\hat{p} \cdot (1-\hat{p})}{n}}$

$\hat{p}$ ist ein Schätzwert für den „wahren" Wert von p. z wird aus der Gleichung $\gamma = 2\Phi(z) - 1$ berechnet.

Aufgabe 04: Vor der Einführung einer Werksküche wurden 300 Mitarbeiter befragt; 120 waren damit einverstanden. Berechne näherungsweise das 95 %-Konfidenzintervall.

Gesucht ist also ein Intervall $[p_1; p_2]$ um den „beobachteten" Wert $\hat{p}$, innerhalb dessen der wahre Wert p mit der vorgewählten Wahrscheinlichkeit γ liegt.

$\hat{p} = \frac{X}{n} = \frac{120}{300} = 0{,}4; \quad \sqrt{\frac{\hat{p} \cdot (1-\hat{p})}{n}} = \sqrt{\frac{0{,}4 \cdot 0{,}6}{300}} = 0{,}02828$

$\gamma = 2\Phi(z) - 1 = 0{,}95 \Rightarrow \Phi(z) = 0{,}975$; laut Tabelle: z = 1,96

$p_1 = \hat{p} - z \cdot \sqrt{\frac{\hat{p} \cdot (1-\hat{p})}{n}} = 0{,}4 - 1{,}96 \cdot 0{,}02828 = 0{,}34457 \approx 34{,}5\%$
$p_2 = \hat{p} + z \cdot \sqrt{\frac{\hat{p} \cdot (1-\hat{p})}{n}} = 0{,}4 + 1{,}96 \cdot 0{,}02828 = 0{,}45543 \approx 45{,}5\%$ $\Rightarrow [34{,}5\%; 45{,}5\%]$

Antwort: Mit 95 % Sicherheit gilt $34{,}6\% \leq p \leq 45{,}6\%$, d.h. dass der Anteil der Mitarbeiter, die für die Einführung einer Werksküche sind, mit 95 % Sicherheit zwischen 34,6 % und 45,6 % liegt.

Aufgabe 05: Es wurden 480 Personen mit einem Medikament behandelt, davon wurden 120 Personen geheilt. Ermittle ein 99 % - Konfidenzintervall für die Wahrscheinlichkeit, geheilt zu werden.

$\hat{p} = \frac{X}{n} = \frac{120}{480} = 0{,}25; \quad \sqrt{\frac{\hat{p} \cdot (1-\hat{p})}{n}} = \sqrt{\frac{0{,}25 \cdot 0{,}75}{480}} = 0{,}01976$

$\gamma = 2\Phi(z) - 1 = 0{,}99 \Rightarrow \Phi(z) = 0{,}995$; laut Tabelle: z = 2,58

$p_1 = \hat{p} - z \cdot \sqrt{\frac{\hat{p} \cdot (1-\hat{p})}{n}} = 0{,}25 - 2{,}58 \cdot 0{,}01976 = 0{,}199 \approx 19{,}9\%$
$p_2 = \hat{p} + z \cdot \sqrt{\frac{\hat{p} \cdot (1-\hat{p})}{n}} = 0{,}25 + 2{,}58 \cdot 0{,}01976 = 0{,}301 \approx 30{,}1\%$ $\Rightarrow [19{,}9\%; 30{,}1\%]$

Antwort: Mit 99 % Sicherheit gilt $19{,}9\% \leq p \leq 30{,}1\%$, d.h. dass die Wahrscheinlichkeit, geheilt zu werden mit 99 % Sicherheit zwischen 19,9 % und 30,1 % liegt.

Aufgabe 06: Bei einer Telefonumfrage von 1000 zufällig ausgewählten Haushalten geben 8% an, dass sie vorhaben, den Netzanbieter für Strom zu wechseln. Mit welcher Sicherheit kann man behaupten, dass 6% bis 10% aller Haushalte den Netzbetreiber wechseln werden?

In diesem Fall ist das Konfidenzintervall $[p_1; p_2] = [0{,}06; 0{,}10]$ gegeben.

Gesucht ist die Wahrscheinlichkeit dafür, dass zwischen 6% und 10% aller Haushalte den Netzbetreiber wechseln werden.

Es gilt also: $0{,}06 = 0{,}08 - z \cdot \sqrt{\frac{0{,}08 \cdot 0{,}92}{1000}} \Leftrightarrow 0{,}06 = 0{,}08 - z \cdot 0{,}00858 \Rightarrow z = \frac{0{,}02}{0{,}00858} \approx 2{,}33$

$2\Phi(z) - 1 = 2\Phi(2{,}33) - 1 = 2 \cdot 0{,}99010 - 1 \approx 0{,}98$

Antwort: Man kann mit 98%iger Sicherheit behaupten, dass 6% bis 10% der Haushalte den Netzbetreiber wechseln werden.

Aufgabe 07: Bei der letzten Kundenbefragung wurde festgestellt, dass 34% der Kunden ein bestimmtes Produkt gekauft haben. Es wird angenommen, dass sie das auch heute tun würden. Zur Absicherung beschließt die Verkaufsleitung des Supermarktes den derzeitigen Anteil der Kunden auf dem 95%-Konfidenzniveau auf 2% genau schätzen zulassen. Wie viele Kunden müssen befragt werden?

In diesem Fall ist die Abweichung vom Schätzwert $\hat{p} = 0{,}34$ mit 0,02 angegeben, und aus $\gamma = 2\Phi(z) - 1 = 0{,}95$ folgt $\Phi(z) = 0{,}975$. Laut Tabelle: $z = 1{,}96$.

Es gilt also: $z \cdot \sqrt{\frac{\hat{p}(1-\hat{p})}{n}} = 0{,}02 \Leftrightarrow 1{,}96 \cdot \sqrt{\frac{0{,}34 \cdot 0{,}66}{n}} = 0{,}02$. Daraus ist n zu berechnen:

$1{,}96^2 \cdot \frac{0{,}34 \cdot 0{,}66}{n} = 0{,}02^2 \Rightarrow n = \frac{1{,}96^2 \cdot 0{,}34 \cdot 0{,}66}{0{,}02^2} = 2155{,}14$

Antwort: Es müssen 2155 Kunden befragt werden.

Aufgabe 08: Durch eine Stichprobe soll der Anteil p der Wähler bestimmt werden, die für die Partei A stimmen werden. Man will p mit 90%iger Sicherheit auf 5% genau bestimmen.
Berechne den Umfang der Stichprobe.

X sei die Anzahl der Partei-A-Wähler unter n befragten Personen. n ist zu berechnen.

Ansatz: $P\left(\left|\frac{X}{n} - p\right| \leq 0{,}05\right) \geq 0{,}90$ laut Angabe

$P(|X - np| \leq 0{,}05n) \geq 0{,}90 \Leftrightarrow P\left(\left|\frac{X - np}{\sigma}\right| \leq \frac{0{,}05n}{\sigma}\right) \geq 0{,}90$

$P\left(|z| \leq \frac{0{,}05n}{\sigma}\right) \geq 0{,}90 \Leftrightarrow 2\Phi(z) - 1 \geq 0{,}90 \Leftrightarrow \Phi(z) \geq 0{,}95 \Rightarrow z \approx 1{,}65$ laut Tabelle

$1{,}65 \leq \frac{0{,}05 \cdot n}{\sqrt{n \cdot p \cdot (1-p)}}$ Quadrieren ergibt: $\frac{1{,}65^2 p(1-p)}{0{,}05^2} \leq n \Leftrightarrow 1089 p(1-p) \leq n$

n hängt von p ab. Im ungünstigsten Fall ist $p = \frac{1}{2}$ und dann ist $p(1-p) \leq \frac{1}{4}$.

Je näher p an 0 oder 1 liegt, desto kleiner kann n gewählt werden; damit: $1089 \cdot \frac{1}{4} \leq n \Rightarrow n \geq 273$

Ergebnis: Eine Stichprobe von $n \geq 273$ Personen genügt also auf jeden Fall.
  In der Praxis kommt man mit einem geringeren Stichprobenumfang aus, da bald Näherungswerte für p existieren.

Allgemeine Hinweise zur SRP Mathematik (AHS)

– Die **Klausuraufgaben** in Mathematik sind in **zwei Aufgabenbereiche** (Teil 1 und Teil 2) unterteilt.

Die **Teil 1 – Aufgaben** dienen der **Überprüfung der Grundkompetenzen**, welche im Grundkompetenzkatalog festgelegt sind. Grundwissen und Grundfertigkeiten sollen mit der Lösung dieser Aufgaben nachgewiesen werden. Darüber hinausgehende Eigenständigkeit wird nicht verlangt.

Die **Teil 2 – Aufgaben** sind Aufgaben zur **Anwendung und Vernetzung von Grundkompetenzen** in definierten Kontexten und Anwendungsbereichen. Dabei handelt es sich um umfangreichere kontextbezogene oder auch innermathematische Aufgaben, im Rahmen derer unterschiedliche Kompetenzabfragen bearbeitet werden müssen und bei deren Lösung operativen Fertigkeiten gegebenenfalls größere Bedeutung zukommt.

– Der **Lehrstoff** gliedert sich in **vier Inhaltsbereiche:**

- AG **Algebra und Geometrie**, unterteilt in vier Teilbereiche AG1 – AG4
    - Grundbegriffe der Algebra
    - (Un-)Gleichungen und Gleichungssysteme
    - Vektoren
    - Trigonometrie
- FA **Funktionale Abhängigkeiten**, unterteilt in sechs Teilbereiche FA1 – FA6
    - Funktionsbegriff, reelle Funktionen, Darstellungsformen und Eigenschaften
    - Lineare Funktion
    - Potenzfunktion
    - Polynomfunktion
    - Exponentialfunktion
    - Sinusfunktion, Cosinusfunktion
- AN **Analysis**, unterteilt in vier Teilbereiche AN1 – AN4
    - Änderungsmaße
    - Regeln für das Differenzieren
    - Ableitungsfunktion/Stammfunktion
    - Summation und Integral
- WS **Wahrscheinlichkeit und Statistik**, unterteilt in vier Teilbereiche WS1 – WS4
    - Beschreibende Statistik
    - Wahrscheinlichkeitsrechnung
    - Wahrscheinlichkeitsverteilung(en)
    - Schließende/Beurteilende Statistik

– **Ablauf und Beurteilung der Reifeprüfung (Stand: März 2022)**
- Ein Klausurheft enthält **24 Teil 1 – Aufgaben** und **vier Teil 2 – Aufgaben**. Der Teil 2 setzt sich aus einer Aufgabe mit reduziertem Kontext und 3 weiteren Teil 2 – Aufgaben zusammen.
- Jede **Aufgabe im Teil 1** wird mit maximal einem Punkt bewertet.
- Jede **Aufgabe im Teil 2** wird mit maximal 4 Punkten bewertet. Dabei kommen von den 3 weiteren Teil 2 – Aufgaben nur jene in die Bewertung, bei denen am meisten Punkte erreicht worden sind. (Best-of-Wertung).
- Ausschließlich **bei ausgewiesenen Aufgaben** können für Teilleistungen **halbe Punkte** vergeben werden.
- Die Regelarbeitszeit beträgt insgesamt **270 Minuten**.
- **Beurteilungsschlüssel:**

Sehr gut	Gut	Befriedigend	Genügend	Nicht genügend
32 – 36 Punkte	27 – 31,5 Punkte	22 – 26,5 Punkte	17 – 21,5 Punkte	0 – 16,5 Punkte

- **Jahresnoteneinrechnung:** Damit die Leistungen der letzten Schulstufe in die Beurteilung des Prüfungsgebiets einbezogen werden können, müssen **mindestens 11 Punkte** erreicht werden.

Aufgabe BMT1_01: Positive rationale Zahlen

Gegeben ist die Zahlenmenge $\mathbb{Q}^+$.

Aufgabenstellung:

Kreuzen Sie jene beiden Zahlen an, die Elemente dieser Zahlenmenge sind!

$\sqrt{5}$	☐
$0{,}9 \cdot 10^{-3}$	☐
$\sqrt{0{,}01}$	☐
$\dfrac{\pi}{4}$	☐
$-1{,}41 \cdot 10^3$	☐

Aufgabe BMT1_02: Prozente

Zahlenangaben in Prozent (%) machen Anteile unterschiedlicher Größen vergleichbar.

Aufgabenstellung:

Kreuzen Sie die beiden zutreffenden Aussagen an!

Peters monatliches Taschengeld wurde von € 80 auf € 100 erhöht. Somit bekommt er jetzt um 20 % mehr als vorher.	☐
Ein Preis ist im Laufe der letzten fünf Jahre um 10 % gestiegen. Das bedeutet in jedem Jahr eine Steigerung von 2 % gegenüber dem Vorjahr.	☐
Wenn die Inflationsrate in den letzten Monaten von 2 % auf 1,5 % gesunken ist, bedeutet das eine relative Abnahme der Inflationsrate um 25 %.	☐
Wenn ein Preis zunächst um 20 % gesenkt und kurze Zeit darauf wieder um 5 % erhöht wurde, dann ist er jetzt um 15 % niedriger als ursprünglich.	☐
Eine Zunahme um 200 % bedeutet eine Steigerung auf das Dreifache.	☐

Aufgabe BMT1_03: Taschengeld

Tim hat x Wochen lang wöchentlich € 8, y Wochen lang wöchentlich € 10 und z Wochen lang wöchentlich € 12 Taschengeld erhalten.

Aufgabenstellung:

Geben Sie in Worten an, was in diesem Zusammenhang durch den Term $\dfrac{8x + 10y + 12z}{x + y + z}$ dargestellt wird!

Aufgabe BMT1_04: Menge von Zahlen

Die Menge $M = \{x \in \mathbb{Q} \mid 2 < x < 5\}$ ist eine Teilmenge der rationalen Zahlen.

Aufgabenstellung:

Kreuzen Sie die beiden zutreffenden Aussagen an!

4,99 ist die größte Zahl, die zur Menge M gehört.	☐
Es gibt unendlich viele Zahlen in der Menge M, die kleiner als 2,1 sind.	☐
Jede reelle Zahl, die größer als 2 und kleiner als 5 ist, ist in der Menge M enthalten.	☐
Alle Elemente der Menge M können in der Form $\frac{a}{b}$ geschrieben werden, wobei a und b ganze Zahlen sind und b ≠ 0 ist.	☐
Die Menge M enthält keine Zahlen aus der Menge der komplexen Zahlen.	☐

Aufgabe BMT1_05: Äquivalenzumformung

Nicht jede Umformung einer Gleichung ist eine Äquivalenzumformung.

Aufgabenstellung:

Erklären Sie konkret auf das unten angegebene Beispiel bezogen, warum es sich bei der durchgeführten Umformung um keine Äquivalenzumformung handelt! Die Grundmenge ist die Menge der reellen Zahlen.

$x^2 - 5x = 0 \quad |:x$
$x - 5 = 0$

Aufgabe BMT1_06: Treibstoffkosten

Der durchschnittliche Treibstoffverbrauch eines PKW beträgt y Liter pro 100 km Fahrtstrecke. Die Kosten für den Treibstoff betragen a Euro pro Liter.

Aufgabenstellung:

Geben Sie einen Term an, der die durchschnittlichen Treibstoffkosten K (in Euro) für eine Fahrtstrecke von x km beschreibt!

K = _____

Aufgabe BMT1_07: Kapitalsparbuch

Frau Fröhlich hat ein Kapitalsparbuch, auf welches sie jährlich am ersten Banköffnungstag des Jahres den gleichen Geldbetrag in Euro einzahlt. An diesem Tag werden in dieser Bank auch die Zinserträge des Vorjahres gutgeschrieben. Danach wird der neue Gesamtkontostand ausgedruckt.

Zwischen dem Kontostand K_{i-1} des Vorjahres und dem Kontostand K_i des aktuellen Jahres besteht folgender Zusammenhang:

$$K_i = 1,03 \cdot K_{i-1} + 5000$$

Aufgabenstellung:

Welche der folgenden Aussagen sind in diesem Zusammenhang korrekt? Kreuzen Sie die beiden zutreffenden Aussagen an!

Frau Fröhlich zahlt jährlich € 5.000 auf ihr Kapitalsparbuch ein.	☐
Das Kapital auf dem Kapitalsparbuch wächst jährlich um € 5.000.	☐
Der relative jährliche Zuwachs des am Ausdruck ausgewiesenen Kapitals ist größer als 3 %.	☐
Die Differenz des Kapitals zweier aufeinanderfolgender Jahre ist immer dieselbe.	☐
Das Kapital auf dem Kapitalsparbuch wächst linear an.	☐

Aufgabe BMT1_08: Kapital

Ein Kapital K wird 5 Jahre lang mit einem jährlichen Zinssatz von 1,2 % verzinst.

Aufgabenstellung:

Gegeben ist folgender Term: $K \cdot 1{,}012^5 - K$
Geben Sie die Bedeutung dieses Terms im gegebenen Kontext an!

Aufgabe BMT1_09: Zusammenhang zweier Variablen

Für $a, b \in \mathbb{R}$ gilt der Zusammenhang $a \cdot b = 1$.

Aufgabenstellung:

Zwei der fünf nachstehenden Aussagen treffen in jedem Fall zu.
Kreuzen Sie die beiden zutreffenden Aussagen an!

Wenn a kleiner als null ist, dann ist auch b kleiner als null.	☐
Die Vorzeichen von a und b können unterschiedlich sein.	☐
Für jedes $n \in \mathbb{N}$ gilt: $(a-n) \cdot (b+n) = 1$	☐
Für jedes $n \in \mathbb{N} \setminus \{0\}$ gilt: $(a \cdot n) \cdot \left(\dfrac{b}{n}\right) = 1$	☐
Es gilt: $a \neq b$	☐

Aufgabe BMT1_10: Quadratische Gleichung

Die Anzahl der Lösungen der quadratischen Gleichung $rx^2 + sx + t = 0$ in der Menge der reellen Zahlen hängt von den Koeffizienten r, s und t ab.

Aufgabenstellung:

Ergänzen Sie die Textlücken im folgenden Satz durch Ankreuzen der jeweils richtigen Satzteile so, dass eine mathematisch korrekte Aussage entsteht!

Die quadratische Gleichung $rx^2 + sx + t = 0$ hat genau dann für alle $r \neq 0$; $r, s, t \in \mathbb{R}$

_____ ① _____, wenn _____ ② _____ gilt.

①	
zwei reelle Lösungen	☐
keine reelle Lösung	☐
genau eine reelle Lösung	☐

②	
$r^2 - 4st > 0$	☐
$t^2 = 4rs$	☐
$s^2 - 4rt > 0$	☐

Aufgabe BMT1_11: Quadratische Gleichung

Gegeben ist die quadratische Gleichung $x^2 + p \cdot x - 12 = 0$

Aufgabenstellung:

Bestimmen Sie denjenigen Wert für p, für den die Gleichung die Lösungsmenge $L = \{-2; 6\}$ hat!

Aufgabe BMT1_12: Lösungsfälle quadratischer Gleichungen

Gegeben ist eine quadratische Gleichung der Form $r \cdot x^2 + s \cdot x + t = 0$ in der Variablen x mit den Koeffizienten $r, s, t \in \mathbb{R} \setminus \{0\}$.
Die Anzahl der reellen Lösungen der Gleichung hängt von r, s und t ab.

Aufgabenstellung:

Geben Sie die Anzahl der reellen Lösungen der gegebenen Gleichung an, wenn r und t verschiedene Vorzeichen haben, und begründen Sie Ihre Antwort allgemein!

Aufgabe BMT1_13: Ungleichungen lösen

Gegeben sind zwei lineare Ungleichungen.

I: $7 \cdot x + 67 > -17$
II: $-25 - 4 \cdot x > 7$

Aufgabenstellung:

Gesucht sind alle reellen Zahlen x, die beide Ungleichungen erfüllen.
Geben Sie die Menge dieser Zahlen als Intervall an!

Aufgabe BMT1_14: Lineares Gleichungssystem

Gegeben ist ein lineares Gleichungssystem in den Variablen x_1 und x_2. Es gilt: $a, b \in \mathbb{R}$.

I: $\;3 \cdot x_1 - 4 \cdot x_2 = a$
II: $\;b \cdot x_1 + x_2 = a$

Aufgabenstellung:

Bestimmen Sie die Werte der Parameter a und b so, dass die Lösungsmenge des Gleichungssystems $L = \{(2; -2)\}$ ist.

Aufgabe BMT1_15: Eckpunkte eines Quaders

In der nachstehenden Abbildung ist ein Quader dargestellt. Die Eckpunkte A, B, C und E sind beschriftet.

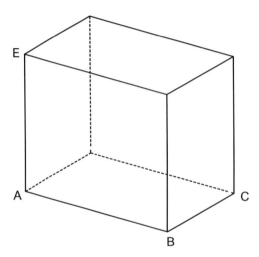

Aufgabenstellung:

Für weitere Eckpunkte R, S und T des Quaders gilt:

$R = E + \overrightarrow{AB}$

$S = A + \overrightarrow{AE} + \overrightarrow{BC}$

$T = E + \overrightarrow{BC} - \overrightarrow{AE}$

Beschriften Sie in der oben stehenden Abbildung klar erkennbar die Eckpunkte R, S und T!

Aufgabe BMT1_16: Gleichung einer Geraden aufstellen

Die Punkte $A = (7 | 6)$, $M = (-1 | 7)$ und $N = (8 | 1)$ sind gegeben.
Eine Gerade g verläuft durch den Punkt A und steht normal auf die Verbindungsgerade durch die Punkte M und N.

Aufgabenstellung:

Geben Sie eine Gleichung der Geraden g an.

Aufgabe BMT1_17: Parameterdarstellung einer Geraden

In der nachstehenden Abbildung ist eine Gerade g dargestellt. Die gekennzeichneten Punkte der Geraden g haben ganzzahlige Koordinaten.

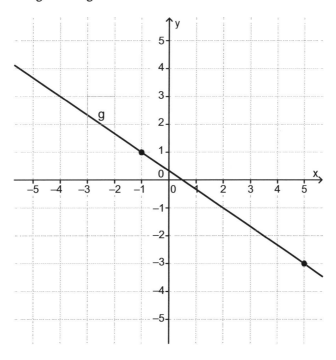

Aufgabenstellung:

Vervollständigen Sie folgende Parameterdarstellung der Geraden g durch Angabe der Werte für a und b mit $a,b \in \mathbb{R}$!

$$g: X = \begin{pmatrix} a \\ 3 \end{pmatrix} + t \cdot \begin{pmatrix} 3 \\ b \end{pmatrix} \text{ mit } t \in \mathbb{R}$$

Aufgabe BMT1_18: Parallele Geraden

Gegeben sind Gleichungen der Geraden g und h. Die beiden Geraden sind nicht ident.

$$g: y = -\frac{x}{4} + 8, \quad h: X = \begin{pmatrix} 4 \\ 3 \end{pmatrix} + s \begin{pmatrix} 4 \\ -1 \end{pmatrix} \text{ mit } s \in \mathbb{R}$$

Aufgabenstellung:

Begründen Sie, warum diese beiden Geraden parallel zueinander liegen!

Aufgabe BMT1_19: Parameterdarstellung einer Geraden

Die zwei Punkte $A = (-1 | -6 | 2)$ und $B = (5 | -3 | -3)$ liegen auf einer Geraden g in $\mathbb{R}^3$.

Aufgabenstellung:

Geben Sie eine Parameterdarstellung dieser Geraden g unter Verwendung der konkreten Koordinaten der Punkte A und B an!

Aufgabe BMT1_20: Vektoren

Gegeben sind zwei Vektoren $\vec{a} = \begin{pmatrix} 2 \\ 3 \end{pmatrix}$ und $\vec{b} = \begin{pmatrix} b_1 \\ -4 \end{pmatrix}$

Aufgabenstellung:

Bestimmen Sie die unbekannte Koordinate b_1 so, dass die beiden Vektoren $\vec{a}$ und $\vec{b}$ normal aufeinander stehen!

Aufgabe BMT1_21: Parallelität von Geraden

Gegeben sind folgende Parameterdarstellungen der Geraden g und h:

$g : X = \begin{pmatrix} 1 \\ 1 \\ 1 \end{pmatrix} + t \cdot \begin{pmatrix} -3 \\ 1 \\ 2 \end{pmatrix}$ mit $t \in \mathbb{R}$

$h : X = \begin{pmatrix} 3 \\ 1 \\ 1 \end{pmatrix} + s \cdot \begin{pmatrix} 6 \\ h_y \\ h_z \end{pmatrix}$ mit $s \in \mathbb{R}$

Aufgabenstellung:

Bestimmen Sie die Koordinaten h_y und h_z des Richtungsvektors der Geraden h so, dass die Gerade h zur Geraden g parallel ist!

Aufgabe BMT1_22: Definition der Winkelfunktionen

Die nachstehende Abbildung zeigt ein rechtwinkeliges Dreieck PQR.

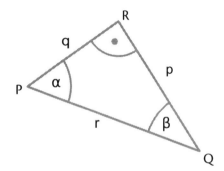

Aufgabenstellung:

Kreuzen Sie jene beiden Gleichungen an, die für das dargestellte Dreieck gelten!

$\sin \alpha = \dfrac{p}{r}$	☐
$\sin \alpha = \dfrac{q}{r}$	☐
$\tan \beta = \dfrac{p}{q}$	☐
$\tan \alpha = \dfrac{r}{p}$	☐
$\cos \beta = \dfrac{p}{r}$	☐

Aufgabe BMT1_23: Vermessung einer unzugänglichen Steilwand

Ein Steilwandstück CD mit der Höhe h = CD ist unzugänglich. Um h bestimmen zu können, werden die Entfernung e = 6 Meter und zwei Winkel α = 24° und β = 38° gemessen. Der Sachverhalt wird durch die nachstehende (nicht maßstabgetreue) Abbildung veranschaulicht.

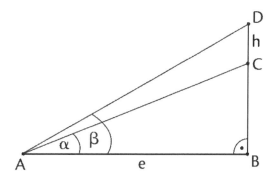

Aufgabenstellung:

Berechnen Sie die Höhe h des unzugänglichen Steilwandstücks in Metern!

Aufgabe BMT1_24: Sinus und Cosinus

Die nachstehende Abbildung zeigt einen Kreis mit dem Mittelpunkt O und dem Radius 1. Die Punkte A = (1| 0) und P liegen auf der Kreislinie. Der eingezeichnete Winkel α wird vom Schenkel OA zum Schenkel OP gegen den Uhrzeigersinn gemessen.

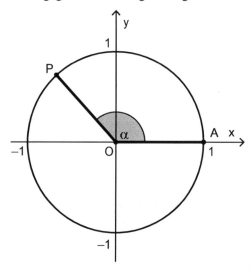

Ein Punkt Q auf der Kreislinie soll in analoger Weise einen Winkel β festlegen, für den folgende Beziehungen gelten:

$\sin(\beta) = -\sin(\alpha)$ und $\cos(\beta) = \cos(\alpha)$

Aufgabenstellung:

Zeichnen Sie in der oben stehenden Abbildung den Punkt Q ein!

Aufgabe BMT1_25: Funktionseigenschaften erkennen

Gegeben ist der Graph einer Polynomfunktion f dritten Grades.

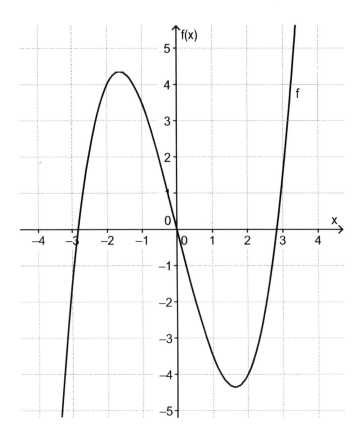

Aufgabenstellung:

Kreuzen Sie die für den dargestellten Funktionsgraphen von f zutreffende(n) Aussage(n) an!

Die Funktion f ist im Intervall (2; 3) monoton steigend.	☐
Die Funktion f hat im Intervall (1; 2) eine lokale Maximumstelle.	☐
Die Funktion f ändert im Intervall (−1; 1) das Krümmungsverhalten.	☐
Der Funktionsgraph von f ist symmetrisch bezüglich der senkrechten Achse.	☐
Die Funktion f ändert im Intervall (−3; 0) das Monotonieverhalten.	☐

Aufgabe BMT1_26: Kosten, Erlös und Gewinn

Die Funktion E beschreibt den Erlös (in €) beim Absatz von x Mengeneinheiten eines Produkts. Die Funktion G beschreibt den dabei erzielten Gewinn in €. Dieser ist definiert als Differenz „Erlös – Kosten".

Aufgabenstellung:

Ergänzen Sie die nachstehende Abbildung durch den Graphen der zugehörigen Kostenfunktion K! Nehmen Sie dabei K als linear an! (Die Lösung der Aufgabe beruht auf der Annahme, dass alle produzierten Mengeneinheiten des Produkts verkauft werden.)

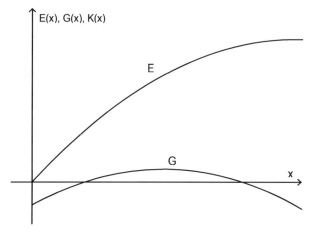

Aufgabe BMT1_27: Zylindervolumen

Bei einem Drehzylinder wird der Radius des Grundkreises mit r und die Höhe des Zylinders mit h bezeichnet. Ist die Höhe des Zylinders konstant, dann beschreibt die Funktion V mit

$V(r) = r^2 \cdot \pi \cdot h$ die Abhängigkeit des Zylindervolumens vom Radius.

Aufgabenstellung:

Im nachstehenden Koordinatensystem ist der Punkt $P = (r_1 \mid V(r_1))$ eingezeichnet. Ergänzen Sie in diesem Koordinatensystem den Punkt $Q = (3 \cdot r_1 \mid V(3 \cdot r_1))$!

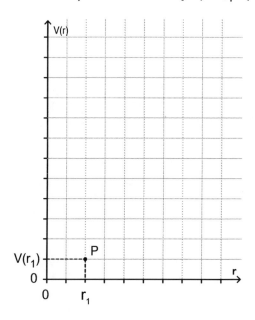

Aufgabe BMT1_28: Steigung einer linearen Funktion

Fünf lineare Funktionen sind in verschiedener Weise dargestellt.

Aufgabenstellung:

Kreuzen Sie jene beiden Darstellungen an, bei denen die Steigung der dargestellten linearen Funktion den Wert k = −2 annimmt!

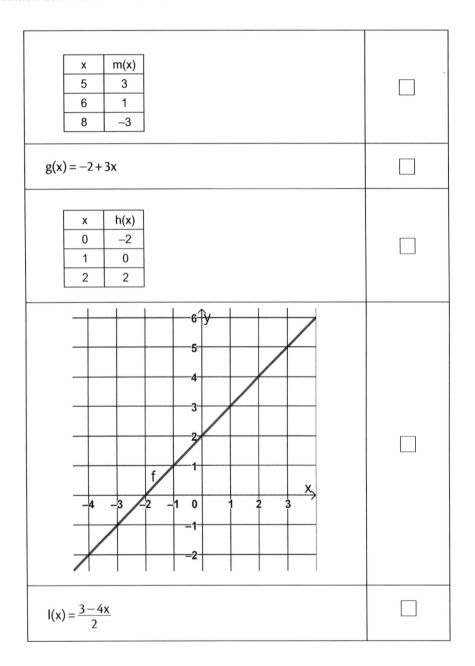

x	m(x)
5	3
6	1
8	−3

□

g(x) = −2 + 3x   □

x	h(x)
0	−2
1	0
2	2

□

(Graph von f)   □

$l(x) = \dfrac{3 - 4x}{2}$ □

Aufgabe BMT1_29: Lineare Funktionen

Gegeben sind die Graphen von vier verschiedenen linearen Funktionen f mit $f(x) = k \cdot x + d$, wobei $k, d \in \mathbb{R}$.

Aufgabenstellung:

Ordnen Sie den vier Graphen jeweils die entsprechende Aussage über die Parameter k und d (aus A bis F) zu!

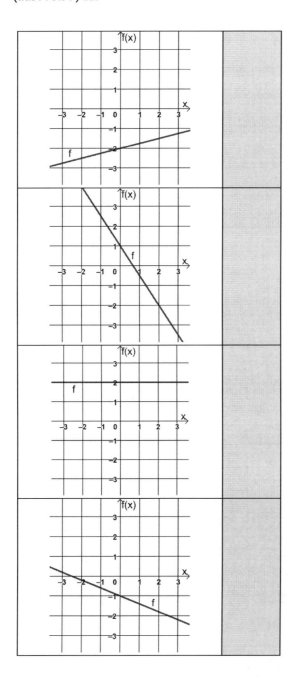

A	$k = 0, d < 0$
B	$k > 0, d > 0$
C	$k = 0, d > 0$
D	$k < 0, d < 0$
E	$k > 0, d < 0$
F	$k < 0, d > 0$

Aufgabe BMT1_30: Wasserbehälter

In einem quaderförmigen Wasserbehälter steht eine Flüssigkeit 40 cm hoch. Diese Flüssigkeit fließt ab dem Öffnen des Ablaufs in 8 Minuten vollständig ab.

Eine lineare Funktion h mit $h(t) = k \cdot t + d$ beschreibt für $t \in [0;8]$ die Höhe (in cm) des Flüssigkeitspegels im Wasserbehälter t Minuten ab dem Öffnen des Ablaufs.

Aufgabenstellung:

Bestimmen Sie die Werte k und d!

Aufgabe BMT1_31: Quadratische Funktion

Gegeben ist eine quadratische Funktion $f: \mathbb{R} \to \mathbb{R}$ mit $f(x) = a \cdot x^2 + b \cdot x + c$
($a, b, c \in \mathbb{R}$ und $a \neq 0$).

Aufgabenstellung:

Ergänzen Sie die Textlücken im folgenden Satz durch Ankreuzen des jeweils richtigen Satzteils so, dass eine korrekte Aussage entsteht.

Wenn _____① _____ gilt, so hat die Funktion f auf jeden Fall _____② _____ .

①	
a < 0	☐
b = 0	☐
c > 0	☐

②	
einen zur senkrechten Achse symmetrischen Graphen	☐
zwei reelle Nullstellen	☐
ein lokales Minimum	☐

Aufgabe BMT1_32: Gleichung einer quadratischen Funktion

Im nachfolgenden Koordinatensystem ist der Graph einer quadratischen Funktion f mit der Gleichung $f(x) = a \cdot x^2 + b$ ($a, b \in \mathbb{R}$) dargestellt.

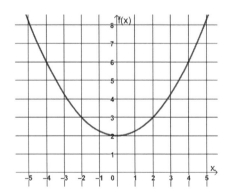

Aufgabenstellung:

Ermitteln Sie die Werte der Parameter a und b! Die für die Berechnung relevanten Punkte mit ganzzahligen Koordinaten können dem Diagramm entnommen werden.

Aufgabe BMT1_33: Potenzfunktionen

Gegeben sind die Graphen von vier verschiedenen Potenzfunktionen f mit $f(x) = a \cdot x^z$ sowie sechs Bedingungen für den Parameter a und den Exponenten z. Dabei ist a eine reelle, z eine natürliche Zahl.

Aufgabenstellung:

Ordnen Sie den vier Graphen jeweils die entsprechende Bedingung für den Parameter a und den Exponenten z der Funktionsgleichung (aus A bis F) zu!

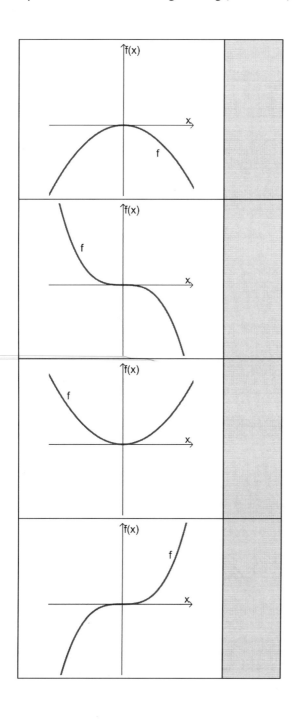

A	$a > 0, z = 1$
B	$a > 0, z = 2$
C	$a > 0, z = 3$
D	$a < 0, z = 1$
E	$a < 0, z = 2$
F	$a < 0, z = 3$

Aufgabe BMT1_34: Den Graphen einer Polynomfunktion skizzieren

Eine Polynomfunktion f hat folgende Eigenschaften:
Die Funktion ist für x ≤ 0 streng monoton steigend.
Die Funktion ist im Intervall [0; 3] streng monoton fallend.
Die Funktion ist für x ≥ 3 streng monoton steigend.
Der Punkt P = (0 | 1) ist ein lokales Maximum (Hochpunkt).
Die Stelle 3 ist eine Nullstelle.

Aufgabenstellung:

Erstellen Sie in einem kartesischen x,y-Koordinatensystem anhand der gegebenen Eigenschaften von f eine Skizze eines möglichen Funktionsgraphen Intervall [−2; 4]!

Aufgabe BMT1_35: Krümmungsverhalten einer Polynomfunktion

Der Graph einer Polynomfunktion dritten Grades hat im Punkt T = (−3|1) ein lokales Minimum, in H = (−1|3) ein lokales Maximum und in W = (−2|2) einen Wendepunkt.

Aufgabenstellung:

In welchem Intervall ist diese Funktion linksgekrümmt (positiv gekrümmt)? Kreuzen Sie das zutreffende Intervall an!

(−∞; 2)	☐
(−∞; −2)	☐
(−3; −1)	☐
(−2; 2)	☐
(−2; ∞)	☐
(3; ∞)	☐

Aufgabe BMT1_36: Wachstum

Die Funktion f beschreibt einen exponentiellen Wachstumsprozess der Form $f(t) = c \cdot a^t$ in Abhängigkeit von der Zeit t.

Aufgabenstellung:

Ermitteln Sie für t = 2 und t = 3 die Werte der Funktion f!

t	f(t)
0	400
1	600
2	f(2)
3	f(3)

f(2) = _____

f(3) = _____

Aufgabe BMT1_37: Ausbreitung eines Ölteppichs

Der Flächeninhalt eines Ölteppichs beträgt momentan 1,5 km² und wächst täglich um 5 %.

Aufgabenstellung:

Geben Sie an, nach wie vielen Tagen der Ölteppich erstmals größer als 2 km² ist!

Aufgabe BMT1_38: Wirkstoff

Die Abnahme der Menge des Wirkstoffs eines Medikaments im Blut lässt sich durch eine Exponentialfunktion modellieren.
Nach einer Stunde sind 10 % der Anfangsmenge des Wirkstoffs abgebaut worden.

Aufgabenstellung:

Berechnen Sie, welcher Prozentsatz der Anfangsmenge des Wirkstoffs nach insgesamt vier Stunden noch im Blut vorhanden ist!

Aufgabe BMT1_39: Halbwertszeit von Cobalt-60

Das radioaktive Isotop Cobalt-60 wird unter anderem zur Konservierung von Lebensmitteln und in der Medizin verwendet.

Das Zerfallsgesetz für Cobalt-60 lautet $N(t) = N_0 \cdot e^{-0{,}13149 \cdot t}$ mit t in Jahren; dabei bezeichnet N_0 die vorhandene Menge des Isotops zum Zeitpunkt t = 0 und N(t) die vorhandene Menge zum Zeitpunkt t ≥ 0.

Aufgabenstellung:

Berechnen Sie die Halbwertszeit von Cobalt-60!

Aufgabe BMT1_40: Parameter von Exponentialfunktionen

Die nachstehende Abbildung zeigt die Graphen zweier Exponentialfunktionen f und g mit den Funktionsgleichungen $f(x) = c \cdot a^x$ und $g(x) = d \cdot b^x$ mit a, b, c, d ∈ $\mathbb{R}^+$.

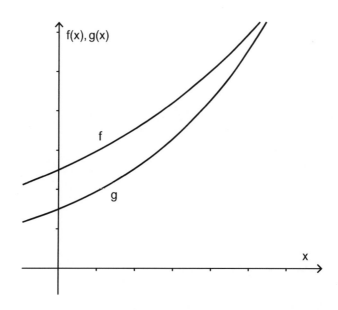

Aufgabenstellung:

Ergänzen Sie die Textlücken im folgenden Satz durch Ankreuzen der jeweils richtigen Satzteile so, dass eine korrekte Aussage entsteht!

Für die Parameter a, b, c, d der beiden gegebenen Exponentialfunktionen gelten die Beziehungen ___①___ und ___②___.

①	
c < d	☐
c = d	☐
c > d	☐

②	
a < b	☐
a = b	☐
a > b	☐

Aufgabe BMT1_41: Sinusfunktion

Für $a,b \in \mathbb{R}^+$ sei die Funktion $f: \mathbb{R} \to \mathbb{R}$ mit $f(x) = a \cdot \sin(b \cdot x)$ für $x \in \mathbb{R}$ gegeben. Die beiden nachstehenden Eigenschaften der Funktion f sind bekannt:

- Die (kleinste) Periode der Funktion f ist π.
- Die Differenz zwischen dem größten und dem kleinsten Funktionswert von f beträgt 6.

Aufgabenstellung:

Geben Sie a und b an!

Aufgabe BMT1_42: Sinusfunktion

Die nachstehende Abbildung zeigt den Graphen einer Funktion f mit $f(x) = a \cdot \sin(b \cdot x)$ mit $a, b \in \mathbb{R}$.

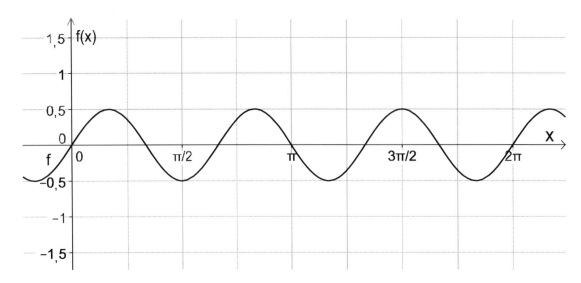

Aufgabenstellung:

Geben Sie die für den abgebildeten Graphen passenden Parameterwerte a und b von f an!

Aufgabe BMT1_43: Ableitungswerte ordnen

Gegeben ist der Graph einer Polynomfunktion f.

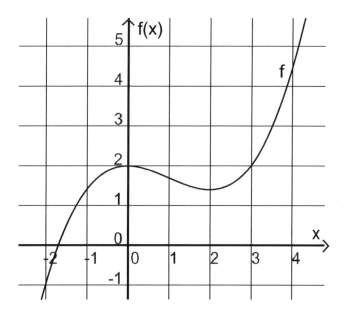

Aufgabenstellung:

Ordnen Sie die Werte f'(0), f'(1), f'(3) und f'(4) der Größe nach, beginnend mit dem kleinsten Wert! (Die konkreten Werte von f'(0), f'(1), f'(3) und f'(4) sind dabei nicht anzugeben.)

Aufgabe BMT1_44: Differenzenquotient

Der Graph einer Funktion f verläuft durch die Punkte P = (−1| 2) und Q = (3 | f (3)).

Aufgabenstellung:

Bestimmen Sie f (3) so, dass der Differenzenquotient von f im Intervall [−1; 3] den Wert 1 hat.

f (3) = _____

Aufgabe BMT1_45: Mittlere Änderungsrate der Temperatur

Ein bestimmter Temperaturverlauf wird modellhaft durch eine Funktion T beschrieben.
Die Funktion $T:[0;60] \to \mathbb{R}$ ordnet jedem Zeitpunkt t eine Temperatur T(t) zu. Dabei wird t in Minuten und T(t) in Grad Celsius angegeben.

Aufgabenstellung:

Stellen Sie die mittlere Änderungsrate D der Temperatur im Zeitintervall [20; 30] durch einen Term dar!

D = _____ °C/min

Aufgabe BMT1_46: Mittlere Änderungsrate interpretieren

Gegeben ist eine Polynomfunktion f dritten Grades. Die mittlere Änderungsrate von f hat im Intervall $[x_1; x_2]$ den Wert 5.

Aufgabenstellung:

Welche der nachstehenden Aussagen können über die Funktion f sicher getroffen werden? Kreuzen Sie die beiden zutreffenden Aussagen an!

Im Intervall $[x_1; x_2]$ gibt es mindestens eine Stelle x mit f(x) = 5.	☐
$f(x_2) > f(x_1)$	☐
Die Funktion f ist im Intervall $[x_1; x_2]$ monoton steigend.	☐
$f'(x) = 5$ für alle $x \in [x_1; x_2]$	☐
$f(x_2) - f(x_1) = 5 \cdot (x_2 - x_1)$	☐

Aufgabe BMT1_47: Nikotin

Die Nikotinmenge x (in mg) im Blut eines bestimmten Rauchers kann modellhaft durch die Differenzengleichung $x_{n+1} = 0{,}98 \cdot x_n + 0{,}03$ (n in Tagen) beschrieben werden.

Aufgabenstellung:

Geben Sie an, wie viel Milligramm Nikotin täglich zugeführt werden und wie viel Prozent der im Körper vorhandenen Nikotinmenge täglich abgebaut werden!

_____ mg   _____ %

Aufgabe BMT1_48: Differenzengleichung

Die nachstehende Tabelle enthält Werte einer Größe zum Zeitpunkt n ($n \in \mathbb{N}$).

n	x_n
0	10
1	21
2	43
3	87

Die zeitliche Entwicklung dieser Größe kann durch eine Differenzengleichung der Form $x_{n+1} = a \cdot x_n + b$ beschrieben werden.

Aufgabenstellung:

Geben Sie die Werte der (reellen) Parameter a und b so an, dass damit das in der Tabelle angegebene zeitliche Verhalten beschrieben wird!

Aufgabe BMT1_49: Eigenschaften einer Funktion

Von einer reellen Polynomfunktion f sind der Graph und die Funktionsgleichung der Ableitungsfunktion f' gegeben: f'(x) = –x + 2.

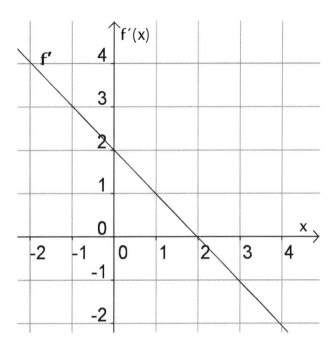

Aufgabenstellung:

Kreuzen Sie die beiden zutreffenden Aussagen an!

Die Stelle $x_1 = 0$ ist eine Wendestelle von f.	☐
Im Intervall [0; 1] ist f streng monoton fallend.	☐
Die Tangente an den Graphen der Funktion f im Punkt (0|f(0)) hat die Steigung 2.	☐
Die Stelle $x_2 = 2$ ist eine lokale Maximumstelle von f.	☐
Der Graph der Funktion f weist im Intervall [2; 3] eine Linkskrümmung (positive Krümmung) auf.	☐

Aufgabe BMT1_50: Zusammenhang zwischen Funktion und Ableitungsfunktion

In der folgenden Abbildung ist der Graph einer Polynomfunktion f dargestellt:

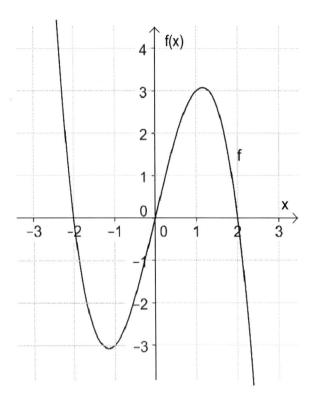

Aufgabenstellung:

Ergänzen Sie die Textlücken im folgenden Satz durch Ankreuzen der jeweils richtigen Satzteile so, dass eine korrekte Aussage entsteht!

Die erste Ableitung der Funktion f ist _____①_____, und daraus folgt _____②_____

①	
im Intervall [−1; 1] negativ	☐
im Intervall [−1; 1] gleich null	☐
im Intervall [−1; 1] positiv	☐

②	
f hat im Intervall [−1; 1] eine Nullstelle	☐
f ist im Intervall [−1; 1] streng monoton steigend	☐
f hat im Intervall [−1; 1] eine Wendestelle	☐

Aufgabe BMT1_51: Funktionen und Ableitungsfunktionen

Links sind die Graphen von vier Polynomfunktionen (f_1, f_2, f_3, f_4) abgebildet, rechts die Graphen sechs weiterer Funktionen (g_1, g_2, g_3, g_4, g_5, g_6).

Aufgabenstellung:

Ordnen Sie den Polynomfunktionen f_1 bis f_4 ihre jeweilige Ableitungsfunktion aus den Funktionen g_1 bis g_6 (aus A bis F) zu!

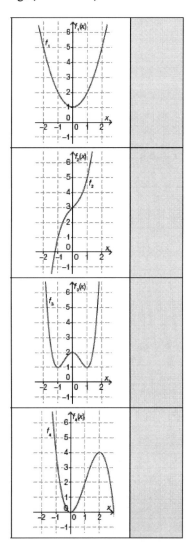
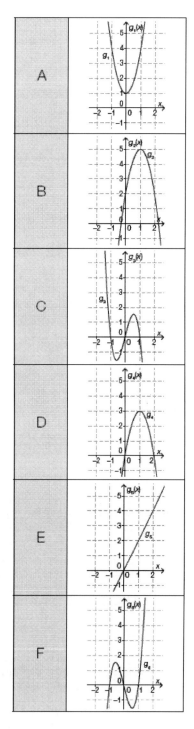

Aufgabe BMT1_52: Funktionsgraph

Eine nicht konstante Funktion $f: \mathbb{R} \to \mathbb{R}$ hat die folgenden Eigenschaften:

$f(4) = 2$
$f'(4) = 0$
$f''(4) = 0$
$f'(x) \leq 0$ für alle $x \in \mathbb{R}$

Aufgabenstellung:

Skizzieren Sie in einem kartesischen x,y-Koordinatensystem einen möglichen Graphen einer solchen Funktion f!

Aufgabe BMT1_53: Ableitungsfunktion und Stammfunktion

Es sei $f: \mathbb{R} \to \mathbb{R}$ eine Polynomfunktion.

Aufgabenstellung:

Zwei der folgenden Aussagen über die Funktion f treffen auf jeden Fall zu.

Kreuzen Sie die beiden zutreffenden Aussagen an.

Die Funktion f hat genau eine Stammfunktion F.	☐
Die Funktion f hat genau eine Ableitungsfunktion f'.	☐
Ist F eine Stammfunktion von f, so gilt: $F' = F$.	☐
Ist F eine Stammfunktion von f, so gilt: $F'' = f'$.	☐
Ist F eine Stammfunktion von f, so gilt: $\int_0^1 F(x)dx = f(1) - f(0)$	☐

Aufgabe BMT1_54: Werte einer Ableitungsfunktion

Gegeben ist die Funktion $f: \mathbb{R} \to \mathbb{R}$ mit $f(x) = 3 \cdot e^x$.

Aufgabenstellung:

Die nachstehenden Aussagen beziehen sich auf Eigenschaften der Funktion f bzw. deren Ableitungsfunktion f'.

Kreuzen Sie die beiden zutreffenden Aussagen an!

Es gibt eine Stelle $x \in \mathbb{R}$ mit $f'(x) = 2$.	☐
Für alle $x \in \mathbb{R}$ gilt: $f'(x) > f'(x + 1)$.	☐
Für alle $x \in \mathbb{R}$ gilt: $f'(x) = 3 \cdot f(x)$.	☐
Es gibt eine Stelle $x \in \mathbb{R}$ mit $f'(x) = 0$.	☐
Für alle $x \in \mathbb{R}$ gilt: $f'(x) \geq 0$.	☐

Aufgabe BMT1_55: Nachweis eines lokalen Minimums

Gegeben ist eine Polynomfunktion p mit $p(x) = x^3 - 3 \cdot x + 2$.

Die erste Ableitung p′ mit $p'(x) = 3 \cdot x^2 - 3$ hat an der Stelle x = 1 den Wert null.

Aufgabenstellung:

Zeigen Sie rechnerisch, dass p an dieser Stelle ein lokales Minimum (d. h. ihr Graph dort einen Tiefpunkt) hat!

Aufgabe BMT1_56: Integral einer Funktion

Die nachstehende Abbildung zeigt den Graphen der Polynomfunktion f. Alle Nullstellen sind ganzzahlig. Die Fläche, die vom Graphen der Funktion f und der x-Achse begrenzt wird, ist schraffiert dargestellt. A bezeichnet die Summe der beiden schraffierten Flächeninhalte.

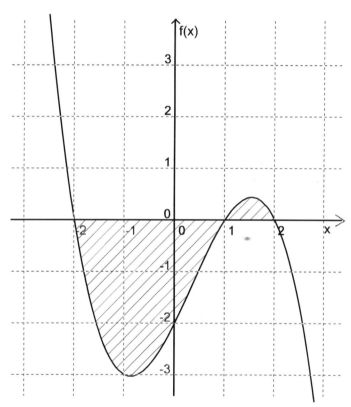

Aufgabenstellung:

Geben Sie einen korrekten Ausdruck für A mithilfe der Integralschreibweise an!

A = _____

Aufgabe BMT1_57: Stammfunktion

Gegeben ist eine Funktion $f: \mathbb{R} \to \mathbb{R}$ mit $f(x) = a \cdot x^3$ mit $a \in \mathbb{R}$.

Aufgabenstellung:

Bestimmen Sie a so, dass die Funktion $F: \mathbb{R} \to \mathbb{R}$ mit $F(x) = 5 \cdot x^4 - 2$ eine Stammfunktion von f ist!

Aufgabe BMT1_58: Schnitt zweier Funktionen

Gegeben sind die beiden reellen Funktionen f und g mit den Gleichungen $f(x) = x^2$ und $g(x) = -x^2 + 8$.

Aufgabenstellung:

Im nachstehenden Koordinatensystem sind die Graphen der beiden Funktionen f und g dargestellt.

Schraffieren Sie jene Fläche, deren Größe A mit $A = \int_0^1 g(x)dx - \int_0^1 f(x)dx$ berechnet werden kann!

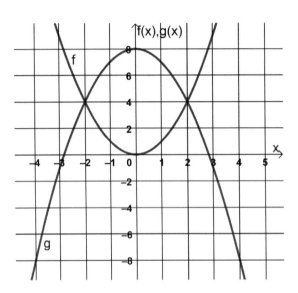

Aufgabe BMT1_59: Wert eines bestimmten Integrals

Von einer reellen Funktion f ist der Graph einer Stammfunktion F abgebildet.

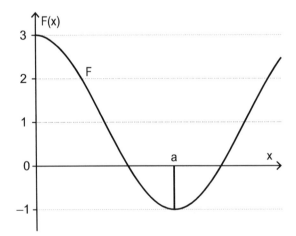

Aufgabenstellung: Geben Sie den Wert des bestimmten Integrals $I = \int_0^a f(x)dx$ an.

I = _____

Aufgabe BMT1_60: Integral

Gegeben ist die Potenzfunktion f mit $f(x) = x^3$.

Aufgabenstellung:

Geben Sie eine Bedingung für die Integrationsgrenzen b und c (b ≠ c) so an, dass $\int_b^c f(x)\,dx = 0$ gilt.

Aufgabe BMT1_61: Bestimmen eines Koeffizienten

Gegeben ist die Funktion $f : \mathbb{R} \to \mathbb{R}$ mit $f(x) = a \cdot x^2 + 2$ mit $a \in \mathbb{R}$.

Aufgabenstellung:

Geben Sie den Wert des Koeffizienten a so an, dass die Gleichung $\int_0^1 f(x)\,dx = 1$ erfüllt ist.

a = _____

Aufgabe BMT1_62: Arbeit beim Verschieben eines Massestücks

Ein Massestück wird durch die Einwirkung einer Kraft geradlinig bewegt. Die dazu erforderliche Kraftkomponente in Wegrichtung ist als Funktion des zurückgelegten Weges in der nachstehenden Abbildung dargestellt. Der Weg s wird in Metern (m), die Kraft F(s) in Newton (N) gemessen.

Im ersten Wegabschnitt wird F(s) durch f_1 mit $f_1(s) = \frac{5}{16} \cdot s^2$ beschrieben. Im zweiten Abschnitt (f_2) nimmt sie linear auf den Wert null ab.

Die Koordinaten der hervorgehobenen Punkte des Graphen der Funktion sind ganzzahlig.

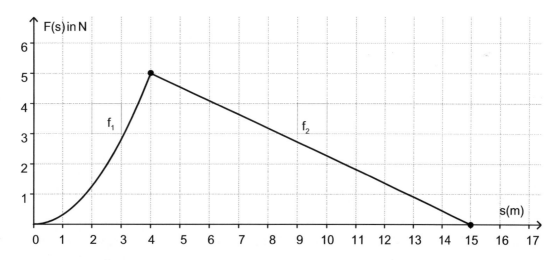

Aufgabenstellung:

Ermitteln Sie die Arbeit W in Joule (J), die diese Kraft an dem Massestück verrichtet, wenn es von s = 0 m bis zu s = 15 m bewegt wird!

W = _____ J

Aufgabe BMT1_63: Internetplattform

Die Nutzung einer bestimmten Internetplattform durch Jugendliche wird für Mädchen und Burschen getrennt untersucht. Dabei wird erfasst, wie oft die befragten Jugendlichen diese Plattform pro Woche besuchen. Die nachstehenden Kastenschaubilder (Boxplots) zeigen das Ergebnis der Untersuchung.

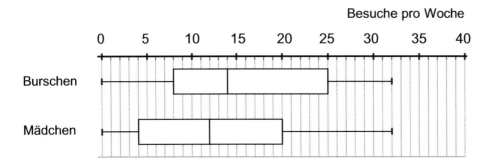

Aufgabenstellung:

Kreuzen Sie die beiden zutreffenden Aussagen an!

Der Median der Anzahl von Besuchen pro Woche ist bei den Burschen etwas höher als bei den Mädchen.	☐
Die Spannweite der wöchentlichen Nutzung der Plattform ist bei den Burschen größer als bei den Mädchen.	☐
Aus der Grafik kann man ablesen, dass genauso viele Mädchen wie Burschen die Plattform wöchentlich besuchen.	☐
Der Anteil der Burschen, die mehr als 20-mal pro Woche die Plattform nützen, ist zumindest gleich groß oder größer als jener der Mädchen.	☐
Ca. 80 % der Mädchen und ca. 75 % der Burschen nützen die Plattform genau 25-mal pro Woche.	☐

Aufgabe BMT1_64: Arithmetisches Mittel

Neun Athleten eines Sportvereins absolvieren einen Test. Der arithmetische Mittelwert der neun Testergebnisse $x_1, x_2, \ldots, x_9$ ist $\overline{x} = 8$. Ein zehnter Sportler war während der ersten Testdurchführung abwesend. Er holt den Test nach, sein Testergebnis ist $x_{10} = 4$.

Aufgabenstellung:

Berechnen Sie das arithmetische Mittel der ergänzten Liste $x_1, x_2, \ldots, x_{10}$!

Aufgabe BMT1_65: Eishockeytore

In der österreichischen Eishockeyliga werden die Ergebnisse aller Spiele statistisch ausgewertet. In der Saison 2012/13 wurde über einen bestimmten Zeitraum erfasst, in wie vielen Spielen jeweils eine bestimmte Anzahl an Toren erzielt wurde. Das nachstehende Säulendiagramm stellt das Ergebnis dieser Auswertung dar.

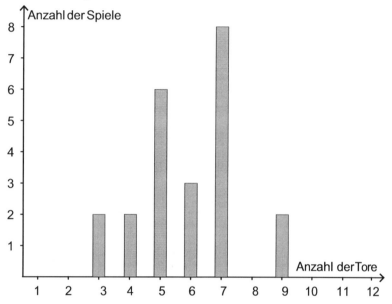

Aufgabenstellung:

Bestimmen Sie den Median der Datenliste, die dem Säulendiagramm zugrunde liegt!

Aufgabe BMT1_66: Hausübungskontrolle

Eine Lehrerin wählt am Beginn der Mathematikstunde nach dem Zufallsprinzip 3 Schüler/innen aus, die an der Tafel die Lösungsansätze der Hausübungsaufgaben erklären müssen. Es sind 12 Burschen und 8 Mädchen anwesend.

Aufgabenstellung:

Berechnen Sie die Wahrscheinlichkeit, dass für das Erklären der Lösungsansätze 2 Burschen und 1 Mädchen ausgewählt werden!

Aufgabe BMT1_67: Multiple-Choice-Antwort

Bei einer schriftlichen Prüfung werden der Kandidatin/dem Kandidaten fünf Fragen mit je vier Antwortmöglichkeiten vorgelegt. Genau eine der Antworten ist jeweils richtig.

Aufgabenstellung:

Berechnen Sie die Wahrscheinlichkeit, dass die Kandidatin/der Kandidat bei zufälligem Ankreuzen mindestens viermal die richtige Antwort kennzeichnet!

Aufgabe BMT1_68: Elfmeterschießen

In einer Fußballmannschaft stehen elf Spieler als Elfmeterschützen zur Verfügung.

Aufgabenstellung:

Deuten Sie den Ausdruck $\binom{11}{5}$ im gegebenen Kontext!

Aufgabe BMT1_69: Erwartungswert des Gewinns

Bei einem Gewinnspiel gibt es 100 Lose. Der Lospreis beträgt € 5. Für den Haupttreffer werden € 100 ausgezahlt, für zwei weitere Treffer werden je € 50 ausgezahlt und für fünf weitere Treffer werden je € 20 ausgezahlt. Für alle weiteren Lose wird nichts ausgezahlt.
Unter Gewinn versteht man Auszahlung minus Lospreis.

Aufgabenstellung:
Berechnen Sie den Erwartungswert des Gewinns aus der Sicht einer Person, die ein Los kauft!

Aufgabe BMT1_70: Tennisspiel

Stefan und Helmut spielen im Training 5 Sätze Tennis. Stefan hat eine konstante Gewinnwahrscheinlichkeit von 60 % für jeden gespielten Satz.

Aufgabenstellung:
Es wird folgender Wert berechnet:

$$\binom{5}{3} \cdot 0{,}4^3 \cdot 0{,}6^2 = 0{,}2304$$

Geben Sie an, was dieser Wert im Zusammenhang mit der Angabe aussagt!

Aufgabe BMT1_71: Mehrere Wahrscheinlichkeiten

In einer Unterrichtsstunde sind 15 Schülerinnen und 10 Schüler anwesend. Die Lehrperson wählt für Überprüfungen nacheinander zufällig drei verschiedene Personen aus dieser Schulklasse aus. Jeder Prüfling wird nur einmal befragt.

Aufgabenstellung:
Kreuzen Sie die beiden zutreffenden Aussagen an!

Die Wahrscheinlichkeit, dass die Lehrperson drei Schülerinnen auswählt, kann mittels $\frac{15}{25} \cdot \frac{14}{25} \cdot \frac{13}{25}$ berechnet werden.	☐
Die Wahrscheinlichkeit, dass die Lehrperson als erste Person einen Schüler auswählt, ist $\frac{10}{25}$.	☐
Die Wahrscheinlichkeit, dass die Lehrperson bei der Wahl von drei Prüflingen als zweite Person eine Schülerin auswählt, ist $\frac{24}{25}$.	☐
Die Wahrscheinlichkeit, dass die Lehrperson drei Schüler auswählt, kann mittels $\frac{10}{25} \cdot \frac{9}{24} \cdot \frac{8}{23}$ berechnet werden.	☐
Die Wahrscheinlichkeit, dass sich unter den von der Lehrperson ausgewählten Personen genau zwei Schülerinnen befinden, kann mittels $\frac{15}{25} \cdot \frac{14}{24} \cdot \frac{23}{23}$ berechnet werden.	☐

Aufgabe BMT1_72: Zollkontrolle

Eine Gruppe von zehn Personen überquert eine Grenze zwischen zwei Staaten. Zwei Personen führen Schmuggelware mit sich. Beim Grenzübertritt werden drei Personen vom Zoll zufällig ausgewählt und kontrolliert.

Aufgabenstellung:

Berechnen Sie die Wahrscheinlichkeit, dass unter den drei kontrollierten Personen die beiden Schmuggler der Gruppe sind!

Aufgabe BMT1_73: Ziehungswahrscheinlichkeit

In einem Behälter befinden sich fünf Kugeln. Zwei Kugeln werden nacheinander ohne Zurücklegen gezogen (dabei wird angenommen, dass jede Ziehung von zwei Kugeln die gleiche Wahrscheinlichkeit hat). Zwei der fünf Kugeln im Behälter sind blau, die anderen Kugeln sind rot. Mit p wird die Wahrscheinlichkeit bezeichnet, beim zweiten Zug eine blaue Kugel zu ziehen.

Aufgabenstellung:

Geben Sie die Wahrscheinlichkeit p an.

Aufgabe BMT1_74: Verschiedenfärbige Kugeln

Auf einem Tisch steht eine Schachtel mit drei roten und zwölf schwarzen Kugeln. Nach dem Zufallsprinzip werden nacheinander drei Kugeln aus der Schachtel gezogen, wobei die gezogene Kugel jeweils wieder zurückgelegt wird.

Aufgabenstellung:

Gegeben ist der folgende Ausdruck: $3 \cdot 0{,}8^2 \cdot 0{,}2$

Kreuzen Sie dasjenige Ereignis an, dessen Wahrscheinlichkeit durch diesen Ausdruck berechnet wird!

Es wird höchstens eine schwarze Kugel gezogen.	☐
Es werden genau zwei schwarze Kugeln gezogen.	☐
Es werden zwei rote Kugeln und eine schwarze Kugel gezogen.	☐
Es werden nur rote Kugeln gezogen.	☐
Es wird mindestens eine rote Kugel gezogen.	☐
Es wird keine rote Kugel gezogen.	☐

Aufgabe BMT1_75: Alarmanlagen

Eine bestimmte Alarmanlage löst jeweils mit der Wahrscheinlichkeit 0,9 im Einbruchsfall Alarm aus. Eine Familie lässt zwei dieser Anlagen in ihr Haus so einbauen, dass sie unabhängig voneinander Alarm auslösen.

Aufgabenstellung:

Berechnen Sie die Wahrscheinlichkeit, dass im Einbruchsfall mindestens eine der beiden Anlagen Alarm auslöst!

Aufgabe BMT1_76: Diskrete Zufallsvariable

Die unten stehende Abbildung zeigt die Wahrscheinlichkeitsverteilung einer diskreten Zufallsvariablen X.

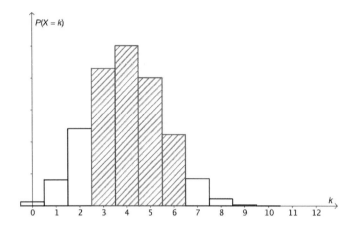

Aufgabenstellung:

Welcher der folgenden Ausdrücke beschreibt die Wahrscheinlichkeit, die dem Inhalt der schraffierten Fläche entspricht?
Kreuzen Sie den zutreffenden Ausdruck an!

$1 - P(X \leq 2)$	☐
$P(X \leq 6) - P(X \leq 3)$	☐
$P(X \geq 3) + P(X \leq 6)$	☐
$P(3 \leq X \leq 6)$	☐
$P(X \leq 6) - P(X < 2)$	☐
$P(3 < X < 6)$	☐

Aufgabe BMT1_77: Spielkarten

Fünf Spielkarten (drei Könige und zwei Damen) werden gemischt und verdeckt auf einen Tisch gelegt. Laura dreht während eines Spieldurchgangs nacheinander die Karten einzeln um und lässt sie aufgedeckt liegen, bis die erste Dame aufgedeckt ist.

Die Zufallsvariable X gibt die Anzahl der am Ende eines Spieldurchgangs aufgedeckten Spielkarten an.

Aufgabenstellung:

Berechnen Sie den Erwartungswert der Zufallsvariablen X.

Aufgabe BMT1_78: Wahrscheinlichkeitsverteilung f

Der Wertebereich einer Zufallsvariablen X besteht aus den Werten x_1, x_2, x_3.

Man kennt die Wahrscheinlichkeit $P(X = x_1) = 0{,}4$. Außerdem weiß man, dass x_3 doppelt so wahrscheinlich wie x_2 ist.

Aufgabenstellung:

Berechnen Sie $P(X = x_2)$ und $P(X = x_3)$!

$P(X = x_2) =$ _____ $P(X = x_3) =$ _____

Aufgabe BMT1_79: Aussagen zu einer Zufallsvariablen

Die Zufallsvariable X kann nur die Werte 10, 20 und 30 annehmen. Die nachstehende Tabelle gibt die Wahrscheinlichkeitsverteilung von X an, wobei a und b positive reelle Zahlen sind.

k	10	20	30
P(X= k)	a	b	a

Aufgabenstellung:

Kreuzen Sie die beiden zutreffenden Aussagen an!

Der Erwartungswert von X ist 20.	☐
Die Standardabweichung von X ist 20.	☐
a + b = 1	☐
$P(10 \leq X \leq 30) = 1$	☐
$P(X \leq 10) = P(X \geq 10)$	☐

Aufgabe BMT1_80: Grafische Deutung

In nachstehender Abbildung ist die Dichtefunktion f der approximierenden Normalverteilung einer binomialverteilten Zufallsvariablen X dargestellt.

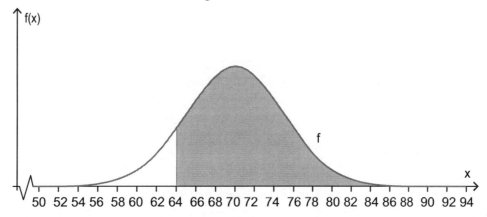

Aufgabenstellung: Deuten Sie den Flächeninhalt der grau markierten Fläche im Hinblick auf die Berechnung einer Wahrscheinlichkeit!

Aufgabe BMT1_81: Vergleich zweier Wahrscheinlichkeitsverteilungen

In den nachstehenden Diagrammen sind die Wahrscheinlichkeitsverteilungen zweier Zufallsvariablen X und Y dargestellt. Die Erwartungswerte der Zufallsvariablen werden mit E(X) und E(Y), die Standardabweichungen mit σ(X) und σ(Y) bezeichnet.

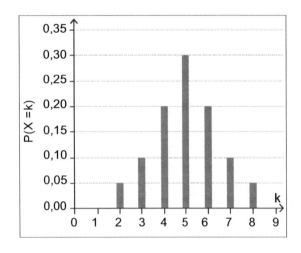
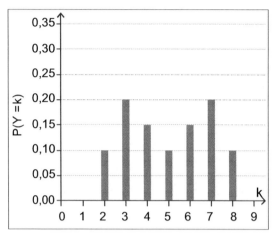

Aufgabenstellung:

Kreuzen Sie die beiden zutreffenden Aussagen an!

E(X) = E(Y)	☐
σ(X) > σ(Y)	☐
P(X ≤ 3) < P(Y ≤ 3)	☐
P(3 ≤ X ≤ 7) = P(3 ≤ Y ≤ 7)	☐
P(X ≤ 5) = 0,3	☐

Aufgabe BMT1_82: Intervallbreite von Konfidenzintervallen

Vier Konfidenzintervalle (A, B, C und D) für einen unbekannten Anteil werden auf dieselbe Art und Weise ausschließlich unter Verwendung des Stichprobenumfangs n, des Konfidenzniveaus γ und des relativen Anteils berechnet, wobei der relative Anteil für alle vier Konfidenzintervalle derselbe ist. Die Konfidenzintervalle liegen symmetrisch um den relativen Anteil.

Konfidenzintervall	Stichprobenumfang n	Konfidenzniveau γ
A	500	90 %
B	500	95 %
C	2000	90 %
D	2000	95 %

Aufgabenstellung:

Vergleichen Sie diese vier Konfidenzintervalle bezüglich ihrer Intervallbreite und geben Sie das Konfidenzintervall mit der kleinsten und jenes mit der größten Intervallbreite an!

Konfidenzintervall mit der kleinsten Intervallbreite: _____

Konfidenzintervall mit der größten Intervallbreite: _____

Aufgabe BMT1_83: Wahlprognose

Um den Stimmenanteil einer bestimmten Partei A in der Grundgesamtheit zu schätzen, wird eine zufällig aus allen Wahlberechtigten ausgewählte Personengruppe befragt.

Die Umfrage ergibt für den Stimmenanteil ein 95-%-Konfidenzintervall von [9,8 %; 12,2 %].

Aufgabenstellung:

Welche der folgenden Aussagen sind in diesem Zusammenhang auf jeden Fall korrekt? Kreuzen Sie die beiden zutreffenden Aussagen an!

Die Wahrscheinlichkeit, dass eine zufällig ausgewählte wahlberechtigte Person die Partei A wählt, liegt sicher zwischen 9,8 % und 12,2 %.	☐
Ein anhand der erhobenen Daten ermitteltes 90-%-Konfidenzintervall hätte eine geringere Intervallbreite.	☐
Unter der Voraussetzung, dass der Anteil der Partei-A-Wähler/innen in der Stichprobe gleich bleibt, würde eine Vergrößerung der Stichprobe zu einer Verkleinerung des 95-%-Konfidenzintervalls führen.	☐
95 von 100 Personen geben an, die Partei A mit einer Wahrscheinlichkeit von 11 % zu wählen.	☐
Die Wahrscheinlichkeit, dass die Partei A einen Stimmenanteil von mehr als 12,2 % erhält, beträgt 5 %.	☐

Aufgabe BMT1_84: Sonntagsfrage

Sonntagsfrage nennt man in der Meinungsforschung die Frage „Welche Partei würden Sie wählen, wenn am kommenden Sonntag Wahlen wären?". Bei einer solchen Sonntagsfrage, bei der die Parteien A und B zur Auswahl standen, gaben 234 von 1000 befragten Personen an, Partei A zu wählen. Bei der darauffolgenden Wahl lag der tatsächliche Anteil der Personen, die die Partei A gewählt haben, bei 29,5 %.

Aufgabenstellung:

Ermitteln Sie auf Basis dieses Umfrageergebnisses ein symmetrisches 95-%-Konfidenzintervall für den (unbekannten) Stimmenanteil der Partei A und geben Sie an, ob der tatsächliche Anteil in diesem Intervall enthalten ist.

Aufgabe BMT2_01: 200-m-Lauf

In der Leichtathletik gibt es für Läufer/innen spezielle Trainingsmethoden. Dazu werden Trainingspläne erstellt. Es ist dabei sinnvoll, bei Trainingsläufen Teilzeiten zu stoppen, um Stärken und Schwächen der Läuferin/des Läufers zu analysieren.

Zur Erstellung eines Trainingsplans für eine Läuferin wurden die Teilzeiten während eines Trainingslaufs gestoppt. Für die 200 Meter lange Laufstrecke wurden bei diesem Trainingslauf 26,04 Sekunden gemessen. Im nachstehenden Diagramm ist der zurückgelegte Weg s(t) in Abhängigkeit von der Zeit t für diesen Trainingslauf mithilfe einer Polynomfunktion s vom Grad 3 modellhaft dargestellt.

Für die Funktion s gilt die Gleichung $s(t) = -\frac{7}{450} t^3 + 0{,}7 t^2$ (s(t) in Metern, t in Sekunden).

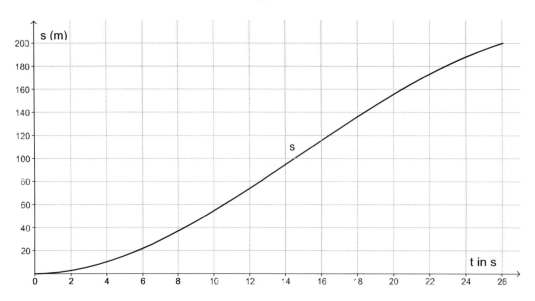

Aufgabenstellung:

a) Berechnen Sie die Wendestelle der Funktion s!
   Interpretieren Sie die Bedeutung der Wendestelle in Bezug auf die Geschwindigkeit der Läuferin!

b) Bestimmen Sie die mittlere Geschwindigkeit der Läuferin für die 200 Meter lange Laufstrecke in Metern pro Sekunde!

   Der Mittelwertsatz der Differenzialrechnung besagt, dass unter bestimmten Voraussetzungen in einem Intervall [a; b] für eine Funktion f mindestens ein $x_0 \in (a; b)$ existiert, sodass

   $f'(x_0) = \frac{f(b) - f(a)}{b - a}$ gilt. Interpretieren Sie diese Aussage im vorliegenden Kontext für die Funktion s im Zeitintervall [0; 26,04]!

Aufgabe BMT2_02: Füllen eines Gefäßes

Der Innenraum eines 20 cm hohen Gefäßes hat in jeder Höhe h eine rechteckige, horizontale Querschnittsfläche. Ihre Länge beträgt am Boden 10 cm und nimmt dann mit der Höhe linear bis auf 16 cm zu, ihre Breite beträgt in jeder Höhe 12 cm.

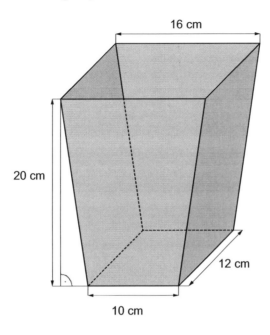

Aufgabenstellung:

a) Geben Sie eine Formel für die Länge a(h) der rechteckigen Querschnittsfläche in der Höhe h an!

In das Gefäß wird Flüssigkeit gefüllt

Geben Sie an, was der Ausdruck $12 \cdot \int_0^{15} a(h)dh$ in diesem Zusammenhang bedeutet!

b) Das leere Gefäß wird bis zum Rand mit Flüssigkeit gefüllt.
Nach t Sekunden befindet sich die Wassermenge q(t) (in ml) im Gefäß. Die Füllung dauert 39 Sekunden. Für $t \in [0;39]$ gilt: $q'(t) = 80$.
Interpretieren Sie $q'(t) = 80$ im gegebenen Zusammenhang!

Ermitteln Sie $\frac{q(t_2) - q(t_1)}{t_2 - t_1}$ für beliebige t_1, t_2 mit $t_1 < t_2$ aus dem gegebenen Zeitintervall!

c) Das Fassungsvermögen des Gefäßes (in ml) bis zur Höhe x kann durch das Integral

$\int_0^x (3,6 \cdot h + 120)dh$ dargestellt werden.

Ermitteln Sie, bei welcher Höhe x das Wasser im Gefäß steht, wenn man 2,5 Liter Wasser in das Gefäß gießt!

Interpretieren Sie den im Integral vorkommenden Wert 3,6 im gegebenen Kontext!

Aufgabe BMT2_03: Muskelkraft

Muskeln werden in ihrer Funktion oft mit (metallischen) Federn verglichen. Im Gegensatz zur Federkraft hängt die Muskelkraft auch von der Geschwindigkeit ab, mit der ein Muskel kontrahiert (d. h. aktiv verkürzt bzw. angespannt) wird.

Diese Beziehung kann modellhaft durch die Formel $F = \dfrac{c}{v+b} - a$ beschrieben werden.

Dabei beschreibt F den unter idealen Bedingungen möglichen Betrag (in Newton) der Muskelkraft bei vorgegebener Kontraktionsgeschwindigkeit v (in Metern pro Sekunde).
Die Parameter a (in N), b (in m/s) und c (in Watt) sind positive reelle Größen, die die Eigenschaften eines Muskels beschreiben.

Die oben angeführte Formel kann als Funktionsgleichung einer Funktion F aufgefasst werden, durch die die Kraft F(v) in Abhängigkeit von der Geschwindigkeit v der Muskelkontraktion beschrieben wird. Die Werte von a, b und c sind dabei für einen bestimmten Muskel konstant.

Der Graph der Funktion F ist nachstehend abgebildet.

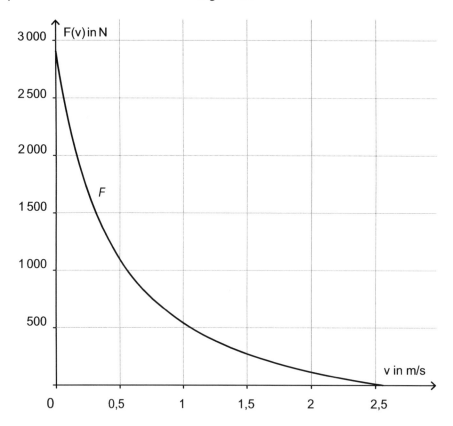

Aufgabenstellung:

a) Geben Sie mithilfe der Grafik den Wert F(0) und dessen Bedeutung im gegebenen Kontext an!

Geben Sie an, ob durch die Funktion F eine indirekte Proportionalität zwischen F und v beschrieben wird, und begründen Sie Ihre Entscheidung!

b) Für die Leistung, die ein Muskel aufbringen kann, gilt die Formel $P = F \cdot v$.

Diese Formel kann bei konstanter Kraft F als Funktion P aufgefasst werden, durch die die Leistung P(v) in Abhängigkeit von der Geschwindigkeit v der Muskelkontraktion beschrieben wird (P(v) in W, v in m/s und F in N).

In der nachstehenden Abbildung sind für einen bestimmten Muskel die Graphen der Funktion P und der Funktion F jeweils in Abhängigkeit von der Geschwindigkeit v der Muskelkontraktion dargestellt.

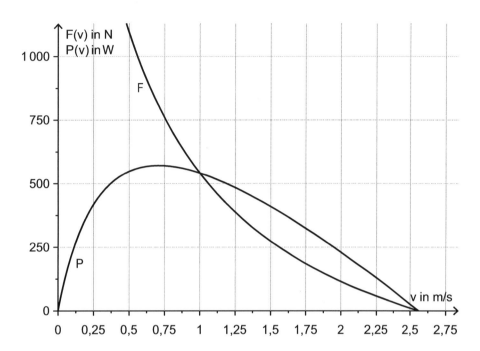

Ermitteln Sie mithilfe der Grafik näherungsweise den Wert derjenigen Kraft (in N), die zu einer maximalen Leistung dieses Muskels führt.
Ermitteln Sie mithilfe der Grafik näherungsweise den Wert der Geschwindigkeit v_1 der Muskelkontraktion, für den $P'(v_1) = 0$ gilt!

Aufgabe BMT2_04: Eigenschaften einer Polynomfunktion dritten Grades

Gegeben ist eine Polynomfunktion dritten Grades f mit der Funktionsgleichung $f(x) = a \cdot x^3 + b \cdot x$, wobei die Koeffizienten $a, b \in \mathbb{R} \setminus \{0\}$ sind.

Aufgabenstellung:

a) Begründen Sie, warum die Funktion f genau drei verschiedene reelle Nullstellen hat, wenn die Koeffizienten a und b unterschiedliche Vorzeichen haben!

Die Steigung der Tangente an den Graphen von f an der Stelle x = 0 entspricht dem Wert des Koeffizienten b. Begründen Sie, warum diese Aussage wahr ist!

b) Geben Sie eine Beziehung zwischen den Koeffizienten a und b an, sodass $\int_0^1 f(x)\,dx = 0$ gilt!

Begründen Sie, warum aus der Annahme $\int_0^1 f(x)\,dx = 0$ folgt, dass f eine Nullstelle im Intervall (0;1) hat, und skizzieren Sie einen möglichen Graphen einer solchen Funktion f im nachstehenden Koordinatensystem.

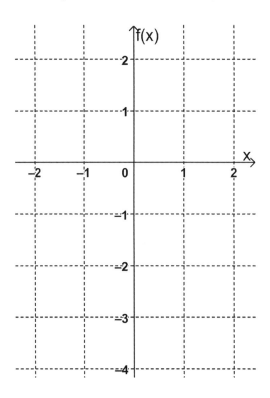

Aufgabe BMT2_05: Kino

Ein Kino hat drei Säle. Im ersten Saal sind 185 Sitzplätze, im zweiten Saal 94 und im dritten Saal 76.

Neue Filme starten üblicherweise an einem Donnerstag. Der Kinobetreiber nimmt modellhaft an, dass an so einem Donnerstag bei einer Vorstellung eines neuen Films in allen drei Sälen jeder einzelne Sitzplatz mit einer Wahrscheinlichkeit von 95 % belegt ist.

Aufgabenstellung:

a) Es sei X eine binomialverteilte Zufallsvariable mit den Parametern n = 355 und p = 0,95.

1) Beschreiben Sie die Bedeutung des Terms $1 - P(X < 350)$ im gegebenen Kontext.

Zum Schulschluss mietet eine Schule alle drei Säle für denselben Film zur selben Beginnzeit. Alle Sitzplätze werden vergeben, jede Besucherin / jeder Besucher bekommt ein Ticket für einen bestimmten Sitzplatz in einem der drei Säle. Alle Tickets haben zusätzlich zur Platznummer noch eine fortlaufende, jeweils unterschiedliche Losnummer. Unmittelbar vor der Vorstellung werden zwei Losnummern ausgelost. Die beiden Personen, die die entsprechenden Tickets besitzen, erhalten jeweils eine große Portion Popcorn.

2) Geben Sie die Wahrscheinlichkeit an, dass diese beiden Personen Tickets für denselben Saal haben.

b) Der Betreiber des Kinos möchte wissen, wie zufrieden seine Kundschaft mit dem gebotenen Service (Buffet, Sauberkeit etc.) ist. Bei einer Umfrage geben von 628 Besucherinnen und Besuchern 515 Besucher/innen an, dass sie mit dem gebotenen Service im Kino insgesamt zufrieden sind.

1) Bestimmen Sie auf Basis dieser Befragung ein symmetrisches 95-%-Konfidenzintervall für den relativen Anteil aller Besucher/innen dieses Kinos, die mit dem gebotenen Service insgesamt zufrieden sind.

Bei einer zweiten Befragung werden viermal so viele Personen befragt, wobei der relative Anteil der mit dem gebotenen Service insgesamt zufriedenen Besucher/innen wieder genauso groß wie bei der ersten Befragung ist.

2) Geben Sie an, wie sich diese Vergrößerung der Stichprobe konkret auf die Breite des aus der ersten Befragung ermittelten symmetrischen 95-%-Konfidenzintervalls auswirkt.

Aufgabe BMT2_06: Kostenfunktion

Ein Hersteller interessiert sich für die monatlich anfallenden Kosten bei der Produktion eines bestimmten Produkts. Die Produktionskosten für dieses Produkt lassen sich in Abhängigkeit von der Produktionsmenge x (in Mengeneinheiten, ME) durch eine Polynomfunktion dritten Grades K mit
$K(x) = 8 \cdot 10^{-7} \cdot x^3 - 7{,}5 \cdot 10^{-4} \cdot x^2 + 0{,}2405 \cdot x + 42$ modellieren (K(x) in Geldeinheiten, GE).

Aufgabenstellung:

a) 1) Berechnen Sie für dieses Produkt den durchschnittlichen Kostenanstieg pro zusätzlich produzierter Mengeneinheit im Intervall [100 ME; 200 ME].

2) Ermitteln Sie, ab welcher Produktionsmenge die Grenzkosten steigen.

b) Die Produktionsmenge x_{opt}, für die die Stückkostenfunktion $\overline{K}$ mit $\overline{K}(x) = \dfrac{K(x)}{x}$ minimal ist, heißt Betriebsoptimum zur Kostenfunktion K.

1) Ermitteln Sie das Betriebsoptimum x_{opt}.

Der Hersteller berechnet die Produktionskosten für die Produktionsmenge x_{opt}. Dabei stellt er fest, dass diese Kosten 65 % seines für die Produktion dieses Produkts verfügbaren Kapitals ausmachen.

2) Berechnen Sie das dem Hersteller für die Produktion dieses Produkts zur Verfügung stehende Kapital.

c) Für den Verkaufspreis p kann der Erlös in Abhängigkeit von der Produktionsmenge x durch eine lineare Funktion E mit $E(x) = p \cdot x$ beschrieben werden (E(x) in GE, x in ME, p in GE/ME). Dabei wird vorausgesetzt, dass gleich viele Mengeneinheiten verkauft wie produziert werden.

1) Bestimmen Sie p so, dass der maximale Gewinn bei einem Verkauf von 600 ME erzielt wird.

Die maximal mögliche Produktionsmenge beträgt 650 ME.

2) Bestimmen Sie den Gewinnbereich (also denjenigen Produktionsbereich, in dem der Hersteller Gewinn erzielt).

d) Für ein weiteres Produkt dieses Herstellers sind in der nachstehenden Tabelle die Produktionskosten (in GE) für verschiedene Produktionsmengen (in ME) dargestellt.

Produktionsmenge (in ME)	50	100	250		500
Produktionskosten (in GE)	197	253	308	380	700

Diese Produktionskosten können durch eine Polynomfunktion dritten Grades K_1 mit $K_1(x) = a \cdot x^3 + b \cdot x^2 + c \cdot x + d$ mit $a, b, c, d \in \mathbb{R}$ modelliert werden.

1) Bestimmen Sie die Werte von a, b, c und d.

2) Berechnen Sie die in der obigen Tabelle fehlende Produktionsmenge.

Aufgabe BMT2_07: Vornamen in Österreich

Seit Jahrzehnten erhebt die Statistik Austria, das statistische Amt der Republik Österreich, die Vornamen, die Eltern ihren Kindern geben. Dabei betrachtet das Amt nur den ersten Vornamen (falls ein Kind mehrere Vornamen hat). Außerdem werden gewisse gleichlautende oder von der gleichen Herkunft stammende Vornamen wie etwa Sophie, Sofie und Sofia zu einem Vornamen zusammengefasst.

Seit vielen Jahren zählen Anna und Lukas zu den beliebtesten Vornamen. Von den im Jahr 2015 geborenen Kindern (40 777 Mädchen, 43 604 Buben) erhielten 2 144 Mädchen den Vornamen Anna und 1 511 Buben den Vornamen Lukas.

Aufgabenstellung:

a) Für eine statistische Erhebung werden 30 Mädchen und 30 Buben aus dem Geburtenjahrgang 2015 nach dem Zufallsprinzip ausgewählt.

Berechnen Sie die Wahrscheinlichkeit, dass in dieser Stichprobe mindestens ein Mädchen Anna und mindestens ein Bub Lukas heißt!

b) Im Jahr 1995 betrug der relative Anteil der zehn beliebtesten Vornamen für Buben 37,07 %. Im Jahr 2005 lag er bei 24,28 %. Im Jahr 2015 betrug er 20,91 %.

Diese Entwicklung des relativen Anteils der zehn beliebtesten Vornamen für Buben wird mit einer quadratischen Funktion f modelliert mit $f(t) = a \cdot t^2 + b \cdot t + c$ mit $a, b, c \in \mathbb{R}$ und $a \neq 0$. Dabei gibt t die Anzahl der Jahre ab 1995 an, es gilt also f(0) = 0,3707.

Bestimmen Sie die Werte von a, b und c und geben Sie eine Funktionsgleichung von f an!

In welchem Jahr unterschreitet der relative Anteil der zehn beliebtesten Vornamen für Buben in diesem Modell zum ersten Mal ein Drittel?
Geben Sie die entsprechende Jahreszahl an!

c) Die Zufallsvariable X modelliert die Anzahl der im Jahr 2015 in Oberösterreich geborenen Mädchen, die den Vornamen Anna erhielten. Diese wird binomialverteilt mit den Parametern n = 7 041 und p = 0,0526 angenommen.

Berechnen Sie den Erwartungswert μ und die Standardabweichung σ dieser Zufallsvariablen X !

$\mu \approx$ _____

$\sigma \approx$ _____

Tatsächlich wurde für Mädchen der Vorname Anna im Jahr 2015 in allen neun Bundesländern am häufigsten gewählt, wobei der prozentuelle Anteil in Oberösterreich am größten war.
In Oberösterreich wurden 7 041 Mädchen im Jahr 2015 geboren. Davon erhielten 494 den Vornamen Anna.

Es gilt $494 - \mu = c \cdot \sigma$ für ein $c \in \mathbb{R}^+$.

Berechnen Sie c und deuten Sie den Wert von c im gegebenen Kontext!

Aufgabe BMT2_08: Algenteppich

Auf der Oberfläche eines 800 m² großen Teichs befindet sich ein Algenteppich, der immer weiter wächst. Fünf Wochen lang werden jeweils am Ende der Woche die Flächeninhalte des Algenteppichs gemessen. Die Messwerte sind in der nachstehenden Tabelle aufgelistet. Zu Beginn der Beobachtung bedeckt der Algenteppich 4 m².

t (in Wochen)	0	1	2	3	4	5
A(t) (Flächeninhalt des Algenteppichs nach t Wochen in m²)	4	7	12,25	21,44	37,52	65,65

Das Algenwachstum kann mathematisch unterschiedlich modelliert werden.

Aufgabenstellung:

a) In den ersten fünf Wochen kann der Flächeninhalt A(t) des Algenteppichs näherungsweise durch eine Exponentialfunktion A beschrieben werden, weil der Algenteppich nur einen kleinen Teil des Teichs bedeckt (A(t) in m², t in Wochen).

Ermitteln Sie, um welchen Prozentsatz sich der Flächeninhalt des Algenteppichs wöchentlich vergrößert, und geben Sie eine Funktionsgleichung für A an!

A(t) = _____

Am Ende der fünften Woche sollen nach erfolgter Messung 30 m² Algen geerntet werden. Das soll regelmäßig im Abstand von jeweils einer Woche wiederholt werden.

Ermitteln Sie, wie oft dieser Vorgang unter der Voraussetzung, dass sich der Flächeninhalt des Algenteppichs zwischen den Erntevorgängen weiterhin um den gleichen Prozentsatz vergrößert, durchgeführt werden kann!

b) Berechnen Sie die durchschnittliche wöchentliche Änderung (in m² pro Woche) des Flächeninhalts des Algenteppichs vom Ende der zweiten Woche bis zum Ende der vierten Woche des Beobachtungszeitraums!

Die bisher verwendete Exponentialfunktion beschreibt das Algenwachstum bei größerer bedeckter Fläche nur ungenau, weil sich in Abhängigkeit von der Größe des Teichs das Algenwachstum irgendwann verlangsamen wird. Ein realistischeres Modell berücksichtigt auch diesen Aspekt.
In Abhängigkeit vom Flächeninhalt A des Algenteppichs kann die Wachstumsgeschwindigkeit durch die Funktion w mit $w(A) = k \cdot A \cdot (800 - A)$ modelliert werden.
Dabei wird A in m² angegeben; $k \in \mathbb{R}^+$ ist der sogenannte Wachstumsparameter, der unter anderem von der Algenart abhängt.

Ermitteln Sie denjenigen Flächeninhalt A_1 des Algenteppichs, bei dem die Wachstumsgeschwindigkeit am größten ist!

A_1 = _____ m²

c) Der Beobachtungszeitraum wird über die in der Einleitung beschriebenen fünf Wochen hinaus verlängert. Der Flächeninhalt des Algenteppichs t Wochen nach Beobachtungsbeginn wird mithilfe einer Funktion A_2 mit $A_2(t) = \dfrac{800}{1 + 199 \cdot e^{-800 \cdot k \cdot t}}$ modelliert ($A_2(t)$ in m², t in Wochen).

Geben Sie den Wert des Parameters $k \in \mathbb{R}^+$ mithilfe des in der Tabelle angegebenen Messwerts zum Zeitpunkt t = 5 an!

Zu welchem Zeitpunkt bedeckt der Algenteppich erstmals 90 % der Oberfläche, wenn dieses Modell zugrunde liegt?

Ermitteln Sie diesen Zeitpunkt!

Aufgabe BMT2_09: Intercity-Express (ICE)

Als ICE werden verschiedene Baureihen von Hochgeschwindigkeitszügen der Deutschen Bahn bezeichnet. Mit einer Höchstgeschwindigkeit von bis zu 330 km/h (rund 91,7 m/s) handelt es sich dabei um die schnellsten Züge Deutschlands. Sie sind ca. 200 Meter lang und ca. 400 Tonnen schwer und bestehen aus jeweils acht Wagen. Im Rahmen von Zulassungsfahrten müssen Beschleunigungs- und Bremstests absolviert werden. Ergebnisse dieser Tests können grafisch dargestellt werden.

Aufgabenstellung:

a) Die Daten eines Beschleunigungstests vom Stillstand bis zur Höchstgeschwindigkeit (die Geschwindigkeit $v_1(t)$ ist in Metern pro Sekunde und die Zeit t in Sekunden angegeben) sind im nachstehenden Zeit-Geschwindigkeit-Diagramm näherungsweise dargestellt.

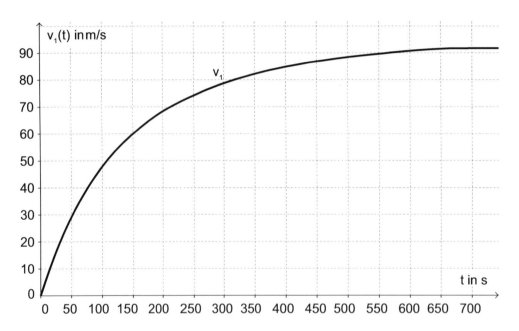

Bestimmen Sie die mittlere Änderungsrate der Geschwindigkeit im Zeitintervall [0 s; 700 s] und geben Sie einen Zeitpunkt an, zu dem die momentane Änderungsrate der Geschwindigkeit größer ist als die ermittelte mittlere Änderungsrate!

Interpretieren Sie das bestimmte Integral $\int_0^{700} v_1(t)\,dt$ im gegebenen Kontext!

b) Bei einem Bremstest werden Daten aufgezeichnet. Diesen Daten kann man für den zurückgelegten Weg $s(t)$ entnehmen: $s(t) = 70 \cdot t - 0{,}25 \cdot t^2$ mit t in Sekunden und $s(t)$ in Metern ab Bremsbeginn.

Geben Sie die Zeit-Geschwindigkeit-Funktion v_2 für den Bremstest in Form von $v_2(t) = k \cdot t + d$ an und deuten Sie die auftretenden Parameter k und d im gegebenen Kontext! Bestimmen Sie die Länge derjenigen Strecke, die der ICE vom Bremsbeginn bis zum Stillstand zurücklegt!

Aufgabe BMT2_10: ZAMG-Wetterballon

Ein Wetterballon ist ein mit Helium oder Wasserstoff befüllter Ballon, der in der Meteorologie zum Transport von Radiosonden (Messgeräten) verwendet wird. Die Zentralanstalt für Meteorologie und Geodynamik (ZAMG) lässt an 365 Tagen im Jahr zwei Mal am Tag einen Wetterballon von der Wetterstation Hohe Warte aufsteigen. Während des Aufstiegs werden kontinuierlich Messungen von Temperatur, Luftfeuchtigkeit, Luftdruck, Windrichtung und Windgeschwindigkeit durchgeführt.

Die bei einem konkreten Aufstieg eines Wetterballons gemessenen Werte für den Luftdruck und die Temperatur in der Höhe h über dem Meeresspiegel liegen in der nachstehenden Tabelle vor.

Höhe h des Ballons über dem Meeresspiegel (in m)	Luftdruck p (in hPa)	Temperatur (in °C)
1 000	906	1,9
2 000	800	–3,3
3 000	704	–8,3
4 000	618	–14,5
5 000	544	–21,9
6 000	479	–30,7
7 000	421	–39,5
8 000	370	–48,3

Aufgabenstellung:

a) Bestimmen Sie die relative (prozentuelle) Änderung des Luftdrucks bei einem Anstieg des Wetterballons von 1000 m auf 2000 m!

Die Abhängigkeit des Luftdrucks von der Höhe kann näherungsweise durch eine Exponentialfunktion beschrieben werden. Beschreiben Sie, wie dies anhand obiger Tabelle begründet werden kann!

b) Die Temperatur in Abhängigkeit von der Höhe lässt sich im Höhenintervall [5000 m; 8000 m] durch eine lineare Funktion T beschreiben.

Begründen Sie dies anhand der in der obigen Tabelle angegebenen Werte!

Berechnen Sie für diese Funktion T mit $T(h) = k \cdot h + d$ die Werte der Parameter k und d!

c) Das Volumen des Wetterballons ist näherungsweise indirekt proportional zum Luftdruck p. In 1000 Metern Höhe hat der Wetterballon ein Volumen von 3 m³.

Beschreiben Sie die funktionale Abhängigkeit des Volumens (in m³) vom Luftdruck (in hPa) durch eine Gleichung!

$V(p) = $ _____

Berechnen Sie die absolute Änderung des Ballonvolumens im Höhenintervall [1000 m; 2000 m]!

Aufgabe BMT2_11: Maturaball (Aufgabe mit reduziertem Kontext).

Aufgabenstellung:

a) Für einen Maturaball werden Karten im Vorverkauf und an der Abendkassa angeboten. Im Vorverkauf kostet jede Karte € 20. An der Abendkassa kostet jede Karte um 10 % mehr.

Insgesamt wurden 640 Karten um einen Gesamtpreis von € 13.240 verkauft.

Es werden folgende Bezeichnungen gewählt:

x ... Anzahl der im Vorverkauf verkauften Karten

y ... Anzahl der an der Abendkassa verkauften Karten

1) Erstellen Sie ein Gleichungssystem zur Berechnung von x und y.

b) Zur Unterhaltung wird das Spiel Glücksrad angeboten. Die Wahrscheinlichkeit, zu gewinnen, beträgt bei jedem Spiel konstant und unabhängig voneinander 25 %.

Katja spielt dieses Spiel 3-mal.

1) Berechnen Sie die Wahrscheinlichkeit, dass Katja dabei genau 2-mal gewinnt.

c) Weiters wird das Spiel Entenspiel angeboten.
Von insgesamt 50 Badeenten sind 5 an ihrer Unterseite markiert.

Bei diesem Spiel wählt eine teilnehmende Person 2 der 50 Badeenten zufällig und ohne Zurücklegen aus. Jede markierte Badeente, die dabei ausgewählt wird, führt zu einem Gewinn.

Die Zufallsvariable X gibt dabei an, wie viele der beiden ausgewählten Badeenten markiert sind. Die Wahrscheinlichkeit für ein in diesem Sachzusammenhang mögliches Ereignis wird mit dem nachstehenden Ausdruck berechnet.

$$P(X = \boxed{}) = \frac{5}{50} \cdot \frac{45}{49} + \frac{45}{50} \cdot \frac{5}{49}$$

1) Tragen Sie die fehlende Zahl im dafür vorgesehenen Kästchen ein.

Martin behauptet: „Die Zufallsvariable X ist binomialverteilt."

2) Begründen Sie, warum Martins Behauptung falsch ist.

Aufgabe BMT2_12: Krankenstände (Aufgabe mit reduziertem Kontext).

Die durchschnittliche Dauer der Krankenstände von Angestellten in einem bestimmten Betrieb ist in den letzten Jahren gesunken.

Aufgabenstellung:

a) In der nachstehenden Tabelle ist für das Jahr 2000 und für das Jahr 2015 jeweils die durchschnittliche Dauer der Krankenstände in Tagen angegeben.

Jahr	durchschnittliche Dauer der Krankenstände in Tagen
2000	12,6
2015	9,9

Mithilfe dieser Daten soll eine lineare Funktion K erstellt werden, die die durchschnittliche Dauer der Krankenstände in Abhängigkeit von der Zeit t ab dem Jahr 2000 beschreibt.

1) Stellen Sie eine Gleichung der linearen Funktion K auf.

K(t) = _____

t ... Zeit in Jahren mit t = 0 für das Jahr 2000

K(t) ... durchschnittliche Dauer der Krankenstände zur Zeit t in Tagen.

Es wird folgende Berechnung durchgeführt:

$$\frac{9,9 - 12,6}{12,6} \approx -0,214$$

2) Interpretieren Sie das Ergebnis dieser Berechnung im gegebenen Sachzusammenhang.

b) Aus langjähriger Erfahrung ist bekannt, dass im Winter der Angestellte A mit einer Wahrscheinlichkeit von 20 % und der Angestellte B mit einer Wahrscheinlichkeit von 30 % erkrankt.

Dabei wird modellhaft angenommen, dass alle Erkrankungen unabhängig voneinander erfolgen.

1) Beschreiben Sie ein im gegebenen Sachzusammenhang mögliches Ereignis E, dessen Wahrscheinlichkeit mit dem nachstehenden Ausdruck berechnet wird.

P(E) = 1 − 0,8 · 0,7

2) Berechnen Sie die Wahrscheinlichkeit, dass der Angestellte A in höchstens 1 von 5 Wintern erkrankt.

Aufgabe BMT2_13: Fahrradtour (Aufgabe mit reduziertem Kontext).

Aufgabenstellung:

a) Bettina macht eine 2-stündige Fahrradtour. Ihre Geschwindigkeit kann dabei näherungsweise durch die Funktion v beschrieben werden.

$v(t) = -0{,}08 \cdot t^2 + 16$ mit $0 \leq t \leq 2$

t ... Zeit in h mit t = 0 für den Beginn der Fahrradtour
v(t) ... Geschwindigkeit zum Zeitpunkt t in km/h

1) Berechnen Sie die Zeitdauer, die Bettina für die ersten 10 km dieser Fahrradtour benötigt.

2) Berechnen Sie die Beschleunigung zum Zeitpunkt t = 1. Geben Sie auch die zugehörige Einheit an.

b) Der empfohlene Reifendruck eines Fahrradreifens sinkt mit zunehmender Breite des Reifens. Für einen empfohlenen Reifendruck von 2 bar bis 9 bar kann der empfohlene Reifendruck näherungsweise durch die Funktion p beschrieben werden.

$p(x) = 19{,}1 \cdot e^{-0{,}0376 \cdot x}$

Breite des Reifens in mm
p(x) ... empfohlener Reifendruck bei der Breite x in bar

1) Ermitteln Sie das größtmögliche Intervall für die Breite des Reifens, für das sich ein empfohlener Reifendruck von 2 bar bis 9 bar ergibt.

2) Interpretieren Sie das Ergebnis der nachstehenden Berechnung unter Angabe der zugehörigen Einheiten im gegebenen Sachzusammenhang.

$p(30) - p(20) \approx -2{,}8$

Aufgabe BMT2_14: Würfelspiel (Aufgabe mit Best-of-Wertung)

Bei einem Würfelspiel werden verschiedene Würfel mit jeweils 6 Seitenflächen verwendet. Bei allen verwendeten Würfeln tritt bei jedem Wurf jede Seitenfläche mit der gleichen Wahrscheinlichkeit wie jede der anderen Seitenflächen auf. Die Ergebnisse verschiedener Würfe sind voneinander unabhängig.

Es werden die 3 Würfeltypen A, B und C verwendet. In der nachstehenden Abbildung sind deren Seitenflächen dargestellt.

Seitenflächen von Typ A: 0, 0, 1, 1, 2, 3

Seitenflächen von Typ B: 1, 2, 3, 3, 4, 4

Seitenflächen von Typ C: 4, 4, 5, 5, 6, 6

Aufgabenstellung:

a) Ein Spieler würfelt 1-mal gleichzeitig mit einem Würfel vom Typ B und einem Würfel vom Typ C.

 1) Berechnen Sie die Wahrscheinlichkeit, dass die Summe der gewürfelten Augenzahlen 8 beträgt.

b) Die Zufallsvariable X_A bzw. X_B bzw. X_C gibt die Augenzahl beim Wurf eines Würfels vom Typ A bzw. B bzw. C an. Eine dieser drei Zufallsvariablen hat einen ganzzahligen Erwartungswert.

 1) Geben Sie diesen ganzzahligen Erwartungswert an.

Die beiden anderen Zufallsvariablen haben die gleiche Standardabweichung.

 2) Berechnen Sie diese Standardabweichung.

c) Mit einem Würfel vom Typ C wird n-mal gewürfelt. Die Zufallsvariable Y_n gibt an, bei wie vielen von diesen n Würfen mit einem Würfel vom Typ C eine ungerade Augenzahl auftritt ($n \in \mathbb{N}$). Mit μ_n wird der Erwartungswert und mit σ_n die Standardabweichung von Y_n bezeichnet.

 1) Geben Sie μ_n und σ_n in Abhängigkeit von n an.

  $\mu_n = $ _____

  $\sigma_n = $ _____

Aufgabe BMT2_15: CO_2 und Klimaschutz (Aufgabe mit Best-of-Wertung)

In den letzten Jahrzehnten hat der CO_2-Gehalt in der Erdatmosphäre unter anderem durch den Straßenverkehr zugenommen.

Aufgabenstellung:

a) Für jeden PKW mit Benzinantrieb wird angenommen, dass pro Liter verbrauchten Benzins 2,32 kg CO_2 ausgestoßen werden.

PKW A fährt eine Strecke von s km mit einem durchschnittlichen Benzinverbrauch von 7,9 Litern pro 100 km.

Um dessen CO_2-Ausstoß auszugleichen, sollen b Bäume gepflanzt werden. Dabei nimmt man an, dass jeder dieser Bäume in seiner gesamten Lebenszeit 500 kg CO_2 aufnimmt.

1) Stellen Sie unter Verwendung von s eine Formel zur Berechnung der Anzahl b der zu pflanzenden Bäume auf.

   b = _____

PKW B legt eine Strecke von 15 000 km zurück. Um dessen CO_2-Ausstoß auszugleichen, werden 5 Bäume gepflanzt.

2) Berechnen Sie den durchschnittlichen Benzinverbrauch (in Litern pro 100 km) von PKW B auf dieser Strecke.

b) Neben CO_2 verstärken auch andere Gase die Klimaerwärmung. Die Emission von diesen Gasen wird in sogenannte CO_2-Äquivalente umgerechnet.

Die nachstehende Tabelle gibt für einige Staaten der EU Auskunft über die jeweilige Einwohnerzahl (in Millionen) im Jahr 2015 und die zugehörigen CO_2-Äquivalente (in Tonnen pro Person).

	Einwohnerzahl in Millionen	CO_2-Äquivalente in Tonnen pro Person
Belgien	11,2	11,9
Frankreich	66,4	6,8
Italien	60,8	7,0
Luxemburg	0,6	18,5
Niederlande	16,9	12,3

Datenquellen: https://ec.europa.eu/eurostat/statistics-explained/index.php?title=Population_and_population_change_statistics/de&oldid=320539 [24.07.2020],
https://de.wikipedia.org/wiki/Liste_der_Länder_nach_Treibhausgas-Emissionen [24.07.2020].

1) Berechnen Sie die durchschnittlichen CO_2-Äquivalente $\bar{e}$ (in Tonnen pro Person) für den gesamten in der obigen Tabelle angeführten Teil der EU.

$\bar{e} =$ _____ Tonnen pro Person

Lukas sind nur die in der obigen Tabelle angeführten Werte der CO_2-Äquivalente der einzelnen Staaten bekannt, <u>nicht</u> aber die jeweils zugehörige Einwohnerzahl.
Er berechnet das arithmetische Mittel $\bar{x}$ der CO_2-Äquivalente: $\bar{x} = 11{,}3$.

2) Erklären Sie ohne Verwendung des berechneten Wertes von $\bar{e}$, warum $\bar{x}$ größer als $\bar{e}$ sein muss.

Aufgabe BMT2_16: Temperaturveränderungen (Aufgabe mit Best-of-Wertung)

Der Vorgang des Abkühlens bzw. Erwärmens eines Getränks kann durch Funktionen modelliert werden. Dabei wird der Zeit t in Minuten die Temperatur des Getränks in °C zugeordnet.

Aufgabenstellung:

a) Das Abkühlen von Tee in einer Teekanne kann durch die Funktion g mit $g(t) = 70 \cdot e^{-0,045 \cdot t} + 18$ beschrieben werden.

Zum Zeitpunkt t* ist die Temperatur des Tees auf 37 °C abgekühlt.

1) Berechnen Sie t*.

t* = _____ min

2) Berechnen Sie die mittlere Änderungsrate von g im Intervall [10 min; 12 min]. Interpretieren Sie das Ergebnis unter Angabe der zugehörigen Einheit im gegebenen Sachzusammenhang.

b) Ein bestimmter gekühlter Wein in einem Weinglas hat eine Anfangstemperatur von $T_0 = 5$ °C.
Die Umgebungstemperatur beträgt konstant U = 25 °C.
Die Temperatur des Weines wird in regelmäßigen Abständen gemessen. Zum Zeitpunkt t hat sie den Wert T_t.

Pro Minute nimmt die Temperatur des Weines um 8 % der Differenz zwischen der Umgebungstemperatur U und der zum Zeitpunkt t gemessenen Temperatur des Weines T_t zu.
Die Temperatur des Weines steigt dabei auf den Wert T_{t+1}.

1) Ergänzen Sie die nachstehende Differenzengleichung für diesen Erwärmungsvorgang.

$T_{t+1} = T_t +$ _____ mit $T_0 = 5$

2) Berechnen Sie die Temperatur des Weines zum Zeitpunkt t = 3 min.

Aufgabe BMT1_01: Positive rationale Zahlen

Lösungserwartung:

Die Antwortmöglichkeiten **2** und **3** sind richtig!

Hinweise:

1) $0,9 \cdot 10^{-3} = \dfrac{0,9}{1000} = 0,0009$ ist eine positive rationale Zahl

2) $\sqrt{0,01} = \sqrt{\dfrac{1}{100}} = \dfrac{1}{10} = 0,1$ ist eine positive rationale Zahl

Aufgabe BMT1_02: Prozente

Lösungserwartung:

Die Antwortmöglichkeiten **3** und **5** sind richtig!

Hinweise:

1) 2% - 1,5% = 0,5% und das sind 25% von 2%!

2) $a + a \cdot \dfrac{200}{100} = a + a \cdot 2 = a \cdot 3$

Aufgabe BMT1_03: Taschengeld

Lösungserwartung:

Der Term stellt die Höhe des durchschnittlichen wöchentlichen Taschengeldes in Euro dar.

Aufgabe BMT1_04: Menge von Zahlen

Lösungserwartung:

Die Antwortmöglichkeiten **2** und **4** sind richtig!

Hinweise:

1) Rationale Zahlen liegen dicht, d.h. zwischen zwei verschiedenen rationalen Zahlen gibt es stets eine weitere rationale Zahl.

2) Jede rationale Zahl kann als Bruch dargestellt werden.

Aufgabe BMT1_05: Äquivalenzumformung

Lösungserwartung:

Die Gleichung $x^2 - 5x = 0$ hat die Lösungen $x_1 = 5$ und $x_2 = 0$ (die Lösungsmenge $L = \{0;5\}$). Die Gleichung $x - 5 = 0$ hat aber nur mehr die Lösung $x = 5$. (die Lösungsmenge $L = \{5\}$). Durch die durchgeführte Umformung wurde die Lösungsmenge verändert, daher ist dies keine Äquivalenzumformung.

oder

Bei der Division durch x würde im Fall x = 0 durch null dividiert werden, was keine zulässige Rechenoperation ist

Aufgabe BMT1_06: Treibstoffkosten

Lösungserwartung:

$K = x \cdot \dfrac{y}{100} \cdot a$

Aufgabe BMT1_07: Kapitalsparbuch

Lösungserwartung:

Die Antwortmöglichkeiten **1** und **3** sind richtig!

Hinweis:

$1{,}03 \cdot K_{i-1}$ ist das "neue" Kapital infolge der Verzinsung mit dem Zinssatz von 3%, 5000 ist der konstante Geldbetrag, der jährlich eingezahlt wird.

Aufgabe BMT1_08: Kapital

Lösungserwartung:

Mithilfe dieses Terms kann der Kapitalzuwachs (die Summe der Zinsen) im Zeitraum von 5 Jahren berechnet werden.

Aufgabe BMT1_09: Zusammenhang zweier Variablen

Lösungserwartung:

Die Antwortmöglichkeiten **1** und **4** sind richtig!

Hinweise:

1) Das Produkt beider Faktoren ist positiv. Wenn ein Faktor negativ (< 0) ist, muss auch der andere Faktor negativ (< 0) sein.

2) $(a \cdot n) \cdot \left(\dfrac{b}{n}\right) = \dfrac{a \cdot \cancel{n} \cdot b}{\cancel{n}} = a \cdot b = 1$

Aufgabe BMT1_10: Quadratische Gleichung

Lösungserwartung:

Die Antwortmöglichkeit **1** aus dem 1. Kasten und die Antwortmöglichkeit **3** aus dem 2. Kasten passen zusammen.

Hinweise:

1) $s^2 - 4rt$ ist die Diskriminate der gegebenen quadratischen Gleichung.

2) Eine quadratische Gleichung hat genau dann zwei Lösungen, wenn die Diskriminate > 0 ist.

Aufgabe BMT1_11: Quadratische Gleichung

Lösungserwartung:

Mögliche Berechnungen:

$x_1 + x_2 = -p$ (Satz von VIETA)
$-2 + 6 = -p$
$4 = -p \Rightarrow p = -4$

oder

p lässt sich auch aus der gegebenen Gleichung berechnen, indem man jeweils eine der beiden Lösungen einsetzt.

$x = -2$ einsetzt!   oder $x = 6$ einsetzt!

$x^2 + p \cdot x - 12 = 0$ $x^2 + p \cdot x - 12 = 0$

$(-2)^2 + p \cdot (-2) - 12 = 0$ $6^2 + p \cdot 6 - 12 = 0$

$4 - 2p - 12 = 0$ $36 + 6p - 12 = 0$

$-2p = 8 \Rightarrow p = -4$ $6p = -24 \Rightarrow p = -4$

Aufgabe BMT1_12: Lösungsfälle quadratischer Gleichungen

Lösungserwartung:

Wenn r und t verschiedene Vorzeichen haben, dann hat die gegebene Gleichung genau zwei (verschiedene) Lösungen.

Mögliche Begründung:

Lösungen der Gleichung: $x_{1,2} = \dfrac{-s \pm \sqrt{s^2 - 4 \cdot r \cdot t}}{2r}$

Haben r und t verschiedene Vorzeichen, dann ist $-4 \cdot r \cdot t$ in jedem Fall positiv und es gilt: $s^2 - 4 \cdot r \cdot t > 0$.

Daraus ergeben sich zwei verschiedene reelle Lösungen.

Aufgabe BMT1_13: Ungleichungen lösen

Lösungserwartung:

Mögliche Vorgehensweise:

I: $7 \cdot x + 67 > -17 \Rightarrow x > -12$

II: $-25 - 4 \cdot x > 7 \Rightarrow x < -8$

Menge aller reellen Zahlen x, die beide Ungleichungen erfüllen: $(-12; -8)$

Aufgabe BMT1_14: Lineares Gleichungssystem

Lösungserwartung:

I: $3 \cdot 2 - 4 \cdot (-2) = a \Rightarrow a = 14$
II: $b \cdot 2 + (-2) = 14 \Rightarrow b = 8$

Aufgabe BMT1_15: Eckpunkte eines Quaders

Lösungserwartung:

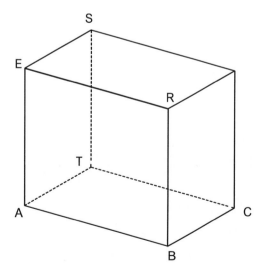

Aufgabe BMT1_16: Gleichung einer Geraden aufstellen

Lösungserwartung:

$g : X \cdot \vec{n} = A \cdot \vec{n} \Leftrightarrow 3 \cdot x - 2 \cdot y = 9$

oder:

$$g: X = A + t \cdot \vec{a} \Leftrightarrow X = \begin{pmatrix} 7 \\ 6 \end{pmatrix} + t \cdot \begin{pmatrix} 6 \\ 9 \end{pmatrix} = \begin{pmatrix} 7 \\ 6 \end{pmatrix} + t \cdot \begin{pmatrix} 2 \\ 3 \end{pmatrix} = \text{mit } t \in \mathbb{R}$$

Hinweis:

Der Vektor $\overrightarrow{MN} = \vec{n} = \begin{pmatrix} 9 \\ -6 \end{pmatrix} \parallel \begin{pmatrix} 3 \\ -2 \end{pmatrix}$ ist ein Normalvektor,

der Vektor $\vec{a} = \begin{pmatrix} 6 \\ 9 \end{pmatrix} \parallel \begin{pmatrix} 2 \\ 3 \end{pmatrix}$ ist ein Richtungsvektor der gesuchten Geraden.

Aufgabe BMT1_17: Parameterdarstellung einer Geraden

Lösungserwartung:

a = −4 (der Abbildung zu entnehmen)

$$k = -\frac{4}{6} = -\frac{2}{3}, \begin{pmatrix} 1 \\ k \end{pmatrix} = \begin{pmatrix} 1 \\ -\frac{2}{3} \end{pmatrix} \parallel \begin{pmatrix} 3 \\ -2 \end{pmatrix} \Rightarrow b = -2$$

Aufgabe BMT1_18: Parallele Geraden

Lösungserwartung:

Parallele Geraden haben die gleiche Steigung bzw. parallele Richtungsvektoren.

$$k_g = -\frac{1}{4}$$

$$\vec{a}_h = \begin{pmatrix} 4 \\ -1 \end{pmatrix} \parallel \begin{pmatrix} 1 \\ -\frac{1}{4} \end{pmatrix} \text{ und aus } \vec{a} = \begin{pmatrix} 1 \\ k \end{pmatrix} \text{ folgt } k_h = k_g$$

oder

$$g: X = \begin{pmatrix} 4 \\ 7 \end{pmatrix} + t \begin{pmatrix} 4 \\ -1 \end{pmatrix}, t \in \mathbb{R}$$

$$\begin{pmatrix} 4 \\ -1 \end{pmatrix} = \begin{pmatrix} 4 \\ -1 \end{pmatrix}$$

Somit ist $\vec{a}_g = \vec{a}_h$

oder

Auch eine Begründung mit Normalvektoren ist möglich.

$g: x + 4y = 32$
$h: x + 4y = 16$
Somit ist $\vec{n}_g \parallel \vec{n}_h$

oder

$$\vec{n}_g \perp \vec{a}_h \Leftrightarrow \vec{n}_g \cdot \vec{a}_h = 0, \begin{pmatrix} 1 \\ 4 \end{pmatrix} \cdot \begin{pmatrix} 4 \\ -1 \end{pmatrix} = 0$$

Aufgabe BMT1_19: Parameterdarstellung einer Geraden

Lösungserwartung:

$$\overrightarrow{AB} = B - A = \begin{pmatrix} 5 \\ -3 \\ -3 \end{pmatrix} - \begin{pmatrix} -1 \\ -6 \\ 2 \end{pmatrix} = \begin{pmatrix} 6 \\ 3 \\ -5 \end{pmatrix}, \text{ damit: } g: X = \begin{pmatrix} -1 \\ -6 \\ 2 \end{pmatrix} + t \cdot \begin{pmatrix} 6 \\ 3 \\ -5 \end{pmatrix} \text{ mit } t \in \mathbb{R}$$

Aufgabe BMT1_20: Vektoren

Lösungserwartung:

Es gilt $\vec{a} \cdot \vec{b} = 0 \Leftrightarrow \vec{a} \perp \vec{b}$

$\begin{pmatrix} 2 \\ 3 \end{pmatrix} \cdot \begin{pmatrix} b_1 \\ -4 \end{pmatrix} = 0$

$2b_1 - 12 = 0$

$\quad\quad 2b_1 = 12 \Rightarrow b_1 = 6$

Aufgabe BMT1_21: Parallelität von Geraden

Lösungserwartung:

Die Koordinaten der Richtungsvektoren müssen direkt proportional sein.

Aus $-3 \cdot k = 6$ folgt $k = -2$.

Damit: $h_y = 1 \cdot (-2) = -2$ und $h_z = 2 \cdot (-2) = -4$

Aufgabe BMT1_22: Definition der Winkelfunktionen

Lösungserwartung:

Die Antwortmöglichkeiten **1** und **5** sind richtig!

Aufgabe BMT1_23: Vermessung einer unzugänglichen Steilwand

Lösungserwartung:

Mögliche Vorgehensweise:

$\tan\alpha = \dfrac{\overline{BC}}{e} \Rightarrow \overline{BC} \approx 2,67\,\text{m}$

$\tan\beta = \dfrac{\overline{BD}}{e} \Rightarrow \overline{BD} \approx 4,69\,\text{m}$

$h = \overline{BD} - \overline{BC} \approx 2,02\,\text{m}$

Die Höhe ist ca. 2,02m

Aufgabe BMT1_24: Sinus und Cosinus

Lösungserwartung:

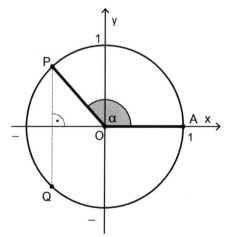

Aufgabe BMT1_25: Funktionseigenschaften erkennen

Lösungserwartung:

Die Antwortmöglichkeiten **1** und **3** und **5** sind richtig!

Aufgabe BMT1_26: Kosten, Erlös und Gewinn

Lösungserwartung:

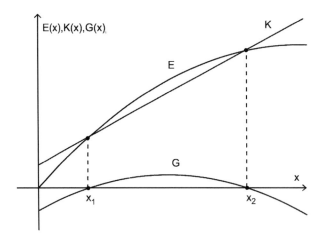

Aufgabe BMT1_27: Zylindervolumen

Lösungserwartung:

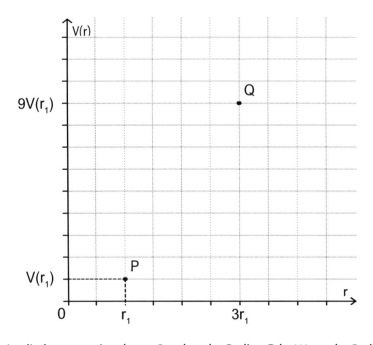

Das Volumen ist direkt proportional zum Quadrat des Radius. D.h.: Wenn der Radius verdreifacht wird, dann wird das Volumen (bei konstanter Höhe des Zylinders) neunmal so groß.

Aufgabe BMT1_28: Steigung einer linearen Funktion

Lösungserwartung:

Die Antwortmöglichkeiten **1** und **5** sind richtig!

Hinweise: Mögliche Berechnungen:

1) Funktion m(x): $k = \dfrac{1-3}{6-5} = \dfrac{-2}{1} = -2$ bzw. $k = \dfrac{(-3)-1}{8-6} = \dfrac{-4}{2} = -2$

2) Funktion $l(x) = \dfrac{3-4x}{2} = \dfrac{-4x+3}{2} = \underbrace{-2}_{k}x + 1{,}5$

Aufgabe BMT1_29: Lineare Funktionen

Lösungserwartung:

Den vier Graphen werden (von oben nach unten gelesen) die Aussagen E, F, C und D zugeordnet!

Aufgabe BMT1_30: Wasserbehälter

Lösungserwartung:

$h(0) = d = 40$

$h(8) = 8 \cdot k + 40 \Rightarrow k = -5$

Aufgabe BMT1_31: Quadratische Funktion

Lösungserwartung:

Die Antwortmöglichkeit **2** aus dem 1. Kasten und die Antwortmöglichkeit **1** aus dem 2. Kasten passen zusammen. Es gilt also:

Wenn b = 0 gilt, so hat die Funktion f auf jeden Fall einen zur senkrechten Achse symmetrischen Graphen.

Aufgabe BMT1_32: Gleichung einer quadratischen Funktion

Lösungserwartung:

Aus der Zeichnung entnimmt man die Punkte A(0/2) und B(2/3).
Setzt man diese Punkte in die gegebene Gleichung ein, dann ergibt sich:

$2 = a \cdot 0^2 + b = 0 + b \Rightarrow b = 2$

$3 = a \cdot 2^2 + b = 4a + 2 \Leftrightarrow 4a = 1 \Rightarrow a = \dfrac{1}{4}$

Aufgabe BMT1_33: Potenzfunktionen

Lösungserwartung:

Den vier Graphen werden (von oben nach unten gelesen) die Aussagen E, F, B und C zugeordnet!

Hinweise:

1) Wenn z = 2, dann ist die Parabel für a > 0 nach oben und für a < 0 nach unten offen.

2) Wenn z = 3 dann ist die Parabel für a > 0 monoton steigend, für a < 0 monoton fallend.

Aufgabe BMT1_34: Den Graphen einer Polynomfunktion skizzieren

Lösungserwartung:

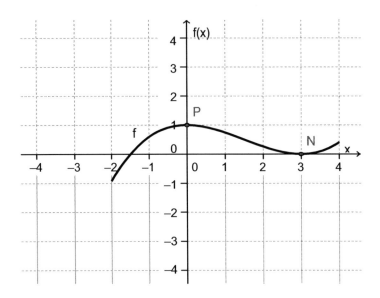

Aufgabe BMT1_35: Krümmungsverhalten einer Polynomfunktion

Lösungserwartung:

Die Antwortmöglichkeit **2** ist richtig!

Hinweis:

> Links vom Wendepunkt bildet der zugehörige Graph ein Wellental. Dort ist die Funktion links (positiv) gekrümmt.

Aufgabe BMT1_36: Wachstum

Lösungserwartung:

Mögliche Berechnungen:
Werte aus der Tabelle einsetzen!

$f(0) = c \cdot a^0 \Leftrightarrow 400 = c \cdot 1 \Rightarrow c = 400$

$f(1) = c \cdot a^1 \Leftrightarrow 600 = 400 \cdot a \Rightarrow a = \frac{3}{2}$

Wachstumsfunktion: $f(t) = 400 \cdot \left(\frac{3}{2}\right)^t$

Einsetzen von t = 2 ergibt: $f(2) = 400 \cdot \left(\frac{3}{2}\right)^2 = 400 \cdot \frac{9}{4} = 900$

Einsetzen von t = 3 ergibt: $f(3) = 400 \cdot \left(\frac{3}{2}\right)^3 = 400 \cdot \frac{27}{8} = 1350$

Aufgabe BMT1_37: Ausbreitung eines Ölteppichs

Lösungserwartung:

Mögliche Berechnungen:

Exponentielles Wachstumsgesetz: $A(t) = A(0) \cdot a^t$ mit $a = 1{,}05$
Gegebene Werte einsetzen:

$$2 = 1{,}5 \cdot 1{,}05^t$$

$$\frac{4}{3} = 1{,}05^t \qquad \text{logarithmieren!}$$

$$\ln\left(\frac{4}{3}\right) = t \cdot \ln(1{,}05)$$

$$t = \frac{\ln\left(\frac{4}{3}\right)}{\ln(1{,}05)} \approx 5{,}8963$$

Nach ca. 6 Tagen ist der Ölteppich erstmals größer als 2 km².

Aufgabe BMT1_38: Wirkstoff

Lösungserwartung:

mögliche Vorgehensweise:

$0{,}9^4 = 0{,}6561$

65,61 % der Anfangsmenge

Aufgabe BMT1_39: Halbwertszeit von Cobalt-60

Lösungserwartung:

Mögliche Berechnung:

$$N(t) = N_0 \cdot e^{-0{,}13149 \cdot t}$$

$$\frac{N_0}{2} = N_0 \cdot e^{-0{,}13149 \cdot t}$$

$$\frac{1}{2} = e^{-0{,}13149 \cdot t} \qquad \text{logarithmieren!}$$

$$\ln\frac{1}{2} = -0{,}13149 \cdot t \cdot \underbrace{\ln e}_{1}$$

$$t = \frac{\ln\frac{1}{2}}{-0{,}13149} \approx 5{,}27$$

Die Halbwertszeit beträgt ca. 5,27 Jahre

Aufgabe BMT1_40: Parameter von Exponentialfunktionen

Lösungserwartung:

Es gelten die Beziehungen c > d und a < b.

Begründungen: Die Funktion f schneidet die y-Achse oberhalb der Funktion g, daher ist c > d.
Die Funktion f hat eine kleinere Steigung als die Funktion g, daher ist a < b.

Aufgabe BMT1_41: Sinusfunktion

Lösungserwartung:

a = 3   (legt die Amplitude fest!)

b = 2   (legt die Anzahl der Schwingungen im Intervall 0 bis 2π fest!)

Aufgabe BMT1_42: Sinusfunktion

Lösungserwartung:

a = 0,5   (legt die Amplitude fest!)

b = 3   (legt die Anzahl der Schwingungen im Intervall 0 bis 2π fest!)

Aufgabe BMT1_43: Ableitungswerte ordnen

Lösungserwartung:

Die f′-Funktion gibt die Steigung der Funktion an einer bestimmten Stelle an.
Im gegenständlichen Fall gilt:

$f'(1) < f'(0) < f'(3) < f'(4)$

Aufgabe BMT1_44: Differenzenquotient

Lösungserwartung:

$$\frac{\Delta y}{\Delta x} = \frac{f(3)-2}{3-(-1)} = 1$$
$$\frac{f(3)-2}{4} = 1$$
$$f(3)-2 = 4$$
$$f(3) = 6$$

Aufgabe BMT1_45: Mittlere Änderungsrate der Temperatur

Lösungserwartung:

$$D = \frac{T(30)-T(20)}{30-20} \; °C/min = \frac{T(30)-T(20)}{10} \; °C/min$$

Aufgabe BMT1_46: Mittlere Änderungsrate interpretieren

Lösungserwartung:

Die Antwortmöglichkeiten **2** und **5** sind richtig!

Hinweis:

Mittlere Änderungsrate: $\frac{f(x_2)-f(x_1)}{x_2-x_1} = 5 \Rightarrow f(x_2)-f(x_1) = 5 \cdot (x_2-x_1)$
Da $x_2 - x_1 > 0$ ist, muss auch $f(x_2)-f(x_1) > 0$ sein. $\Rightarrow f(x_2) > f(x_1)$

Aufgabe BMT1_47: Nikotin

Lösungserwartung:

Täglich zugeführte Nikotinmenge: 0,03 mg

Täglich abgebaute Nikotinmenge: 2 %

Hinweis:

Die gesuchten Werte kann man unmittelbar aus der gegebenen Differenzengleichung ablesen.

Aufgabe BMT1_48: Differenzengleichung

Lösungserwartung:

Aus der Tabelle ergeben sich folgende Differenzengleichungen:
$x_0 = 10$
$x_1 = a \cdot x_0 + b = a \cdot 10 + b = 21$
$x_2 = a \cdot x_1 + b = a \cdot 21 + b = 43$
$x_3 = a \cdot x_2 + b = a \cdot 43 + b = 87$

Man kann durch Probieren die Werte a = 2 und b = 1 finden.
oder

durch Lösung eines Gleichungssystems:

$a \cdot 10 + b = 21$
$a \cdot 21 + b = 43$
$10a - 21a = 21 - 43$
$\quad -11a = -22 \qquad$ Aus der 1.Gleichung folgt: $2 \cdot 10 + b = 21 \Rightarrow b = 1$
$\qquad a = 2$

Aufgabe BMT1_49: Eigenschaften einer Funktion

Lösungserwartung:

Die Antwortmöglichkeiten **3** und **4** sind richtig!

Hinweise:

1) Steigung der Tangente: $f'(0) = 2$

2) Notwendige Bedingung für eine lokale Maximumstelle: $f'(x_2) = f'(2) = -2 + 2 = 0$

Aufgabe BMT1_50: Zusammenhang zwischen Funktion und Ableitungsfunktion

Lösungserwartung:

In der linken Tabelle ist die Antwortmöglichkeit **3** richtig!

In der rechten Tabelle ist die Antwortmöglichkeit **2** richtig!

Es gilt also:

Die 1. Ableitung der Funktion f ist im Intervall [−1; 1] positiv und daraus folgt:
f ist im Intervall [−1; 1] streng monoton steigend.

Aufgabe BMT1_51: Funktionen und Ableitungsfunktionen

Lösungserwartung:

Den vier Polynomfunktionen werden (von oben nach unten gelesen) die Graphen E, A, F und D als Ableitungsfunktionen zugeordnet! (Begründungen, siehe Seite 208).

Mögliche Begründungen:

f_1 ist vom Grad 2, ihre Ableitungsfunktion ist die lineare Funktion E.

f_2 ist vom Grad 3, ihre Ableitungsfunktion ist vom Grad 2. Da f_2 überall streng monoton steigend ist, muss die Parabel im positiven y-Bereich liegen; also wird ihr die Parabel A zugeordnet.

f_3 ist vom Grad 4, ihre Ableitungsfunktion ist vom Grad 3. Da f_3 im Intervall $(-\infty; -1)$ streng monoton fallend ist, müssen dort die y-Werte der zugeordneten Ableitungsfunktion negativ sein; also wird ihr die Funktion F zugeordnet.

f_4 ist vom Grad 3, ihre Ableitungsfunktion ist vom Grad 2. Die Extremstellen von f_4 liegen an den Stellen 0 und 4. Die zugehörige Ableitungsfunktion muss dort Nullstellen haben; also wird ihr die Funktion D zugeordnet.

Aufgabe BMT1_52: Funktionsgraph

Lösungserwartung:

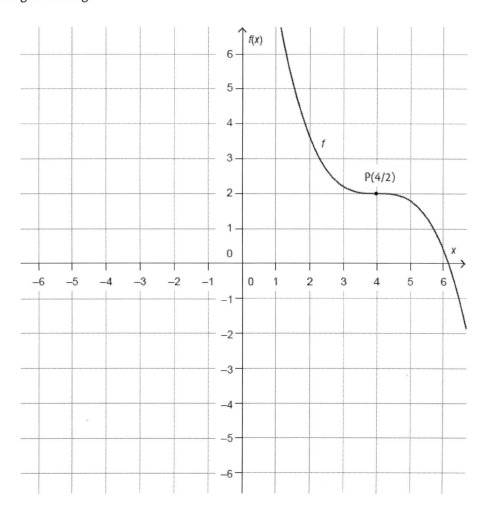

Hinweise:

1) Wegen $f(4) = 2$ ist $P(4/2)$ ein Punkt des Graphen.

2) Wegen $f'(4) = 0$ und $f''(4) = 0$ ist der Punkt P ein Wendepunkt mit waagrechter Tangente.

3) Wegen $f'(x) \leq 0$ für alle $x \in \mathbb{R}$ ist die Funktion monoton fallend

Aufgabe BMT1_53: Ableitungsfunktion und Stammfunktion

Lösungserwartung:

Die Antworten **2** und **4** sind richtig.

Hinweise:

1) Wenn von einer Funktion eine Ableitung existiert, dann ist sie eindeutig.
2) Es gilt: $F' = f \Rightarrow F'' = f'$

Aufgabe BMT1_54: Werte einer Ableitungsfunktion

Lösungserwartung:

Die Antworten **1** und **5** sind richtig.

Hinweise:

1) $f'(x) = 3 \cdot e^x = 2$ besitzt in $\mathbb{R}$ die eindeutige Lösung $x = \ln\left(\frac{2}{3}\right)$
2) Alle Funktionswerte der Exponentialfunktion $f'(x) = 3 \cdot e^x$ sind positiv.

Aufgabe BMT1_55: Nachweis eines lokalen Minimums

Lösungserwartung:

Möglicher rechnerischer Nachweis:

$p''(x) = 6x$

$p''(1) = 6 > 0 \Rightarrow$ An der Stelle 1 liegt ein lokales Minimum vor.

Aufgabe BMT1_56: Integral einer Funktion

Lösungserwartung:

$$A = \left| \int_{-2}^{1} f(x)\,dx \right| + \int_{1}^{2} f(x)\,dx$$

oder

$$A = \int_{1}^{2} f(x)\,dx - \int_{-2}^{1} f(x)\,dx$$

oder

$$A = \int_{-2}^{2} |f(x)|\,dx$$

Aufgabe BMT1_57: Stammfunktion

Lösungserwartung:

mögliche Vorgehensweise:

$f(x) = F'(x) = 20 \cdot x^3 = a \cdot x^3$

$a = 20$

Aufgabe BMT1_58: Schnitt zweier Funktionen

Lösungserwartung:

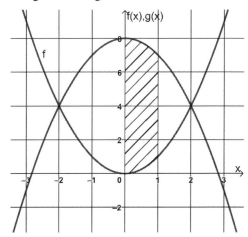

Aufgabe BMT1_59: Wert eines bestimmten Integrals

Lösungserwartung:

$$I = \int_0^a f(x)\,dx = F(a) - F(0) = -1 - 3 = -4$$

Aufgabe BMT1_60: Integral

Lösungserwartung:

$$\int_b^c f(x)\,dx = \int_b^c x^3\,dx = \left.\frac{x^4}{4}\right|_b^c = \frac{c^4}{4} - \frac{b^4}{4}$$

Aus $\frac{c^4}{4} - \frac{b^4}{4} = 0$ folgt $b = -c$, da $b \neq c$ sein muss!

Aufgabe BMT1_61: Bestimmung eines Koeffizienten

Lösungserwartung:

$$\int_0^1 (a \cdot x^2 + 2)\,dx = \left(a \cdot \frac{x^3}{3} + 2x\right)\bigg|_0^1 = \frac{a}{3} + 2$$

$$\frac{a}{3} + 2 = 1 \Rightarrow a = -3$$

Aufgabe BMT1_62: Arbeit beim Verschieben eines Massestücks

Lösungserwartung:

Die Arbeit ist die Summe der Flächeninhalte, die jeweils von den Kurvenstücken f_1 und f_2 und der x-Achse eingeschlossen wird.

$$W = \int_0^4 f_1(s)\,ds + \frac{a \cdot b}{2} = \int_0^4 \frac{5}{16} s^2\,ds + \frac{11 \cdot 5}{2} = \frac{5}{16} \cdot \frac{s^3}{3}\bigg|_0^4 + \frac{55}{2} = \frac{20}{3} + \frac{55}{2} \approx 34{,}17\,J$$

Aufgabe BMT1_63: Internetplattform

Lösungserwartung:

Die Antwortmöglichkeiten **1** und **4** sind richtig!

Aufgabe BMT1_64: Arithmetisches Mittel

Lösungserwartung:

$$\bar{x}_{neu} = \frac{x_1 + x_2 + \ldots + x_9 + 4}{10} = \frac{x_1 + x_2 + \ldots + x_9}{10} + \frac{4}{10} =$$

$$= \frac{(x_1 + x_2 + \ldots + x_9) \cdot \frac{9}{10}}{10 \cdot \frac{9}{10}} + \frac{4}{10} = \underbrace{\frac{x_1 + x_2 + \ldots + x_9}{9}}_{=8} \cdot \frac{9}{10} + \frac{4}{10} = 7,6$$

Aufgabe BMT1_65: Eishockeytore

Lösungserwartung:

Die Anzahl der Tore bei 23 Spielen ergibt folgende geordnete Liste:

3, 3, 4, 4, 5, 5, 5, 5, 5, 6, 6, 6, 7, 7, 7, 7, 7, 7, 7, 7, 9, 9

Bei einer ungeraden Anzahl von Daten ist der in der Mitte stehende Wert der Median.

Hier ist es die Zahl 6 (der zwölfte Wert!)

Aufgabe BMT1_66: Hausübungskontrolle

Lösungserwartung:

$$P(\text{"2 Burschen, 1 Mädchen"}) = \frac{12}{20} \cdot \frac{11}{19} \cdot \frac{8}{18} \cdot 3 = \frac{44}{95} \approx 0,46 = 46\%$$

Aufgabe BMT1_67: Multiple-Choice-Antwort

Lösungserwartung:

X ... Anzahl der richtigen Antworten

$$W(X \geq 4) = 5 \cdot \left(\frac{1}{4}\right)^4 \cdot \left(\frac{3}{4}\right)^1 + \left(\frac{1}{4}\right)^5 = \frac{1}{64} \approx 0,02 = 2\%$$

Aufgabe BMT1_68: Elfmeterschießen

Lösungserwartung:

$\binom{11}{5}$ gibt die Anzahl der Möglichkeiten an, von den elf Spielern fünf Schützen für das Elfmeterschießen – unabhängig von der Reihenfolge des Antretens – auszuwählen.

Aufgabe BMT1_69: Erwartungswert des Gewinns

Lösungserwartung:

$$E = \frac{1}{100} \cdot 100 + \frac{2}{100} \cdot 50 + \frac{5}{100} \cdot 20 - 5 = -2$$

oder

$$E = \frac{92}{100} \cdot (-5) + \frac{5}{100} \cdot 15 + \frac{2}{100} \cdot 45 + \frac{1}{100} \cdot 95 = -2$$

Der Erwartungswert des Gewinns beträgt -2 €.

Aufgabe BMT1_70: Tennisspiel

Lösungserwartung:

Dieser Wert gibt die Wahrscheinlichkeit an, mit der Helmut 3 von 5 Sätzen im Training gewinnt.

Aufgabe BMT1_71: Mehrere Wahrscheinlichkeiten

Lösungserwartung:

Die Antwortmöglichkeiten **2** und **4** sind richtig!

Aufgabe BMT1_72: Zollkontrolle

Lösungserwartung:

$$\frac{2}{10} \cdot \frac{1}{9} \cdot \frac{8}{8} \cdot 3 = \frac{1}{15}$$

Aufgabe BMT1_73: Ziehungswahrscheinlichkeit

Lösungserwartung:

$$p = \frac{2}{5} \cdot \frac{1}{4} + \frac{3}{5} \cdot \frac{2}{4} = \frac{2}{5} \cdot \frac{1}{4} + \frac{3}{5} \cdot \frac{1}{2} = \frac{2}{5}$$

Aufgabe BMT1_74: Verschiedenfärbige Kugeln

Lösungserwartung:

Wegen $3 \cdot \frac{12}{15} \cdot \frac{12}{15} \cdot \frac{3}{15} = 3 \cdot 0{,}8 \cdot 0{,}8 \cdot 0{,}3 = 3 \cdot 0{,}8^2 \cdot 0{,}2$ ist nur die Antwortmöglichkeit **2** richtig!

Aufgabe BMT1_75: Alarmanlagen

Lösungserwartung:

Mögliche Berechnung (mittels Gegenereignis):

$$1 - 0{,}1^2 = 0{,}99$$

Aufgabe BMT1_76: Diskrete Zufallsvariable

Lösungserwartung:

Nur die Antwortmöglichkeit **4** ist richtig!

Aufgabe BMT1_77: Spielkarten

Lösungserwartung:

$$E(X) = 1 \cdot \frac{2}{5} + 2 \cdot \frac{3}{5} \cdot \frac{2}{4} + 3 \cdot \frac{3}{5} \cdot \frac{2}{4} \cdot \frac{2}{3} + 4 \cdot \frac{3}{5} \cdot \frac{2}{4} \cdot \frac{1}{3} = 2$$

Aufgabe BMT1_78: Wahrscheinlichkeitsverteilung f

Lösungserwartung:

Mögliche Berechnung:

$$\underbrace{P(X=x_1)}_{0,4} + P(X=x_2) + \underbrace{P(X=x_3)}_{2 \cdot P(X=x_2)} = 1$$

$$0,4 + P(X=x_2) + 2 \cdot P(X=x_2) = 1$$
$$3 \cdot P(X=x_2) = 0,6$$
$$P(X=x_2) = 0,2$$

$$P(X=x_3) = 2 \cdot P(X=x_2) = 2 \cdot 0,2 = 0,4$$

Aufgabe BMT1_79: Aussagen zu einer Zufallsvariablen

Lösungserwartung:

Die Antwortmöglichkeiten **1** und **4** sind richtig!

Aufgabe BMT1_80: Grafische Deutung

Lösungserwartung:

$P(X \geq 64)$

oder

Der Flächeninhalt der dargestellten Fläche beschreibt die Wahrscheinlichkeit, dass die Zufallsvariable X mindestens den Wert 64 annimmt.

Aufgabe BMT1_81: Vergleich zweier Wahrscheinlichkeitsverteilungen

Lösungserwartung:

Die Antwortmöglichkeiten **1** und **3** sind richtig!

Aufgabe BMT1_82: Intervallbreite von Konfidenzintervallen

Lösungserwartung:

Konfidenzintervall mit der kleinsten Intervallbreite: C

Hinweis:
> Bei gleichem relativen Anteil ist das Konfidenzintervall umso schmäler, je größer der Stichprobenumfang und je kleiner das Konfidenzniveau ist.

Konfidenzintervall mit der größten Intervallbreite: B

Hinweis:
> Bei gleichem relativen Anteil ist das Konfidenzintervall umso breiter, je kleiner der Stichprobenumfang und je größer das Konfidenzniveau ist.

Aufgabe BMT1_83: Wahlprognose

Lösungserwartung:

Die Antwortmöglichkeiten **2** und **3** sind richtig!

Aufgabe BMT1_84: Sonntagsfrage

Lösungserwartung:

mögliche Vorgehensweise:

h = 0,234... relative Häufigkeit

$$0{,}234 \pm 1{,}96 \cdot \sqrt{\frac{0{,}234 \cdot (1-0{,}234)}{1000}} \approx 0{,}234 \pm 0{,}026 \Rightarrow [0{,}208; 0{,}260]$$

$0{,}295 \notin [0{,}208; 0{,}260]$

Der tatsächliche Anteil liegt nicht im berechneten 95-%-Konfidenzintervall.

Aufgabe BMT2_01: 200-m-Lauf

a) Lösungserwartung:

$$s(t) = -\frac{7}{450} \cdot t^3 + 0{,}7 \cdot t^2$$

$$s'(t) = -\frac{7}{150} \cdot t^2 + 1{,}4 \cdot t$$

$$s''(t) = -\frac{7}{75} \cdot t + 1{,}4$$

$$s'''(t) = -\frac{7}{75}$$

$$s''(t) = 0 \Leftrightarrow t = 15$$

$$s'''(15) = -\frac{7}{75} \neq 0$$

Die Wendestelle liegt bei t = 15s

Mögliche Interpretationen:
Nach ca. 15 Sekunden erreicht die Läuferin ihre Höchstgeschwindigkeit.

oder:

Bis zum Zeitpunkt t = 15 Sekunden nimmt die Geschwindigkeit der Läuferin zu, danach wird sie langsamer.

b) Lösungserwartung:

$$\bar{v} = \frac{s(26{,}04) - s(0)}{26{,}4 - 0} = \frac{200 - 0}{26{,}4} = \frac{200}{26{,}4} \approx 7{,}68$$

Die mittlere Geschwindigkeit beträgt ca. 7,68 m/s.

Es gibt im Intervall $[0; 26{,}04]$ mindestens einen Zeitpunkt t, für den die Momentangeschwindigkeit der Läuferin gleich der mittleren Geschwindigkeit für die gesamte Laufstrecke ist.

Aufgabe BMT2_02: Füllen eines Gefäßes

a) Lösungserwartung:

$a(h) = k \cdot h + d$
$a(0) = d = 10$
$a(20) = 20 \cdot k + 10 = 16 \Rightarrow k = 0{,}3$
$a(h) = 0{,}3 \cdot h + 10$

Das Integral gibt das Volumen der enthaltenen Flüssigkeit (in ml) an, wenn das Gefäß bis 5 cm unter dem Rand (bzw. bis zu einer Höhe von 15 cm) gefüllt ist.

b) Lösungserwartung:

Die momentane Änderungsrate der Wassermenge beträgt im gesamten Zeitintervall 80 Milliliter pro Sekunde.

$$\frac{q(t_2) - q(t_1)}{t_2 - t_1} = \frac{80 \cdot 20 - 80 \cdot 10}{20 - 10} = 80$$

c) Lösungserwartung:

$$2500 = \int_0^x (3{,}6 \cdot h + 120) \, dh = 1{,}8x^2 + 120x$$

$1{,}8x^2 + 120x - 2500 = 0$ quadratische Gleichung lösen!

$$x_{1,2} = \frac{-120 \pm 180}{3{,}6}$$

$$x_1 = \frac{50}{3} \approx 16{,}7$$

$$x_2 = -\frac{250}{3} < 0; \text{ hier ohne Bedeutung!}$$

Das Wasser steht ca. 16,7 cm hoch.

3,6 gibt diejenige Fläche in cm² an, um die die Querschnittsfläche mit jedem zusätzlichen cm Höhe zunimmt.

oder:

3,6 ist die Steigung der Funktion, die den Inhalt der Querschnittsfläche in der Höhe h angibt.

Aufgabe BMT2_03: Muskelkraft

a) Lösungserwartung:

$F(0) \approx 2900$ N

$F(0)$ gibt den Wert derjenigen Kraft an, die der Muskel bei einer Kontraktionsgeschwindigkeit von $v = 0$ aufbringt.

Zwischen F und v wird keine indirekte Proportionalität beschrieben.

Mögliche Begründung:

Beispiel: Aus dem Diagramm kann man ablesen:

$F(1) \approx 550$ N und $F(2) \approx 100$ N, $\frac{550}{2}$ ist aber $\neq 100$.

Eine Verdopplung der Kontraktionsgeschwindigkeit v führt also nicht zu einer Halbierung der Muskelkraft F.

b) Lösungserwartung:

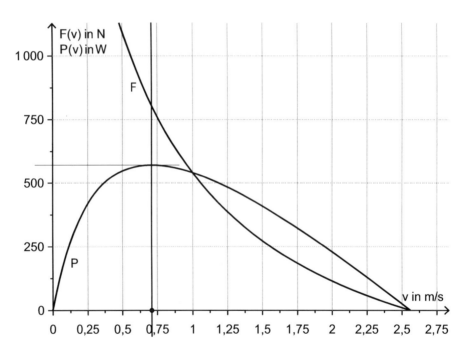

Aus der Grafik kann man ablesen:

(1) Bei ungefähr 800 N erreicht der Muskel seine maximale Leistung.

(2) Die Leistungskurve hat für $v_1 \approx 0{,}7$ m/s einen Hochpunkt, dort ist $P'(v_1) = 0$.

$v_1 \approx 0{,}7$ m/s ist also die gesuchte Geschwindigkeit.

Aufgabe BMT2_04: Eigenschaften einer Polynomfunktion dritten Grades

a) Lösungserwartung:

Mögliche Begründung:
Berechnung der Nullstellen: $a \cdot x^3 + b \cdot x = x \cdot (a \cdot x^2 + b) = 0$
Eine Nullstelle ist daher $x_1 = 0$.
Berechnung weiterer Nullstellen: $a \cdot x^2 + b = 0 \Rightarrow x^2 = -\frac{b}{a}$

Wenn die Koeffizienten a und b unterschiedliche Vorzeichen haben, dann gilt: $-\frac{b}{a} > 0$.

Damit hat diese Gleichung zwei verschiedene reelle Lösungen und die Funktion f hat insgesamt drei verschiedene Nullstellen.

Mögliche Begründung:
Der Wert der Steigung der Tangente an den Graphen von f an einer Stelle x entspricht dem Wert f '(x).
$f'(x) = 3 \cdot a \cdot x^2 + b \Rightarrow f'(0) = b$

b) Lösungserwartung:

Mögliche Vorgehensweise:

$$\int_0^1 (a \cdot x^2 + b \cdot x)\,dx = \left(a \cdot \frac{x^4}{4} + b \cdot \frac{x^2}{2} \right)\bigg|_0^1 = 0 \Rightarrow a = -2b$$

Mögliche Begründung:

Das bestimmte Integral liefert die Summe der orientierten Flächeninhalte, die vom Graphen von f und von der x-Achse begrenzt werden. Hätte f keine Nullstelle im Intervall (0; 1), dann würde der Graph von f in diesem Intervall entweder zur Gänze oberhalb der x-Achse (mit f(x) > 0 für alle $x \in (0;1)$) oder zur Gänze unterhalb der x-Achse (mit f(x) < 0 für alle $x \in (0;1)$) verlaufen. Somit wäre das bestimmte Integral von f im Intervall (0; 1) entweder größer oder kleiner null, aber keinesfalls gleich null.

Möglicher Graph von f:

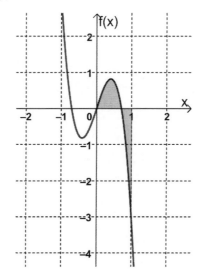

Aufgabe BMT2_05: Kino

a) Lösungserwartung:

1) mögliche Beschreibung:

Der Term beschreibt die Wahrscheinlichkeit, dass bei einer Vorstellung eines neuen Films (in allen drei Sälen zusammen) mindestens 350 Sitzplätze belegt sind.

2) Anzahl der Sitzplätze insgesamt: 355

$$P = \frac{185}{355} \cdot \frac{184}{354} + \frac{94}{355} \cdot \frac{93}{354} + \frac{76}{355} \cdot \frac{75}{354} \approx 0{,}3858 = 33{,}58\%$$

b) Lösungserwartung:

1) mögliche Vorgehensweise:

$$n = 628, h = \frac{515}{628} \approx 0{,}82$$

$$0{,}82 \pm 1{,}96 \cdot \sqrt{\frac{0{,}82 \cdot 0{,}18}{628}} \approx 0{,}82 \pm 0{,}03 \Rightarrow [0{,}79; 0{,}85]$$

2) mögliche Interpretation:

Eine Erhöhung der Anzahl der Befragten auf das Vierfache führt (bei gleichem relativem Anteil h) zu einer Halbierung der Breite des Konfidenzintervalls.

Aufgabe BMT2_06: Kostenfunktion

a) Lösungserwartung:

1) $\dfrac{K(200)-K(100)}{200-100} = \dfrac{66,5-59,35}{100} = 0,0715\,\text{GE}/\text{ME}$

2) mögliche Vorgehensweise:

$K''(x) = 4,8 \cdot 10^{-6} \cdot x - 1,5 \cdot 10^{-3}$

$K''(x) \geq 0 \;\Rightarrow\; x \geq 312,5\,\text{ME}$

Ab der Produktionsmenge von 312,5 ME steigen die Grenzkosten.

b) Lösungserwartung:

1) $\overline{K}(x) = 8 \cdot 10^{-7} \cdot x^2 - 7,5 \cdot 10^{-4} \cdot x + 0,2405 + \dfrac{42}{x}$

$\overline{K}'(x) = 1,6 \cdot 10^{-6} \cdot x - 7,5 \cdot 10^{-4} - \dfrac{42}{x^2}$

$\overline{K}'(x) = 0 \;\Rightarrow\; x_{opt} \approx 554,2\,\text{ME}$

$\left(\overline{K}''(x) > 0 \;\Rightarrow\; \text{Es liegt ein Minimum vor.} \right)$

2) mögliche Vorgehensweise:

$K(554,2) \approx 81,1\,\text{GE} \;\Rightarrow\; 81,1 : 0,65 \approx 125$

Dem Hersteller stehen für die Produktion dieses Produkts ca 125 GE zur Verfügung.

c) Lösungserwartung:

1) $G(x) = E(x) - K(x)$

$G'(x) = p - K'(x)$

$G'(600) = p - K'(600) = 0 \;\Rightarrow\; p = 0,2045\,\text{GE}/\text{ME}$

2) mögliche Vorgehensweise:

$G(x) = 0 \;\Rightarrow\; x_1 \approx 335 \quad (x_2 \approx 799, x_3 \approx -196)$

Gewinnbereich: [355 ME; 650 ME]

d) Lösungserwartung:

1) $a \approx 1,5 \cdot 10^{-5}$
$b \approx -9,8 \cdot 10^{-3}$
$c \approx 2,324$
$d \approx 103$

2) $K_1(x) = 380 \;\Rightarrow\; x \approx 365\,\text{ME}$

Aufgabe BMT2_07: Vornamen in Österreich

a) Lösungserwartung:

mögliche Vorgehensweise:

Zufallsvariable X ... Anzahl der Mädchen mit dem Vornamen Anna

Aufgrund der großen Grundgesamtheit kann die Zufallsvariable X als binomialverteilt angenähert werden.

$n = 30$

$p = \dfrac{2144}{40777} \approx 0{,}0526$

$P(X \geq 1) = 1 - P(X = 0) = 1 - \left(1 - \dfrac{2144}{40777}\right)^{30} \approx 0{,}80217$

(Ergebnis bei Verwendung der hypergeometrischen Verteilung: $\approx 0{,}80229$)

mögliche Vorgehensweise:

$\left(1 - \left(1 - \dfrac{2144}{40777}\right)^{30}\right) \cdot \left(1 - \left(1 - \dfrac{1511}{43604}\right)^{30}\right) \approx 0{,}52370$

(Ergebnis bei Verwendung der hypergeometrischen Verteilung: $\approx 0{,}52388$)

b) Lösungserwartung:

mögliche Vorgehensweise:

$f(0) = 0{,}3707 \quad \Rightarrow \quad c = 0{,}3707$

$f(10) = 0{,}2428 \quad \Rightarrow \quad 100 \cdot a + 10 \cdot b + 0{,}3707 = 0{,}2428$

$f(20) = 0{,}2091 \quad \Rightarrow \quad 400 \cdot a + 20 \cdot b + 0{,}3707 = 0{,}2091$

$a = 0{,}000471$

$b = -0{,}0175$

$f(t) = 0{,}000471 \cdot t^2 - 0{,}0175 \cdot t + 0{,}3707$

mögliche Vorgehensweise:

$f(t) < \dfrac{1}{3} \quad \Rightarrow \quad 2{,}274 < t < 34{,}88$

also $t > 2{,}274$

Bei dieser Modellierung unterschreitet der relative Anteil der zehn beliebtesten Bubennamen zum ersten Mal im Jahr 1998 ein Drittel.

c) Lösungserwartung:

$\mu = n \cdot p = 7041 \cdot 0{,}0526 \approx 370{,}4$

$\sigma = \sqrt{n \cdot p \cdot (1-p)} \approx \sqrt{370{,}4 \cdot (1 - 0{,}0526)} \approx 18{,}7$

$c = \dfrac{494 - \mu}{\sigma} \approx \dfrac{494 - 370{,}4}{18{,}7} \approx 6{,}6$

mögliche Deutung:

In Oberösterreich weicht die Anzahl der im Jahr 2015 geborenen Mädchen, die den Vornamen Anna erhielten, um mehr als 6 Standardabweichungen vom Erwartungswert μ ab.
Damit weicht diese Anzahl signifikant von μ ab.

Aufgabe BMT2_08: Algenteppich

a) Lösungserwartung:

Die Fläche des Algenteppichs vergrößert sich jede Woche um ca. 75 %.

$A(t) = 4 \cdot 1{,}75t$

oder: $A(t) = 4 \cdot e^{0{,}5596 \cdot t}$

mögliche Vorgehensweise:

$A(6) = (A(5) - 30) \cdot 1{,}75 \approx 62{,}39$

$A(7) = (A(6) - 30) \cdot 1{,}75 \approx 56{,}68$

$A(8) = (A(7) - 30) \cdot 1{,}75 \approx 46{,}69$

$A(9) = (A(8) - 30) \cdot 1{,}75 \approx 29{,}21$

Die geplante Menge kann viermal geerntet werden.

b) Lösungserwartung:

mögliche Vorgehensweise:

$$\frac{37{,}52 - 12{,}25}{2} \approx 12{,}64$$

Die durchschnittliche wöchentliche Änderung beträgt in diesem Zeitraum ca. $12{,}64\,m^2$/Woche.

mögliche Vorgehensweise:

$w'(A) = k \cdot (800 - A) - k \cdot A$

$800 \cdot k - 2 \cdot k \cdot A_1 = 0$

$A_1 = 400\,m^2$

c) Lösungserwartung:

mögliche Vorgehensweise:

$$65{,}65 = \frac{800}{1 + 199 \cdot e^{-800 \cdot 5 \cdot k}}$$

$k \approx 0{,}00072\,m^2$/Woche

mögliche Vorgehensweise:

$$720 = \frac{800}{1 + 199 \cdot e^{-800 \cdot 0{,}00072 \cdot t}}$$

$t \approx 13$

Nach ca. 13 Wochen sind erstmals 90 % der Oberfläche des Teichs mit Algen bedeckt.

Aufgabe BMT2_09: Intercity-Express

a) Lösungserwartung:

mittlere Änderungsrate: (entspricht der Sekantensteigung)
$$a = \frac{v_1(t_1) - v_1(t_0)}{t_1 - t_0} = \frac{v_1(700) - v_1(0)}{700 - 0} = \frac{91{,}7}{700} = 0{,}131 \, m/s^2$$

Die momentane Änderungsrate entspricht der Tangentensteigung.
Zum Zeitpunkt t = 150 s ist sie sicher größer als die Sekantensteigung.

Der Wert des angegebenen bestimmten Integrals entspricht dem im Zeitintervall [0 s; 700 s] zurückgelegten Weg (in Metern).

b) Lösungserwartung:

$$s(t) = 70 \cdot t - 0{,}25 \cdot t^2$$
$$v_2(t) = s'(t) = 70 - 0{,}5 \cdot t$$

Mögliche Deutungen von k:
Die Geschwindigkeit nimmt während des Bremsvorgangs in jeder Sekunde (konstant) um 0,5 m/s ab.

oder:

Die Beschleunigung (ist konstant und) beträgt –0,5 m/s².

oder:

Die Verzögerung durch das Bremsen (ist konstant und) beträgt 0,5 m/s².

Mögliche Deutung von d:
Die Geschwindigkeit zu Beginn des Bremsvorgangs beträgt 70 m/s.

Zur Berechnung der Bremsstrecke wird zunächst die Bremszeit berechnet, indem man die Geschwindigkeitsfunktion gleich Null setzt:

$$70 - 0{,}5 \cdot t = 0$$
$$t = 140$$
$$s(140) = 70 \cdot 140 - 0{,}25 \cdot 140^2 = 4900$$

Der Bremsweg beträgt 4900 m.

Aufgabe BMT2_10: ZAMG-Wetterballon

a) Lösungserwartung:

Relative Änderung des Luftdrucks: $\frac{p(2000)-p(1000)}{p(1000)} = \frac{800-906}{906} \approx -0,117 \approx -11,7\%$

Der Luftdruck nimmt bei diesem Anstieg um ca. 11,7 % ab.

Eine Exponentialfunktion eignet sich in diesem Fall, da eine gleiche Zunahme der Höhe h stets eine Verminderung des Luftdrucks um den annähernd gleichen Prozentsatz vom jeweiligen Ausgangswert bewirkt (z. B. Höhenzunahme um 1000 m ↔ Luftdruckabnahme um ca. 12 %). Folgende Berechnungen begründen die Behauptung!

$\frac{p(3000)-p(2000)}{p(2000)} = \frac{704-800}{800} = -0,12 = -12\%$

$\frac{p(4000)-p(3000)}{p(3000)} = \frac{618-704}{704} \approx -0,122 \approx -12,2\%$

$\frac{p(5000)-p(4000)}{p(4000)} = \frac{544-618}{618} \approx -0,119 \approx -11,9\%$

b) Lösungserwartung:

Eine lineare Funktion eignet sich in diesem Fall, da eine gleiche Zunahme der Höhe h stets eine gleiche Verminderung der Temperatur vom jeweiligen Ausgangswert bewirkt (z. B. Höhenzunahme um 1 000 m ↔ Temperaturverminderung um 8,8 °C).
Folgende Berechnungen begründen die Behauptung!

$T(6000) - T(5000) = -8,8$
$T(7000) - T(6000) = -8,8$
$T(8000) - T(7000) = -8,8$

Berechnung von k und d der zugehörigen linearen Funktion:

$k = \frac{T(6000)-T(5000)}{6000-5000} = \frac{-30,7-(-21,9)}{1000} = -0,0088$

$-21,9 = -0,0088 \cdot 5000 + d$
$d = 22,1$

c) Lösungserwartung:

Das Volumen ist indirekt proportional zum Luftdruck, es gilt also:

$V(p) = \frac{k}{p}$

Den Proportionalitätsfaktor k erhält man durch Einsetzen eines Wertepaares:

$3 = \frac{k}{906} \Rightarrow k = 2718$; es gilt also: $V(p) = \frac{2718}{p}$

Berechnung der absoluten Änderung des Ballonvolumens im gegebenen Höhenintervall:

$V(800) - V(906) = 3,3975 - 3 = 0,3975$

Die absolute Änderung des Ballonvolumens beträgt in diesem Höhenintervall 0,3975 m^3.

Aufgabe BMT2_11: Maturaball

a) 1) I: $20 \cdot x + 22 \cdot y = 13\,240$
II: $x + y = 640$

b) 1) X ... Anzahl der Gewinne

X ist binomialverteilt mit n = 3, p = 0,25.

$P(X = 2) = 3 \cdot 0{,}25^2 \cdot 0{,}75 = 0{,}140625$

c) 1) $P(X = 1) = \dfrac{5}{50} \cdot \dfrac{45}{49} + \dfrac{45}{50} \cdot \dfrac{5}{49}$

2) Martins Behauptung ist falsch, weil die Wahrscheinlichkeit, dass eine markierte Badeente ausgewählt wird, nicht konstant bleibt.

oder:

Martins Behauptung ist falsch, weil es sich beim gegebenen Sachzusammenhang um ein Ziehen ohne Zurücklegen handelt.

Aufgabe BMT2_12: Krankenstände

a) 1) $K(t) = -0{,}18 \cdot t + 12{,}6$

2) Die durchschnittliche Dauer der Krankenstände hat im Zeitraum von 2000 bis 2015 um rund 21,4 % abgenommen.

b) 1) E ... „mindestens 1 der beiden Angestellten erkrankt in einem Winter"

2) X ... Anzahl der Winter mit Erkrankungen des Angestellten A

X ist binomialverteilt mit n = 5, p = 0,2.

$P(X \leq 1) = P(X = 0) + P(X = 1) = 0{,}8^5 + 5 \cdot 0{,}8^4 \cdot 0{,}2 = 0{,}73728$

Aufgabe BMT2_13: Fahrradtour

a) 1) $\int_0^{t_1} v(t)\,dt = 10$

Mögliche Berechnung:

$$\int_0^{t_1}(-0{,}08 \cdot t^2 + 16)\,dt = \left(-0{,}08 \cdot \frac{t^3}{3} + 16 \cdot t\right)\Big|_0^{t_1} =$$

$$= -0{,}08 \cdot \frac{t_1^3}{3} + 16 \cdot t_1 = 10$$

Lösung der kubischen Gleichung mittels Technologieeinsatz:

$t_1 = 0{,}62\ldots$

Bettina benötigt für die ersten 10 km rund 0,6 h.

2) $a(t) = v'(t) = -0{,}16 \cdot t$

$v'(1) = -0{,}16$

Die Beschleunigung zum Zeitpunkt t = 1 beträgt –0,16 km/h².

b) 1) $p(x) = 9 \Leftrightarrow 19{,}1 \cdot e^{-0{,}0376 \cdot x} = 9 \Rightarrow x = 20{,}0\ldots$

$p(x) = 2 \Leftrightarrow 19{,}1 \cdot e^{-0{,}0376 \cdot x} = 2 \Rightarrow x = 60{,}0\ldots$

größtmögliches Intervall: [20,0...; 60,0...]

2) Der für einen 30 mm breiten Reifen empfohlene Reifendruck ist um rund 2,8 bar geringer als der für einen 20 mm breiten Reifen empfohlene Reifendruck.

Aufgabe BMT2_14: Würfelspiel

a) 1) Kombinationen der Augenzahlen: „2 und 6" oder „3 und 5" oder „4 und 4"

$$\frac{1}{6} \cdot \frac{2}{6} + \frac{2}{6} \cdot \frac{2}{6} + \frac{2}{6} \cdot \frac{2}{6} = \frac{1}{6} \cdot \frac{1}{3} + \frac{1}{3} \cdot \frac{1}{3} + \frac{1}{3} \cdot \frac{1}{3} = \frac{5}{18} = 0,2\dot{7}$$

b) 1) $E(X_C) = 5$

Mögliche Berechnung:

$$4 \cdot \frac{2}{6} + 5 \cdot \frac{2}{6} + 6 \cdot \frac{2}{6} = \frac{8+10+12}{6} = \frac{30}{6} = 5$$

2) $\sigma(X_A) = \sigma(X_B) = 1{,}067\ldots$

Mögliche Berechnungen:

$$E(X_A) = 0 \cdot \frac{2}{6} + 1 \cdot \frac{2}{6} + 2 \cdot \frac{1}{6} + 3 \cdot \frac{1}{6} = \frac{7}{6}$$

$$\sigma^2 = 0 \cdot \frac{2}{6} + 1^2 \cdot \frac{2}{6} + 2^2 \cdot \frac{1}{6} + 3^2 \cdot \frac{1}{6} - \left(\frac{7}{6}\right)^2 = \frac{15}{6} - \frac{49}{36} = \frac{41}{36}$$

$$\sigma = \sqrt{\frac{41}{36}} = 1{,}067\ldots$$

c) 1) $\mu_n = n \cdot p = n \cdot \frac{1}{3}$

$$\sigma_n = \sqrt{n \cdot p \cdot q} = \sqrt{n \cdot \frac{1}{3} \cdot \frac{2}{3}}$$

Hinweis: Binomialverteilung mit $p = \frac{1}{3}$ und $q = 1-p = \frac{2}{3}$

Aufgabe BMT2_15: CO₂ und Klimaschutz

a) 1) $b = \dfrac{7{,}9 \cdot 2{,}32 \cdot s}{100 \cdot 500}$

2) $5 = \dfrac{x \cdot 2{,}32 \cdot 15000}{100 \cdot 500} \Rightarrow x = 7{,}18\ldots$

durchschnittlicher Benzinverbrauch: rund 7,18 Liter pro 100 km

b) 1) $\overline{e} = 7{,}8\ldots$ Tonnen pro Person

Mögliche Berechnung:

$$\overline{e} = \dfrac{11{,}2 \cdot 11{,}9 + 66{,}4 \cdot 6{,}8 + 60{,}8 \cdot 7{,}0 + 0{,}6 \cdot 18{,}5 + 16{,}9 \cdot 12{,}3}{11{,}2 + 66{,}4 + 60{,}8 + 0{,}6 + 16{,}9} = 7{,}8\ldots \text{ Tonnen pro Person}$$

2) Das arithmetische Mittel $\overline{x}$ ist größer, weil die für die einzelnen Staaten angegebenen Werte der CO₂-Äquivalente für Staaten mit einer geringeren Einwohnerzahl größer sind als für jene mit einer höheren Einwohnerzahl.

oder:

Wenn man die jeweilige Einwohnerzahl der einzelnen Staaten beim Übergang vom ungewichteten zum gewichteten arithmetischen Mittel berücksichtigt, erhöht sich das Gewicht jedes Staates mit einem Wert der CO2-Äquivalente kleiner als $\overline{x}$ und verringert sich das Gewicht jedes Staates mit einem Wert der CO2-Äquivalente größer als $\overline{x}$.

Aufgabe BMT2_16: Temperaturveränderungen

a) 1) $37 = 70 \cdot e^{-0{,}045 \cdot t^*} + 18$

$t^* = 28{,}9\ldots$ min

Mögliche Berechnung:

$$37 = 70 \cdot e^{-0{,}045 \cdot t^*} + 18$$

$$e^{-0{,}045 \cdot t^*} = \frac{37-18}{70} = \frac{19}{70} \quad \text{Logarithmieren}$$

$$-0{,}045 \cdot t^* = \ln\frac{19}{70}$$

$$t^* = -\frac{1}{0{,}045} \cdot \ln\frac{19}{70} = 28{,}9\ldots$$

2) $\dfrac{g(12)-g(10)}{12-10} = 1{,}92\ldots$

Die Temperatur des Tees sinkt im Intervall [10 min; 12 min] durchschnittlich um rund 1,9 °C/min.

b) 1) $T_{t+1} = T_t + 0{,}08 \cdot (25 - T_t)$

2) $T_1 = 5 + 0{,}08 \cdot (25-5) = 6{,}6$

$T_2 = 6{,}6 + 0{,}08 \cdot (25-6{,}6) = 8{,}072$

$T_3 = 8{,}072 + 0{,}08 \cdot (25-8{,}072) = 9{,}42624$

$T_3 = 9{,}4\ldots$ °C

Mathematische Symbole

Mengen

$\in$	ist ein Element von, gehört zu	M'	Komplementärmenge der Menge, Komplement von M
$\notin$	ist kein Element von, gehört nicht zu		
$\|$	für die gilt	$A \cup B$	A vereinigt mit B
$\{\}, \emptyset$	Leere Menge	$A \cap B$	A geschnitten mit B
$\subseteq$	ist Teilmenge von	$A \setminus B$	Differenzmenge von A und B, A ohne B
$\subset$	ist echte Teilmenge von	$(a; b)$	geordnetes Paar
$\supseteq$	ist Obermenge von	$\{x \in A \| ...\}$	Menge aller Elemente von A, für die gilt:
$\supset$	ist echte Obermenge von		

Zahlenmengen

$\mathbb{N}^*$ $\{1, 2, 3, ...\} = \mathbb{Z}^+$ Menge der natürlichen Zahlen ohne 0 = Menge der positiven ganzen Zahlen

$\mathbb{N} = \{0, 1, 2, 3, ...\}$ Menge der natürlichen Zahlen mit 0

$\mathbb{P} = \{2, 3, 5, 7, 11, ...\}$ Menge der Primzahlen

$\mathbb{Z} = \{... -2, -1, 0, 1, 2, ...\}$ Menge der ganzen Zahlen

$\mathbb{Z}^- = \{... -3, -2, -1\}$ Menge der negativen ganzen Zahlen

$\mathbb{Q}$ Menge der rationalen Zahlen

$\mathbb{I} = \mathbb{R} \setminus \mathbb{Q}$ Menge der irrationalen Zahlen

$\mathbb{R}$ Menge der reellen Zahlen

$\mathbb{Q}^+$ bzw. $\mathbb{R}^+$ Menge der positiven rationalen bzw. reellen Zahlen

$\mathbb{Q}^-$ bzw. $\mathbb{R}^-$ Menge der negativen rationalen bzw. reellen Zahlen

$\mathbb{Q}_0^+$ bzw. $\mathbb{R}_0^+$ Menge der nicht-negativen rationalen bzw. reellen Zahlen

$\mathbb{Q}_0^-$ bzw. $\mathbb{R}_0^-$ Menge der nicht-positiven rationalen bzw. reellen Zahlen

$\mathbb{C}$ Menge der komplexen Zahlen

Arithmetik und Algebra

$=$	gleich	^{2}	zum Quadrat
$\neq$	ungleich	^{n}	zur n-ten Potenz
$\approx$	ungefähr (angenähert) gleich, rund	$\sqrt{}$	Quadratwurzel aus
$<$	kleiner als	$\sqrt[n]{}$	n-te Wurzel aus
$>$	größer als		
$\leq$	kleiner oder gleich	$a \| b$	a teilt b
$\geq$	größer oder gleich	ggT	größter gemeinsamer Teiler
$+$	Addition (plus), positives Vorzeichen	kgV	kleinstes gemeinsames Vielfaches
$-$	Subtraktion (minus), negatives Vorzeichen	$\|a\|$	Betrag von a
$\pm$	plus oder minus	sgn a	Vorzeichen von a
$\cdot$ bzw. $*$	Multiplikation (mal)	$\sum$	Summe von
$:$ bzw. $/$	Division (dividiert durch)	∞	unendlich
%	Prozent, ‰ Promille		

Logik

$\wedge$	und (Konjunktionszeichen)	$\exists$	es gibt (mindestens) ein ..., für (mindestens) ein ... (Existenzquantor)
$\vee$	oder, nicht ausschließend (Disjunktionszeichen)		
$\neg, '$	non, nicht (Negationszeichen)	$\exists!$	es gibt genau ein ..., für genau ein ... (Eindeutigkeitsquantor)
$\Rightarrow$	wenn ..., dann ... (Folge- oder Implikationszeichen)		
$\Leftarrow$	nur dann, wenn ...	$\forall$	für alle ... (Allquantor)
$\Leftrightarrow$	genau dann, wenn ... (Äquivalenzzeichen)	$:$	gilt ...

Gleichungslehre

N	Nenner
HN	Hauptnenner
T(x)	Term mit einer Variablen x
T(x, y)	Term mit zwei Variablen x, y

D, D_G	Definitionsmenge einer (Un-)Gleichung
G	Grundmenge
L	Lösungsmenge
D	Diskriminante, Determinante
A	Koeffizientenmatrix } eines linearen
A_e	Erweiterte Matrix } Gleichungssystems

Funktionenlehre

f	Funktion
f*	Umkehrfunktion
$\overline{f}$	stetige Fortsetzung von f
f(x)	f von x, Funktionswert an der Stelle x
y = f(x)	Funktionsgleichung
D_f	Definitionsmenge von f
W_f	Wertemenge von f
$x \mapsto y$	Zuordnungspfeil von Elementen
$A \rightarrow B$	Abbildungspfeil für Mengen

sup f	Supremum von f
inf f	Infimum von f
f $\circ$ g	Verkettung der Funktionen f und g
]a; b[	offenes Intervall
]a; b], [a; b[	halboffenes Intervall
[a; b]	geschlossenes Intervall
U(a)	Umgebung von a
U(a; ε)	ε-Umgebung von a

Teilmengen von $\mathbb{R}$

Wichtige Funktionen

$\|x\|$	Betragsfunktion
sgn x	Signumfunktion (Vorzeichenfunktion)
int x	Integerfunktion
x mod m	Modulofunktion (Ganzzahldivisionsrest)
[x]	GAUSS-Klammer-Funktion (größte ganze Zahl ≤ x)
p_n	Potenzfunktion
w_n	Wurzelfunktion

sin x	Sinusfunktion
cos x	Kosinusfunktion
tan x	Tangensfunktion
cot x	Kotangensfunktion
$10^x, e^x, a^x$	Exponentialfunktionen (Basis 10, e, a > 0)
lg x, ln x, $^a\log x$	Logarithmusfunktionen (Basis 10, e, a > 0)

Komplexe Zahlen

z	komplexe Zahl
$\overline{z}$	konjugiert komplexe Zahl
$\|z\| = r$	Betrag von z
arg z = φ	Argument von z, Polarwinkel
(r; φ)	Polarkoordinaten von z

Re z	Realteil von z
Im z	Imaginärteil von z
i	Imaginäre Einheit

Geometrie

A, B, ...	Punkte
AB	Strecke AB
$\overline{AB}$	Länge der Strecke AB
g, h, ...	Geraden
$\overline{Pg}$	Normalabstand des Punktes P von g
∢(g, h)	Winkel zwischen g und h
∢ABC	Winkel zwischen BA und BC

∥	parallel
∦	nicht parallel
⊥	normal auf (rechtwinkelig, orthogonal)
Δ	Dreieck
h_a	Höhe auf die Seite a
m_a	Seitensymmetrale der Seite a
s_a	Schwerlinie der Seite a

Vektorrechnung und Koordinatengeometrie

$\overrightarrow{AB}$	Pfeil (gerichtete Strecke) von A nach B	a_x, a_y	Koordinaten des Vektors $\vec{a}$ im $\mathbb{R}^2$
$|\overrightarrow{AB}|$	Länge des Pfeils $\overrightarrow{AB}$	a_x, a_y, a_z	Koordinaten des Vektors $\vec{a}$ im $\mathbb{R}^3$
$\vec{a}$	Vektor $\vec{a}$	$P(x|y)$	Koordinaten des Punktes P im $\mathbb{R}^2$
$|\vec{a}|$	Betrag des Vektors $\vec{a}$	$P(x|y|z)$	Koordinaten des Punktes P im $\mathbb{R}^3$
$-\vec{a}$	Entgegengesetzter Vektor zu $\vec{a}$	$\vec{a}+\vec{b}$	Summenvektor
$\vec{a}_o$	Einheitsvektor von $\vec{a}$	$\vec{a}-\vec{b}$	Differenzvektor
$\vec{o}$	Nullvektor	$\lambda \cdot \vec{a}$	λ-facher Vektor $\vec{a}$
$\vec{i}, \vec{j}, \vec{k}$	Einheitsvektoren eines kartesischen Koordinatensystems	$\vec{a} \cdot \vec{b}$	skalares Produkt von $\vec{a}$ und $\vec{b}$

Kombinatorik

P_n — Anzahl der Permutationen von n Elementen ohne Wiederholung

$^r P_n$ — Anzahl der Permutationen von n Elementen mit Wiederholung (r gleiche Elemente)

$^k V_n$ — Anzahl der Variationen von n Elementen zur Klasse k ohne Wiederholung

$^k \overline{V}_n$ — Anzahl der Variationen von n Elementen zur Klasse k mit Wiederholung

$^k K_n$ — Anzahl der Kombinationen von n Elementen zur Klasse k ohne Wiederholung

$n!$ — n-Faktorielle, n-Fakultät

$\binom{n}{k}$ — n über k, Binomialkoeffizient

Statistik und Wahrscheinlichkeitsrechnung

X	Zufallsvariable, Zufallsgröße (Merkmal)	Ω	Ergebnismenge (Ereignisraum)
x_i	i-ter Merkmalswert	ω	Ergebnis, Elementarereignis
$H(x_i)$	absolute Häufigkeit	E	Ereignis
$h(x_i)$	relative Häufigkeit	$E' = \Omega \setminus E$	Gegenereignis
$\overline{x}$	empirischer Mittelwert (mean) (Arithmetisches Mittel)	$P(E)$	Wahrscheinlichkeit für das Eintreten des Ereignisses E
m	Modalwert (modus)	$P(E_1/E_2)$	Bedingte Wahrscheinlichkeit
z	Zentralwert (median)	μ	Erwartungswert
q_1, q_2, q_3	Quartile	σ^2	Varianz
R	Spannweite (range)	σ	Standardabweichung
s^2	Empirische Varianz	$b_{n;p}$	n, p-Binomialverteilung
s	Empirische Standardabweichung	$\Phi(z)$	Verteilungsfunktion der Standard - Normalverteilung

Differentialrechnung

lim	Limes (Grenzwert)	$\dfrac{\Delta f(x)}{\Delta x} = \dfrac{\Delta y}{\Delta x}$	Differenzenquotient
$\lim\limits_{n \to \infty} a_n$	Limes von a_n für n gegen unendlich	$\dfrac{dy}{dx} = \lim\limits_{\Delta x \to 0} \dfrac{\Delta y}{\Delta x}$	Differentialquotient
$f'(a)$	erste Ableitung von f an der Stelle a	dx, dy	Differentiale
f', y'	erste Ableitung	$\lim\limits_{x \to a} f(x)$	Limes von f(x) für x gegen a
f''	zweite Ableitung	$\lim\limits_{x \to \infty} f(x)$	Limes von f(x) für x gegen unendlich
$f''', f^{IV}, f^{(n)}$	dritte, vierte, n-te Ableitung von f		

Integralrechnung

$F(x)$	Stammfunktion von $f(x)$	$\int_a^b f(x)dx$	bestimmtes Integral von f(x) zwischen den Grenzen a und b
$\int f(x)dx$	unbestimmtes Integral von f(x)		

$F(x)\big|_a^b$, $\big[F(x)\big]_a^b = F(b) - F(a)$ Schreibweise bei der Berechnung von bestimmten Integralen

Größen und Einheiten

Größe	Symbol	Definition	SI Einheit	Anmerkung
Länge	l, s	**Basisgröße**	1 m (Meter)	
Flächeninhalt	A	$A = l \cdot l$	$1 m^2$ (Quadratmeter)	$1 a = 100 m^2$
Rauminhalt (Volumen)	V	$V = l \cdot l \cdot l$	$1 m^3$ (Kubikmeter)	$1 l = 1 dm^3$
Zeit	t	**Basisgröße**	1 s (Sekunde)	1 h = 60 min = 3600 s
Frequenz	f, ν	$p = \dfrac{1}{T}$	$1 s^{-1}$ (Hertz)	T ... Umlaufzeit
Geschwindigkeit	v	$v = \dfrac{\Delta s}{\Delta t}$	1 m/s (Meter pro Sekunde)	$1 km/h = 0,2\dot{7} m/s$
Beschleunigung	a	$a = \dfrac{\Delta v}{\Delta t}$	$1 m/s^2$ (Meter pro Sekundenquadrat)	$g \approx 9,81 m/s^2$
Masse	m	**Basisgröße**	**1 kg (Kilogramm)**	1 t = 1000 kg
Dichte	ρ	$\rho = \dfrac{m}{V}$	$1 kg/m^3$	
Kraft, Gewicht	F	$F = m \cdot a$	$1 N = 1 kg m/s^2$ (Newton)	$1 kp \approx 9,81 N$
Drehmoment	M	$M = F \cdot l$	1 Nm (Newtonmeter)	
Druck	p	$p = \dfrac{F}{A}$	$1 Pa = 1 N/m^2$ (Pascal)	$1 bar = 10^5 Pa$
Arbeit, Energie	W	$M = F \cdot s$	1 J = 1 Nm (Joule)	$1 kWh = 3,6 \cdot 10^6 J$
Leistung	P	$p = \dfrac{W}{t}$	1 W = 1 J/s (Watt)	$1 PS \approx 0,736 kW$
Temperatur	T	**Basisgröße**	K (Kelvin) oder °C (Grad Celsius)	
Wärmeenergie	Q	$Q = W$	1 J	$1 kcal \approx 4187 J$
Elektrische Stromstärke	I	**Basisgröße**	1 A (Ampere)	
Elektrische Spannung	U	$U = \dfrac{P}{I}$	$1 V = 1 \dfrac{W}{A}$ (Volt)	
Elektrischer Widerstand	R	$R = \dfrac{U}{I}$	$1 \Omega = 1 \dfrac{V}{A}$ (Ohm)	

Zehnerpotenz	Bezeichnung	Vorsilbe	Symbol	Zehnerpotenz	Bezeichnung	Vorsilbe	Symbol
10^{18}	Trillion	Exa	E	10^{-1}	Zehntel	Dezi	d
10^{15}	Billiarde	Peta	P	10^{-2}	Hundertstel	Centi	c
10^{12}	Billion	Tera	T	10^{-3}	Tausendstel	Milli	m
10^{9}	Milliarde	Giga	G	10^{-6}	Millionstel	Mikro	μ
10^{6}	Million	Mega	M	10^{-9}	Milliardstel	Nano	n
10^{3}	Tausend	Kilo	k	10^{-12}	Billionstel	Piko	p
10^{2}	Hundert	Hekto	h	10^{-15}	Billiardstel	Femto	f
10^{1}	Zehn	Deka	da	10^{-18}	Trillionstel	Atto	a

Umrechnung von wichtigen Maßeinheiten:

$$\mu m \underset{\cdot 1000}{\overset{:1000}{\rightleftarrows}} mm \underset{\cdot 10}{\overset{:10}{\rightleftarrows}} cm \underset{\cdot 10}{\overset{:10}{\rightleftarrows}} dm \underset{\cdot 10}{\overset{:10}{\rightleftarrows}} m \underset{\cdot 1000}{\overset{:1000}{\rightleftarrows}} km$$

$2000 \mu m = 2 mm = 0,2 cm = 0,02 dm$

$3 km = 3000 m = 30000 dm = 300000 cm$

$$mm^2 \underset{\cdot 100}{\overset{:100}{\rightleftarrows}} cm^2 \underset{\cdot 100}{\overset{:100}{\rightleftarrows}} dm^2 \underset{\cdot 100}{\overset{:100}{\rightleftarrows}} m^2 \underset{\cdot 100}{\overset{:100}{\rightleftarrows}} a \underset{\cdot 100}{\overset{:100}{\rightleftarrows}} ha \underset{\cdot 100}{\overset{:100}{\rightleftarrows}} km^2$$

$4500 cm^2 = 45 dm^2 = 0,45 m^2$

$3 ha = 300 a = 30000 m^2$

$$mm^3 \underset{\cdot 1000}{\overset{:1000}{\rightleftarrows}} cm^3 = ml \underset{\cdot 1000}{\overset{:1000}{\rightleftarrows}} dm^3 = l \underset{\cdot 1000}{\overset{:1000}{\rightleftarrows}} m^3$$

$$mg \underset{\cdot 1000}{\overset{:1000}{\rightleftarrows}} g \underset{\cdot 10}{\overset{:10}{\rightleftarrows}} dag \underset{\cdot 100}{\overset{:100}{\rightleftarrows}} kg \underset{\cdot 1000}{\overset{:1000}{\rightleftarrows}} t$$

Formelsammlung

Binomische Formeln

Spezielle Formeln	Allgemeine Formeln
$(a \pm b)^2 = a^2 \pm 2 \cdot a \cdot b + b^2$ $(a \pm b)^3 = a^3 \pm 3 \cdot a^2 \cdot b + 3 \cdot a \cdot b^2 \pm b^3$ $(a+b) \cdot (a-b) = a^2 - b^2$	$(a+b)^n = \sum_{k=0}^{n} \binom{n}{k} \cdot a^{n-k} \cdot b^k$ $(a-b)^n = \sum_{k=0}^{n} (-1)^k \cdot \binom{n}{k} \cdot a^{n-k} \cdot b^k$

Potenzen und Wurzeln

Definitionen	Rechnen mit Potenzen	Rechnen mit Wurzeln	
$a^n = \underbrace{a \cdot a \cdot \ldots \cdot a}_{n \text{ Faktoren}}$	$a^n \cdot a^m = a^{n+m}$	$\sqrt[n]{a} \cdot \sqrt[n]{b} = \sqrt[n]{a \cdot b}$	$\left(\sqrt[n]{a}\right)^r = \sqrt[n]{a^r}$
$a^1 = a \quad a^0 = 1$	$a^n : a^m = a^{n-m}$	$\sqrt[n]{a} : \sqrt[n]{b} = \dfrac{\sqrt[n]{a}}{\sqrt[n]{b}} = \sqrt[n]{\dfrac{a}{b}}$	$\sqrt[n]{\sqrt[m]{a}} = \sqrt[n \cdot m]{a}$
$a^{-n} = \left(\dfrac{1}{a}\right)^n = \dfrac{1}{a^n}$	$a^n \cdot b^n = (a \cdot b)^n$		$a \cdot \sqrt[n]{b} = \sqrt[n]{a^n \cdot b}$
$a^{\frac{1}{n}} = \sqrt[n]{a}; \; a^{\frac{1}{2}} = \sqrt{a}, \; a^{\frac{1}{3}} = \sqrt[3]{a}$	$a^n : b^n = \dfrac{a^n}{b^n} = \left(\dfrac{a}{b}\right)^n$	$\sqrt[n]{a \cdot b} = \sqrt[n]{a} \cdot \sqrt[n]{b}$	$\sqrt[n]{a^n \cdot b} = a \cdot \sqrt[n]{b}$
$a^{\frac{p}{q}} = \sqrt[q]{a^p}; \; a^{\frac{3}{2}} = \sqrt{a^3}, \; a^{\frac{2}{3}} = \sqrt[3]{a^2}$	$\left(a^n\right)^m = a^{n \cdot m}$	$\sqrt[n]{\dfrac{a}{b}} = \dfrac{\sqrt[n]{a}}{\sqrt[n]{b}}$	

Logarithmen

Definitionen	Rechengesetze
$a^x = b \Leftrightarrow x = {}^a\log b$	${}^a\log(u \cdot v) = {}^a\log u + {}^a\log v$
${}^a\log a = 1; \; {}^a\log \dfrac{1}{a} = -1; \; {}^a\log 1 = 0$	${}^a\log\left(\dfrac{u}{v}\right) = {}^a\log u - {}^a\log v$
${}^e\log a = \ln a \quad$ natürlicher Logarithmus ($e \approx 2{,}71828$)	${}^a\log(u^n) = n \cdot {}^a\log u$
${}^{10}\log a = \lg a \quad$ dekadischer Logarithmus	${}^a\log \sqrt[n]{u} = \dfrac{1}{n} \cdot {}^a\log u$

Quadratische Gleichungen

Gleichungstyp	Lösungsformel, Diskriminante	Satz von VIETA
$x^2 + p \cdot x + q = 0$	$x_{1,2} = -\dfrac{p}{2} \pm \sqrt{\left(\dfrac{p}{2}\right)^2 - q}$ $D = \left(\dfrac{p}{2}\right)^2 - q = \dfrac{p^2}{4} - q$	$x_1 + x_2 = -p$ $x_1 \cdot x_2 = q$ $x^2 + p \cdot x + q = (x - x_1) \cdot (x - x_2)$
$a \cdot x^2 + b \cdot x + c = 0$	$x_{1,2} = \dfrac{-b \pm \sqrt{b^2 - 4 \cdot a \cdot c}}{2 \cdot a}$ $D = b^2 - 4 \cdot a \cdot c$	$x_1 + x_2 = -\dfrac{b}{a}$ $x_1 \cdot x_2 = \dfrac{c}{a}$ $a \cdot x^2 + b \cdot x + c = a \cdot (x - x_1) \cdot (x - x_2)$

Trigonometrie

Winkelmaße	Winkelfunktionen	Formeln
Gradmaß: $\quad 1° = 60' = 3600''$ Bogenmaß: $\quad 1 \text{ rad} \approx 57°17'45''$ $\quad 2\pi(\text{rad}) = 360°$ Umrechnung: grad $\underset{\cdot \frac{180}{\pi}}{\overset{\cdot \frac{\pi}{180}}{\rightleftarrows}}$ rad	$\sin \alpha = \dfrac{\text{Gegenkathete von } \alpha}{\text{Hypotenuse}}$ $\cos \alpha = \dfrac{\text{Ankathete von } \alpha}{\text{Hypotenuse}}$ $\tan \alpha = \dfrac{\text{Gegenkathete von } \alpha}{\text{Ankathete von } \alpha}$	$\tan \alpha = \dfrac{\sin \alpha}{\cos \alpha}$ $\sin^2 \alpha + \cos^2 \alpha = 1$ $\sin \alpha = \cos(90° - \alpha) = \sin(180° - \alpha)$ $\cos \alpha = \sin(90° - \alpha) = -\cos(180° - \alpha)$ $\sin(-\alpha) = -\sin \alpha, \; \cos(-\alpha) = \cos \alpha,$ $\tan(-\alpha) = -\tan \alpha$

Planimetrie

Figur	Umfang u	Flächeninhalt A	Spezielle Formeln
Allgemeines Dreieck	$u = a + b + c$ $s = \dfrac{u}{2} = \dfrac{a+b+c}{2}$	$A = \dfrac{a \cdot h_a}{2} = \dfrac{b \cdot h_b}{2} = \dfrac{c \cdot h_c}{2}$	HERONsche Flächenformel $A = \sqrt{s \cdot (s-a) \cdot (s-b) \cdot (s-c)}$
Rechtwinkeliges Dreieck	$u = a + b + c$	$A = \dfrac{c \cdot h_c}{2} = \dfrac{a \cdot b}{2}$	Satz des PYTHAGORAS $a^2 + b^2 = c^2$
Quadrat	$u = 4 \cdot a$	$A = a^2$	$d = a \cdot \sqrt{2}$
Rechteck	$u = 2 \cdot a + 2 \cdot b = 2 \cdot (a+b)$	$A = a \cdot b$	$d = \sqrt{a^2 + b^2}$
Parallelogramm	$u = 2 \cdot a + 2 \cdot b = 2 \cdot (a+b)$	$A = a \cdot h_a = b \cdot h_b$	
Rhombus (Raute)	$u = 4 \cdot a$	$A = a \cdot h_a = \dfrac{e \cdot f}{2}$	$a^2 = \sqrt{\left(\dfrac{e}{2}\right)^2 + \left(\dfrac{f}{2}\right)^2}$
Trapez	$u = a + b + c + d$	$A = \dfrac{(a+c) \cdot h}{2}$	
Deltoid	$u = 2 \cdot a + 2 \cdot b = 2 \cdot (a+b)$	$A = \dfrac{e \cdot f}{2}$	
Kreis	$u = \pi \cdot 2r = \pi \cdot d$	$A = \pi \cdot r^2 = \dfrac{\pi}{4} \cdot d^2$	
Kreisbogen, Kreissektor	$b = \pi \cdot r \cdot \dfrac{\alpha}{180}$	$A = \pi \cdot r^2 \cdot \dfrac{\alpha}{360} = \dfrac{b \cdot r}{2}$	

Stereometrie

Körper	Oberfläche	Volumen	Mantel
Prisma	$O = 2 \cdot G + M$	$V = G \cdot h$	$M = u_G \cdot h$
Quader	$O = 2 \cdot G + M = 2 \cdot (ab + ac + bc)$	$V = G \cdot h = a \cdot b \cdot c$	$M = 2 \cdot (ac + bc)$
Würfel	$O = 6 \cdot a^2$	$V = a^3$	$M = 4 \cdot a^2$
Drehzylinder	$O = 2 \cdot G + M = 2 \cdot \pi \cdot r \cdot (r + h)$	$V = \pi \cdot r^2 \cdot h$	$M = u_G \cdot h = \pi \cdot 2 \cdot r \cdot h$
Pyramide	$O = G + M$	$V = \dfrac{G \cdot h}{3}$	
Drehkegel	$O = G + M = \pi \cdot r \cdot (r + s)$	$V = \dfrac{G \cdot h}{3} = \dfrac{\pi \cdot r^2 \cdot h}{3}$	$M = \pi \cdot r \cdot s$
Kugel	$O = 4 \cdot \pi \cdot r^2$	$V = \dfrac{4}{3} \cdot \pi \cdot r^3$	

Vektorrechnung

	Berechnung in $\mathbb{R}^2$	Berechnung in $\mathbb{R}^3$
Pfeil von $P(p_1 \vert p_2)$ nach $Q(q_1 \vert q_2)$ bzw. von $P(p_1 \vert p_2 \vert p_3)$ nach $Q(q_1 \vert q_2 \vert q_3)$	$\overrightarrow{PQ} = \begin{pmatrix} q_1 - p_1 \\ q_2 - p_2 \end{pmatrix}$	$\overrightarrow{PQ} = \begin{pmatrix} q_1 - p_1 \\ q_2 - p_2 \\ q_3 - p_3 \end{pmatrix}$
Summe und Differenz zweier Vektoren	$\vec{a} \pm \vec{b} = \begin{pmatrix} a_1 \pm b_1 \\ a_2 \pm b_2 \end{pmatrix}$	$\vec{a} \pm \vec{b} = \begin{pmatrix} a_1 \pm b_1 \\ a_2 \pm b_2 \\ a_3 \pm b_3 \end{pmatrix}$
Multiplikation mit eines Vektors mit einem Skalar $t \in \mathbb{R}$	$t \cdot \vec{a} = t \cdot \begin{pmatrix} a_1 \\ a_2 \end{pmatrix} = \begin{pmatrix} t \cdot a_1 \\ t \cdot a_2 \end{pmatrix}$	$t \cdot \vec{a} = t \cdot \begin{pmatrix} a_1 \\ a_2 \\ a_3 \end{pmatrix} = \begin{pmatrix} t \cdot a_1 \\ t \cdot a_2 \\ t \cdot a_3 \end{pmatrix}$
Skalares Produkt zweier Vektoren	$\vec{a} \cdot \vec{b} = a_1 \cdot b_1 + a_2 \cdot b_2$	$\vec{a} \cdot \vec{b} = a_1 \cdot b_1 + a_2 \cdot b_2 + a_3 \cdot b_3$
Betrag (Länge) eines Vektors	$\lvert \vec{a} \rvert = \sqrt{a_1^2 + a_2^2}$	$\lvert \vec{a} \rvert = \sqrt{a_1^2 + a_2^2 + a_3^2}$

Normalvektoren zu $\vec{a} = \begin{pmatrix} a_1 \\ a_2 \end{pmatrix}$ in $\mathbb{R}^2$: $\vec{n}^l = \begin{pmatrix} -a_2 \\ a_1 \end{pmatrix}$, "Links-Kipp-Regel" oder $\vec{n}^r = \begin{pmatrix} a_2 \\ -a_1 \end{pmatrix}$, "Rechts-Kipp-Regel"

Orthogonalitätskriterium in $\mathbb{R}^2$ und $\mathbb{R}^3$: $\vec{a} \cdot \vec{b} = 0 \Leftrightarrow \vec{a} \perp \vec{b}, (\vec{a} \neq \vec{o}$ und $\vec{b} \neq \vec{o})$

Parallelitätskriterium in $\mathbb{R}^2$ und $\mathbb{R}^3$: $\vec{a} \parallel \vec{b} = 0 \Leftrightarrow \vec{a} = t \cdot \vec{b}$ mit $t \in \mathbb{R} \setminus \{0\}$ und $\vec{a} \neq \vec{o}$ und $\vec{b} \neq \vec{o}$

Winkel zwischen zwei Vektoren in $\mathbb{R}^2$ und $\mathbb{R}^3$: $\cos \varphi = \dfrac{\vec{a} \cdot \vec{b}}{\lvert \vec{a} \rvert \cdot \lvert \vec{b} \rvert}$

Geradengleichungen

Parameterdarstellung einer Geraden g in $\mathbb{R}^2$ und $\mathbb{R}^3$	$g: X = P + t \cdot \vec{a}$ mit $t \in \mathbb{R}$ (Punkt P, Richtungsvektor $\vec{a}$) $g: X = P + t \cdot \overrightarrow{PQ}$ mit $t \in \mathbb{R}$ (Zwei-Punkt-Form)
Explizite Form der Geradengleichung in $\mathbb{R}^2$	$g: y = k \cdot x + d$ (Steigung $k = \tan\alpha = \frac{a_y}{a_x} = -\frac{n_x}{n_y}$)
Allgemeine Geradengleichung in $\mathbb{R}^2$	$g: a \cdot x + b \cdot y = c$ ($\vec{n} = \binom{a}{b}$ ist Normalvektor von g)
Normalvektordarstellung in $\mathbb{R}^2$	$\vec{n} \cdot X = \vec{n} \cdot P$

Änderungsmaße

Absolute Änderung von f in [a;b]	$f(b) - f(a)$
Relative (prozentuelle) Änderung von f in [a;b]	$\frac{f(b)-f(a)}{f(a)}$ $\left(\frac{f(b)-f(a)}{f(a)} \cdot 100\%\right)$ mit $f(a) \neq 0$
Differenzenquotient (mittlere Änderungsrate)	$\frac{f(b)-f(a)}{b-a} = \frac{f(x+\Delta x)-f(x)}{\Delta x} = \frac{\Delta y}{\Delta x}$ mit $b \neq a$ bzw. $\Delta x \neq 0$
Differentialquotient (momentane Änderungsrate)	$\lim\limits_{b \to a} \frac{f(b)-f(a)}{b-a} = \lim\limits_{\Delta x \to 0} \frac{f(x+\Delta x)-f(x)}{\Delta x} = \lim\limits_{\Delta x \to 0} \frac{\Delta y}{\Delta x} = \frac{dy}{dx} = f'(x)$

Ableitung und Integral

Unbestimmtes Integral: $\int f(x)dx = F(x) + C$ mit $F' = f$ Bestimmtes Integral: $\int_a^b f(x)dx = F(x)\big|_a^b = F(b) - F(a)$

Funktion f	Ableitungsfunktion f'	Stammfunktion F(x)	Integralschreibweise
k	0	$k \cdot x + C$	$\int k\,dx = k \cdot x + C$
x^n	$n \cdot x^{n-1}$	$\frac{x^{n+1}}{n+1} + C, n \neq -1$; $\ln x$ für $n = -1$	$\int x^n dx = \frac{x^{n+1}}{n+1} + C, n \neq -1$
e^x	e^x	$e^x + C$	$\int e^x dx = e^x + C$
a^x	$a^x \cdot \ln a$	$\frac{a^x}{\ln a} + C$	$\int a^x dx = \frac{a^x}{\ln a} + C$
$\sin x$	$\cos x$	$\cos x + C$	$\int \sin x\,dx = -\cos x + C$
$\cos x$	$\sin x$	$\sin x + C$	$\int \cos x\,dx = \sin x + C$
$k \cdot f(x)$	$k \cdot f'(x)$ Konstantenregel	$k \cdot F(x) + C$	$\int k \cdot f(x)dx = k \cdot \int f(x)dx$
$f(x) \pm g(x)$	$f'(x) \pm g'(x)$ Summenregel	$F(x) \pm G(x) + C$	$\int [f(x) \pm g(x)]dx = \int f(x)dx \pm \int g(x)dx$
$f(x) \cdot g(x)$	$f(x)' \cdot g(x) + f(x) \cdot g'(x)$ Produktregel	—	—
$\frac{f(x)}{g(x)}$	$\frac{f'(x) \cdot g(x) - f(x) \cdot g'(x)}{g^2(x)}$ Quotientenregel	—	—
$g(f(x))$	$\underbrace{g'(f(x))}_{\text{äußere Ableitung}} \cdot \underbrace{f'(x)}_{\text{innere Abl.}}$ Kettenregel	—	—

Statistik

Relative Häufigkeit	$h(x_i) = \frac{H(x_i)}{n}$
Arithmetisches Mittel (mean)	$\overline{x} = \frac{x_1 + x_2 + \ldots + x_n}{n}$
Zentralwert (median)	$z = x_{\frac{n+1}{2}}$ für n ungerade, $\frac{1}{2}\left(x_{\frac{n}{2}} + x_{\frac{n}{2}+1}\right)$ für n gerade
Empirische Varianz, Standardabweichung	$s^2 = \frac{1}{n}\sum\limits_{i=1}^{n}(x_i - \overline{x})^2$, $s = \sqrt{\frac{1}{n}\sum\limits_{i=1}^{n}(x_i - \overline{x})^2}$

Kombinatorik

	ohne Wiederholung	mit Wiederholung
Permutationen	$P_n = n \cdot (n-1) \cdot (n-2) \cdot \ldots \cdot 3 \cdot 2 \cdot 1 = n!$	$^{r,s,t,\ldots}P_n = \dfrac{n!}{r! \cdot s! \cdot t! \cdot \ldots}$, $r+s+t+\ldots = n$
Variationen	$^kV_n = n \cdot (n-1) \cdot (n-2) \cdot \ldots \cdot (n-k+1) = \dfrac{n!}{(n-k)!}$	$^k\overline{V}_n = n^k$
Kombinationen	$^kK_n = \dfrac{n \cdot (n-1) \cdot (n-2) \cdot \ldots \cdot (n-k+1)}{k!} = \dfrac{n!}{k!(n-k)!} = \binom{n}{k}$	$^k\overline{K}_n = \binom{n+k-1}{k}$

Wahrscheinlichkeitsrechnung

Wahrscheinlichkeit nach LAPLACE	$P(E) = \dfrac{g}{m} = \dfrac{\text{Anzahl der für E günstigen Ergebnisse}}{\text{Anzahl aller möglichen Ergebnisse}}$
Satz vom Gegenereignis	$P(E') = P(\neg E) = 1 - P(E)$
Summensatz	$P(E_1 \cup E_2) = P(E_1) + P(E_2)$ wenn $E_1 \cap E_2 = \{\}$, bei Unvereinbarkeit! $P(E_1 \cup E_2) = P(E_1) + P(E_2) - P(E_1 \cap E_2)$ wenn $E_1 \cap E_2 \neq \{\}$
Multiplikationssatz	$P(E_1 \cap E_2) = P(E_1) \cdot P(E_2)$ falls E_1 und E_2 stochastisch unabhängig sind $P(E_1 \cap E_2) = P(E_1) \cdot P(E_2/E_1) = P(E_2) \cdot P(E_1/E_2)$ falls E_1 und E_2 abhängig sind
Bedingte Wahrscheinlichkeit	$P(E_1/E_2) = \dfrac{P(E_1 \cap E_2)}{P(E_2)}$, $P(E_2/E_1) = \dfrac{P(E_1 \cap E_2)}{P(E_1)}$

Wahrscheinlichkeitsverteilungen

	Erwartungswert	Varianz	Standardabweichung
Diskrete Verteilung	$\mu = \sum\limits_{i=1}^{n} x_i \cdot P(x = x_i)$	$\sigma^2 = \sum\limits_{i=1}^{n} (x-\mu) \cdot P(x = x_i)$	$\sqrt{V(X)} = \sigma$
Binomialverteilung $P(x=k) = \binom{n}{k} \cdot p^k (1-p)^{n-k}$	$E(X) = \mu = n \cdot p$	$V(X) = \sigma^2 = n \cdot p \cdot (1-p)$	$\sigma = \sqrt{n \cdot p \cdot (1-p)}$

	Zufallsvariable	Dichtefunktion	Verteilungsfunktion
Standardnormalverteilung	$z = \dfrac{x-\mu}{\sigma}$	$\varphi(z) = \dfrac{1}{\sqrt{2\pi}} e^{-\frac{z^2}{2}}$	$\Phi(z) = P(Z \leq z) = \int\limits_{-\infty}^{z} \varphi(t)dt$, $\Phi(-z) = 1 - \Phi(z)$
	Wichtige Wahrscheinlichkeiten	$P(Z \geq z) = 1 - \Phi(z)$, $P(z_1 \leq Z \leq z_2) = \Phi(z_2) - \Phi(z_1)$ $P(-z \leq Z \leq z) = \Phi(z) - \Phi(-z) = 2 \cdot \Phi(z) - 1$	

Approximation der Binomialverteilung durch die Normalverteilung

Ist $\sigma^2 = n \cdot p \cdot (1-p) > 9$, dann gilt: $P(X \leq x) \approx \Phi\left(\dfrac{x - n \cdot p}{\sqrt{n \cdot p \cdot (1-p)}}\right)$

γ – Konfidenzintervall

Näherungsformel: $\hat{p} - z \cdot \sqrt{\dfrac{\hat{p} \cdot (1-\hat{p})}{n}} \leq p \leq \hat{p} + z \cdot \sqrt{\dfrac{\hat{p} \cdot (1-\hat{p})}{n}}$

$\hat{p}$ ist ein Schätzwert für den „wahren" Wert von p. z wird aus der Gleichung $\gamma = 2\Phi(z) - 1$ berechnet.

Finanzmathematik

Einfache Zinsen:	$Z = \dfrac{K_o \cdot p \cdot n}{100}$, Endkapital $K = K_o \left(1 + \dfrac{p \cdot n}{100}\right)$, n ... Laufzeit in Jahren, p ... Zinssatz
Zinseszinsen:	$K_n = K_o \cdot (1+i)^n$ mit $i = \dfrac{p}{100}$ Kapital nach n Jahren, p ... Zinssatz

Kosten-Preis-Theorie: (x ... produzierte, angebotene, nachgefragte bzw. verkaufte Menge eines Produktes)

Variable Kosten	Fixkosten	Gesamtkosten	Grenzkosten	Nachfragepreis
K_v	K_f	$K(x) = K_v \cdot x + K_f$ Kostenfunktion	$K'(x)$	$p(x)$
Erlös/Ertrag	**Grenzerlös**	**Gewinn**	**Grenzgewinn**	**Break-even-Point** Gewinnschwelle
$E(x) = p(x) \cdot x$	$E'(x)$	$G(x) = E(x) - K(x)$	$G'(x)$	$G(x) = 0 \Leftrightarrow E(x) = K(x)$

Stichwortregister

A
Abbildung 58
Abhängigkeit von Ereignissen 126, 128
Ableiten 96
Ableitung 93
- äußere 98
- elementarer Funktionen 96
- erste 93, 100
- höhere 99
- innere 98
Ableitungsfunktion 100
Abschnitt auf der y-Achse 66, 72
Absolute Häufigkeit 114
Absolutes Glied 18
Achsensymmetrie 64
Additionsregel 123
Additionssatz für Wahrscheinlichkeiten 122, 126
Allgemeine Geradengleichung 38
Amplitude 88
Änderung, absolute, relative und prozentuelle 92
Änderungsmaße 92
Änderungsrate 72
- mittlere 72, 92
- momentane 93
Ankathete 50
Anstieg 38, 72
Anwendungen der Exponentialfunktion 87
APPEnd – Regel 30
Approximation der Binomialverteilung 143
Äquivalenzumformung 17
Arbeit 94, 112
Argument 58
Arithmetisches Mittel 115
Asymptote 65
Asymptotisches Verhalten 65
Auflösung rechtwinkeliger Dreiecke 54 - 57
Ausschließende Ereignisse 122
Äußere Ableitung 98

B
Balkendiagramm 114
Basis 12
Baumdiagramm 123
BAYES, Satz von 129
Bedingte Wahrscheinlichkeit 124
BERNOULLI – Experiment 138
Beschleunigung 94
Beschränktheit von Funktionen 62
Bestandsgröße 95
Bestimmtes Integral 106, 109
Betrag eines Vektors 30
Betragsfunktion 74
Beurteilende/Schließende Statistik 144 -146
Binomialkoeffizient 131
Binomialverteilung 138, 143
Bogenmaß 50, 88
Box-Plot 115

Break-even-point 68, 73
Bruchrechnen 8, 9
Bruchterme 16, 19
Bruchzahlen 6, 8

C
Charakteristische Eigenschaft der Exponentialfunktion 86
Cosinus 50
Cosinusfunktion 90

D
Daten erheben, darstellen und interpretieren 114
Definitionsmenge 17
Dezimalbruch 8
Dichtefunktion 140, 141
Differentialquotient 93, 94
Differenzengleichungen 95
Differenzenquotient 72, 92 – 94
Differenzenregel 97, 108
Differenzierbar 93
Differenzieren 96
Direkt proportional 71
Disjunkt 26, 39
Diskriminante 22
Doppelbruch 9
Dreiecke 43
Durchschnittlicher Wert 115

E
Einheitskreis 50
Einheitsvektor 30
Einsetzungsverfahren 26
Einstellige Funktion 71
Elementarereignis 118
Eliminationsverfahren 26
Endkapital 11
Ereignis 118, 122
Ereignisraum 118
Erfolgswahrscheinlichkeit 138
Ergebnis eines Zufallsexperiments 118
Ergebnismenge 118
Erlösfunktion 68, 69, 73
Erwartungswert 136, 138, 140
Erweitern 8
EULER´sche Zahl 84
Explizite Darstellung
- einer Geradengleichung 38
- von Funktionen 60
Exponent 12
Exponentialfunktion 84 - 87
Extremstellen einer Funktion 62, 103
- der Cosinusfunktion 90
- der Sinusfunktion 88
- einer Polynomfunktion 82

F
Faktorielle, Fakultät 130
Fixpunkt 67, 72
Flächenberechnungen mit Integralen 110 -112

Formeln 14, 70, 71
- binomische 15
Funktion 58, 70
- Beschränktheit 62
- Darstellung 59
- Eigenschaften 62, 102
- einstellige 71
- ganz rationale 80
- lineare 72
- Monotonie 62
- quadratische 75
- spezielle 74
- Termdarstellung 60
- zweistellige 71
Funktionsgleichung 60

G
GAUß'sche Normalverteilung 141
Gefälle 56
Gegenereignis 118, 122
Gegenkathete 50
Geordnete Liste 114
Geradengleichungen 36
Geschwindigkeit, mittlere und momentane 94, 112
Gewichtetes Mittel 115
Gewinnfunktion 68, 69, 73
Gewinngrenze 69
Gewinnschwelle 68
Gleichung 17
- allgemeingültige 18
- äquivalente 17
- lineare 18
- quadratische 22
- unlösbare 18
- zweiten Grades 22
Gleichungssystem, lineares 26
Gradmaß 50
Graph einer Funktion 59
Graphische Lösung einer quadratischen Gleichung 22
Große Lösungsformel 22
Grundmenge 17
Grundzahl 12

H
Halbwertszeit 87
Häufigkeit, absolute und relative 114
Hauptnenner 16, 19
Histogramm 114
Hochpunkt 82, 103
Hochzahl 12
Höhenwinkel 56
Höhere Ableitungen 99
Horizontalwinkel 56
Hypotenuse 50, 54

I
Identisch 26, 39
Implizite Darstellung
- einer Geradengleichung 38
- von Funktionen 60
Indirekt proportional 71
Infimum einer Funktion 62
Innere Ableitung 98
Integerfunktion 74

Integral 106
- bestimmtes 106, 109
- Flächenberechnungen 110 -112
- physikalische Anwendungen 112
- unbestimmtes 108
Integrationsgrenzen 109
Integrationskonstante 108
Integrierbar 106
Integrieren 108
Intervalle 6, 7
Intervallschätzung 144
Inzidenzkriterium 36

K
Kastenschaubild 115
Kathete 54
Kennzahlen einer diskreten Verteilung 136
Kettenregel 98
Kipp – Regel 35
Kleine Lösungsformel 22
Koeffizient 18, 80
Kombinationen 131
Kombinatorik 130
Konfidenzintervall 144, 145
Konfidenzniveau 144
Konstantenregel
- beim Differenzieren 97
- beim Integrieren 108
Konstantes Glied 18, 72, 80
Koordinatendarstellung eines Vektors 30
Körper 46
Kosinusfunktion 90
Kostenfunktion 68, 73
Kreis und Kreisteile 45
Kreisdiagramm 114
Krümmung, Krümmungsverhalten 63, 102
Kürzen 8

L
Lagebeziehung zweier Geraden 39
LAPLACE – Wahrscheinlichkeit 119, 130
Lehrsatz von PYTHAGORAS 34, 43, 51, 69
Leistung 94
Lineare Funktion 72
Lineare Gleichung 18
Lineare Ungleichung 25
Lineares Gleichungssystem 26
Lineares Glied 80
Linearfaktoren 24
Linearkombination von Vektoren 33
Liniendiagramm 114
Linkskurve 63
Logarithmische Rechenregeln 87
Lösung, Lösungsmenge 17
Lösungsformel einer quadratischen Gleichung 22

M
Mathematische Modelle 68
Maximum einer Funktion 62, 103
Mean 115
Mechanische Arbeit 112
Median 115
Minimum einer Funktion 62, 103
Mittelwert 115

Mittlere Änderungsrate 72, 92
Mittlere Geschwindigkeit 94
Modalwert 115
Modell 68
Modellierung 84, 86
Modus 115
Momentane Änderungsrate 93
Momentangeschwindigkeit 94
Monotonie von Funktionen 62, 102
Multiplikationsregel 123
Multiplikationssatz für Wahrscheinlichkeiten 122, 128

N
„n Faktorielle", „n Fakultät" 130
Natürliche Exponentialfunktion 84
Negativitätsregel der Normalverteilung 141
Nenner 8
Normalvektor 35
Normalvektorform einer Geraden 37
Normalverteilung, Gauß'sche 141
Nullstelle 66
- der Cosinusfunktion 90
- der Sinusfunktion 88
- einer Funktion 72
- einer Polynomfunktion 82

O
Obersumme 106
Oder - Wahrscheinlichkeit 122
Orthogonalitätskriterium 34
Ortsvektor 30

P
Parabel 80
parallel (disjunkt, identisch) 26, 39
Parameter 36
Parameterdarstellung einer Geraden 36
Parameterschätzung 144
Periode 64
Periodenlänge 88, 90
Periodizität 64
Permutationen 130
Pfeildiagramm 59
Phasenverschiebung 90
Physikalische Anwendungen der Integralrechnung 112
Physikalische Bedeutung des
- Differenzen- und Differentialquotienten 94
Piktogramm 114
Polarkoordinaten 52
Polynomfunktion 80 - 83
Potenz 12
Potenzfunktionen 76
Potenzregel beim Differenzieren 96
Potenzschreibweise von Wurzeln 13
Primzahlen 6
Probe einer Gleichung 17
Produktregel 97
Promille 10
Proportional 39, 71, 72
Proportionalität 71
Proportionalitätsfaktor 71
Prozent 10
Prozentstreifen 114
Prozentuell 92, 114

Punktgraph 59
Punktschätzung 144
Punktwolkendiagramm 114
PYTHAGORAS, Lehrsatz von 34, 43, 51, 69

Q
Quadrant 51
Quadratische Funktion 75
Quadratische Gleichung 22
Quadratisches Glied 80
Quartil 115
Quotientenregel 98

R
Radikand 13
Radioaktiver Zerfall 87
Rechnen mit Wahrscheinlichkeiten 122, 132
Rechtskurve 63
Reduktionsformeln 51
Regeln für das Differenzieren 96 - 98
Rekursionsgleichung 95
Relative Häufigkeit 114
Richtungsvektor 36
RIEMANN - Summen 106

S
Sample 144
Satz von BAYES 129
Satz von VIETA 24
Säulendiagramm 114
Schätzwert 144
Scheitel 75
Scheitelform einer quadratischen Funktion 75
Schließende/Beurteilende Statistik 144
Schneidende Geraden 39
Schnittpunkt 26, 39
Schnittpunkte
- mit der x-Achse 66
- mit der y-Achse 66
- mit Geraden 67
Sehwinkel 56
Sicheres Ereignis 118, 122
Sicherheitsniveau 144
Signumfunktion 74
Sinus 50
Sinusfunktion 88
Skalares Produkt von Vektoren 34
Spannweite 115
Spitze minus Schaft - Regel 30
Stammfunktion 101, 108, 109
Standard - Normalverteilung 141
Standardabweichung 117, 136, 138, 140
Stängel-Blatt-Diagramm 114
Statistik
- beschreibende 114
- beurteilende/schließende 144
- Kennzahlen 115
- Streuungsmaße 117
Stauchung von Funktionen 78, 88
Steigung 38, 56, 72, 93
Stetigkeitskorrektur 143
Stichprobe 144
Streckung von Funktionen 78, 88
Streuungsmaße 117

Substitutionsverfahren 26
Summenregel 97, 108
Summensatz für Wahrscheinlichkeiten 122
Summen- und Differenzenregel
- beim Differenzieren 97
- beim Integrieren 108
Supremum einer Funktion 62
Symmetrie von Funktionen 64, 75

T
Tangens 50
Tangente 93
Tangentengleichung 93
Termdarstellung von Funktionen 60
Terme 14 – 16
Textaufgaben 20, 29
Tiefenwinkel 56
Tiefpunkt 82, 103
Totale Wahrscheinlichkeit 129
Treppenfunktion 74
Trigonometrische Grundbeziehungen 51

U
Umkehrfunktion 58, 72
Unabhängige Ereignisse 122, 126
Unbestimmtes Integral 108
Und - Wahrscheinlichkeit 122
Ungleichung 17
- lineare 25
Unmögliches Ereignis 118, 122
Untersumme 106
Urliste 114

V
Variable 14, 18
Varianz 117, 136, 138, 140
Variationen 130
Vektor
- Definition 30
- Grundrechenoperationen 31
- Koordinatendarstellung 30
Verdopplungszeit 87
Vermessungsaufgaben 56
Verschiebung von Funktionen 78
Verteilungsfunktion 135, 140, 141
Vertrauensintervall 144, 145
Vierecke 44
Vier-Felder-Tafel 124, 127
VIETA, Satz von 24

W
Wachstum 95

Wachstumsprozess 87
Wahrscheinlichkeit
- bedingte 124
- nach LAPLACE 119
- statistische 119
- totale 129
Wahrscheinlichkeitsfunktion 135
Wahrscheinlichkeitsrechnung 118
Wahrscheinlichkeitsverteilungen 134
- einer diskreten Zufallsvariablen 135
- einer stetigen Zufallsvariablen 140
- Kennzahlen 136
Wendepunkt, Wendestelle 63, 82, 103
Wendetangente 103
Wertetabelle 59
Wertemenge 58
Windschiefe Geraden 39
Winkelfunktionen 50
- Eigenschaften 51
- Periodizität 51
- Vorzeichen 51
Wurzel 13
Wurzelexponent 13
Wurzelfunktion 77

Z
Zahlen
- ganze 6
- gemischte 8
- irrationale 6
- komplexe 6
- natürliche 6
- rationale 6
- reelle 6
Zahlengerade 6
Zahlenmengen 6
Zahlenpaar 30, 59
Zähler 8
Zählformeln der Kombinatorik 130, 132
Zentralwert 115
Zerfallsgesetz 87
Zerfallskonstante 87
Zinsrechnung 10
Zinszinsrechnung 11
Zufallsexperiment 118
- mehrstufiges 123
Zufallsvariable (Zufallsgröße) 134, 141
Zufallsversuch 118
Zweistellige Funktion 71

Griechisches Alphabet

A, α	Alpha	B, β	Beta	Γ, γ	Gamma	Δ, δ	Delta
E, ε	Epsilon	Z, ζ	Zeta	H, η	Eta	Θ, ϑ	Theta
I, ι	Iota	K, κ	Kappa	Λ, λ	Lambda	M, μ	My
N, ν	Ny	Ξ, ξ	Xi	O, o	Omikron	Π, π	Pi
P, ρ	Rho	Σ, σ	Sigma	T, τ	Tau	Y, υ	Ypsilon
Φ, φ	Phi	X, χ	Chi	Ψ, ψ	Psi	Ω, ω	Omega

Vom gleichen Autor sind erschienen:

Martin Bernhard

Mathematik Trainingsbuch

Lösen von Gleichungen und Ungleichungen

Martin Bernhard

Mathematik Trainingsbuch

Zahlen und Terme, Brüche, Potenzen &Co

Martin Bernhard

Mathematik Maturatraining

Grundkompetenzen stärken und testen

Martin Bernhard

Mathematik Beispielsammlung

Vektorrechnung und analytische Geometrie

Martin Bernhard

Mathematik Beispielsammlung

Differentialrechnung und Integralrechnung

Martin Bernhard

Mathematik Beispielsammlung

Funktionen, Kurven und Anwendungen

Martin Bernhard

Mathematik Beispielsammlung

Statistik und Wahrscheinlichkeitsrechnung

Bernhard – Kopp

Der große Mathematik Überblick

Erfolgreich bis zur Matura

- einfach nachschlagen
- rasch informieren

Martin Bernhard

Das große MATHEMATIK Trainingsbuch

Erfolgreich maturieren

Basis- und Maturawissen mit Originalaufgaben und Lösungen

https://www.amazon.de/Martin-Bernhard/e/B07968DRLL/

Printed in Poland
by Amazon Fulfillment
Poland Sp. z o.o., Wrocław